Joachim
Hentschel

DANN SIND WIR HELDEN

Wie mit Popmusik über die Mauer hinweg deutsche Politik gemacht wurde

ROWOHLT

Originalausgabe
Veröffentlicht im Rowohlt Verlag,
Hamburg, Juni 2022

Satz aus der Sabon LT Pro
Gesamtherstellung CPI books GmbH,
Leck, Germany
ISBN 978-3-498-00279-4

Eines schönen Tages spürst du Türen
Was dich lockt, geschieht davor
Eines Tages wirst du an Zuhause denken
Gingst du wirklich fort?

Barbara Thalheim,
«Abschied von den Eltern»

Ihr habt doch eigentlich alles –
und doch immer nur Angst.

Marius Müller-Westernhagen in
«Der Mann auf der Mauer»

Ich, ich glaub' das zu träumen
Die Mauer im Rücken war kalt
Schüsse reißen die Luft
Doch wir küssen, als ob nichts geschieht.

David Bowie, «Helden»

INHALT

1.

«HABEN WIR AUCH WESSIS HIER? GEIL!»

Bei einem Großfestival im November 1989 ziehen Musikfans aus DDR und BRD die Wiedervereinigung vor – und blicken zurück auf 40 Jahre Grenzverkehr

Heute, mehr als 30 Jahre später, könnte man sich fast einbilden, man habe die Bilder alle selbst geträumt. Die Stadt, gespenstisch erleuchtet, mitten in der Nacht. Die Lederjacken, Anoraks und schmutzoliven Uniformen. Die Leute, die mit überraschten Grenzbeamten schnell eine rauchen. Die Autoschlangen und Menschentrauben mit Vokuhila-Haaren, die verwackelten Freudenschreie und schnell auf Kissenbezüge gemalten Begrüßungssprüche.

Die Szenen vom November 1989 in Berlin sind immer wieder gelaufen: im schlaflosen N24-Nachtprogramm, in Shows mit Wolfgang Lippert oder Oliver Geissen zu immer schrägeren Jubiläen. In Dokumentationen auf Netflix, die von der Treuhand, der Stasi oder dem Agentenschmuggel erzählten wie von altem Spuk. Wieder und wieder, bis man immun war gegen die Emotionen, um die es ja eigentlich ging.

Wir sahen die zweifelnden Augen der DDR-Bürgerinnen und -Bürger, die sich ernsthaft fragten, ob es hier, an der frisch geöffneten Berliner Mauer, nicht gleich eine Katastrophe geben würde. So wie beim Volksaufstand vom 17. Juni 1953 oder bei den Demonstrationen am Platz des Himmlischen Friedens in Peking, wo nur fünf Monate vorher die Panzer aufgefahren waren. Dann die Erleichterung, die hochgehaltenen Ausweise, die Blitzlichter. Die Vorschlaghämmer, mit denen Brocken aus dem sogenannten antifaschistischen Schutzwall herausgehauen wurden, der niemanden je vor irgendetwas beschützen musste oder konnte.

Manche schrien sich heiser. Sprangen auf Trabi-Dächern auf und ab, verniedlichten diktatorische Politiker zu Witzfiguren und umgekehrt. Freundeten sich für den Rest des Lebens mit Unbekannten an, die sie nie mehr wiedersahen. Und plötzlich, ganz plötzlich war es wieder hell.

An die Öffnung der DDR-Grenzen denkt man natürlich nicht nur viel, viel lieber als an den Mauerbau vom August 1961, knapp 28 Jahre und drei Monate vorher. Die Befreiungsbewegung von '89 produzierte zudem, und das ist gar nicht selbstverständlich, auch die entschieden stärkeren Bilder. Szenen, die bald ein Eigenleben führten. Die das Superkomplizierte leicht greifbar machten und am Ende zu Wandmalereien in der Ost-West-Erlebnisgastronomie wurden, denn bald kamen die Touristen.

«Joyous East Germans Pour Through Wall», titelte die *New York Times* am Samstag, dem 11. November 1989. «Einigkeit und Recht und Freiheit: Deutschland umarmt sich», formulierte die *Bild* feierlich. Nur das *Neue Deutschland*, die parteieigene DDR-Tageszeitung, sah die Dinge nüchterner. «Schritte zur Erneuerung – Aktionsprogramm der SED» war hier die Wochenend-Headline. Daneben, kleiner: «Innenminister Friedrich Dickel zu den neuen Reiseregelungen». Endlich die lang erwarteten Expertentipps zum Mauerfall.

«Konzert für Berlin»: das Megaevent, an das sich kaum jemand erinnert

Aber selbst drei Tage danach gab es in beiden Teilen Berlins noch genug Menschen, die gar nicht mitbekommen hatten, dass die Grenzen geöffnet waren und eine Ära der autoritären, freiheitsberaubenden Politik auf ihr Ende zulief. Leute, die auf so interessante Nachrichten nicht gefasst gewesen waren. Oder die schlicht keinen Fernseher hatten.

Rosi zum Beispiel. Rosi war Schlagzeugerin beim Westberliner Musikkabarett Zwei Drittel, wohnte in der Prinzessinnenstraße im alternativen Kreuzberg. Am Sonntag, dem 12. November, klingelte es frühmorgens bei ihr. Vor der Tür: Thomas May, ein Freund von drüben. May, Kulturaktivist in Halle an der Saale, hatte Rosis Gruppe kurz vorher auf einer kleinen DDR-Tournee begleitet. Jetzt stand er hier im Kreuzberger Treppenhaus, mit seiner Frau und der fünfjährigen Tochter, plötzlich und unangekündigt.

«Och, seid ihr endlich abgehauen!», rief Rosi zur Begrüßung. Natürlich war sie überrascht, aber über Ungarn oder die Botschaften geflüchtete Ostdeutsche waren zu der Zeit nichts Ungewöhnliches.

«Nee, Rosi, die Grenzen sind offen», sagte May.

«Was? Hab ich gar nicht mitbekommen.»

May, 28, gelernter Tischler, seit sechs Jahren sogenannter kulturpolitischer Mitarbeiter und Konzertorganisator im großen Jugendklubhaus Philipp Müller in Halle, war mit seiner kleinen Familie schon um fünf Uhr früh aufgebrochen, per Zug. Am Tag drei nach der Maueröffnung wollten sie Westberlin sehen und gingen an der Oberbaumbrücke über die Sektorengrenze. Der Stopp bei Rosi sollte der Start in einen Tag sein, danach Ku'damm, Zoo und Sightseeing. Doch er bekam schnell einen neuen Drall.

Nach dem Frühstück begann die Gastgeberin herumzudrucksen. Sosehr sie sich über den Besuch freue, sie müsse jetzt leider weg. Heute gebe es ein großes, etwas seltsames Nachmittagskonzert, das der Sender Freies Berlin über Nacht angesagt hatte. In der Deutschlandhalle, der 10 000er-Arena in Berlin-Wilmersdorf, in der sonst Shows von Tina Turner, Queen oder David Bowie stattfanden. Sie, Rosi, habe dort eine Verabredung und einen Backstage-Ausweis.

Das könne nur das Mauerfall-Festkonzert sein, meinte May. Rosi griff zum Telefon, rief ihren SFB-Kontakt an. Alles klar, die Gäste dürften mitkommen, meldete sie wenige Minuten später. Und es ging los.

Das «Konzert für Berlin» war von den Veranstaltern innerhalb von zwei Tagen zusammengeklöppelt worden. Als Feierstunde und offiziell erstes Rockfestival aller Zeiten, bei dem ein aus BRD und DDR gemischtes Publikum ein Programm mit knapp 20 Bands, Künstlerinnen und Künstlern aus West und Ost sehen konnte, ohne dass dafür irgendwelche Tricks, Schmuggeleien oder Kaderprivilegien nötig waren. (Wahrscheinlich hatte es eine solche Konstellation schon vorher gegeben, 1973 bei den Weltjugendfestspielen in Ostberlin, 1988 bei der Friedenswoche der Berliner Jugend in Weißensee oder beim Festival des politischen Liedes, aber wie gesagt: Hier war es nun endlich offiziell und Teil des Mottos.)

Das halb improvisierte, latent politisch oder historisch aufgeladene Großmusikfestival war damals eine Kulturtechnik, die bei Hörerschaft und Organisatoren gut eingeübt war. Vier Jahre vorher hatte in London und Philadelphia das «Live Aid»-Weltkonzert stattgefunden. Ein Jahr später wurde in der Nähe des oberpfälzischen Wackersdorf das riesige Festival gegen den Bau einer atomaren Wiederaufbereitungsanlage gefeiert, 1988 in London die Geburtstagsshow für den inhaftierten südafrikanischen Oppositionshelden Nelson Mandela.

Für die Redakteure des Westberliner Radio-Jugendmagazins S-F-Beat, die am Freitag die Idee dazu hatten, am Morgen nach dem Mauerfall, muss es logisch gewesen sein: Was Bob Geldof kann, können wir auch, und irgendwas machen müsse man ja auf jeden Fall.

Den Vorschlag, das kurzfristige Event am Reichstag zu feiern, lehnte das Berliner Ordnungsamt ab – zu nah am Grenzübergang, zu viel Drängel- und Chaosgefahr. Die Deutschlandhalle wiederum, schön weit weg Richtung Messegelände und Grunewald, stand am Sonntag noch leer. Da der SFB nicht als Veranstalter auftreten durfte, sprang die Zetka Show & Concert GmbH ein, die Firma des Rockimpresarios Reinhard «Conny» Konzack. Konzack betrieb unter anderem das als Konzertsaal hoch angesehene Kant Kino, managte zeitweise Bands wie Die Ärzte, Ideal und Extrabreit.

Erst am Samstagabend wurde das «Konzert für Berlin» im Radio und Fernsehen angekündigt. Die Organisatoren wollten verhindern, dass sich zu viele Leute in München, Köln, Jena oder Dresden in die Autos setzten und auf den Fernstraßen, die ohnehin schon vom neuen, großen Grenzverkehr verstopft waren, die letzten Lücken zustöpselten. Vielleicht ist das im Rückblick ein Grund dafür, dass das Festival später nie so richtig den Weg in den Kanon der deutschen Popgeschichte fand. Es war wie beim Mauerfall: Viele bekamen gar nicht mit, dass es stattfand. Teilweise bis heute nicht.

Mehr Gitarren, noch mehr Tränen und noch viel mehr Ansprachen

Am Sonntagmorgen war der Himmel über Berlin blau, der Nieselregen, der die Woche über gefallen war, hatte sich vertröpfelt. Der TV-Übertragungswagen des SFB fuhr zur Philharmonie am Potsdamer Platz, denn dort startete um 11 Uhr das erste, das andere Begrüßungskonzert. Daniel Barenboim, aus Argentinien stammender Superstardirigent, war zufällig für Plattenaufnahmen in der Stadt. Spontan dirigierte er die Philharmoniker, es gab Beethovens Klavierkonzert Nr. 1, dazu die Siebte Symphonie, vor vollem Haus. Klassische Musik hatte auch früher beim Ost-West-Dialog eine große Rolle gespielt, auch weil sie im Umgang meist unverfänglicher war als Rockmusik.

Barenboim hatte eine Bedingung gestellt. Er werde nur auftreten, zudem ohne Gage, wenn sichergestellt sei, dass die verwöhnten Westberliner den Ostdeutschen nicht die Plätze wegnehmen würden. Am Einlass der Philharmonie mussten die Leute ihre Papiere vorzeigen. Nur wer einen DDR-Ausweis hatte, durfte eintreten. «Ich muss sagen, das sind die glücklichsten Tage meines Lebens», erklärte ein weißhaariger Besucher vor den SFB-Kameras, schwer schluckend. «Wissen Sie, die Höchststrafe, die man in einem zivilisierten Land bekommen kann, sind 25 Jahre, und wir hatten 28 Jahre und drei Monate ... ich habe Beethoven noch nie so gehört!» Dann zog er sein Taschentuch heraus. Es wurde insgesamt viel geweint in diesen Tagen.

Bei aller Empathie: Die wenigsten Westmenschen konnten sich vorstellen, wie absolut ausgeschlossen für Musikfans in der DDR allein die Idee gewesen war, ihre Lieblingskünstler einmal live zu sehen. Außer, sie gehörten zur wirklich kleinen Gruppe der reisefähigen Privilegierten. Oder sie hatten das Glück, dass ihre Favoriten sich tatsächlich auf den komplizierten, undankbaren Weg nach Ostdeutschland machten, wie 1988 Depeche Mode, Bruce Springsteen oder Rio Reiser. Obwohl man selbst dann oft nur mit guten Beziehungen an eine Karte kam.

Zwischen ein und zwei Uhr nachmittags begann das zweite Mauerfallfestival, die große Entwöhnung vom erlittenen Mangel, draußen in der Deutschlandhalle. Einen zweiten TV-Übertragungswagen wollte der SFB dafür nicht losschicken, stattdessen wurden die Hörerinnen und Hörer aufgefordert, die Radios ins Fenster zu stellen und laut aufzudrehen. Der Journalist Holger Senft kam eigentlich nur deshalb in die Halle, weil man für einen Nachrichtenbeitrag ein paar Konzerteindrücke brauchte. Als Senft die Stimmung erlebte unter den zeitweise bis zu 15 000 euphorisch dampfenden Menschen, schnüffelte er Geschichte und ließ den Kameramann alles filmen, was er erwischen konnte. 1989 gehörte es noch nicht zum Usus, zu jeder Pudelausstellung und jedem Keksewettbacken eine abendfüllende Making-of-Doku zu drehen. Dass zumindest Teile des Konzerts auf Film erhalten sind, verdankt die Nachwelt dem tapferen Reporter.

«Wir hatten am Abend vor dem Mauerfall im Pariser Olympia gespielt, in der Nacht gefeiert und erst am nächsten Morgen im Frühstücksraum mitbekommen, was passiert war», erinnert sich Campino, Sänger der Toten Hosen aus Düsseldorf, die in der Deutschlandhalle dabei waren. «Also beschlossen wir, nicht nach Hause zu fahren, sondern gleich nach Berlin. Man konnte in diesen Tagen eine kollektive Glückseligkeit spüren, wie ich sie vorher oder nachher selten erlebt habe. Natürlich ist das dann schnell gekippt. Die Leute fingen ja bald wieder zu nörgeln an.»

«In meinem Gehirn ging damals alles durcheinander, lauter Kurzschlüsse», sagt Dirk Zöllner, der mit seiner Ostberliner Band Die Zöllner als DDR-Vertreter auftrat. «Allein das Gefühl, eine West-Coladose aufzumachen, war fantastisch. Ich habe zehn Stück ausgetrunken, bis mir richtig schlecht war. Wir waren direkt nach den Toten Hosen dran, und auch die waren völlig breit. Das Konzert war wie ein Rausch. Ich war überzeugt: Jetzt beginnt die Weltkarriere.»

«Als zwischendurch alle gemeinsam auf der Bühne standen, die DDR-Kollegen und wir aus dem Westen, mit Joe Cocker in der Mitte, und alle zusammen ‹With A Little Help From My Friends› sangen, das war schon ein unglaublicher Moment», sagt Wolfgang Niedecken, Sänger der Gruppe BAP aus Köln. «Das war Gänsehaut der Extraklasse.»

BAP, deren groß geplante DDR-Tour fünf Jahre vorher in letzter Minute geplatzt war, begrüßten das Publikum mit einem Rock-'n'-Roll-Refrain, der für die gesammelten zivilen Widerstandsbewegungen der zu Ende gehenden 80er-Jahre stand: «Plant uns bloß nit bei üch en!». Nina Hagen sang madonnenhaft «Ave Maria», die Sänger Gerulf Pannach und Christian Kunert, die nach der Ausbürgerung Wolf Biermanns 1976 beide ins DDR-Gefängnis kamen und später in den Westen abgeschoben wurden, führten ein eigens geschriebenes Stück auf: «Der Tag, an dem die Mauer fiel». Melissa Etheridge spielte, die Gruppe Pankow auch. Udo Lindenberg dichtete sein notorisches «Sonderzug nach Pankow», das 1983 zu einer popdiplomatischen Ost-West-Krise geführt hatte, einmalig um: «Man glaubt es ja kaum, es ist ja alles wie ein schöner Traum.»

Das Gerücht ging um, Bruce Springsteen würde spielen, aber er kam nicht. «Meine fünfjährige Tochter wurde mit Smarties versorgt, die die Musiker für sie vom Catering klauten», erinnert sich Thomas May, der Besucher aus Halle, der sich backstage wie im Paradies fühlte, mit all den Künstlern, die er für sein Jugendhaus nie hatte buchen können. «Irgendwann stand Heinz Rudolf Kunze neben mir und heulte Rotz und Wasser.» Jetzt weinten die Wessis also auch noch.

50 000 Leute sollen, alle Fluktuationen zusammengerechnet, in den elf Stunden dabei gewesen sein. An einer Stelle verkündete der Moderator Steffen Simon in die jubelnde Brandung hinein, dass draußen in der wirklichen Welt gerade

der DDR-Verteidigungsminister Heinz Keßler die Aufhebung des Schießbefehls an der deutsch-deutschen Grenze verkündet habe. Der frühere Staatschef Erich Honecker hatte das zwar schon im April 1989 angeordnet, aber schriftlich lag es erst jetzt vor.

Silly, die erhabene Synthesizer-Salonpop-Band, deren Musik so viele durch die letzten Vorwendejahre geleitet hatte, betrat die Bühne mit einer ganz anderen Ansage. «Wo sind überhaupt die ganzen Ossis?», schnodderte Sängerin und DDR-Idol Tamara Danz in den Saal hinein. Und, als die zurückjohlten: «Haben wir auch Wessis hier?» Es waren mehr. «Geil!» Bevor sie losspielten, schlug Danz vor, die Reste der Mauer einfach an reiche Interessenten zu verkaufen und das Geld zu teilen. Dass die Trümmer 30 Jahre später als Denkmäler vor der früheren Präsidentenbibliothek Ronald Reagans, der CIA-Zentrale in Langley oder dem Pissoir eines Las-Vegas-Casinos stehen würden, ahnte sie wahrscheinlich nicht.

Es waren die ersten Versuche einer Völkerverständigung Auge in Auge. Der Abendstar Joe Cocker war zu dem Zeitpunkt schon wieder ausgeflogen. Er stand im dänischen Aarhus auf der Bühne, bei einem Konzert, das länger im Voraus fixiert worden war als das Ende des Ostblocks.

Und noch ein Abschied: Auch die Rock-'n'-Roll-Zeit geht zu Ende

Wenn man sich heute die Mitschnitte vom 12. November 1989 anschaut, kommt einem noch eine ganz andere Theorie in den Sinn, eine weitere mögliche Erklärung dafür, dass das «Konzert für Berlin» historisch ein bisschen verschüttging. Dann erkennt man nämlich, dass bei diesem großen Spätachtziger-Rock-'n'-Roll-Zirkus, mit dem hier der Abschied vom

Mauerstaat gefeiert wurde, auch eine ästhetische Ära zu Ende ging.

Man sieht die Filzhüte, die Haarmähnen und Versicherungsvertreter-Bärte, die in der deutschen Szene beliebt waren, vor allem bei Bassisten und Keyboardern. Die Jacketts, die hochgekrempelten Hemdsärmel und Schweißbänder, die mit höchstem Stolz getragen wurden. Man hört die breit bretternden Gitarren und die Keyboards, die wie Verlautbarungsfanfaren gellten. Das Röhren der Sängerinnen und Sänger, dem man im letzten Moment einen fast schon trotzigen Unterton anzuhören glaubt.

Noch einmal zelebrierten die Künstler hier den Zustand, der im Lauf der 80er-Jahre bereits zu zerbröckeln begonnen hatte, angefressen und abgelöst durch MTV-Videos und neue, hybride Pop-Identitäten. Es waren die finalen Wallungen einer Art von Rockmusik, die sich ihrer alten, hohen Bedeutung noch uneingeschränkt sicher war. Die von ihrem Monopol lebte, die bevorzugte Überbringerin oder sogar Stifterin aller revolutionären, gegenkulturellen Botschaften zu sein. Mitte der 50er war sie inthronisiert worden, in den 60ern hatte sie ihre Glanzphase erlebt. Die großen westlichen Jugendkulturen waren so überhaupt erst zur Welt gekommen.

Die Ära des Kalten Kriegs, den ein US-amerikanisch dominierter Westen und ein sowjetisch angeführter Osten gegeneinander kultivierten – sie wird, zufällig oder nicht, immer auch beinahe deckungsgleich als die große, gloriose Periode des Rock 'n' Roll in Erinnerung bleiben.

Sieben Wochen nach dem «Konzert für Berlin» gingen die 80er-Jahre zu Ende. Gut fünf Jahre später, am 25. November 1994, bebte dieselbe Deutschlandhalle im Rhythmus der «Mayday»-Massenparty «The Raving Society». Unter anderem legten die Techno-DJs Westbam, Marusha und Luke Slater auf, zusammengezählt 34 000 Leute tanzten dazu. Eine

Welt, die kaum wiederzuerkennen war. Auch wenn die ersten Versprengten von 1989 da schon forderten, die Mauer doch bitte wieder aufzubauen.

Herr Westernhagen spielt seine fieseste Rolle

Der Musiker und Schauspieler Marius Müller-Westernhagen war am 12. November übrigens nicht in Berlin, auch wenn einige Quellen es behaupten (er gab an dem Tag ein Konzert in Mainz). Einer seiner Songs gehört dennoch fest zu den Wendezeit-Erinnerungen, an denen viele sich noch Jahrzehnte später festkrallen konnten. Westernhagen, damals Anfang 40, war auf dem Sprung vom eher straßenköterhaften Rockbeißer zum manteltragenden Stadionstar mit kleiner Sonnenbrille. «Freiheit» hieß das Stück, das er während seiner Herbsttournee in aufgeheizten Hallen sang. Eine an sich kleine, nur zum Klavier gesungene Ballade, die den Moment monumentaler und umarmender einfing als alle anderen.

Die Kapelle, rumtata
Und der Papst war auch schon da
Und mein Nachbar vorneweg
Freiheit, Freiheit ist die Einzige, die fehlt

Der Umsturz, der Westernhagen zum Text seines schon 1987 erschienenen Liedes inspiriert hatte, war ein alles andere als friedlicher gewesen. Bei einer Fahrt durch Paris hatte er einen Spruch aus der Zeit der Französischen Revolution aufgeschnappt, mutmaßlich aus einem Werk des Historikers François-Auguste Mignet. Es ging um die Enkel, die auf den Gräbern der Alten tanzen, um die finstere, überkommene Vergangenheit endlich hinter sich zu lassen. Daraus entwickelte er den Text.

Zunächst wurde das Lied kaum wahrgenommen. Eine Liveaufnahme vom Konzert in Dortmund, das er elf Tage nach dem Mauerfall gespielt hatte, erschien 1990 auf Platte, kurz vor der Wiedervereinigung, und wurde schnell radiobekannt. Die gefühlsduselige und zugleich zukunftsängstliche Stimmungslage machte «Freiheit» größer und größer.

«Songs nehmen ja immer ein Eigenleben an, und wenn du Glück hast, ist es gut», kommentierte Westernhagen in einem *Spiegel*-Interview. «Freiheit» wurde, noch langfristiger als David Hasselhoffs notorisches «Looking For Freedom», zu einer der Hymnen des neu vereinten Deutschlands. Bald konnten die Leute sogar den Mittelteil mitsingen: «Freihei-ei-ei-ei-eit!»(Auch 2021 noch, als das Stück unfreiwillig zum Themensong vieler Impfgegner-Demos gemacht wurde.)

1990 hatten die meisten schon vergessen, dass derselbe Westernhagen neun Jahre vorher einen ganz anders gelagerten Kommentar zum Thema West-Ost abgegeben hatte. «Von drüben» hieß der Song, der 1981 erschienen war. In dem lustig dahertrabenden Country-Folk-Stück schauspielerte der Künstler eine für ihn ungewöhnliche Rolle: die der fiktiven Gerti, einer Liedermacherin aus der DDR.

Die Geschichte, die der Song erzählt: Gerti ist im Osten zwar ein Star, siedelt in den frühen 80ern aber in die BRD über, weil sie endlich Geld und wahre Anerkennung verdienen will. Sie nutzt aus, dass die Schwestern und Brüder im Westen oft auch Mittelmäßiges ehrfürchtig hochjubeln, wenn es von drüben kommt – solange sie es als tapfere poetische Wortmeldung aus dem Unrechtsstaat verstehen können, dem Land des unfairen Alltags und der unterdrückten Möglichkeiten.

Ich bin sehr natürlich, das schreibt auch der Stern
Ich krieg auch 'nen Preis von der Akademie
Fast wie bei uns, doch da bekam ich den nie
Jetzt wer'n se blöd gucken, da drüben die Herrn

singt Westernhagen als Gerti, die in ihren Songs zwar Position für Menschenrechte bezieht, in Wahrheit aber nur geldgierig die Dummheit und den Selbsthass der bundesdeutschen Bildungsbürger und Linksfolkloristen ausnützt. Am Ende kündigt sie sogar noch an, ihre Schwester Helga nachzuholen, eine Discosängerin aus Leipzig. Der Start einer kleinen Ost-West-Kulturinvasion.

Und wenn du dann kommst, dann geh'n wir zum Biermann
Und rufen die Jungs bei der Industrie an
Denn Mädels wie dich, die nehmen die gern

Wolf Biermann, Sänger und Dichter, gebürtiger Hamburger, war 1976 nach 23 freiwilligen, mehr oder weniger überzeugten Jahren in der DDR ausgebürgert und praktisch ausgesperrt worden, ein Ereignis, das auf beiden deutschen Seiten ein Erdbeben bedeutete. Auch dem besagten *Stern* war das damals eine Titelgeschichte wert. Überschrift: «Rotkehlchen ohne Nest».

Mit ihm wollte Westernhagen sich sicher nicht anlegen, als er «Von drüben» schrieb, dieses auch für seine Verhältnisse atemberaubend bösartige Lied. Ein reales Vorbild für Gerti könnte Veronika Fischer gewesen sein, die damalige Nummer-eins-Popsängerin der DDR, die von seiner Plattenfirma WEA intensiv umworben wurde. Anfang 1981 folgte sie dem Ruf aus Westdeutschland, aber da war Westernhagens Lied längst fertig.

Bettina Wegner könnte ebenfalls ein Modell für die Gerti-Figur gewesen sein. Wegner, Aktivistin und Sängerin, war 1978 durch eine Ausgabe des ZDF-Politikmagazins «Kennzeichen D» im Westen prominent geworden. «Szenen einer Hauptstadt» hieß die Ausgabe, für die der TV-Journalist Dirk Sager durch ein weitgehend tristes, problembeladenes, dennoch keck zivilcouragiertes Ostberlin fuhr. Er ließ Passantinnen, Schrebergärtner, Gemüseverkäuferinnen und Bauarbeiter erzählen und machte auch in der schönen Neubauwohnung in der Leipziger Straße halt, die Wegner mit ihrem damaligen Mann bewohnte, dem Schriftsteller Klaus Schlesinger.

Von einem Fenster aus schaute man über die Mauer aufs Hauptquartier des Springer-Verlags. Vom anderen aufs Zentralkomitee der Staatspartei SED, symbolträchtiger ging es kaum. Wegner, damals 30, mit Zöpfen, Jeansrock und dunkelblauem T-Shirt, erzählte vor der Kamera erfrischend rotzig von ihren zermürbenden Bemühungen, im Osten offene Literaturlesungen zu veranstalten. Sang anschließend zur Gitarre ein Lied, das in der Sendung komplett gezeigt wurde: «Sind so kleine Hände, winz'ge Finger dran, darf man nie drauf schlagen, die zerbrechen dann» und so weiter.

«Kinder» hieß das Stück. Nach der Sendung erschien es in der BRD auf Schallplatte, wurde im Jahr drauf ein riesiger Erfolg und unerwarteter Radiohit. Bald sangen es sogar andere Künstler nach, wenn auch in modifizierten Versionen, von der Braunschweiger Punkband Daily Terror («Sind so kleine Biere») bis zum Komiker Otto Waalkes («Sind so kleine Schnäpse»). Das zugehörige Wegner-Album errang mit einer Viertelmillion verkaufter Exemplare gleich eine Goldene Schallplatte, auch Ende der 70er nicht alltäglich für eine derart reduzierte Chanson-LP. Im Begleittext, der hinten auf der Hülle stand, nannte der Autor der westlichen Plattenfirma CBS die Sängerin einen «Geheimtip unter den kritisch-politischen Liedermachern in der DDR».

Ein reichlich euphemistischer, fast zynischer Ausdruck dafür, dass Wegner als Schikane für ihre politischen Aktionen im Osten zu der Zeit praktisch Auftrittsverbot hatte. Öffentlich konnte sie nur unter Decknamen oder in Kirchen singen, die vor dem Zugriff von Stasi und Polizei halbwegs sicher waren. Auch das Erfolgsalbum «Sind so kleine Hände» war in der DDR natürlich nicht legal erhältlich. Die Veröffentlichung von – bis zu ihrer Ausbürgerung 1983 – vier Alben im Westen ließ der Staat trotzdem zu, einfach, indem er sie nicht verhinderte. Einen beträchtlichen Teil der D-Mark-Devisen, die Wegner durch Plattenverkäufe und GEMA-Einnahmen generierte und die für Radio- und Fernseheinsätze fällig wurden, behielten die Behörden beim Transfer freilich ein und führten sie guten, sozialistischen Zwecken zu.

Westernhagens Ossi-Satire, die wohl unter anderem auf Wegner und ihren Erfolg abzielte, kam 1981 in der BRD nicht allzu gut an. Er selbst sagt, einige Radiosender hätten das Lied auf ihre schwarzen Listen gesetzt, weil sie befürchteten, mit der Ausstrahlung die weiterhin fragile Annäherung zwischen den zwei deutschen Staaten zu stören. Der prominente Bochumer Rockjournalist Wolfgang Welt war deutlicher in seiner Kritik, bezeichnete den Song in einem Text für die Ruhrgebiets-Stadtzeitschrift *Marabo* als «Stück Scheiße». Das Gerti-Lied sei «an Erbärmlichkeit nicht zu übertreffen und dürfte im Auftrag von Axel Cäsar Springer entstanden sein», schrieb Welt. «Gerd Löwenthal und alle anderen Rechtsaußen werden sich freuen.»

Löwenthal, grimmiger Journalist und Moderator des «ZDF-Magazins», war als artikulierter Antikommunist und Gegner der westöstlichen Entspannungspolitik bekannt, die 1969 mit Willy Brandts Kanzlerschaft begonnen hatte. Der Springer-Verlag galt mit seinen Zeitungen *Bild* und *B.Z.* als Kampagnenführer gegen die Annäherung, als Gegner aller daraus abgeleiteten bundesdeutschen Zugeständnisse gegenüber Ostberlin und letztlich Moskau. Bis August 1989, also drei Monate vor der Mauerfallnacht, schrieben die Springer-Medien den anderen Staat grundsätzlich in Anführungszeichen: «DDR».

Symptomatisch für die Stimmung, die in Westdeutschland bis in die 80er hinein herrschte, steht ein Vorfall vom Oktober 1959. Damals hatte der ARD-Entertainer Hans-Joachim Kulenkampff zu Beginn seiner Sendung «Quiz ohne Titel» auch die Zuschauer «in der DDR» begrüßt. Das Problem: Er hätte laut öffentlich-rechtlicher Sprachregel eigentlich «in der sogenannten DDR» sagen müssen, ließ das entscheidende Adjektiv aber weg. Die anschließenden Beschwerden von Zuschauern und Bundestagsabgeordneten aller Parteien gerieten so massiv, dass sich der Intendant des Hessischen Rundfunks gezwungen sah, eine Untersuchung zu starten. Das Ziel: der Beweis, dass Kulenkampff kein von der SED finanzierter Kuckuck sei.

Ein paar hilfreiche Statistiken zu Freundschaft und Neid

Einen ähnlich veranlagten Eklat löste der 1976 aus der DDR ausgesiedelte Schriftsteller und Regisseur Thomas Brasch aus, als er im Januar 1982 in München den Bayerischen Filmpreis entgegennahm. In seiner Galarede dankte Brasch unter anderem der Filmhochschule der DDR, die ihn ausgebildet hatte. Dafür gab es aggressive Buhrufe und Aufruhr im Saal. Der Ministerpräsident und CSU-Vorsitzende Franz Josef Strauß schickte Brasch, als der mit dem Preis und steinernem Gesichtsausdruck die Bühne verließ, noch eine maliziöse Oberlehrerphrase hinterher: «Ich danke Ihnen, dass Sie sich als lebendiges Demonstrationsobjekt der Liberalitas Bavariae hier vorgestellt haben!» Mit anderen Worten: dass wir auch solche Querulanten prämieren, ehrt uns am Ende mehr als Sie.

Strauß war es dann allerdings, der kurz darauf zwei bundesdeutsche Milliardenkredite für die klamme DDR an allen Bedenkenträgern vorbeipeitschte, nicht nur in Bayern, und auch dafür gab es tieferliegende Gründe. Die Jahrzehnte der deutschen Teilung waren, aus dieser lebenspraktischen Sicht betrachtet, eine oft bizarr widersprüchliche Zeit.

Der Wunsch nach einer Wiedervereinigung hatte unter den Westdeutschen nie wieder so starken Zuspruch genossen wie Anfang der 50er-Jahre, also kurz nach der Teilung. Frühe, technisch noch nicht perfekte Umfragen ergaben in der Bundesrepublik Zustimmungswerte von bis zu 96 Prozent. In den 70ern und 80ern pendelte sich die Quote der Einheitsbefürworterinnen und -befürworter dann relativ konstant auf um die 70 Prozent ein.

1987 fragte das Institut Infratest zusätzlich nach den Gründen für die jeweilige Meinung. Die meistgenannten Argumente der Wessis für eine Wiedervereinigung: die Fortführung einer nationalen deutschen Tradition, die Schaffung gerechter Lebensbedingungen und der Frieden in Europa. Ein Drittel führte äußerst selbstlos an, sie seien nur deshalb für die Einheit, weil sie vermuteten, die Mehrheit der DDR-Bürger würde sich nach ihr sehnen.

Aber stimmte das? Repräsentative Meinungsforschung gab es im Osten jedenfalls nicht. Allerdings hatten die Strategen von Infratest in den späten 60ern, im Auftrag von Herbert Wehner, dem SPD-Bundesminister für gesamtdeutsche Fragen, einen Behelfsansatz gefunden: die sogenannten Stellvertreter-Umfragen. Das Prinzip: Anstatt Menschen aus der DDR direkt zu interviewen, was ja nicht ging, ließ man Menschen antworten, die privat oder beruflich viel im Osten waren, gutes Hintergrundwissen und enge Kontakte hatten.

Was die alles andere als astreine Methode ergab, für die rund 1200 Interviews pro Jahr geführt wurden: In den zwei Jahrzehnten vor dem Mauerfall soll in der Tat eine stetig wachsende Mehrheit im Osten die BRD als Staat mit besseren Lebensbedingungen gesehen haben, abgesehen von Punkten wie Arbeitnehmerschutz, Ausbildungsoptionen und Wohnungsmarkt. 1978 fanden 57 Prozent der Ostbürger, dass es im Westen mehr gesellschaftliche Gerechtigkeit und bessere Chancen gebe. 1989 waren es laut der Erhebung sogar schon 74 Prozent.

Als im Dezember 1989 – nach Helmut Kohls berühmtem, mit einer listigen Überrumpelungsgeste im Bundestag präsentiertem Zehn-Punkte-Programm – diese Wiedervereinigung tatsächlich debattiert wurde, meldeten die Meinungsforscher von Infas Überraschendes: Plötzlich gaben nur noch 26 Prozent der DDR-Bürger an, eine Einführung des Kapitalismus zu wünschen, also eine Vereinigung nach westlichen Standards. 46 wollten stattdessen lieber ein gemischtes System, 21 eine Form von demokratischem Sozialismus. Bei der ersten freien Volkskammerwahl gut drei Monate später schlugen sich die Wünsche nach einem neuen, eigenen Weg schon wieder weniger deutlich nieder. Das CDU-geführte Bündnis Allianz für Deutschland lag mit mehr als 48 Prozent der Stimmen vorn. Alles passierte Schlag auf Schlag, und offenbar hielt keine Meinung mehr länger, als es unbedingt nötig war.

«Unsere Leute wollen die soziale Sicherheit, Geborgenheit, sichere Arbeitsplätze und Ausbildung von uns», soll im September 1988 Harry Tisch, Politbüromitglied und langjähriger Vorsitzender der DDR-Einheitsgewerkschaft, bei einer SED-internen Sitzung gesagt haben. «Und die Kaufhäuser aus der BRD.»

Oder eben auch die Musik, das Fernsehen, das Theater und die Bücher, denn zumindest hier gab es ja – anders als beim politischen System – kein reines Entweder-oder. Man konnte Thomas Lücks schmissigen New-Wave-Hit «Hobbykosmonaut», die Leipziger Punkband L'Attentat und den westfälischen Hamburger Udo Lindenberg gleichzeitig gut finden, konnte Christoph Hein und die Österreicherin Ingeborg Bachmann lesen, Jörg Fauser und Brigitte Reimann. Es war denkbar, den schillernden Progressivrock von Panta Rhei, Conny Bauers Free-Jazz-Posaune oder den heiteren Nihilismus der Band Feeling B ähnlich hoch zu schätzen wie alles, was via Bundesrepublik aus der weiten, westlichen Welt verfügbar gewesen wäre – und effektiv auch war, die ganzen über 40 Jahre lang, via Westrundfunk, Schmuggel oder sogar als offizielle DDR-Lizenzveröffentlichungen. Also dann doch, allem Gerede über die intellektuelle Isolation des Ostens zum Trotz, relativ barrierefrei.

Ein Freund, der in den 80ern im Berliner Oststadtteil Hohenschönhausen aufwuchs, erzählte mir einmal, wie er als kleiner Junge mit den Eltern Herbsturlaub in der Uckermark machte. Auf dem Zimmer im FDGB-Erholungsheim Friedrich Engels am Templiner Lübbesee gab es einen kleinen Fernseher. Dort wurde er an einem verduselten Oktobernachmittag im Jahr 1984 ungläubig Zeuge davon, wie die Puhdys im Westfernsehen auftraten. Seine Puhdys, seine Band, die kindlichen Genossen, in bunten 80er-Klamotten auf der Studiobühne der ZDF-«Tele-Illustrierten». Auch wenn er die Farben nur ahnen konnte, denn das Gerät zeigte Schwarz-Weiß.

Er habe gar nicht begriffen, wie das überhaupt gehen könne, meint er rückblickend. Wie die Puhdys denn rübergekommen seien in diese andere Welt, ins Fernsehen der verbarrikadierten BRD. Er war aber auch ein bisschen stolz darauf. Den kompletten Kulturschock hätte er bekommen, wenn er gewusst hätte, dass die Band im West-TV, das er hier auf dem Ostfernseher guckte, ein Lied spielte, das der Rundfunk und das Fernsehen der DDR für alle eigenen Kanäle gesperrt hatte. Einfach deshalb, weil es darin zu explizit um Deutschland ging. Der Titel des Songs, den die Puhdys 1984 im ZDF spielten: «Ich will nicht vergessen».

Denke ich an Deutschland und an dich, mein Kind
an alle, die in uns'rer Zeit geboren sind
Denk ich an die Leute drüben und hier
an die, die mit uns gemeinsam die Ängste besiegen
Ich will nicht vergessen, ich will nicht vergessen
Ich will nicht vergessen, was einmal war

Oft rätselhaft, immer brisant: DDR-Kultur mit BRD-Augen gesehen

Den Totschlagspruch «Geh doch nach drüben, wenn es dir hier nicht passt!» hörte man in der BRD noch bis weit in die letzte Kalter-Krieg-Dekade hinein, wenn man sich allzu undankbar gegenüber der Marktwirtschaft oder der Nato-Schutzmacht USA zeigte. Der Gemeinschaftskundelehrer brachte uns bayerischen Gymnasiasten Mitte der 80er noch bei, dass diese deutsche Wiedervereinigung, von der in der Präambel des Grundgesetzes so schön fantasiert wurde, garantiert niemals kommen würde.

Und trotzdem wurde jedes Jahr am 17. Juni, dem Datum des Volksaufstandes von 1953, der wirklich schwer verständliche Tag der deutschen Einheit gefeiert. Man bekam den großformatigen diplomatischen Ringkampf um die DDR-Tourneen von Udo Lindenberg und BAP mit. Man las von Mauertoten, wusste, was die Stasi war, hatte eine ungefähre Vorstellung von der Sturheit und Linientreue der SED-Führung, die sich symbolhaft in Erich Honeckers Brillengestell materialisierte und sich am Ende sogar dem ikonenhaften, eigentlich unwiderstehlichen Öffner und Spätachtziger-Posterboy Michail Gorbatschow verweigerte.

Im Frühjahr 1987 verbrachten wir mit der Klasse im Rahmen der obligatorischen Berlinfahrt einen Tag im Ostteil der Stadt. Man hatte uns vorher eingebläut, nicht mit Privatpersonen Geld zu tauschen und keine Kugelschreiber zu verschenken. Alle hatten ein bisschen Angst, irgendetwas falsch zu machen. Wir schauten uns den Pergamonaltar an, aßen in der Rotisserie am Alexanderplatz (die im Laufe dieses Buches noch mehrfach zum historischen Schicksalsort werden wird). Gaben die 25 Mark Zwangsumtausch für Klaviernoten und das «Kommunistische Manifest» aus und waren alle erleichtert, als uns die sauren Grenzer abends am Bahnhof Friedrichstraße ohne Diskussion wieder zurückfahren ließen.

Und trotzdem, trotz dieses Grabens, der durch den Nato-Doppelbeschluss und die Aufrüstung zwischen Ost und West in den 80ern gefühlt immer größer und feuergefährlicher wurde, gab es da ein Gefühl von tiefer Verbindung, das uns nicht losließ. Eine Neugier, eine zarte Abhängigkeit, eine selbst bei uns satten West-Teenagern vorhandene Ahnung, dass diese DDR auch etwas mit uns zu tun hatte, ziemlich viel sogar. Dass es da ein altes, verschüttetes Geheimnis gab, von dem man andeutungsweise in den Geschichtsbüchern las, das sich aber allein dadurch nicht erklären ließ.

Wir lasen Ulrich Plenzdorfs «Die neuen Leiden des jungen W.», fanden die Hauptfigur Edgar Wibeau wahnsinnig cool und wussten nicht, dass Plenzdorf auch Songtexte für die Puhdys geschrieben hatte. Wir hörten Karat, die noch rätselhaftere Apokalypse-Songs spielten als unsere eigenen Bands, auch wenn sie vielen damals zu bieder und pompös waren. Wir wussten, wo Nina Hagen herkam, die uns mit ihren Fernsehauftritten schockierte und böse verzauberte. Wir lachten darüber, wie sich die Regisseure der US-Klamotte «Top Secret» eine alberne, von Lederhosentölpeln, Folterknechten, bärtigen Sportlerinnen und Freiheitsmilizen bevölkerte DDR vorstellten, denn sie wussten noch weniger als wir. Und wir ahnten nicht mal, dass der Komiker Didi Hallervorden die Idee für seinen berühmten «Palim Palim»-Sketch mit der Flasche Pommes frites Anfang der 70er dem DDR-Entertainer Heinz Quermann abgekauft hatte. Am Telefon, für angeblich 500 Westmark, was für einen so platten Gag sogar noch relativ viel gewesen wäre.

«Wir leben im Westen, im Westen ist's am besten, lieber blau als grau», sang die Ruhrpottband Extrabreit mit brutzelndem Sarkasmus. Den Grauschleier, den viele vor allem über Städten wie Leipzig, Gera und Bitterfeld vermuteten, kannten auch Westkids gut genug, aus Düsseldorf, Kassel oder den Mittelzentren, in denen sie groß wurden. Und dass die Deutsche Demokratische Republik auf ihre spezielle Art durchaus ein poppiges Land sein konnte, hatte man spätestens im Juni 1974 bei der bundesdeutschen Fußballweltmeisterschaft gesehen. Von allen Teilnehmerländern, deren Folkloregruppen bei der Eröffnungsfeier im Frankfurter Waldstadion aus überdimensionalen Fußbällen stiegen, hatte allein die DDR einen echten, zeitgenössischen Entertainer geschickt. Superstar Frank Schöbel sang, im himmelblauen Jackett, mit Tänzerinnen und Tänzern der Berliner Oper und im strömenden Regen die Feiertagshymne «Freunde gibt es überall».

Die bundesdeutschen Gastgeber hatten für den Festakt dagegen eine Trachtengruppe aus Winningen an der Mosel aufgestellt. Der 1:0-Sieg, den die DDR neun Tage später gegen die BRD-Mannschaft erreichte, wurde hier quasi schon showbusinesstechnisch vorweggenommen.

Leider stand der popkulturelle Austausch zwischen den zwei deutschen Staaten bis 1989 stets unter allerhöchstem

PR-Druck. Zumindest nach außen hin musste alles immer so freundlich und tadellos korrekt wie möglich aussehen. Man sprach im hohen diplomatischen Ton miteinander, schrieb Amtspost mit steilen Metaphern. Versuchte nach Kräften, niemanden zu verärgern, um bloß keine Chancen für den nächsten Versuch zu schmälern.

Die Tourneen in beide Richtungen, die Fernsehauftritte, die Songs und Schallplatten, die Fotos, Interviews, Statements, Kollaborationen und Aktionismen waren in Wahrheit ein hohes Politikum, ein Tanz auf dem Eis – auch deshalb, weil sie deutlich gefährlicher und brisanter waren als die bald ritualisierten Turnierteilnahmen von Sportlern oder Konzertreisen klassischer Orchester. Westliche Rockmusik im Osten oder östliche im Westen hatte immer ein Moment der Unkalkulierbarkeit. Fest stand nur: Hätten die Verantwortlichen den Grenzverkehr aus Furcht ganz abgeschnitten, wäre ihnen das Schlamassel noch härter um die Ohren geflogen. Denn nicht nur die jungen Leute machten ihre Ansprüche immer deutlicher.

Es ging um Devisen und Propaganda, versteckte Signale und wirtschaftliche Interessen. Um Imagebildung nach innen und zonenübergreifende Netzwerkpflege in die Welt hinein. Um die Besetzung der ideologischen Leerstellen, die es auf beiden Seiten gab. Irgendwann dann auch darum, für den Fall der Fälle, also für die von unserem Lehrer als aussichtslos eingestufte Öffnung der Grenzen, sicherheitshalber schon die richtigen Freundinnen und Freunde auf der jeweils anderen Seite zu haben.

Die meisten dieser Geschichten über Einladungen und Ausladungen, Handel und Zensur, Knallköpfe und Strategen, Liebe und Beamtentum, berauschte Verbrüderungen und folgenschwere Pannen, Missverständnisse, glückliche Zufälle, Skandale und erhabene Momente lagern mehr als 30 Jahre nach der Wiedervereinigung relativ gut versteckt in Tagebüchern, obskuren Sammelordnern und Geschichten, die isoliert voneinander existieren, als vereinzelte Anekdoten. Obwohl es einen starken roten Faden gibt, der durch alle von ihnen hindurchläuft.

Was in den kommenden Kapiteln alles passieren wird

Das ist die Idee dieses Buches. Es ist ein Versuch, den fehlenden Bogen zu schlagen und den Musik- und Kulturaustausch endlich als eigenen Handlungsstrang zu erzählen. Als das, was er von den ersten größeren Lockerungen der 70er an bis zur Wende effektiv war: ein Komplex, der sich nach speziellen, komplexen Gesetzen entwickelte, mit Logik und Widersprüchen, Kunst und Paragrafen. Eine eigene Geschichte, die immer eng an der seltsamen Evolution des deutsch-deutschen Verhältnisses entlanglief. An manchen Stellen warf sie ein besonders scharfes Licht darauf. An anderen trieb sie die große Entwicklung sogar selbst mit voran.

Der Gemeinplatz, die DDR habe im Hinblick auf Popkultur in akuter Mangelwirtschaft gelebt und immer nur sehnsüchtig nach Westen geblickt, wird dabei ebenso schnell widerlegt werden wie das Sprichwort von der ständigen Arroganz der BRD. Zwei mögliche Missverständnisse müssen trotzdem vorab geklärt werden: In der Entertainmentbranche der 70er- und 80er-Jahre waren Männer deutlich präsenter als Frauen, noch mehr als heute. Das macht sich zwangsläufig in der Palette der Protagonistinnen und Protagonisten bemerkbar. Zudem darf im Lauf der Geschichte nie vergessen werden, dass gerade die reisefähigen Stars und Musikfunktionäre in der DDR bestimmte Privilegien genossen, von denen der Rest der Landes nur träumte. Mit Verallgemeinerungen sollte man daher vorsichtig sein.

Alle Interviews, die in dieses Buch einflossen, fanden zwischen Februar und Dezember 2021 statt, einige per Videokonferenz oder Telefon, die meisten bei persönlichen Treffen, zwei per E-Mail-Austausch. Das heißt: Der russische Einmarsch in die Ukraine im Februar 2022 war noch nicht abzusehen. In einige Bewertungen der Wendezeit wäre er sonst wohl eingeflossen.

Die Frage, ob und wie die Rockmusik ganz konkret dazu beigetragen haben könnte, dass sich Anfang der 90er der Eiserne Vorhang wieder öffnete und die Menschen im sogenannten Ostblock zumindest vorübergehend ihre zivilen Freiheiten zurückbekamen, ist oft hin- und herjongliert worden, in Essays, schnellen Zeitungsartikeln und langwierigen Studien. «Was nicht verboten ist, ist erlaubt», das alte rechtsstaatliche Prinzip wurde vom russischen Präsidenten Michail Gorbatschow in den Vorwendejahren prominent zitiert. Unter diesem Motto konnte so auch die lange blockierte US-Popkultur in der Sowjetunion stattfinden, 1987 mit Billy Joels berühmter Russlandtournee, im August 1989 mit den Scorpions, Bon Jovi und anderen beim Friedensfestival in Moskau, und so weiter.

«Rock 'n' Roll trug dazu bei, dass die Leute ihr Vertrauen in den Staat verloren, und ohne Vertrauen ist es immer sehr schwer, ein System am Laufen zu halten», sagt der US-Politikwissenschaftler Joseph S. Nye Jr. in Jim Browns Dokumentarfilm «Free to Rock: Wie Rock 'n' Roll die Mauer zum Fallen brachte» von 2017. Mit anderen Worten: Die Rockmusik könnte hier wie ein Perpetuum mobile der Befreiung gewirkt haben, das einerseits alle legalen Kanäle nutzte, um das Publikum im Osten zu finden – und dabei zugleich die Einfallstüren, die es benutzte, immer weiter öffnete und aufbrach.

«Soft Power» hat Nye das Phänomen genannt. Er meint damit die Kräfte des Wandels, die eher die Mentalitäten und den Alltag einer Nation berühren und somit anderen Gesetzen folgen als die politische Diplomatie. Ein großartiger Podcast des Journalisten Radden Keefe befasste sich 2020 sogar mit der These, der US-amerikanische Auslandsgeheimdienst CIA habe den Welthit «Wind of Change» bei den Scorpions in Auftrag gegeben, um mit seiner Hilfe im Osten letzte Widerstände gegen den Umsturz zu lösen. Die größte Erkenntnis, die am Ende seiner Recherche stehen bleibt: Auch wenn sich die Verschwörung natürlich nicht beweisen lässt, sie wäre eine gute Idee gewesen.

Der Popvisionär David Bowie blickte auf die Berliner Mauer durch ein Fenster der Kreuzberger Hansa-Studios, als er im Sommer 1977 seine großsymbolische Hymne «Heroes» schrieb und sang. Darin geht es ums Fliegen und Küssen, um die Überwindung von Grenzen, vor allem um das große, etwas salbungsvolle Gefühl von Allmacht, das einen dabei ergreifen kann. «Dann sind wir Helden für diesen Tag», sang Bowie in der parallel veröffentlichten deutschsprachigen Version. Und genau so kamen sich wohl die Ossis und Wessis vor, als sie im November 1989 beim Mauerfallkonzert zusammen sangen. «With A Little Help From My Friends», Arm in Arm, oben auf der Bühne die Stars mit Joe Cocker und unten im Saal die Leute, während sich alle gegenseitig vollschwitzten.

Wie Heldinnen und Helden kamen sie sich in dem Moment vor, wie Teile einer Gemeinschaft, die das Unmögliche in die Tat umgesetzt hatte, ohne sich um seine Unmöglichkeit zu scheren. Der kurze Augenblick, in dem sie damit wirklich recht hatten, fühlte sich wunderbar an.

2.

IN UNTERWELLENBORN STEHT EIN HOFBRÄUHAUS

Deutschland '83: Wie sich die Spider Murphy Gang ausgerechnet während eines riskanten Nato-Mänovers aufmacht, den Rock 'n' Roll in die DDR zu tragen

So viel Spaß wie heute, an diesem verregneten Donnerstag im Herbst 1983, hatten die jungen Leute an diesem Ort schon lange nicht mehr. Das riesenhafte Standbild, das mitten im Zentrum von Karl-Marx-Stadt steht, wie ein Elefantenfuß, der vom Himmel kam, soll eigentlich ein Denkmal der feierlichen Innenschau sein. Ein majestätischer Gedenkstein, der alle, die an ihm vorbeigehen, bei Ehr und Gewissen packt.

Das Karl-Marx-Monument, 1971 eingeweiht, ein inklusive Sockel über 13 Meter hoher Bronzeklops, guckt die Leute streng und bohrend an. Vor dem Donnerkopf, der für die staatstragende, gewissermaßen heilige Idee steht, versammeln sich regelmäßig die Fahnen- und Festzüge. Auch zur Jugendweihe, dem zwischen Ostern und Pfingsten geklemmten Quasi-Segensfest für die DDR-Achtklässler, müssen die Teenager hier auflaufen, unterm Arm die Festhandbücher «Weltall Erde Mensch», «Der Sozialismus, deine Welt» oder «Vom Sinn unseres Lebens».

Bei allem Respekt: Die Freude ist an diesem Ort meistens gespielt, die Anspannung hoch. Sehr lange dachten die Deutschen sogar, der Marx-Kopf, genannt «Nischel», wäre mit 7,1 Metern Durchmesser die größte Porträtbüste der Welt. Bis 2011 leider irgendwer herausbekam, dass der Lenin im sibirischen Ulan-Ude die ganze Zeit über 60 Zentimeter größer gewesen war.

Aber, wie gesagt: An diesem Donnerstag ist die Stimmung am Denkmal heiter, fast turbulent. Die Wagenkolonne, angeführt von einer gelben Mercedes-Limousine mit westdeutschem Kennzeichen, M für München, hält kurz hinter der Straßenkreuzung. Die fünf jungen Männer, die als Erstes aus dem Benz und einem der nachfolgenden schwarzen Audis herausspringen, beeilen sich, so gut sie können.

Was ist los? Eine bayerische Band ist im November 1983 nach Karl-Marx-Stadt gekommen, auf Konzertfahrt. Und hier macht sie einen Zwischenstopp.

Einer der Musiker, in dunkler Lederjacke und Jeans, mit Lockenspitzen, die in 80er-Schmutzblond gefärbt sind, hechtet mit Anlauf aufs Podest. Der Mann heißt Gerhard Gmell, Künstlername Barny Murphy, damals 29, er ist der Gitarrist der Gruppe. Eine riskante Aktion, in mehrerlei Hinsicht, denn gern gesehen wird das nicht, und er scheint es zu merken. Murphy hüpft wieder herunter, schließt sich der Formation an, die vor dem Monument posiert. Er ganz links, daneben Schlagzeuger Franz Trojan, Keyboarder Michael Busse, Sänger und Bassist Günther Sigl, rechts außen Tour-Saxofonist Willy Ray Ingram. Sie knautschen sich aneinander, verbiegen sich komödiantisch.

Die Spider Murphy Gang, zu dem Zeitpunkt eine der erfolgreichsten Popbands der Bundesrepublik Deutschland, hat jetzt und hier den genau besten Ort für ein Gruppenfoto gefunden. Spontan, in Karl-Marx-Stadt, früher und dann später wieder Chemnitz genannt, bei schlechtem Wetter in der fünftgrößten Stadt der Deutschen Demokratischen Republik. Dass rund 35 Jahre später viele beim Anblick der Szene instinktiv an den Rechtsmob denken werden, der sich Ende August 2018 hier versammeln wird, um scheinheilige Solidarität mit einem getöteten Deutsch-Kubaner zu zeigen, hat mit dieser Geschichte zwar nichts zu tun. Vergessen lässt es sich aber nicht mehr.

Die im Tross mitreisenden Fotografen, alle von Zeitungen und Zeitschriften aus Westdeutschland, von der *Münchener Abendzeitung*, *Pop/Rocky*, *Bild+Funk*, der *Neuen Revue* und *Bild*, gehen in die Knie, zeigen ihre Sprungreflexe. Ja, das ist das Bild schlechthin. Die Spider Murphys treffen Marx. Der Ideologe guckt sauer. Die Band findet es lustig.

Schließlich sind die Spider Murphys hier auf einer prinzipiell fröhlichen Mission. Endlich wird ihr lange geplantes Manöver Wirklichkeit, die DDR-Tournee, ein Ding zwischen Guerilla-Happening und Diplomatie, das viele Verantwortliche auf beiden Seiten wie einen Staatsbesuch behandeln. Anfang November 1983 spielt die Gang aus München acht DDR-Konzerte im Zeitraum von elf Tagen, von Glauchau in Sachsen bis Gera in Thüringen. Eine Gastspielreise, wie die Stasimänner sagen würden, die überallhin mitschleichen, in ihren Ladas hinterherknattern und alle Episoden später sauber in die Schreibmaschinen tippen werden. Kein Konzert in Ostberlin, übrigens. Aus komplizierten Gründen.

Es hat bis dahin schon ein paar vereinzelte Shows oder Fernsehauftritte westdeutscher Pop- oder Klassikkünstlerinnen und -künstler in der DDR gewesen. Zudem kleine Tourneen von Acts aus anderen Ländern des sogenannten NSW, des Nicht-Sozialistischen Wirtschaftsgebiets, zum Beispiel von Smokie und Middle Of The Road aus Großbritannien oder den französischen Les Poppys. Die hessische Beatles Revival Band war hier. Außerdem das progressive Synthesizer-Trio Tangerine Dream, bei dem zum Glück niemand irgendwelche Texte singt, die subversiv sein könnten.

Trotz allem ist das hier also eine Premiere. Es ist das erste Mal, 34 Jahre und rund drei Wochen nach Gründung der

DDR, 22 Jahre und knapp drei Monate nach dem Bau der Berliner Mauer, dass eine westdeutsche Rock-'n'-Roll-Band eine richtige DDR-Tour spielen darf. Eine Gruppe mit eigenen, deutschsprachigen Songs, der die höchste Aufmerksamkeit der Medien gilt. Sie könnte beim ausgehungerten Publikum in der Tat für ein kleines bisschen Krawall sorgen.

«So, grüß euch Gott miteinander, servus!», sagt Sänger Günther Sigl am Anfang des ersten Konzerts zu den rund 600 Leuten im Theatersaal Glauchau, die schon gewaltig vorgeglüht haben und ihren ganz eigenen Rhythmus klatschen. «Ihr seid's ja scho so in Stimmung, da brauch'mer ja gar nimmer spiel'n!» Aber sie spielen. «Der Reißverschluss bleibt zua» heißt der erste Song. Obwohl sich, wenn man so will, der Reißverschluss gerade ein Stückchen weit geöffnet hat.

Zugegeben, die DDR-Tour der Spider Murphy Gang wird in der offiziellen Geschichtsschreibung ähnlich selten groß erwähnt wie das «Konzert für Berlin» von '89. Die Band gilt nicht als sonderlich subversiv, der Fall war seinerzeit wenig umstritten. Und trotzdem ist er, quasi zum Einstieg in die Materie, ein exzellentes Beispiel dafür, wie der west-östliche Kulturhandel funktionierte. 1983, mitten in der ärgsten Phase des deutsch-deutschen Annäherungs-Abstoßungs-Spiels.

Ein Jahr für Kriegsspiele, Menschenketten und falsche Tagebücher

Es ist bis dahin schon ein Jahr vieler dramatischer Verwirrungen gewesen, eine Art Nussschalen-Version des gesamten Kalten Kriegs. Im März haben Neuwahlen in der BRD dem frisch ins Amt gekommenen CDU-Kanzler Helmut Kohl auch noch die stabile Mehrheit im Parlament gebracht, mit 48,8 Prozent für die CDU/CSU, sieben Prozent für den Koalitionspartner

FDP. Kurz danach eskaliert die sogenannte Flick-Affäre ein weiteres Mal, die politische Geschichte über Steuerhinterziehungen, Schmiergelder und einen Stasiagenten im Bundestag. Es kommt zu Anzeigen gegen diverse Strippenzieher und amtierende wie ehemalige Regierungsköpfe. Helmut Kohl muss alles umständlich wegregieren.

Im April gibt es gleich zwei rätselhafte Vorfälle, bei denen Westbürger während der Formalitäten zur Einreise in die DDR an Herzschlägen sterben. Es folgen diplomatische Strafmanöver, Staatstermine werden abgesagt, auf beiden Seiten. Derweil kommen die Schriftsteller Günter Grass, Stephan Hermlin, Ulrich Plenzdorf und noch weitere in Ostberlin zum offiziellen, deutsch-deutschen, wenn auch von heftigstem Knatsch bestimmten Literatursymposium zusammen.

Mitte September wird Richard von Weizsäcker zum Termin beim DDR-Staatschef Erich Honecker eingeladen. Er ist der allererste Westberliner Bürgermeister, dem dieses Protokoll zuteilwird. Das Tapetenmuster im Schloss Niederschönhausen strahlt grell, der Händedruck zwischen von Weizsäcker und Honecker wirkt im Vergleich umso stabiler.

Knapp drei Wochen später gibt Honecker dann in einer Interviewrunde mit österreichischen Reportern zum ersten Mal schriftreif zu, dass die rund 60 000 SM-70-Selbstschussanlagen an der DDR-Grenze wirklich existieren und nicht nur eine westliche Propagandatheorie sind. Und er verkündet, man habe bereits begonnen, sie zu entfernen.

Dass am ersten Weihnachtstag der 21-jährige Ostberliner Handwerker Silvio Proksch an der Mauer stirbt, hat mit den Schussanlagen nichts zu tun. Proksch wird, als er abends beim Bürgerpark Pankow über den Todesstreifen auf die Mauer zuläuft, von einem Grenzsoldaten zielsicher in Hüfte und Schenkel geschossen. Man lässt ihn zunächst einmal liegen und bluten. Bei der Einlieferung ins Krankenhaus ist Proksch schon tot. Die Familie bekommt den Leichnam nie zu sehen. Der Schütze kriegt eine Verdienstmedaille.

Auch sonst passiert 1983 viel Verstörendes. Im Mai sind die angeblich vom Magazin *Stern* sichergestellten Hitler-Tagebücher als Fälschungen enttarnt worden. Im Juni bringt der *Spiegel* zum ersten Mal eine Titelstory über die Immunschwäche Aids: «Die rätselhafte Krankheit».

Zur selben Zeit kommt «War Games» in die Kinos. Die United-Artists-Produktion dreht sich um einen jungen Computerhacker in Seattle, der durch ein mit dem heimischen Akustikkoppler angezapftes Online-Simulationsspiel beinahe den dritten Weltkrieg zwischen USA, Russland und ihren Verbündeten auslöst. «War Games» landet in Amerika auf Platz fünf der erfolgreichsten Kino-Ereignisse des Jahres, knapp hinter der dritten «Krieg der Sterne»-Episode und dem Boulevard-Ulk «Tootsie», vor «Lockere Geschäfte» mit dem damals (wie der Mauertote Silvio Proksch) 21-jährigen Tom Cruise und dem aktuellen James-Bond-Film «Octopussy», der teilweise in Karl-Marx-Stadt spielt. Gedreht worden sind die Szenen im englischen Peterborough. Der Marx-Kopf ist daher nicht im Bild.

In der Bundesrepublik ist «The Day After – Der Tag danach» der fünfterfolgreichste Film des Jahres, eine US-Kriegsseifenoper über einen russischen Atomschlag und seine Folgen. Das Plakat zeigt einen schaurigen Special-Effects-Atompilz, der Film wird zum großen Thema in Presse und Fernsehmagazinen. In der DDR wird derweil die große Fernsehserie «Einzug ins Paradies» produziert, die sich ums staatliche Wohnungsbauprogramm dreht und die Schicksalsgeschichten von fünf Familien im Plattenbau in Berlin-Marzahn miteinander verknotet. Das Ergebnis wird im Staatlichen Komitee für Fernsehen und im ZK-Sekretariat für Agitation so kontrovers debattiert, dass es erst 1987 ins Fernsehen kommt.

Ist das wirklich das Jahr, in dem man als lustige bayerische Band nach drüben fahren will, zur prophylaktischen Handreichung? Der Kalte Krieg ist jedenfalls gerade dabei, sich um einige zusätzliche Eisfachstufen zu verfrosten.

Die unscharfe Angst wird plötzlich so greifbar, dass sie die Leute aufweckt und zum öffentlichen Demonstrieren motiviert, in beiden Teilen Deutschlands. Manchmal in Form von echtem zivilem Ungehorsam, manchmal als inszenierte Geste. «Europa darf kein Euroshima werden» ist das Motto der Demo von 100 000 Menschen in Dresden, die von der Regierungspartei SED selbst für den 13. Februar 1983 organisiert wird, dem Jahrestag der ersten Bombardierung durch die Alliierten. Es geht um die Konsequenzen des knapp vier Jahre alten Nato-Doppelbeschlusses, der unter anderem vorsieht, dass US-amerikanische Pershing- und Cruise-Missile-Atomraketen in Westeuropa aufgestellt werden sollen, ein Schachzug zur Abschreckung, als Antwort auf die russische Mittelstreckentechnologie.

Kurz vor der zugehörigen Bundestagsentscheidung wird in der BRD der sogenannte «Heiße Herbst» zelebriert. Der Höhepunkt: Am 22. Oktober demonstrieren rund 1,3 Millionen in Bonn, Hamburg und Westberlin gegen eine Entscheidung für deutsche Raketenstandorte. Die süddeutsche Menschenkette reicht über 100 Kilometer weit, von Neu-Ulm bis Stuttgart. Der Spruch des Tages, abgewandelt nach Bertolt Brecht: «Stellt euch vor, es ist Krieg, und keiner geht hin.»

Am 22. November 1983 stimmt der Bundestag trotzdem für die Bewaffnung, mit 286 gegen 226 Stimmen. Die Sowjetunion setzt die in Genf laufenden Abrüstungsverhandlungen daraufhin aus. Wenige Tage später rollen US-Nuklearsprengköpfe in die Bundesrepublik ein.

Am 7. November, dem Tag, bevor die Spider Murphy Gang in Rostock ihr insgesamt sechstes DDR-Konzert spielt, startet zudem an diversen Orten Europas das streng geheime Nato-Militärmanöver «Able Archer 83». Es ist die Kommandoübung, in der ein möglicher Atomkrieg einmal trocken durchgespielt werden soll. Jahre später wird bekannt, dass es dabei beinahe zur Totalkatastrophe gekommen wäre. Die Simulation wirkt auf einige Verantwortliche beim sowjetischen Geheimdienst derart authentisch und überzeugend, dass sie die ersten Vorbereitungen für einen hundertprozentig echten Gegenschlag einleiten lassen.

Die Geschichte des Films «War Games», den sich das deutsche Kinopublikum derweil mit Cola und Eiskonfekt anschaut, findet parallel also wirklich statt, ohne dass es jemand mitbekommt. Die Spider Murphy Gang hätte den Ausbruch des Dritten Weltkriegs um ein Haar auf Tour in der DDR erlebt, ausgerechnet. Die deutsche Fernsehserie «Deutschland 83», die auf der Story der «Able Archer»-Affäre basiert, wird 2015 bis in die USA weiterverkauft werden.

Eine Rockband muss an vieles denken, bevor sie nach Osten geht

«Für uns war es damals ja gar nicht vorstellbar, dass sich irgendwann etwas an diesem verfahrenen Weltzustand ändern könnte», sagt Günther Sigl heute, der Sänger, Bassist und Hauptsongschreiber der Spider Murphy Gang. «Es gab zwei deutsche Staaten, das war wie in Stein gemeißelt. Für eine bundesdeutsche Rockband wie uns war es ja tendenziell einfacher, in Japan, Brasilien oder den USA zu spielen als in der DDR. Unsere Tour war für die Autoritäten wohl auch so etwas wie ein Versuchsballon.»

Wenn man verstehen will, was an der Idee für eine solche Tour zu der Zeit so einzigartig war, muss man an zwei Dinge denken. Erstens: Künstlerinnen und Künstler aus westlichen Ländern, ganz besonders aus Westdeutschland, konnten 1983 nicht einfach direkt mit Konzertveranstaltern oder Agenturen in der DDR kommunizieren und verhandeln, wie es in der kapitalistischen Welt üblich war, wenn man auf Tour gehen wollte. Für Ostdeutschland brauchte man die offizielle Einladung von einer der dazu befugten Institutionen – zum Beispiel von der staatlichen Jugendorganisation Freie Deutsche Jugend (FDJ), von der Künstleragentur, einer Art Behörde, die in beide Richtungen alle West-Ost-Kulturreisen steuerte und absegnen ließ, oder auch direkt vom Palast der Republik in Ostberlin. Ohne die Initiative der politisch befugten Stellen war kein Auftritt möglich, zumindest kein legaler.

Dazu kam etwas, das häufig übersehen wird: Eine Westband, die eingeladen wurde, musste in einer solchen Reise auch selbst den nötigen Sinn sehen. Sie musste entscheiden, ob sie sich das diplomatische und bürokratische Tamtam ans Bein binden wollte, das ihr dabei blühte, die Durchleuchtung durch die Staatssicherheit, die Kontrolle von Songtexten und so weiter. Relevante Gagen oder nachhaltigen Ruhm, also eine systemgemäße Gegenleistung, die den Einsatz gerechtfertigt hätte, versprach ein DDR-Gastspiel Anfang der 80er-Jahre ganz sicher nicht. Jedenfalls nicht nach den Kriterien der westlichen Kultur-Wertschöpfung.

Daheim in der Bundesrepublik hatte die Spider Murphy Gang damals alles erreicht, was man als Band mit so scharf zugespitztem Genre schaffen konnte. Gestartet war sie als Tanzkapelle in München-Schwabing, die in den mittleren bis späten 70ern in Liveclubs und den Kneipen amerikanischer Besatzungssoldaten alte Rock-'n'-Roll-Hits spielte. Schon 1982 hatten die vier, nachdem sie mit eigenen, von Sigl bauernschlau getexteten Songs beim Kölner Musikkonzern EMI

Electrola untergekommen waren, dann schon zwei Goldene und eine Platinschallplatte in der Bilanz. Über eine Million Platten hatten sich verkauft, den Spider-Murphy-Kinofilm sahen 1983 rund 250 000 Menschen.

Allein das Album «Dolce Vita» und die berühmte Single «Skandal im Sperrbezirk» standen beide je zwei Monate lang auf Nummer eins der Charts. Am 2. August 1982 trat die Band in einer Folge der «ZDF Hitparade» mit Dieter Thomas Heck gleich zweimal auf, mit verschiedenen Songs. Zu «Wo bist du?» hampelten sie in Tracht und mit volkstümlichen Instrumenten als Oktoberfestgruppe zum Playback. Sie waren gleichzeitig Pop- und Schlagerstars, die sich eine Zeit lang fast alles erlauben konnten.

Im «Sperrbezirk»-Song, inspiriert durch Erik Silvesters 70er-Schlager «Skandal um Rosi», erzählte Sigl vom vergeblichen Bemühen der Münchener Autoritäten, anlässlich der Olympischen Sommerspiele 1972 die Innenstadt vom Prostitutionsgewerbe zu säubern. In «Schickeria» spottete er relativ explizit über den Schwabinger Jetset, und im weniger bekannten Stück «Freizeit 81» sang er über die gleichnamige ultralinke Aktionsgruppe, die in München mehrere Brandanschläge auf Banken und öffentliche Gebäude verübt hatte. Die Geschichten klangen hier zwar mehr wie lustig aufgespießte Lokalmeldungen, aber wenigstens vibrierten sie ein wenig mit der Wirklichkeit.

Politische Sympathie oder Sendungsbewusstsein seien allerdings kein Grund dafür gewesen, dass die Band zum Höhepunkt ihres Ruhms ausgerechnet in der DDR auftreten wollte, sagt Sigl. Sie hätten schlicht so viel Fanpost aus dem Osten bekommen, wo der Bayerische Rundfunk in grenznahen Regionen gut zu empfangen war. «Wir wollten gern für die Leute spielen, aber auf keinen Fall auf ideologische Mission gehen», betont er. Und nennt dann ganz nebenbei noch einen anderen

Beweggrund, der für die West-Ost-Reisen vieler Musiker eine Rolle spielte, die man nie vergessen darf: «Für uns war es ja auch gute Promotion.»

Also: Promotion im eigenen Land, die eine solche Ostmission in jedem Fall bedeutete. Ein grenzüberschreitendes Manöver, ein Bruder- und Schwesterngruß in die andere Hälfte Deutschlands, eine unterhaltsame Unze Ostpolitik brachte 1983 viele gute Überschriften in der News- und Musikpresse, dazu mindestens einen Filmbericht im «heute journal» und ein paar bestens platzierte Artikel in der *Bild*. Eine Story, die in enorm guter Farbe strahlte, wenn man es schaffte, sie halbwegs unfallfrei zu erzählen.

Fährt die Spider Murphy Gang denn nun – oder doch nicht?

Aber wie sollte der Kontakt nach Osten hergestellt werden, dorthin, wo die übliche Infrastruktur des Showbusiness nicht hinreichte? Spider-Murphy-Manager Jürgen Thürnau musste an einen früheren guten Arbeitskontakt denken, einen wichtigen Lieferanten des Hannoveraner Plattenladens, in dem er nach der Lehre einen Job gehabt hatte. Peter Schimmelpfennig, ein ausgefuchster, mittlerweile in Westberlin ansässiger Musikmanager, hatte sich inzwischen auf den Kulturaustausch zwischen DDR und BRD spezialisiert. Er vermittelte große Ostbands wie die Puhdys, Karat und City an westliche Konzertveranstalter, brachte über sein Label Pool ihre Platten in der Bundesrepublik heraus.

Vielleicht könnte er ja der Gang helfen, die Sache umzudrehen: Musik auch in die Gegenrichtung zu transportieren, von Ost nach West. Thürnau rief an, Schimmelpfennig wurde aktiv und ließ die Kontakte spielen (wir werden ihn später im

Buch noch näher kennenlernen). Als Jürgen Thürnau im Januar 1983 zur jährlichen Musikmesse MIDEM nach Cannes fuhr, hatte er dort tatsächlich eine offizielle Verabredung mit Egon Werther, dem stellvertretenden Generaldirektor der Künstleragentur der DDR. Wortlaute sind nicht überliefert, aber das Gespräch verlief unproblematisch. Man ging bestens gelaunt auseinander.

In den kommenden Wochen warteten die Münchener auf den Anruf aus Ostberlin, auf die finale Bestätigung für ihre Tour. Aber sie kam nicht.

Womöglich waren es zwei weitere Ereignisse im eh schon newslastigen Jahr '83, die letztendlich für die Spider Murphy Gang arbeiteten. Am 29. Juni übernahm die Regierung in Bonn die Bürgschaft für einen Kredit über eine Milliarde D-Mark, den die Staatsführung der DDR zu der Zeit dringend brauchen konnte. Anders war der Staatshaushalt, der in feuerroten Zahlen steckte, nicht mehr aktionsfähig zu halten, im Jahr darauf folgte noch ein zweiter BRD-Kredit.

Der eher unwahrscheinliche Hauptinitiator auf bundesdeutscher Seite war – wir hatten es vorher schon kurz von ihm – Franz Josef Strauß, bayerischer Ministerpräsident und erklärter Antikommunist. Strauß musste sich für den Coup auch gegen die eigenen politischen Freunde umständlich verteidigen. Angeblich löste er damit sogar einige CSU-Austritte aus, die über Umwege zur Gründung der rechtsradikalen Partei Die Republikaner führen sollten. In der neuen, überraschenden Rolle als Freund der DDR und Honecker-Anwalt überzeugte Strauß nur die wenigsten Beobachter so wirklich.

Auch wenn sich die Motivationen auf beiden Seiten bald als scheinheilig herausstellen sollten: Es ist nicht ausgeschlossen, dass die Einladung an die Rock-'n'-Roll-Gruppe aus Bayern als kleine, freundschaftliche Begleitgeste der DDR hinzukam.

Ein Zugeständnis, das die Verantwortlichen nicht sonderlich viel kostete.

Vertreter der Jugendorganisation FDJ hatten beim staatlichen Komitee für Unterhaltungskunst zuletzt darauf gedrängt, mehr publikumswirksame Westkünstler ins Land zu bringen. Es gab schwierige Verhandlungen mit Udo Lindenberg, der am 25. Oktober einmalig im Ostberliner Palast der Republik spielen würde und ebenso ein Tourneekandidat war wie der Sänger Peter Maffay oder die Kölner Rockband BAP. Dass die Spider Murphy Gang hier als Protagonisten eines weit weniger riskanten, von etwas längerer Hand geplanten Probelaufs dienen sollten, ist sehr wahrscheinlich. Wie Sigl es sagte: ein Versuchsballon, der den Ablauf und die prinzipielle Flugsicherheit solcher Konzertreisen testen sollte.

Jedenfalls meldete die Künstleragentur der DDR sich im Herbst 1983 dann eben doch noch in München und sprach die endgültige Einladung aus, auf die man lange gewartet hatte. Dem Kulturministerium dürfte, dem ganzen offiziellen Jargon zum Trotz, durchaus klar gewesen sein, dass die Bayern eher Launebären als Querulanten waren, keine ernsthaft gefährlichen Künstler. Die Gang bekam offenbar keine Zensurvorgaben oder Liedverbote. Ostberlin, wo der öffentliche Fokus besonders stark war, stand dennoch nicht auf dem Spielplan, den die Agentur dem Management ohne Diskussion zustellte. Die Band sollte vor allem in kleineren, unauffälligen Flecken wie Bad Blankenburg oder Unterwellenborn auftreten. Es waren perfekte Testbedingungen.

«BRD-Rockgruppe begann Tournee durch die DDR», meldete die Parteizeitung *Neues Deutschland* ordnungsgemäß am 3. November. «Mit stürmischem Applaus» habe das Publikum im Kreiskulturhaus Glauchau die Spider Murphy Gang begrüßt, «der Auftritt vor etwa 600 Jugendlichen der sächsischen Textilarbeiterstadt bildete den Auftakt zur ersten

DDR-Tournee dieser Gruppe». Die Meldung, 14 dünne Zeilen, kauerte rechts unten auf Zeitungsseite vier, gut versteckt. Die *Bild* im Westen berichtete umso größer.

Die Spidermania wütet in Sachsen

Wenige Tage später, irgendwo zwischen Zwickau und Karl-Marx-Stadt. Die Spider-Murphy-Burschen fühlen sich endlich einmal wieder wie die Beatles, wie zu den ganz aufregenden, frühen Zeiten im Westen.

«Die Leute in der DDR waren ja komplett euphorisch. Man merkte ihnen an, dass es wirklich etwas Besonderes für sie war, eine Westband wie uns zu erleben, die sie aus dem Fernsehen kannten», erinnert sich Sigl. «Dass es in kleineren Theatern Ordnungspersonal gab, das aufpasste, dass die Zuschauer auf den Plätzen sitzen blieben, kannten wir auch aus dem Westen, vom Circus Krone in München zum Beispiel.» Aber in Unterwellenborn, Rostock oder Riesa ist das nicht lange durchzuhalten. «Die Leute fingen zu tanzen an, Mädchen kamen auf die Bühne, busselten uns ab. Es gab durchaus Tumult.»

Den Jungs und Mädchen in ihren Anoraks und Sweatshirts, Hemdkrägen und Häkelpullis ist die aufrichtige, stürmische Freude anzusehen. Vor den Hallen stehen oft noch mal doppelt so viele wie drinnen. Sie hoffen, doch noch irgendwie ins Konzert hineinzukommen oder zumindest ein paar Buttons oder Aufkleber zu bekommen. Thürnau und seine Helfer werden förmlich überrannt, wenn sie mit ihren Pappkartons auftauchen.

Anders als bei der berüchtigten Lindenberg-Show sind die Eintrittskarten keineswegs nur an Parteikader verteilt worden. Trotzdem wird ein Großteil der Ticketkontingente von örtlichen Betrieben verwaltet und gezielt ans Personal vergeben, in

Riesa zum Beispiel vom VEB Rohrkombinat Stahl- und Walzwerk. So gibt es auch hier reihenweise Fans, die keine Chance haben, per First-Hand-Kauf an eine Karte zu kommen. Ihnen bleibt nur der Schwarzmarkt, sie bezahlen für Plätze, die regulär um die 20 Mark kosten, bis zu 100 Mark. Das ist ungefähr ein Lehrlingsmonatsgehalt.

«Während drinnen die Spiders ihr Programm, übrigens dasselbe wie in der BRD, über die Bühnenrampe fetzen, wandle ich durch die Gänge», schreibt der Schweizer Journalist und Tourbegleiter Bernie Sigg später im *Musikexpress* über die Show in der Sport- und Kongresshalle Rostock, die mit 4500 Zuschauerinnen und Zuschauern die größte der Tour ist. «Ein paar Girls stürmen auf mich zu. ‹Haben Sie Anstecker, Poster, Autogrammkarten, T-Shirts?› Hab ich nicht. Dann klagen sie ihr Leid. ‹Wir haben Karten für den Balkon, aber wir möchten nach unten, wo Stimmung ist. Doch die FDJ-Ordner lassen uns nicht rein.›»

Eine gewisse Gitti, 17, die von ihrer Mutter im Auto zweieinhalb Stunden lang aus der Mecklenburgischen Pampa hergebracht worden ist, hat riesiges Glück. Das Fototeam von *Pop/Rocky* wählt sie aus, um der Band backstage den Bronzenen Hammerschlumpf zu überreichen, den offiziellen Award der Zeitschrift. Alle Beteiligten sind so überaus erfreut, dass die Musiker den Schlumpf am Ende übermütig zurück an Gitti überreichen und sie quasi selbst als Preisträgerin heimkehrt, als DDR-Girl des Jahres.

Die Medienleute aus der Bundesrepublik erfüllen so gesehen genau den Job, für den die DDR sie ins Land gelassen hat. Sie dokumentieren fürs große Publikum aus erster Hand die grenzenlose, zwar durchaus glaubwürdige, aber auch zutiefst naive Begeisterung, die die Besuchten und die Besuchenden füreinander aufbringen.

«Politische Gründe? Überhaupt nicht», sagt Bandmanager

Thürnau, als die West-Reporterin Cornelia Leitner ihn für ihre ZDF-Dokumentation vor dem gelben Band-Mercedes positioniert. «Ich glaube, keiner aus der Band hat dabei an Politik gedacht.» Eine Gruppe örtlicher Teenager, die sich hinter dem Auto formiert hat, starrt derweil relativ entgeistert in die Fernsehkamera.

Dass die Reisegruppe trotzdem vom Geheimdienst der DDR bewacht und begleitet wird, hat wohl weniger mit den Bandmitgliedern zu tun als mit dem, inklusive Filmteam, rund 20-köpfigen Medientross. «Aktion ‹Tournee›» nennt sich der Vorgang in den Akten des Ministeriums für Staatssicherheit. Die Band wird hier mit «SMG» abgekürzt, was der Angelegenheit einen aufregend paramilitärischen Touch gibt. Zu berichten gibt es nachweislich nicht viel. Es ist Routine.

Der Morgen nach dem Konzert in Karl-Marx-Stadt wird beispielsweise so beschrieben, in bewährtem Erlebnisaufsatz-Deutsch, bebildert mit einigen leicht unscharfen Schwarz-Weiß-Fotos:

> *11.13 Uhr konnten von der beobachtungsführenden Seite auch die Mitglieder der «SMG» gesehen werden. Sie verließen zu diesem Zeitpunkt das Hotel, um Gepäck in ihrem Wagen* **(nun folgen Typenbezeichnung und Nummernschild)** *zu verstauen. Nachdem alle Personen in ihren Fahrzeugen Platz genommen hatte (sic!), fuhr der gesamte Fahrzeugkonvoi*
> *11.40 Uhr vom Hotel aus zur Autobahnauffahrt Karl-Marx-Stadt/Nord. Außer den bereits erwähnten Fahrzeugen konnten noch folgende PKW im Konvoi festgestellt werden:* **(jetzt folgen Beschreibungen der anderen Autos)**

Viel aufregender wird es nicht. «Jeder Schritt, den wir in der DDR machten, wurde irgendwie dokumentiert», sagt Günther Sigl. «Auf der einen Seite von unseren Presse- und Filmleuten, auf der anderen von der Stasi. Die saßen immer an der Hotelrezeption, das war wie im Agentenfilm: im Trenchcoat, halb hinter der Zeitung versteckt. Wenn auf dem Frühstückstisch eine kleine Blumenvase stand, haben wir immer zum Spaß reingeredet: ‹Hallo Zentrale, könnt ihr uns hören?›»

In Gera kommt die Spider Murphy Gang auch noch zu einem spontanen Auftritt im DDR-Fernsehen. Der österreichische Schlagersänger Andy Borg, der am Abend in der etablierten, seit 1972 alle zwei Monate ausgestrahlten Gala «Ein Kessel Buntes» auftreten soll, hat sich krankgemeldet, die Band soll einspringen. Das für denselben Tag vorgesehene Konzert im Kulturpalast Unterwellenborn wird einfach auf den frühen Nachmittag vorverlegt, abends im «Kessel Buntes» spielt die Band zwei Stücke zum Playback. Schlagzeuger Franz Trojan berichtet in der Gruppenbiografie, die polnischen Pianisten Marek & Vacek hätten ihm hinterher geholfen, endlich einen bislang verbotenen Spaß zu erleben: Er schafft es, eines der DDR-Fanmädchen mit aufs Zimmer im Interhotel zu schmuggeln. Vielleicht ist es sie, für die Trojan später das Lied «Mädchen drüben» sang, den einzigen Song, den er je allein für die Band schrieb:

Es war, wie soll ich sagen, weiter nichts als wie ein Flirt
Doch die Jungs vom Stasi hat das irgendwie gestört
Alle passten mächtig auf, damit ja nichts passiert
Sogar vorm Aufzug standen sie
Um nachzuschau'n, ob ich mit dir …

Partei und Staatsschutz nehmen es in Kauf, dass die Leute in den ausgelassenen, lauten, ansonsten wenig kontroversen Spider-Konzerten Zeilen wie «Stopp, i muss nach Schwabing!» oder «I wander aus, ja, i geh nach Kanada!» mitsingen. Alle nicht unbedingt notwendigen Kontakte zwischen Bundesdeutschen und DDR-Bürgern werden jedoch auf ein Minimum beschränkt. Wohl auch deshalb, weil sie nur schwer zu beobachten und belauschen sind. Einzelne Fans schaffen es im Spidermania-Getümmel trotzdem, den Musikern Zettel zuzustecken. Briefe, die sie in den Westen mitnehmen sollen, Bitten um Fluchthilfe, teilweise direkt an den bayrischen Kreditwohltäter Strauß adressiert. Es bleiben Ausnahmen.

Ein komplett vorurteilsloses Beschnüffeln zwischen DDR- und BRD-Bürgern ist 1983 so oder so kaum möglich. Dazu, das zeigt sich schnell, ist die zeitgenössische West-Ost-Folklore auf beiden Seiten viel zu tief eingesickert: die verkappten Heils- und Materialversprechen auf der einen Seite, auf der anderen die Onkels-von-drüben-Fantasien und der James-Bond-Kitzel.

Für die Musiker verkörpert sich die Spannung in der Person ihres Tourbegleiters Bernd. Bernd, Anfang 40, schlank, dunkelhaarig, ist ihnen von der Künstleragentur zur Seite gestellt worden. Er zieht auf der ganzen Reise mit ihnen umher, fährt im Auto voran, zeigt ihnen die Wege zu Hallen und Hotels, kümmert sich um die Formalien. Bernd beschafft Zigaretten, Schnaps und Westzeitungen, wenn sie ihn fragen. Er klärt die Fronten, wenn es doch mal Konflikte mit den Behörden gibt. Er übersetzt von einem Deutsch ins andere. Und er öffnet mit seinem Ausweis auch die Türen, die eigentlich verschlossen sind. Im Tross steht er für die dauernde Präsenz der Staatsmacht – der DDR, die einerseits ein penibles, strenges Auge auf die Gäste hat, sie andererseits aber auch so zuvorkommend wie möglich durch ihr wildes, für Außenstehende schwer verständliches Land geleitet.

Irgendwann im Lauf der Tour fängt Günther Sigl an, ihn nur noch «Stasi-Bernd» zu nennen. Dass der Betreuer immer kurz vor Konzertbeginn auf die Bühne geht, das Publikum anheizt und die Band ansagt, gut artikuliert, im weißen Sakko und roten Spider-Murphy-T-Shirt, setzt seiner seltsamen Multifunktion die Krone auf. «Wie ist die Stimmung hier?», ruft er am Anfang in die Säle. «Wir haben allen Grund, uns auf gute anderthalb Stunden Musik zu freuen!»

Ein Tourbetreuer zwischen klirrenden Fenstern und Straßenschlachten

Knapp 38 Jahre später sitzt Stasi-Bernd in seinem Garten in Erfurt. Tisch und Stühle stehen hinterm Haus, seine Frau reicht Kaffeetassen durchs offene Küchenfenster. Hinter der Hecke beim Nachbarn wird irgendetwas gebohrt. Bernd Martin, Anfang 80, im weißen Polohemd und mit silbernem Armreif, ist immer noch so drahtig wie damals.

Und nein, das betont er mehrfach, Mitarbeiter der Stasi sei er nie gewesen. Dass Günther Sigl ihn so nannte, bekam er gar nicht mit.

Und dann erzählt er seinen Teil der Geschichte. Martin war zu DDR-Zeiten Sprecher, Moderator und Conférencier. Angefangen hatte er als Techniker und Redakteur beim sogenannten Betriebsfunk im Großbetrieb Funkwerk in Erfurt. Die Belegschaft, die dort Elektronenröhren und Messgeräte baute, bekam in den Hallen ihre eigene, maßgeschneiderte Radiobeschallung, hier saß er dann irgendwann am Mikrofon. Parallel moderierte er Bühnengalas, Varieté-Programme mit Musik, Artistik, Comedy, Zauberei. Gewissermaßen den «Kessel Buntes» in echt, eine beim gesetzteren Publikum extrem beliebte Showform. Auch dafür brauchte man einen staatlichen Berufsausweis. Einfach so als Feierabend-Willi oder dampfplaudernder Gebrauchtwagenhändler wie in der BRD wurde man in der DDR nicht auf die Bühne gelassen.

«Überall, wo solche Veranstaltungen waren, war natürlich auch der VEB Horch und Guck dabei», sagt Bernd Martin, er meint die Stasimitarbeiter, die zur Kontrolle in den Sälen saßen. «Ich machte in meinen Moderationen immer auch zeitkritische Anspielungen, zwischen den Zeilen, die alle im Publikum verstanden. Aber ich stellte niemanden an den Pranger, sagte nichts Zerstörerisches. Aus Sicht der Stasi hatte ich dann irgendwann meinen grünen Haken.»

Wenn die Vertreter von Partei oder Stasi von ihm bei besonderen Anlässen verlangten, die Sprechtexte vorher einzureichen, habe er sich geweigert, sagt er. Trotzdem merkte irgendwann auch die Künstleragentur, dass man sich auf ihn verlassen konnte. «Die sagten sich wohl: ‹Okay, der Martin ist ausreichend durchleuchtet, den können wir einsetzen.›» So wurden die Aufgaben verteilt.

Martin ist keiner, der rückblickend über die DDR schimpfen würde. Mitte der 70er-Jahre war er in die SED eingetreten, es dürfte ein weiteres Argument dafür gewesen sein, dass die Künstleragentur ihn Anfang der 80er mehrfach für Jobs engagierte, bei denen ein spezieller Vertrauensvorschuss nötig war. Zu quasi interkulturellen Geschichten, als mitreisender Tourleiter für westdeutsche Rockbands, die zu dem Zeitpunkt zum ersten Mal in die DDR kamen.

«Wir sind immer im Konvoi gefahren, ich vorneweg mit dem Lada», sagt er. «Ich hatte die Aufgabe, die Leute von A nach B zu bringen, den Saal und die Garderoben zu checken, alle Wünsche und Notwendigkeiten zu erfüllen, die sich vor Ort ergaben.» Wachen und Lauschen musste er gar nicht unbedingt, dafür waren ja die Profis dabei, die in den anderen Ladas hinterherfuhren. Falls nötig, konnte er Kontakt herstellen. Und hinterher schrieb er einen Abschlussbericht.

Seine ersten Schützlinge waren im August 1982 die Musiker der Beatles Revival Band. Im November darauf betreute er Tangerine Dream, die nach einem epochalen Auftritt im Palast der Republik von 1980 für acht weitere DDR-Konzerte bis nach Suhl und Schwedt an der Oder fuhren. Martin erinnert sich, wie in den alten Innenstadt-Konzertsälen die Fensterscheiben zu klirren begannen, wenn die Westberliner ihre Synthesizerwumme hochfuhren.

Das Publikum reagierte eher mit studentischer Bedächtigkeit. Die Spider Murphy Gang war ein Jahr später ein anderes Kaliber. «Bei einigen ihrer Konzerte gab es durchaus brenzlige Situationen», sagt Martin. «Viele örtliche Entscheider gingen eher engstirnig an die Sache heran, so nach dem Motto: ‹Westgruppe? Besonders hart durchgreifen!› Die Ordner und die Polizei hatten zum Teil so strikte Anweisungen, dass die Situation ein paar Mal fast eskaliert wäre.» Die Musiker bekamen hinter der Bühne wenig davon mit.

In Bad Blankenburg zum Beispiel ging das Personal so brutal gegen die Teenager vor, die ohne Karte zu kommen versuchten, dass Martin sich gezwungen sah, einzugreifen. «Ich wusste ja, wo die Stasileute vor Ort zu finden waren. Mit vielen von ihnen konnte man durchaus reden. Hätten sie die Ordner nicht zur Räson gerufen, wer weiß, was passiert wäre.»

Gerade in der DDR kann gute Rhetorik Probleme lösen

Zum politisch explosivsten Vorfall der Tour kam es in Gera. Martin fuhr wie immer voraus, hatte plötzlich die Kolonne aus dem Rückspiegel verloren. «Sie kamen und kamen nicht. Ich drehte um, fuhr umständlich zurück, und dann sah ich schon die Uniformierten.»

Die Musiker hatten ein weiteres Mal nach zünftig-sozialistischen Bilderwelten gesucht und bei der Stadtfahrt eine großartige Hochhauswand entdeckt: komplett im Arbeiter- und Bauernstil bemalt, mit Marx und allem, was Ost-Touristen sich erträumten. Wieder hielten sie an, stiegen aus. Wieder hampelten sie, wieder knipsten die *Bild*- und *Pop/Rocky*-Reporter. Das Wichtigste wussten sie nicht. Das Gebäude, vor dem sie die lustige Session abhielten, war das örtliche Stasihauptquartier. Ein Ort, den wirklich niemand fotografierte – außer Leute, die von anderen Geheimdiensten dazu beauftragt wurden.

«Es war ein großes Problem, sie da wieder rauszukriegen», sagt Martin. Die Band war festgenommen worden, praktischerweise waren die Verhörzimmer nicht weit. «Ich musste der SED-Leitung klarmachen, dass das keine Saboteure oder Spione waren, sondern einfach nur Musiker, die zum ersten Mal in der DDR waren und Karl Marx fotografieren wollten.»

Die Befehls- und Genehmigungsketten nahmen ihre Zeit. Das Konzert begann trotzdem pünktlich. Es war das achte und letzte der Tour. Und so brisant der Fotovorfall auf den ersten Blick vielleicht wirkte, auch er war am Ende nur eine kleine Notiz in einer ansonsten vorbildlichen Akte. Die «Aktion ‹Tournee›» dürfte von Künstleragentur, Kulturministerium und Staatsführung als gut kontrollierter Erfolg verbucht worden sein.

«Ich habe mir bei solchen Geschichten sicher nicht eingebildet, ich wäre im Namen der Völkerverständigung unterwegs», sagt Tourbegleiter Martin im Rückblick. «Aber man dachte schon: Jetzt geht es damit los, dass sich Ost und West ein wenig näherkommen. Es war ja Neuland für beide Seiten. Für die Besucher, die merkten, dass in der DDR vieles anders war, als sie es sich vorgestellt hatten. Und für unser Publikum, das begeistert war, endlich die Musik erleben zu können.»

1985, zwei Jahre nach der Spider-Tour, kam Martin sogar

noch zu einer kurzen TV-Karriere. «Glück muss man haben» hieß die Wettkampfshow, die die Samstagabendunterhaltung der DDR auf ein neues Level heben sollte. Kandidatinnen und Kandidaten spielten an der Seite von Prominenten, und auch für die Fernsehzuschauer gab es Gewinne: einen Farbfernseher, eine Reise nach Sotschi und einen Trabant de Luxe (der sich vom gewöhnlichen Trabant unter anderem durch verchromte Stoßstangen und eine zweifarbige Lackierung abhob). Bernd Martin moderierte. Die erste Ausgabe lief am 9. November 1985, so terminiert, dass vorher noch alle gemütlich die «Schwarzwaldklinik» im ZDF gucken konnten.

Martin sagt, er habe sich mit den Gesetzen des Fernsehens nicht wohlgefühlt. 1988, nach elf Sendungen, gab er die Moderation ab. Wolfgang Lippert, seinerzeit angesagter Sänger und Moderator, wurde sein Nachfolger, derselbe Lippert, der vier Jahre später im gesamtdeutschen ZDF «Wetten, dass..?» übernahm, wenn auch nur für neun Ausgaben. In seiner Autobiografie «Lippi-Bekenntnisse» deutet er lautstark an, dass im Fall von «Glück muss man haben» alles ganz anders war. Martin sei vom Sender aus der Show entfernt worden, weil man ihn, Lippert, für den besseren Mann hielt. Es scheint eine Frage der Ehre gewesen zu sein.

Martin steht kurz vom Erfurter Gartentisch auf. Geht ins Haus, kommt mit einem bunten Flyer zurück, den er aufgehoben hat. Glänzend, hochformatig, vorn ein Foto seines jüngeren Ichs aus den 90ern, im Smoking, mit der Handgeste des Alleinunterhalters. Die Überschrift: «Das ist Ihr Mann». So machte er nach der Wende Eigenwerbung, als im Entertainment die Karten neu gemischt wurden und es plötzlich so viel freie Konkurrenz gab. Aber auch dieses Mal erwischte er es bestens. Er wurde beim Thüringer Rundfunk engagiert, 1992 beim neu installierten MDR, machte Radio und Fernsehen, zeitweise beim WDR in Köln. Der Mann, der über die DDR so wenig zu klagen hat, sagt auch über die Wiedervereinigung im Nachhinein nichts Schlechtes.

Der vermutlich größte kulturdiplomatische Dienst, den Bernd Martin den Ostdeutschen erwies, wurde übrigens nie publik. Es geht um den 10. März 1983, den Tag, an dem die weltberühmte Sängerin Nana Mouskouri auf ihrer DDR-Tour nach Leipzig kam. Martin, der Betreuer, musste schon bei der Ankunft einige Verstimmungen abmoderieren. Die Direktion des Opernhauses hatte aufgrund einer Namensverwechslung eigentlich Melina Mercouri erwartet, die griechische Kulturministerin und Sängerin. Einer leichtgewichtigen Mouskouri-Schlagergala, meinte die Hausleitung, hätte man niemals zugestimmt. Es war wahnsinnig peinlich.

Das größere Problem kam erst noch. Da das Kulturbudget der DDR zu wenig Devisen hergab, um Mouskouri ganz in D-Mark zu bezahlen, hatte man sich als zusätzliche Naturaliengage auf einen Flügel aus der Manufaktur Julius Blüthner geeinigt, die seit 1853 in Großpösna bei Leipzig firmierte. Zur besonderen Anerkennung war ein historisches, restauriertes Originalmodell beschafft worden, unbezahlbar.

Mouskouri sah das anders. Sie wolle den alten Trödel nicht, ließ sie ausrichten, und schloss sich beleidigt im Hotelzimmer ein. Wenn sie keinen neuen Flügel bekäme, dann singe sie auch nicht.

«Ich versuchte alles, um sie zu überreden, durch die geschlossene Tür, übers Hoteltelefon», sagt Martin. «Aber sie blieb stur. Das Konzert stand auf der Kippe.» Am Ende packte er sie wohl noch irgendwie bei der Künstlerinnenehre, mit dem richtigen Wort. Nana Mouskouri sang. Mit weiblichen oder männlichen Diven dieses Zuschnitts gab es im realsozialistischen Kunstbetrieb wenig praktische Erfahrung.

Es geht ums Geld – oder um geldwertes Porzellan

Die Sache mit der Gage war auch bei der Spider-Murphy-Gang-Tour ein leichter Stressfaktor. Manager Thürnau nennt die absolute Summe nicht, sagt allerdings, dass die Band laut Abmachung bloß fünf Prozent davon in D-Mark ausgezahlt bekam. Die restlichen 95 Prozent gab es in Mark der DDR, und davon wiederum wurde den Westdeutschen die Hälfte zur zollfreien Ausfuhr genehmigt.

«Ich bin dann noch einmal rübergefahren, in ein großes Warenlager mit Antiquitäten und DDR-Exportgütern», erzählt der Manager. «Dort habe ich mit unserer Ostgage eingekauft. Unser Keyboarder Michael Busse wollte einen bestimmten Flügel, für mich selbst nahm ich Porzellan. Das benutze ich heute noch.» Eine Zeitung kritisierte, der Band sei hier auch Eigentum von Republikflüchtigen angeboten worden. Dass die DDR für ihre internationalen Geschäfte auch Raubkunst und enteignete Waren benutzte, wussten schon damals viele.

Die übrige zweite Hälfte des Ostgeldes verblieb im Land, auf einem Sperrkonto. Die Ausfuhr von DDR-Mark war verboten und wäre bei Wechselkursen von 5:1 oder schlechter auch ein schlechtes Geschäft gewesen.

Thürnau blieb auch später noch in Kontakt mit der Künstleragentur. Man hatte erfreulich zusammengearbeitet, war sich nicht auf die Füße getreten. Kritik an der Tournee der Bayern gab es auch zu Hause erstaunlich wenig. Der Manager versuchte, den Gastspielverantwortlichen gleich noch eine zweite Band aus seinem Stall zu verkaufen, die Münchener Freiheit. Die DDR lehnte dankend ab. Das Wort Freiheit im Gruppennamen sei eine zu große Provokation.

1990, als die Grenzen offen waren, bekam Jürgen Thürnau dann einen weiteren überraschenden Anruf von Egon Werther, seinem alten Freund aus der Agentur, den er sieben Jahre vorher in Cannes kennengelernt hatte. Sie hätten hier noch immer dieses alte Konto mit den Gagenanteilen von 1983, sagte Werther. Das könne man jetzt doch mal auflösen und umrechnen. Ob er nicht vorbeikommen wolle?

Thürnau nahm einen leeren Aktenkoffer und fuhr rüber in die Stadt, die man noch wenige Monate lang Ostberlin nennen würde. Der Kalte Krieg war fast schon vorbei. Aber endlich kam sich der Manager der Spider Murphy Gang ein klein wenig wie ein gewiefter West-Ost-Agent vor.

3.

WILLY BRANDT, FIDEL CASTRO UND DER VERWEIGERTE CHA-CHA-CHA

Was war da alles los? Aurora Lacasa und Katja Ebstein führen uns einmal quer durch die deutsch-deutsche Fortsetzungsgeschichte

Es war eines der seltsamsten Mandantengespräche, die der Westberliner Notar Oskar Krause je erlebt hatte. Der hagere, schütterhaarige Mann, der an diesem Dienstag, dem 1. Juli 1952, in seine Kanzlei kam, stellte sich als Oskar Linke vor. Anfang 50, gebürtiger Breslauer. Bis vor einem guten Jahr war Linke der Bürgermeister von Gleimershausen gewesen, einem 60-Einwohner-Flecken im Süden Thüringens, diesem Land, das seit mittlerweile fast drei Jahren im Gebiet eines anderen deutschen Staates lag. Viele hatten sich noch immer nicht daran gewöhnt.

Bürgermeister Linke, der neue Mandant, war im April 1951 aus der noch jungen DDR in den Westen geflohen, mit seiner Frau, den vier Kindern, der alten Mutter. Mehr als 165 000 andere hatten in dem Jahr denselben Gedanken gehabt, und in Berlin kam man zehn Jahre vor dem Mauerbau noch relativ leicht über die gestrichelte Linie. Die Gründe für Oskar Linkes Flucht waren die allgemein mauen Zukunftsaussichten sowie der ständige Ärger mit den russischen Besatzungssoldaten gewesen. Aber nun, wo er in Sicherheit war, musste er endlich auch die zutiefst sonderbare Geschichte loswerden, die ihm drüben widerfahren war. Notar Krause sollte ihm beglaubigen, dass er keinen Blödsinn redete.

Krause rechnete mit allem Möglichen. Mit Geschichten über Nachbarschaftsstreit, Enteignungen, Plünderungen durch Sowjetarmisten – aber sicher nicht mit dem, was Linke dann berichtete.

Der Vorfall hatte sich schon im Juni 1950 ereignet, in der Nähe von Haselbach, einem Nachbardorf. Linke war nachts mit seiner damals elfjährigen Tochter Gabriele auf dem Rückweg von einer Wirtshausveranstaltung, als ihnen im Halbdunkel auf einer Waldlichtung plötzlich zwei Erscheinungen auffielen. Lebewesen, aber offenbar keine Wanderer. Linke näherte sich, die Sicht war schlecht. Trotzdem erkannte er zwei kleine, menschenähnliche Kreaturen, sie trugen silberne Overalls. Eine russische Sondereinheit, vermutete er. Bis er das gewaltige Objekt erkannte, das hinter ihnen aufragte. Eine riesige Pille, flach, mit geschätzten 15 Metern Durchmesser, obendrauf eine Art Kommandoturm. So, wie man sich Raumschiffe aus anderen Galaxien vorstellt.

Mitten in die Stille hinein rief die Tochter nach ihm. Die Wesen schienen es gehört zu haben, sie erschraken. Sie liefen zu ihrem Gefährt, kletterten hinein. Das Ding begann zu blinken und zu rotieren, erhob sich in die Luft und schwebte davon. Als Vater und Tochter sich halbwegs vom Schrecken erholt hatten, liefen sie hin, untersuchten die Wiese. Der Boden war auf weiter Fläche eingedrückt, wirklich so wie von einem großen, schweren Gefährt. Wie ein Ufo-Landeplatz.

Sie beschlossen, niemandem von ihrem Erlebnis zu erzählen. Das Risiko, dass dies vielleicht doch eine bizarre russische Armeeübung gewesen sein könnte und sie sich als schwatzhafte Augenzeugen in Gefahr brächten, war durchaus vorhanden.

Der Kalte Krieg findet auch im Weltall statt

Die erste offiziell protokollierte Sichtung eines unbekannten, womöglich außerirdischen Flugobjekts auf dem Gebiet der DDR gelangte, von Notar Krause beglaubigt und abgestempelt, irgendwie zur Westberliner Polizei und von dort aus tatsächlich an die Weltpresse. So hörte auch der US-amerikanische Auslandsgeheimdienst CIA von der Geschichte, legte dazu sogar eine Akte an, Reportnummer 00-W-23 682. Das Filmteam der amerikanischen «Telenews» suchte 1952 Vater und Tochter Linke auf, um sie für die berühmt gewordene Dokumentation «The Flying Saucer Mystery» zu interviewen. Für die Kamera der US-Reporter griff Oskar Linke zum Stift und zeichnete das Raumschiff. Eine halbwegs rationale Erklärung für die Ufo-Landung von Haselbach, für Linkes Ost-Begegnung der dritten Art, wurde von den Experten bis heute nicht gefunden.

In späteren Jahrzehnten, als die technische Aufrüstung in der Nato wie auch im Warschauer Pakt weiter voranschritt, wurde das mit den Ufos noch eine richtig große Sache im Ost-West-Konflikt. Man warf sich gegenseitig vor, mit gezielt lancierten Alien-Erscheinungen psychologische Kriegsführung zu betreiben. Angeblich sollten falsche Außerirdische Panik in der Bevölkerung stiften, Fehlalarme auslösen, irreführende Nachrichten in Umlauf bringen. Es gab unzählige militärische Theorien zu den vielen Ufos, die auf beiden Seiten gesichtet wurden: Raketentests, Spionageballons, Beta-Versuche mit neuen Flugsystemen. Manchmal waren die Armeen sich nicht mal sicher, ob die mysteriösen Objekte nicht sogar der eigenen Seite gehörten. Bei der Sowjetarmee soll es militärische Tests gegeben haben, die so streng klassifiziert waren, dass nicht einmal die Division im Gebäude nebenan von ihnen erfuhr.

Im Gegensatz dazu lässt sich das nächtliche Ufo-Erlebnis der Familie Linke auch ganz anders verstehen. Psychologie und Kulturwissenschaft stellten bald fest, dass in Geschichten über Alien-Kontakte oft die unbewussten Ängste und Wünsche ihrer Berichterstatter verpackt lagen. So könnte man aus der gruseligen Waldszene auch sehr bildhaft die Gefühle der eigenen Entfremdung herauslesen. Bei der Deutung sollte man zwar nicht überbewerten, dass die Linkes ein knappes Jahr nach dem Vorfall ihre Sachen packten und in den Westen gingen. Aber es ist interessant.

Die Phase unmittelbar nach dem Krieg, die Jahre von Flucht, Gefangenschaft, Besatzung und deutscher Teilung, war auch eine Zeit, in der sich viele Menschen in der Tat wie Außerirdische fühlten, dort, wo sie gerade saßen. Die persönlichen oder kollektiven Schuldfragen relativiert das kein bisschen. Aber viele erlebten nun eben am eigenen Leib, wie schmerzhaft der Riss mitten durch die Lebenssphären sein konnte – und wie alte, trügerische Sicherheiten verschwanden, bevor die neuen kamen, die sich oft als ebenso falsch erwiesen.

Am 26. August 1978 stießen die Leute in den Wohnzimmern und Kneipen der DDR auf den Vogtländer Sigmund Jähn an. Jähn wurde an dem Tag zum ersten Deutschen der Geschichte, der es ganz regelgerecht schaffte, in einem irdischen Raumschiff – einer sowjetischen Sojus-31-Kapsel – die Erde zu verlassen. Die BRD-Bewohner mussten noch fünf Jahre warten, bis sie im deutsch-deutschen Space Race zumindest gleichziehen konnten. Der in Stuttgart ansässige Ulf Merbold, der am 28. November 1983 als erster Bundesdeutscher ins All flog, kam ursprünglich aus Thüringen. Er war kurz vor dem Mauerbau via Berlin geflohen, weil die Partei ihm den Physikstudienplatz verwehrte. So säuberlich, wie man es sich manchmal wünschte, funktionierte die Trennung zwischen den zwei deutschen Teilen also auch im Weltall nicht.

Zwei Frauen mit überaus grenzenlosen Storys

«Ich habe dieses Wort Heimat immer ein bisschen weggeschoben», hat die Sängerin Aurora Lacasa, die in der DDR aufwuchs, aber eine internationale Familiengeschichte hat, in einem Interview gesagt. «Bin ich in Spanien, bin ich zu Hause. Bin ich in Frankreich, bin ich zu Hause. War ich in der DDR, war ich zu Hause. Ich konnte die Frage nach Heimat für mich nie richtig beantworten.»

«Willy Brandt hat oft zu uns Künstlern gesagt, wir sollten unbedingt über die Grenze in die DDR gehen, wenn unsere Arbeit uns die Möglichkeit eröffnen würde», sagt Katja Ebstein, die ebenfalls Sängerin ist, aber in der BRD groß wurde. «So könnten wir den Menschen das Gefühl der Isolation nehmen und ihnen zeigen, dass wir uns für sie interessieren. Ich für meinen Teil habe das wörtlich genommen.»

Aurora Lacasa wurde 1947 in Paris geboren. Sie kam als Kind in die DDR, erst in eine Brandenburger Kleinstadt, dann nach Ostberlin. Ihre Karriere begann in den späten 60ern. Einige Jahre war sie eine der größten Schlagersängerinnen des Landes, hielt in ihrem Programm aber auch die südeuropäische und südamerikanische Musik hoch. 1985 nahm sie mit ihrem damaligen Lebenspartner, dem Entertainerkönig Frank Schöbel, und ihren zwei Töchtern ein Album auf, das zur meistverkauften Schallplatte in der Geschichte der DDR werden sollte.

Katja Ebstein spricht hier als die Westdeutsche, aber auch sie kam anderswo zur Welt: 1945 im niederschlesischen Girlachsdorf, rund 50 Kilometer von der heutigen polnisch-tschechischen Grenze entfernt. Im selben Jahr floh die Familie, fand ihr Zuhause in Westberlin. 1970 erreichte Katja Ebstein mit «Wunder gibt es immer wieder» für die BRD beim Grand Prix Eurovision de la Chanson den dritten Platz, wurde zum Popstar. Die ARD zeigte ihre Konzerte zur besten Sendezeit. 1980 verfehlte sie mit dem Song «Theater» um nur 16 Stimmen den Eurovisions-Sieg. Später konzentrierte sie sich mehr auf die Schauspielerei, auf lyrische Programme und soziale Projekte.

Ebstein und Lacasa landeten in den 40er- und 50er-Jahren selbst als Aliens in Deutschland, diesseits und jenseits der zukünftigen Mauer. Beide wurden Künstlerinnen, aber keine von ihnen flüchtete vor der Wirklichkeit, im Gegenteil. Beide kratzten immer wieder an den Grenzen, setzten sich der Reibung zwischen den zwei Sphären aus. Deshalb sollen sie hier kurz unsere Reiseführerinnen sein, einmal quer durch die Geschichte.

Um Aurora Lacasa zu finden, muss man weit raus ins Grüne. Über schmale Waldwege kommt man in den brandenburgischen Niederbarnim-Kreis, wo die Wiesen bis zum Horizont gehen. Es ist eine eher feine Gegend. Man ist nicht allzu weit entfernt von Wandlitz, der berüchtigten Bessergestellten-Enklave der DDR, aber die Orte der Peripherie hatten damit wenig zu tun.

2018 beendete sie ihre Musikkarriere, zog sich aus der Öffentlichkeit zurück. Heute führt sie ein typisches, ausgesprochen privates Landleben.

Katja Ebstein dagegen ist beruflich noch sehr aktiv. An diesem Freitagabend im Sommer 2021 singt sie im kleinen Gemeindehaus in Norddorf. Norddorf ist eine der drei Gemeinden auf der Nordseeinsel Amrum. Eine Tagesreise von Wandlitz entfernt, aber nur wenige Wasserkilometer nördlich von Sylt.

Der Saal ist ausverkauft. Katja Ebstein legt ihre Textzettel direkt auf dem Flügel ab, der Platz vor dem Bühnenvorhang reicht für sie und ihren Pianisten. Das Programm driftet von politischen Themenliedern über Berliner 20er-Jahre-Schnurren bis zu Standards der Weltshowgeschichte. Zwischendurch liest sie aus ihrem Buch «Das ganze Leben ist Begegnung», erzählt den Leuten von ihren Zahnimplantaten und davon, wie sie die Amrumer Baupolitik der letzten Jahrzehnte sieht. «In den 70ern wurde ich nach Wien zum Casting für ‹Evita› eingeladen», kommentiert sie zwischen zwei Liedern. «Zum Glück habe ich rechtzeitig gemerkt, dass die Frau eine Faschistin war. Das Musical hab ich nicht gemacht, das Lied singe ich trotzdem.» Dann kommt «Wein nicht um mich, Argentinien».

Die Kur- und Urlaubsinsel Amrum ist seit längerer Zeit Katja Ebsteins alternative Wohnheimat. Sie hat das Reetdachhaus, in Wassernähe zwischen den Orten Nebel und Wittdün gelegen, in den 80er-Jahren bauen lassen. Man hört im Garten die Möwen schreien. Die Künstlerin sitzt auf der Bank, am Tag nach dem Konzert. Sie trinkt Kaffee, hat Kekse aus dem Biomarkt in Wittdün geholt. Und fängt an.

1945: Katja Ebstein wird in Schlesien geboren

«Ich wurde als Kind immer verwöhnt, auch wenn die Umstände richtig schlimm waren», erzählt Katja Ebstein. «Meine Schwester sagt immer, sie kapiere bis heute nicht, wie unsere Mutter das damals alles geschafft hat, als wir aus Schlesien wegmussten. Mit mir als Wickelkind.» Karin Witkiewicz heißt sie eigentlich, als sie am 9. März 1945 auf die Welt kommt, in einem Dorf in Niederschlesien, knapp zwei Monate vor Kriegsende. Die Schwester Ursula ist acht. Der Vater fehlt, er steckt in amerikanischer Gefangenschaft. Trotzdem muss die Mutter ihre zwei Mädchen in den Zug packen. Die russischen Truppen nahen, man weiß nicht, was geschehen wird. 14 Tage später erreicht der Flüchtlingszug Jena. Die Letzten werden dort gewissermaßen aus dem Waggon gekippt.

«Meine Mutter und meine Schwester blieben dort erst mal auf dem Bahnsteig stehen, bis sich eine gut gestellte Bauernfamilie aus Lützeroda ihrer erbarmte», sagt sie. «Offenbar hatte die Tochter den Anstoß gegeben, als sie mich gesehen hatte, das Kleinkind. Ich hatte es dann auch tatsächlich gut dort und durfte tun und lassen, was ich wollte.» Auf dem Hof muss die Mutter als Hilfsarbeiterin die Logis für sich und die Kinder verdienen, sogar Ursula muss ran, aber immerhin: Sie sind in Sicherheit. Ein halbes Jahr später, also Anfang 1946, geht es weiter nach Berlin, nach Reinickendorf, wo ein Teil der Verwandtschaft schon lebt. Bald kommt auch der Vater zurück. Er hat Tuberkulose, kann nicht mehr arbeiten, dafür verdient die Mutter als Köchin Geld. Sie wohnen, zusammen mit den Großeltern, in zweieinhalb Zimmern.

Katja Ebstein lernt früh laufen. Bald muss ständig jemand da sein, der sie zur Not einfängt. Für kurze Zeit ist ihre Welt noch grenzenlos. Es gibt ja noch nicht einmal eine Bundesrepublik.

1947: Aurora Lacasa wird in Paris geboren

Bis die Eltern von Aurora Lacasa sich kennenlernen können, müssen erst einige Dramen passieren. Beide wachsen an unterschiedlichen Orten in Spanien auf, unter der Herrschaft des Diktators Francisco Franco, der sich 1936 an die Macht geputscht hat. Der Vater von Auroras Mutter Pilar ist Anarchist. Die Familie wird in der Zeit des Spanischen Bürgerkriegs verfolgt, und als Tochter Pilar 13 ist, verlassen sie das Land Richtung Südfrankreich, wo die Familie sich erst mal in einem leer stehenden Haus niederlässt.

Eines Tages stehen zwei unbekannte junge Spanier vor der

Tür. Sie sind Brüder und ebenfalls geflohene Antifranquisten, die einen Unterschlupf suchen. Den einen, Ernesto, mag Pilar sofort richtig gern. Sie kommen sich näher. Sprechen über Politik, die Arbeiterschaft, die Utopie. Irgendwann muss Ernesto weiter. Wenn er zurückkomme und sie noch frei sei, verspricht er ihr, werde er um ihre Hand anhalten.

Vier Jahre später ist er wieder da. 1946 sind Pilar und Ernesto ein Ehepaar, ziehen weiter nach Paris. Im Jahr drauf kommt Aurora zur Welt, anderthalb Jahre später ihr Bruder, der auch Ernesto heißt. Es gibt ein Foto, das das Mädchen im Pariser Kindergarten zeigt: schwarzer Bubikopf, gepunktete Latzhose, melancholische Augen. Von nun an nimmt sie an der Odyssee ihrer Eltern teil. Der Vater, der von Paris aus weiter die spanische Untergrund-Opposition unterstützt hat, wird Mitglied im Weltbund der Demokratischen Jugend. 1951 versetzt der Bund ihn ins mittlerweile sozialistische Ungarn. Budapest, der nächste Umzug.

1961: Katja Ebstein geht gegen den Mauerbau auf die Straße

«Ich steh immer wieder auf, wenn ich gegen Mauern lauf», wird Katja Ebstein 1981 in «Ich bin ein Berliner Kind» singen. Auch wenn sie den Liedtext nicht selbst geschrieben hat, steckt darin eine Wahrheit, die in der jungen Berliner Nachkriegsgeneration für viele gilt.

Sie identifizieren sich mit dem Schicksal der Stadt, die zum Labor für die Konflikte der Zeit wird, fühlen sich entweder als ewige Opfer oder Jetzt-erst-recht-Trotzköpfe. 1945 müssen hier 75 Millionen Kubikmeter Trümmer verräumt werden, 1948 und '49 kommt die sowjetische Blockade, die Luftbrücke der Westalliierten. 1953 der Volks- und Arbeiteraufstand in der DDR. Er findet zwar an vielen Orten statt, wirkt in Berlin aber besonders brutal und paradox, weil die externen Augen- und Ohrenzeugen nur ein paar Straßen weiter stehen, im Westen.

«An diesem Tag lief bei uns den ganzen Tag das Radio, und wir waren völlig schockiert, als wir hörten, mit welcher Brutalität die eingerückten sowjetischen Panzer den Aufstand niederschlugen», erzählt Katja Ebstein, die zu der Zeit acht ist und immer noch im westlichen Reinickendorf lebt. «Wir konnten einfach nicht verstehen, warum es den Menschen mit derart brachialer Gewalt verwehrt wurde, im sogenannten neuen Deutschland für ihre Rechte einzutreten und ihre Meinung zu äußern. Damals legte sich bei mir ein Schalter um. Die wütende Aversion gegen Ungerechtigkeiten aller Art haben meine Schwester und ich von unserem Vater geerbt, sie stammt zum Teil aber auch aus dieser Zeit.»

In der Nacht vom 12. auf den 13. August 1961 folgt die Eskalation. NVA-Soldaten, Grenzpolizisten und weitere Helfer beginnen, die Grenze zum Sowjetsektor abzuriegeln, errichten an der Stelle eine Maueranlage. Katja ist 16 und geht mit Freundinnen und Freunden an der Baustelle buchstäblich in den Sitzstreik. «Wir haben uns auf der Straße an der Baustelle die Hintern kalt gesessen, Steine geworfen und gegen dieses ungeheuerliche Machwerk protestiert», erzählt sie. «Die Polizei hat uns immer wieder auseinandergetrieben, es gab regelrechte Verfolgungsjagden. Die hatten Angst, dass es wegen unserer Provokationen Ärger mit den Vopos geben könnte.»

Natürlich bleibt die Aktion symbolisch. Bei den Jungen staut sich die Wut gegen die USA, die den Mauerbau ohne echten Widerspruch geschehen lassen. Als Präsident John F. Kennedy zwei Jahre später in Schöneberg seine «Ich bin ein Berliner»-Rede hält, ist Katja Ebstein auch vor Ort, aber alles andere als euphorisch. «Wir fühlten uns von den Amis verschaukelt und verraten», sagt sie. Obwohl es an der moralischen Bewertung des Mauerbaus keinen Zweifel gibt, findet sie sich plötzlich zwischen den Fronten wieder.

1963: Aurora Lacasa wird Mitglied des Proletariats

Kurz zurück, in den Oktober 1956. Es ist ein anderer Volksaufstand, der das Leben der Lacasas erneut um die eigene Achse dreht. In Budapest, wo sie seit fünf Jahren leben, gehen demokratisch gesinnte Gruppen gegen das Regime auf die Barrikaden. Es kommt tatsächlich zum politischen Umsturz. Sowjetische Truppen rücken ein, um ihn niederzuschlagen.

Aurora Lacasa, die damals neun ist, bekommt viel vom Geschehen mit, sieht Tote, begreift aber nicht wirklich, was vor sich geht. Die Eltern wollen vor allem sie und ihren Bruder in Sicherheit bringen. Da bietet die DDR an, die kommunistischen Mitglieder des Jugendbundes, für den der Vater arbeitet, so lange aufzunehmen, bis die ungarischen Verhältnisse im Sinne Moskaus wiederhergestellt sind. Bei Nacht und Nebel geht es über die Donau. Familie Lacasa landet in Königs Wusterhausen in Brandenburg. Irgendwann kommt die Entwarnung aus Budapest, aber die Familie geht nicht mehr zurück. Es reiche jetzt mit dem ständigen Hin- und Herfliehen, insistiert die Mutter.

Als die Mauer gebaut wird, wohnen sie schon in Berlin-Pankow. Staatschef Walter Ulbricht wirbt bei den Sympathisanten um Verständnis: Man könne nicht einfach zuschauen, wie die DDR-Wirtschaft nach und nach ausblute. Bald macht Aurora sich selbst für diese Ökonomie nützlich. In der achten Klasse startet sie eine Fachausbildung zur Maschinenbauerin, lernt im VEB Bergmann-Borsig den Umgang mit Bohr- und

Hobelmaschinen. Als Mädchen im Blaumann und mit zwei prächtigen Haarzöpfen ist sie die Attraktion in der Werkshalle. Von Spanien, dem Heimatland ihrer Familie, kann sie den neugierigen, fast durchweg männlichen Kollegen allerdings nichts erzählen. Sie war selbst niemals dort.

Aurora Lacasa verlässt die Schule vorzeitig, arbeitet als Dolmetscherin für die kubanische Handelsvertretung und die FDJ. Wie fast alle ist sie seit Mitte der 60er ein riesiger Beatfan, tanzt abends in den Jugendklubs. Daran, selbst Geld mit Musik zu verdienen, denkt sie nicht.

1967: Katja Ebstein geht gegen den Schahbesuch auf die Straße

Nach Amrum reist Katja Ebstein zum ersten Mal mit sechs, kehrt in den Folgejahren immer wieder zurück. Mit 16 freundet sie sich dort mit einem anderen jungen Urlauber an. Fünf Jahre älter, aus Braunschweig, ein eher ruhiger Typ, angehender Kunstlehrer. Sie sprechen über Pazifismus und Poesie, machen lange Spaziergänge. Später trifft sie ihn in Berlin wieder. Benno Ohnesorg, so heißt er, hat einen Platz an der Freien Universität bekommen, Romanistik und Germanistik auf Lehramt.

«Benno war kein rebellischer Mensch», erinnert sie sich. «Er ging selten mit auf Demonstrationen, teilte aber die meisten unserer Gedanken. Auf die Schah-Demo in Berlin ging er nur mit, weil er kurz zuvor ein Buch über Persien gelesen hatte, über den Feudalismus und die unfassbare Armut dort.» 1967 kommt Mohammad Reza Pahlavi nach Deutschland, der iranische Schah, der trotz seiner despotischen Herrschaft von einem großen Teil der westlichen Staaten unterstützt wird. Am 2. Juni protestieren in Berlin Tausende gegen den

Staatsbesuch. Boulevardzeitungen, vor allem Axel Springers *Bild*, hetzen aggressiv gegen die Aktivisten.

Am Abend ist Katja Ebstein bei der Demo vor der Deutschen Oper dabei. Ohnesorg ist auch da, sie begegnen sich allerdings nicht, es ist zu voll. «Als die Wasserwerfer kamen, sind meine Freunde und ich zurückgewichen», sagt sie. «Benno war offenbar schon vorher gegangen. Seine Frau war zu der Zeit hochschwanger, er machte sich Sorgen und wollte einfach nur zu ihr nach Hause.»

Die schreckliche Nachricht erfährt Katja Ebstein erst am nächsten Morgen. Ihr Freund Benno ist tot. Er ist auf dem Heimweg erschossen worden, ohne Not, von einem Berliner Polizisten, über den viel später bekannt werden wird, dass er heimlich für die Staatssicherheit der DDR arbeitete. Der Mord an Benno Ohnesorg wird zum Fanal. Die Radikalisierung der Studentenschaft beginnt hier, damit allerdings auch die Geschichte des deutschen Linksterrorismus, vorangetrieben unter anderem von der nach dem Morddatum benannten Bewegung 2. Juni und der Roten Armee Fraktion.

Wenn sie heute über die weit entfernten Ereignisse spricht, wirkt Katja Ebstein immer noch aufgewühlt. «Wir hatten einen so hilflosen Zorn auf die Erwachsenenwelt, die alten Nazis, das Unverständnis, das in der politischen Klasse herrschte. Die Gedanken und Ideale der nachwachsenden Generation wurden dort völlig missachtet.» Ihr Gerechtigkeitssinn schlägt aus wie ein Geigerzähler. «Jeder von uns hat sich ernsthaft gefragt: Gehst du mit den Radikalen oder nicht? Es war so schwierig, diese Wut in den Griff zu bekommen. Aber Gewalt kam für mich einfach nicht infrage. Aber ein gewisses Verständnis für die Argumentationen der RAF hatte ich am Anfang durchaus. Besonders Ulrike Meinhof beeindruckte mich.»

1968: Aurora Lacasa erlebt den Prager Frühling aus der Ferne

Als Aurora Lacasa 21 ist, gibt es wieder revolutionäre Unruhen im Ostblock. 1968 reformiert der tschechoslowakische Kommunistenanführer Alexander Dubček seine Partei, öffnet die Gesellschaft, setzt sich von Moskau ab. Im August marschieren Warschauer-Pakt-Truppen ein (die DDR ist nicht dabei), beenden den Prager Frühling. Rund 100 Menschen sterben. Die Ereignisse, im Westen natürlich verurteilt, spalten auch im Osten die Gemüter. Durch den Vater, der als Mitglied der Spanischen Kommunistischen Partei auch von Berlin aus die Entwicklungen mit Herzblut verfolgt und kommentiert, nimmt auch sie intensiv am Diskurs teil. Sie bildet sich ihre Meinung.

1968 kommt sie auch zur Musik. Sie und ihr Bruder stoßen zum Oktoberklub, der Berliner Gruppe des politischen FDJ-Liederkranzes, der Singebewegung genannt wird. Die Geschwister tragen den jungen Genossinnen und Genossen spanische Bürgerkriegssongs vor. Sie bringen damit endlich Farbe und den Geschmack internationaler Solidarität in die oft so streng gekämmte Versammlung. Aurora, zusätzlich noch rasend foto- und telegen, wird entdeckt. 1970 erscheint ihre erste Single beim staatlichen Plattenlabel Amiga.

1972: «Ein Kessel Buntes» im Friedrichstadt-Palast Berlin

Eine neue, als große Geste angelegte TV-Show startet Anfang 1972 im Fernsehen der DDR. Sie kommt sechsmal im Jahr, um Punkt 20 Uhr. Die Uhrzeit ist extra so gewählt, dass die Leute dafür notgedrungen die West-«Tagesschau» verpassen.

Ein halbes Jahr vorher hatte der frisch eingesetzte Staatsratsvorsitzende Erich Honecker noch angemahnt, das heimische Programm sei zu langweilig, es müsse bunter und strahlkräftiger werden. «Ein Kessel Buntes», die Musik-, Show- und Kabarettrevue, soll helfen, das zu ändern.

Am Samstag, dem 18. November 1972 läuft die sechste Ausgabe. Der «Kessel Buntes» findet im Ostberliner Friedrichstadt-Palast statt. Als Stars sind die dänische Sängerin Dorthe dabei, die polnischen Pianisten Marek & Vacek sowie der bundesdeutsche Schlagersänger Rex Gildo, der allen Ernstes im sozialistischen TV «Fiesta Mexicana» singt: «Hossa!»

Auch Aurora Lacasa tritt an diesem Abend zum ersten Mal in der Sendung auf. Und, mit ihrer Premiere als Gast im DDR-Fernsehen, Katja Ebstein.

Die zwei Frauen, die zwei Geschichten treffen sich hier und verfehlen sich dabei irgendwie doch.

Lacasa hat oft über ihre Hassliebe zu den leichtgewichtigen Liedern gesprochen, mit denen sie damals bekannt wurde. Einerseits habe sie sich doch irgendwie beim großen Musikpublikum vorstellen müssen, andererseits fragte sie sich dabei oft selbst, was für halbgare Sachen sie da eigentlich sang. In der «Kessel Buntes»-Sendung kommt sie im langen, zitronengelben Kleid mit breitem Gürtel auf die Bühne, neben ihr im schwarzen Anzug Thomas Lück, ihr damaliger Freund und Duettpartner. Die zwei singen «Das kann nur Liebe sein», einen fast kinderliedhaften Gaudischlager. Trotzdem scheint sie immer mehr in Fahrt zu kommen, je länger der Song dauert, verfällt am Schluss sogar in neckische Tanzschritte. Man merkt, wie sehr sie kämpft und sich beweisen will.

Katja Ebstein dagegen spaziert auf die Bühne, mit souveränem, fast ein wenig abwesendem Lächeln, im blaubunten Flower-Power-Kleid, eine Prinzessin. Ihr zwei Jahre alter Hit «Wunder gibt es immer wieder», eine für den Grand Prix konzipierte Großhymne, zündet traumhaft im großräumigen Friedrichstadt-Palast-Ambiente, sie braucht kaum zusätzliche Gesten. «Ich denke, die Künstleragentur war durch die Eurovisionssendungen auf mich aufmerksam geworden. Danach kamen die Einladungen», sagt sie. «Die Shows wurden hochprofessionell produziert, das waren wirklich gute Leute. Ob ich in der Garderobe von der Stasi abgehört wurde, interessierte mich nicht. Ich war ja kein Geheimnisträger.»

Noch weitere fünf Mal wird Katja Ebstein im «Kessel Buntes» auftreten. An Aurora Lacasa, die vier Mal wiederkommen wird, erinnert sie sich. Aber es kommt im Trubel nicht zum Gespräch zwischen den beiden.

Auch 1972: Katja Ebstein gratuliert Willy Brandt zur Wiederwahl

Der Sonntag nach der «Kessel Buntes»-Sendung ist in der BRD ein besonderer Tag. Zum ersten Mal in der Geschichte findet eine vorgezogene Bundestagswahl statt. Eigentlich wäre es erst 1973 so weit gewesen, aber Willy Brandt, 1969 zum SPD-Kanzler gewählt, hat die sozialliberale Mehrheit im Parlament verloren. Die Bundesdeutschen müssen einen neuen Bundestag wählen.

Hauptgrund für die Koalitionsrevolte ist die Ostpolitik, die Brandt auf neue, höchst agile Füße gestellt hat. «Wandel durch Annäherung» nennen er und sein Unterhändler Egon Bahr ihr Programm, das einige heikle, aber drängende diplomatische und völkerrechtliche Fragen anpackt. Verträge mit Moskau und Warschau werden geschlossen, das Transitabkommen und der Grundlagenvertrag mit der DDR. Aber auch im Osten sehen viele Hardliner die Kompromisse noch ungern. Die Stasi besticht im April 1972 Unions-Abgeordnete, um ein Misstrauensvotum gegen Brandt zu befördern. Es reicht trotzdem nicht.

«Willy war so etwas wie mein politischer Lehrer», sagt Katja Ebstein, die Brandt schon bald kennenlernt, «ein großer, unerschütterlicher Demokrat, ein Staatsmann, wie er meiner Idealvorstellung unmittelbar nahekam. Und natürlich hochengagiert, was Berlin anging.» Angesprochen vom Schriftsteller Günter Grass, den sie unter anderem von Festen der Kunsthochschule kennt, reiht sie sich 1972 in eine große Künstlerinitiative ein, die für Brandts Wiederwahl mitkämpft, gemeinsam mit Heinrich Böll, Inge Meysel, Romy Schneider, Peter Frankenfeld und anderen. Im Herbst geht sie auf Graswurzeltour über die Dörfer, unter dem sehr ausführlichen Motto «Katja sehen – wählen gehen. Willy, wen denn sonst?».

«Wir kamen gerade erst von einer Big-Band-Tour durch Russland zurück», sagt sie. «Bildungsminister Klaus von Dohnanyi und ich gingen auf Wahlkampfreise in die Südpfalz, in den Wahlkreis von Helmut Kohl. Dort stellte ich mich auf die Wirtshaustische und erzählte den Leuten von meinen Russlanderlebnissen und den Menschen dort. Und davon, warum Willy Brandt mit seinen Ostverträgen für mich der erste Nachkriegsvisionär war.» 1972 dürfen zum ersten Mal 18-Jährige wählen. Es geht also darum, besonders die Jungen zu begeistern. CDU-Herausforderer Rainer Barzel schickt als Konkurrenzveranstaltung den «Hitparade»-Moderator Dieter «Thomas» Heck als Werbefigur ins Rennen, mit einem gemischten, wertstabilen Schlagerexpress.

Die Wahlbeteiligung ist mit mehr als 91 Prozent die höchste, die es je bei einer Bundestagswahl gab, und die SPD erzielt mit 45,8 Prozent das beste Ergebnis ihrer Geschichte. Zwei Jahre später muss Kanzler Brandt trotzdem zurücktreten. Sein persönlicher Referent Günter Guillaume ist als Stasiagent enttarnt worden, hat fast zehn Jahre im Inneren der SPD spioniert. Der lange Arm Ostberlins ist wirklich so lang, wie viele in ihren Warnungen behauptet haben.

1977: Aurora Lacasa und Chris Doerk lassen Fidel Castro sitzen

In der DDR bleibt Aurora Lacasa eine außergewöhnliche Erscheinung: eine in Frankreich geborene Spanierin mit Wohnsitz in der DDR, die neben diesen drei Sprachen auch Ungarisch, ein bisschen Polnisch und Englisch kann. Das alles sorgt nicht nur dafür, dass sie – wie die Staatssicherheit es nennt – «reisefähig» ist, also so vertrauenswürdig, dass man ihr Auslandsbesuche im Westen gestatten kann. Mit ihrer Weltläufigkeit und einnehmenden Erscheinung ist sie wie geschaffen dafür, nach außen nur die besten Seiten der DDR zu repräsentieren. Also die, die sich das ZK für sein Land am heißesten wünscht.

Schon in den frühen 70ern ist sie Teil einer Reisegruppe, die auf eine Musiktour durch arabische Länder geschickt wird, Irak, Jemen, Libanon und andere. Im April 1977, als der kubanische Präsident Fidel Castro zum zweiten Mal die DDR besucht, engagiert man unter anderem sie für den abendlichen Festakt im Hotel Neptun in Warnemünde. Zum Wohl der Staatsgäste wird in der Skybar alles aufgefahren, was verfügbar ist.

Aurora Lacasa und einige andere sollen eigentlich für die kubanische Delegation singen. Aber im Lauf des Abends kommt einer der Protokollverantwortlichen mit einer Idee auf die Künstlerinnen zu. Wobei die Idee mehr eine Anweisung ist: Die Frauen aus dem DDR-Ensemble sollten sich bitte unter die Kubaner mischen, zum Anstoßen und Tanzen, quasi als Tischdamen.

Lacasa und die Sängerin Chris Doerk, die auch dabei ist, weigern sich. Nein, das machen sie nicht. Erstens seien sie als Künstlerinnen hier und nicht als Animierdamen. Zweitens, und das weiß vor allem Chris Doerk, die schon oft in Kuba aufgetreten ist, sei es in der Inselkultur völlig unüblich, dass Frauen die Männer zum Tanz auffordern.

Andere Sängerinnen erklären sich bereit, bei der Aktion mitzumachen, sie wittern sogar ein bisschen Ruhm. Als sich eine der aufgeregten Frauen direkt neben Castro setzt, der breitbeinig in Uniform auf seinem Sitz lümmelt, erhebt sich der Comandante plötzlich. Er wedelt empört mit der Zigarre, nimmt seinen Stuhl – und dreht der Dame demonstrativ den Rücken zu. Die kommunistische Freundschaftsgeste ist nach hinten losgegangen. Aurora Lacasa und Chris Doerk schauen zu und amüsieren sich bestens.

Bald verzichtet das Zentralkomitee darauf, Aurora Lacasa für Protokollveranstaltungen anzufragen.

1982: Katja Ebstein singt gegen den Kalten Krieg

Der Nato-Doppelbeschluss von 1979 und die wachsende Mulmigkeit und Kriegsangst, von der im vorigen Kapitel schon die Rede war, schlägt bald in Aktionen um. Im Palast der Republik in Ostberlin startet 1982 das jährliche Festival «Rock für den Frieden». Die Parteijugendorganisation FDJ und das staatliche Komitee für Unterhaltungskunst richten die Reihe aus. Dahinter steht also vor allem Kulturpolitik, die Besetzung des Themas im Sinne der SED.

Die Initiative im Westen, von der das Palastfestival vermutlich die Inspiration bekommen hat, geht dagegen von den Kreativen selbst aus. «Künstler für den Frieden» heißt der lose Verbund, zusammengehalten von der Schauspielerin Eva Mattes, der Musikkünstlerin Irmgard Schleier und dem Journalisten Peter Homann. Die größte Veranstaltung, die ihnen gelingt, findet am 11. September 1982 vor rund 200 000 Leuten im Bochumer Ruhrstadion statt. Neben der Grünen-Mitgründerin Petra Kelly, Joseph Beuys und Harry Belafonte steht auch Katja Ebstein auf der Bühne. Sie singt «Sag mir, wo die Blumen sind», das alte, ergreifende Anti-Kriegslied, das Pete Seeger für die US-Bürgerrechtsaktivisten schrieb.

«Im Grunde war ich schon immer grün», sagt sie heute. «Aber auf der anderen Seite bin ich eben auch nibelungentreu.» Sie meint damit, dass sie Anfang der 80er – als die deutsche Friedensbewegung zur immer größeren Stimme wächst und auch die Grünen, die neue Öko- und Pazifistenpartei, dadurch riesigen Aufwind bekommen – immer noch zur SPD steht. Allzu viel Gruppenmentalität spürt sie bei «Künstler für den Frieden» eh nicht, ihr eigener Aktionismus wächst aus vielen Quellen, auch aus dem Glauben. «Ich sehe Jesus seit Kindesbeinen als Freund, mit dem ich auf die Barrikaden gehen konnte. Die Methoden der Jesus People fand ich dagegen wenig ernst zu nehmend», sagt sie. «Auch Rudi Dutschke war ein jesuanischer Mensch.» Franz von Assisi und Hildegard von Bingen sind ihre anderen spirituellen Bürgen. Ihr Verhältnis zu Natur, Tier- und Menschenleben prägt ihren Pazifismus mehr als die Ideen von Salonpolitikern.

«Woher soll man die Kraft nehmen, die Welt zu verändern, wenn man nicht an das Gute in uns Menschen glaubt?», fragt Ebstein rhetorisch. «Diese Zuversicht wird uns weiter tragen als alles andere.» «Sag mir, wo die Blumen sind» singt sie heute noch am Ende jedes ihrer Konzerte.

1985: Aurora Lacasa feiert Weihnachten mitten im Sommer

Im Wohnzimmer der Familie Lacasa-Schöbel, im neuen Plattenbau im Köpenicker Salvador-Allende-Viertel, steht an Heiligabend 1984 wie immer eine riesenhafte, schillernd geschmückte Kiefer. Aurora Lacasa findet bei der Bescherung eine Kassette, die ihr Lebensgefährte Frank für sie bespielt hat, mit den gemeinsamen Töchtern Dominique, acht Jahre, und Odette, sechs. «Liebe kleine Mama, heut woll'n wir dir's mal sagen», singen die Kinder auf dem Band, «und hoffen noch, du kannst mit uns das Leben gut ertragen.» Als sie das hört, weint sie erst mal vor Rührung.

Schöbel hat im Anschluss eine Idee, die sie im Frühjahr dem Amiga-Labelchef René Büttner vorstellen: ein zeitgemäßes Weihnachtsalbum für alle festlichen Wohnzimmer der DDR. Im heißen Mai 1985 produzieren sie die Wintermusik. Die explizit christlichen Weihnachtslieder wie «Stille Nacht» oder «Es ist ein Ros entsprungen» sieht die Unterhaltungskunstaufsicht nicht gern. Aber Lacasa und Schöbel bestehen darauf, die Texte im Original und ohne Änderung zu singen und nicht das Wort «Frieden» für «Jesus» einzusetzen, wie es sonst oft gemacht wurde. Dass die Familie damit in der atheistischen DDR nebenbei ein Statement für die spirituelle Freiheit macht, fällt vielen auf.

Die Schallplatte «Weihnachten in Familie» kommt Ende 1985 bei Amiga heraus. Am 24. Dezember sendet das Fernsehen auch noch ein Baum-und-Kerzen-Special mit den Lacasa-Schöbels. In kurzer Zeit werden die Lieder zur gewissermaßen amtlichen Feiertagsmusik der DDR. Das Album verkauft sich allein bis 1989 1,6 Millionen Mal. Es wird die kommerziell erfolgreichste Schallplattenveröffentlichung in der gesamten Staatsgeschichte.

1986: Katja Ebstein taucht als Radtouristin im DDR-Fernsehen auf

Die Idee für die spezielle Fernsehserie entwickelt Katja Ebstein mit ihrem Mann, dem Regisseur Klaus Überall. Da in der BRD die wenigsten sonderlich viel über das Land hinter der Grenze wissen, über Geografie, Traditionen und das kulturelle Erbe, planen die zwei eine Radwandertour zum Thema. Die Reihe «Katja unterwegs in der DDR» soll eine Mischung aus Reisemagazin und Bildungsfernsehen werden, mit Katja Ebstein in der Hauptrolle. Sie besucht Landschaften wie Altmark, Spreewald und Sächsische Schweiz und spielt dort kleine Szenen mit Leuten in historischen Kostümen, wie man sie aus Freiluftmuseen kennt.

«Wir waren ein bunter Zirkus», erzählt sie vom Dreh, der 1984 startet, an den Originalschauplätzen. «Zwölf Autos, ein aus West und Ost gemischtes Team, das war die Bedingung.» Die DDR-Behörden kennen Katja Ebstein von verschiedenen Konzerten, die sie im Osten gegeben hat, es ist wohl ein Faktor dafür, dass die Produktion genehmigt wird. Ein anderer: die D-Mark-Devisen, mit denen die Wessis Gagen und Gebühren bezahlen. Es wird die erste grenzübergreifende Filmkooperation seit dem vergessenen Spielfilm «Die Heiden von Kummerow und ihre lustigen Streiche» von 1967. Unter den Stargästen ist, neben Gisela May, Alfred Müller und dem Welttenor Peter Schreier, auch Frank Schöbel, Aurora Lacasas Lebensgefährte. Er spielt in der Thüringen-Folge einen Naturölverkäufer.

1985 laufen die ersten 13 Folgen in einigen dritten BRD-Programmen. Manche Sender lehnen ab, weil ihnen «Bilder und Texte zu unkritisch ausfielen», wie der *Spiegel* schreibt. Ab Oktober 1986 strahlt auch das Fernsehen der DDR «Katja unterwegs in der DDR» aus. Der Hessische Rundfunk überlässt den Genossen das Material gratis, zum Dank. Aber ein Problem gibt es trotzdem.

«Als die Serie im DDR-Abendprogramm lief, fehlte am Ende der Folgen jeweils der Teil des Abspanns, der den Verweis auf die ARD und den HR enthielt. Es sah so aus, als hätten sie die Serie selbst produziert, als hätte ich für die DDR gearbeitet», sagt Katja Ebstein. Der Intendant muss einen bösen Brief nach Ostberlin schreiben, daraufhin wird der entfernte Urheberrechtsverweis wieder eingefügt. Die Westberliner Ebstein-Fans freuen sich so oder so über das Manöver. Der heimische SFB hatte die Serie abgelehnt, aber nun können sie sie endlich sehen, denn DDR-Fernsehen kriegen sie rein. Und plötzlich wird im Westen Ost-TV geguckt.

1989: Aurora Lacasa demonstriert auf dem Alexanderplatz

Dafür, dass viele Bürgerinnen und Bürger der DDR so lange Jahre unter dem Elendsgefühl des Stillstands gelitten haben, entwickeln sich die Dinge Ende der 80er plötzlich rasant. Den vom sowjetischen Generalsekretär Michail Gorbatschow seit 1985 angestoßenen Liberalisierungen verweigert sich die SED zwar weiter, aber von den Reformen in den sozialistischen Bruderstaaten profitieren die Ostdeutschen trotzdem. Zehntausende fliehen im Sommer 1989 über Ungarn nach Westen. Andere nutzen die BRD-Botschaften in Budapest, Prag oder Warschau als Portale. Bei den Montagsdemonstrationen in Leipzig, Dresden, Magdeburg und weiteren Städten wachsen die Teilnehmerzahlen. Parallel steigt auch die Staatsverschuldung.

Dass die DDR derweil ihre besten Köpfe förmlich aus dem Land ekelt, hat Aurora Lacasa besonders seit der Ausbürgerung Wolf Biermanns bemerkt: Gute Freunde wie der Schauspieler Armin Mueller-Stahl strecken zermürbt die Waffen, siedeln in die BRD über. Sie hat wenig Kontakt zu Bürgerrechtlern. Aber bei der Jahrhundertdemo am 4. November 1989 sind Schöbel und sie dabei. Auf dem Alexanderplatz versammelt sich eine gewaltige Menge. Manche sagen 200 000, andere kommen auf eine halbe Million. Die Bilder von Flüchtenden, die im Westfernsehen laufen, erinnern an frühere Ereignisse, an 1953 oder 1968. Lacasa hat selbst erlebt, was Entwurzelung bedeutet.

Fünf Tage später: Die Berliner Mauer fällt

Aurora Lacasa ist am Abend des 9. November 1989 mit Frank Schöbel in Westberlin. Sie haben eine Besprechung mit Fernsehredakteuren, sitzen in einer Pizzeria. Ein Mann kommt ins Restaurant gelaufen, ruft: «Die Mauer ist offen!» Der erste Gedanke des Paars: Was geschieht nun? Dasselbe wie 1953, wie in Budapest oder Prag? Die Kinder sind drüben in Köpenick. Keiner kann sagen, was dort gerade los ist und wie sich die Dinge in den nächsten Stunden entwickeln werden.

Leichte Panik flackert auf. Sie steigen in den Wartburg, fahren los, Schöbel rammt in der Hektik eine Beule ins Auto. Am Mauerübergang Invalidenstraße kommt ihnen die Menge entgegen. Massenhaft Leute, einige klopfen ihnen aufs Dach. «Aaah, Schöbel!», ruft einer. «Schau, jetzt sind wir auch mal dran!» Sie spüren, neben all der Freude, auch die Aggression. Die lang erhoffte, runderneuerte DDR scheint greifbarer denn je, aber es liegen auch Ungeduld und Lust auf Vergeltung in der Luft.

Katja Ebstein ist am 9. November 1989 in Bamberg. Dort

laufen die Proben für das Musical «Sweet Charity», mit dem sie auf Tour gehen wird. Als sie hört, was in Berlin passiert, nimmt sie den nächsten Zug, den sie kriegen kann, und fährt nach Hause.

«Wir waren wie im Rausch», erinnert sie sich. «Noch nie hatte ich in Deutschland eine solche Wärme unter den Menschen gespürt. Wir trafen uns im Westen, ein paar Künstler, Schauspieler. Viele meiner Freunde saßen leider in Dresden, sie konnten nicht gleich kommen. Die Nachricht vom Mauerfall hätte sich ja auch als Finte herausstellen können.» Dass Soldaten aufmarschieren könnten, um die Party zu beenden, glaubte sie nicht. «Die Russen ließen es geschehen. Die DDR-Staatsmacht wäre auf eigene Faust niemals aktiv geworden.»

Nie hätte sie sich vorstellen können, sagt Katja Ebstein gut 30 Jahre später, im Inselwind auf der Gartenbank auf Amrum, dass eine solche friedliche Revolution in Deutschland gelingen könnte. Dafür sei allerdings nicht nur Gorbatschow verantwortlich, der immer als der ikonische, fast heilige Schirmherr der Wende wahrgenommen wurde. Man dürfe auf keinen Fall die zwei großen Polen vergessen, ohne die als langfristige Wegbereiter nichts gegangen wäre. Papst Johannes Paul II., der sich ganz unkatholisch einmischte und den Reformern seinen Segen gab. Und Lech Wałęsa, den heldenhaften Danziger Gewerkschaftler und späteren Staatspräsidenten.

«Und wenn man jetzt nach Polen schaut», sagt Katja Ebstein, «dann sieht man, dass dort heute wieder unversöhnliche Hardliner das Sagen haben, die Leute, die das Land wie ihre eigene Firma benutzen. Fast noch schlimmer als in der Zeit des Kalten Krieges, obwohl die Bevölkerung sich Demokratie wünscht.» Nachdem sie kurz so schwärmerisch geklungen hatte, ist sie zurück im Hier und Jetzt, in dem es immer Grund zur Empörung gibt.

Wenige Tage nachdem Katja Ebstein das gesagt hat, sind in

Warschau, Posen, Stettin und anderen Städten wieder Zehntausende von Demonstranten auf den Straßen. Sie protestieren gegen die PiS-Regierung, ihr zweifelhaftes Verhältnis zur Gewaltenteilung und gegen ein Urteil des Verfassungsgerichts, das die EU-Mitgliedschaft Polens in Zweifel zieht. «Wir sind Europa!», skandieren sie. Die Geschichte, die wir hier erzählen, ist alles andere als ein Fall fürs Heimatmuseum, noch lange nicht.

4.

LIEBER STAAT, WO IST DEIN GLAMOUR?

Eine kurze Anleitung, wie man in der Deutschen Demokratischen Republik ein Popstar werden konnte (ohne dabei den Stolz zu verlieren)

Die weltweit bekannteste DDR-Sängerin aller Zeiten hatte im Rückblick nur ein einziges, kleines Problem: Sie existierte gar nicht wirklich.

Besser gesagt: Sie bewegte beim größten Auftritt ihres Lebens nur die Lippen, während eine andere sang, und das auch noch auf Englisch. «Blue, the dawn is growing blue», hauchte Sunny, der ausgedachte Star, die fantastische Kinofigur, und benutzte dazu den korallenrot geschminkten Mund der Schauspielerin Renate Krößner. Und die per Playback zugespielte Stimme von Regine Dobberschütz, einer Leipziger Blues- und Soulsängerin.

«And all my love you'll get when you will come and stay», sang sie. «Someday.» Es ist die Sequenz in «Solo Sunny» von 1980, an die wohl die meisten als Erstes denken, wenn sie den Filmtitel hören. Die berühmteste Szene im wohl bekanntesten Werk, das in der Babelsberger Entertainment- und anfangs auch Erziehungswerkstatt DEFA in rund 40 Jahren entstand.

Der Schauplatz: ein mondäner, fast surreal wirkender Nachtclub in Ostberlin, DDR-Gegenwart der späten 70er. Tischlaternen glimmen durchs Dunkel, in Pink. Sunny, die Hauptfigur, ist eine Amateurkünstlerin mit Ambitionen, die eigentlich Ingrid Sommer heißt. Sie singt um ihr Leben, und diese Show ist der Höhepunkt.

Dazu trägt sie ihr berühmt gewordenes Bühnenkostüm. Das Haarnetz, das nach altem, klassischem Hollywood aussieht. Das beige, glitzernde Paillettenoberteil, die weiße Hose. Eine Prenzlauer-Berg-Hommage an die Showgöttinnen Judy Garland und Liza Minnelli. Die Band, die sie aus dem Hintergrund genossenschaftlich begleitet, ist nur als Schattengruppe zu sehen – denn hier und jetzt regiert sie. Die Individualistin, die selbstbewusste Frau, der Star in dieser Manege, die für sie eigentlich viel zu klein ist.

Eine sozialistische Superpopdiva. War so etwas denn überhaupt möglich?

Am Morgen nach ihrem großen Moment wird Sunny im Krankenhaus landen, denn sie hat viel zu viele Tabletten geschluckt. Sie wird dem Showbusiness abschwören und erst mal in den VEB-Produktionsjob zurückkehren, in eine Halle, in der alle Kittelschürzen statt Pailletten tragen. Es wirkt wie die Strafe für den Triumph, vorerst.

1980, als «Solo Sunny» in der DDR startet, sehen allein in den ersten Wochen mehr als eine Million Menschen den Film. Die Vorstellungen im Kino International in der Ostberliner Karl-Marx-Allee sind fast vier Monate lang durchweg ausverkauft, die Sprüche aus dem Film sickern in die Alltagssprache («Is' ohne Frühstück!», «Man müsste was ganz anderes machen»). Sogar die, die staatlich abgesegnete Kultur prinzipiell ablehnen, loben den Film. Konrad Wolf, der im Team mit Drehbuchautor Wolfgang Kohlhaase Regie geführt hat, ist nicht nur Präsident der Akademie der Künste der DDR. Er ist als Sohn des Schriftstellers und DEFA-Mitgründers Friedrich Wolf und kleiner Bruder des Stasi-Auslandschefs Markus Wolf so sakrosankt, dass er die relativ freizügige Sunny-Botschaft durch die Institutionen hindurchbekommen hat.

Schon die Tatsache, dass das Filmfestival Berlinale «Solo Sunny» 1980 in den Wettbewerb aufnimmt, wird damals als mutiges Ost-West-Statement gewertet. Am Ende bekommt Renate Krößner im Charlottenburger Zoo Palast den Silbernen Bären überreicht, den Preis für die beste Schauspielerin. Es ist das erste, allerdings nicht das letzte Mal, dass der Award in die DDR geht.

Krößner erregt Aufsehen. Sie darf vor Ort Interviews geben, viele wollen mit ihr reden. «Ich würde mich freuen, wenn Jugendliche sich Sunny zum Vorbild nehmen», sagt sie einem Reporter des SDR. Drei Jahre später, im Oktober 1983, wird sie einen Ausreiseantrag stellen. 1985 geht sie in die BRD.

Der Film hat letztlich ein Happy End, aber die große Frage bleibt trotzdem stehen. Wie viel wäre mit dem Ehrgeiz, der im Kern von «Solo Sunny» steckt, in der DDR tatsächlich zu gewinnen gewesen? Hätte die Sängerin mit mehr Glück ein echter Star werden können? Oder wäre ihr dabei exakt der Individualismus in die Quere gekommen, den das Publikum an der Story so liebte?

In der westlichen Welt gelten das Paradiesvogelhafte, die gewisse Eitelkeit und Arroganz, die man selbst erklärten Genies unterstellt, ja als die besten Voraussetzungen, um den Weg auf die große Bühne zu schaffen. All diese Eigenschaften scheinen allerdings dem zu widersprechen, was auf dem Papier und in den Parteitagsreden das sozialistische Ideal von Kultur ausmacht. Die Idee des Kollektivs, der Wert amtlich beglaubigter Fähigkeiten, die Begabte mit größtmöglicher Demut in den Dienst der Gemeinschaft stellen sollten. Eine Kunst, die dem Volk dient.

Die Gruppe Kreis: ein Beispiel für die geglückte sozialistische Disco

«Es war natürlich ein absolut rauschhaftes Gefühl, vom Publikum so gefeiert zu werden», sagt zum Beispiel Arnold Fritzsch. Mitte der 70er war er einer der tatsächlich existierenden Popstars der DDR. Kurze Zeit zwar nur, aber dafür umso stürmischer, ein paar Jahre vor der fiktiven Sunny. «Ich erinnere mich an Konzerte, bei denen ich auf der Bühne förmlich explodierte. Aber auch an viele dunkle Tage. Die gibt es ja in jedem Künstlerleben, aber das konnte ich damals nicht einordnen.»

Fritzsch, Jahrgang 1951, ist gut gealtert. Die Haare sind noch so dicht wie in den Glamourjahren, der graue Bart und das Karohemd strahlen eine gewisse sportliche Weisheit aus. Mit Anfang 70 lebt er im Norden von Berlin-Pankow. Ja, zwischendurch habe er auch höchst riskante Phasen durchlebt, sagt Fritzsch, aber jetzt sei alles in Balance. «Ich habe oft das Gefühl, ich würde Songs für Leute schreiben, die gerade nicht gut drauf sind», steht an der Wand über dem Keyboard in seinem Arbeitszimmer. Das Zitat wird Paul McCartney zugeschrieben. Er ist eines seiner Vorbilder.

Fritzsch schreibt heute Songs für Film- und TV-Soundtracks, für Musicals oder für sich selbst. In den 90ern, der Nachwendezeit, als die Blitzkarriere schon weit in der Vergangenheit lag, begann er, für Shows wie «Der Bergdoktor» oder «Um Himmels Willen» zu komponieren, die Serie mit den Nonnen und Fritz Wepper. «Ich bemerkte relativ schnell, dass für Ostkünstler mit Popmusik kein Blumentopf mehr zu gewinnen war», sagt Fritzsch. «Dass ich damals reagierte, war mein Glück.»

In den 70ern kannte die ganze DDR ihn als Sänger, Gitarristen, Keyboarder und Songwriter der Ostberliner Band Kreis, er trug den Spitznamen Murmel, variiert nach einer

Figur aus Falladas «Kleiner Mann – was nun?». Als Kreis mit ihrem größten Hit «Doch ich wollt' es wissen» auf allen Kanälen heißliefen, im Sommer 1975, war Murmel 23. Ein Musiker, der den Abschluss der Berliner Hochschule für Musik Hanns Eisler in diversen Fächern in der Tasche hatte, also allerhöchste Weihen. Zugleich aber ein Herzensbrecher, ein Wuschelkopf-Boy für Teenager.

Das erste Album von Kreis verkaufte sich 1976 eine runde Viertelmillion Mal, nur in der DDR. Auf dem Cover sah man ein Gruppenbild, auf dem Fritzsch unter anderem mit seiner damaligen Frau Eva posiert, die in der Band Flöte spielte. Auf der Rückseite war ein Einzelporträt von ihm, das man sich praktisch an die Jugendzimmerwand pinnen konnte. Dass der singende Schöne auch die gesamte Musik auf dieser Platte geschrieben und arrangiert hatte, war vielen Fangirls vielleicht gar nicht klar.

Sogar Puzzlespiele mit Fotos von Kreis wurden produziert. In der ČSSR war die Band dermaßen beliebt, dass 1979 extra für den tschechischen Markt ein Album mit englischen Songtexten produziert wurde, übersetzt von Dean Reed, dem aus Denver nach Sachsen emigrierten «roten Elvis». Auf einer ihrer Kuba-Tourneen spielte die Band an drei Abenden im Karl-Marx-Theater in Havanna vor je 5000 Leuten. Kreis glitzerten, trugen auf der Bühne oft extravagante Show-Uniformen. Sie spielten den amerikanisch geprägten Disco-Beat, mit Hooklines, tanzendem Bass und großstädtischen Samstag-Nacht-Geigen, wie er in der DDR sonst eigentlich nicht gemacht wurde (und auch in der BRD erst etwas später). Die einschlägigen Rockbands und ihre Fans verachteten Kreis natürlich bis aufs Blut.

«Auf der einen Seite standen die Rocker und Blueser, auf der anderen die Schlagersänger, und wir hingen irgendwo dazwischen», sagt Fritzsch. «Gemessen an der gängigen Vorstellung, wie proletarische Musik zu klingen und auszusehen hat, waren wir zu poppig, zu glatt.»

Erst die Ode an die russische Pipeline, dann fließt das Geld

Fritzsch stammt aus dem sächsischen Erzgebirge, aus dem kleinen, etwas abgelegenen Ort Schlettau, der guten Westradioempfang hat. Als weit weg in Berlin die Mauer gebaut wird, ist er neun, aber er hört gut zu, was die Erwachsenen reden. Die Eltern unterhalten sich am Abendbrottisch über einen Kollegen des Vaters, der auf dem Weg zur Arbeit einen Spruch über die Mauer gerissen hat. Kurz darauf verschwindet der Mann. Seine Frau bekommt eine Woche später die Nachricht, sie könne ihn aus dem Krankenhaus abholen, mit zerschlagenen Nieren. Er stirbt an den Folgen.

«Ich bin tendenziell ein eher ängstlicher Mensch», sagt Fritzsch. «Und die Angst vor dem System gehörte für mich zum Leben. Mir war klar: Wenn die wollen, landest du in Bautzen, und das wollte ich vermeiden.» Für Musikerinnen und Musiker wie Tamara Danz von Silly oder Jürgen Ehle von Pankow sei die Situation im Kunstbetrieb anders gewesen. «Das waren Funktionärskinder. Einerseits hatten sie wohl einen größeren Frieden mit dem System. Andererseits glaubten sie auch viel fester daran, etwas verändern zu können.»

Kreis kommen Ende 1973 zusammen, kurz nach den Ostberliner Weltjugendfestspielen. Zuerst geht es nur um eine etwas seltsame Auftragsarbeit. Der Journalist Fritz-Jochen Kopka hat einen Songtext geschrieben, der den zehnten Jahrestag der Inbetriebnahme der russischen Druschba-Erdölpipeline feiert, ein Lobpreislied auf die Produktivität der sozialistischen Bruderländer. Nun sucht er eine Gruppe, die das

Gedicht vertonen kann, für das FDJ-nahe Fernsehmagazin «Rund», bei dem er als Redakteur arbeitet. Seine Frau Barbara Thalheim, selbst erfolgreiche Musikerin, fragt Fritzsch, ob er das nicht machen wolle.

Fritzsch zögert. Eigentlich will er ja ein richtiger Komponist werden, in Ruhe Streichquartette schreiben, schön mit Ärmelschonern am Klavier. Alles, bloß kein Außendarsteller sein. Aber gleichzeitig liebt er die Beatles und Marvin Gaye. Hat gerade erst auf dem Alexanderplatz ein Konzert von Miriam Makeba erlebt, das ihn begeistert hat. Also nimmt er den Auftrag an und stellt eine Gruppe zusammen.

Kreis sind mit «Das Lied von der Pipeline» in der «Rund»-Ausgabe vom 3. November 1973 dabei. Es ist der erste öffentliche Auftritt der Band, und das gleich im Fernsehen der DDR. Sie präsentieren einen Song, der nur für die TV-Sendung aufgenommen wurde und sonst noch nirgends zu hören war. Im westlichen Entertainmentbusiness wäre das undenkbar. Ohne ein Produkt, ohne das Engagement und PR-Budget einer größeren Plattenfirma, die ihre Ware in einer Sendung platziert, um sie besser verkaufen zu können, kommt man als Künstler kaum im Westfernsehen unter. Selbst bei Alfred Biolek, der 1978 auf Sendung gehen wird, wäre das schwierig.

«Kleinlich weigert sich die Erde, fordert täglich ihren Lohn», singt Fritzsch den leicht sozialpathetischen Kopka-Text, im gelb-rot-schwarzgeringelten Pulli am Klavier, natürlich Playback, wie fast immer im TV-Studio. Im Hintergrund werden Szenen von der Ölförderung eingeblendet. «Wir bestimmen, was da wäre, durch die Rohre rast ein Sturm.» Er hat für den Song einen Soul-Jazz-Groove arrangiert, es klingt phänomenal. Und so geht es auch nach «Rund» weiter mit Kreis.

Leben können sie von der Musik seit Mitte der 70er komfortabel. Die fünf haben gleich 1974, beim ersten Prüfungsvorspiel vor der Kommission des Berliner Bezirksrats, eine sehr wohlwollende Einstufung erhalten. Die landesweit eingesetzten Kommissionen vergeben – auf Basis kurzer Probekonzerte – an Gruppen und ihre Mitglieder die Spielerlaubnisse, ohne die keine legalen Auftritte in der DDR möglich sind. Die Bescheinigung legt auch die jeweilige Obergrenze dafür fest, wie viel die Musikerinnen und Musiker pro Stunde verdienen dürfen. Die Einstufungskontrollen werden in regelmäßigen Abständen wiederholt, man kann sich also verbessern (oder auch verschlechtern).

Manche Veranstalter zahlen auch etwas mehr als vorgeschrieben, um sich in der Konkurrenz um die besten Gruppen Vorteile zu verschaffen. Schließlich ist die Nachfrage nach Tanzabenden zu der Zeit riesig, und die Bands werden händeringend gesucht. Kreis bekommen am Anfang rund 100 Mark pro Mitglied für einen rund fünfstündigen Auftritt, später wird es mehr, viel mehr. Große Bands wie die Jazzrockkönige Panta Rhei erhalten schon in den frühen 70ern das Dreifache. Sobald man als Starensemble auf die Sonderstufe gehoben wird, wird es dann schnell vierstellig pro Person und Abend, mit Luft nach oben.

Musikerin und Musiker ist in der DDR ein Beruf, in dem man schnell zu den deutlich Besserverdienenden aufsteigen kann. Die Arbeiter- oder Lehrerschaft verdient zu der Zeit zwischen 800 und 1000 Mark im Monat. Um das reinzukriegen, muss eine Band nicht mal besonders oft auftreten.

Eines Tages im Sommer 1978 kommt Eva Fritzsch von der Sparkasse nach Hause, ganz aufgekratzt. «Du», sagt sie, «irgendwer hat 80 000 Mark auf unser Konto überwiesen.» Es ist die erste Tranche der Tantiemenzahlungen, die Fritzsch für die Verkäufe der ersten Langspielplatte bekommt. Die AWA, das DDR-Pendant zur GEMA, der in der Bundesrepublik bekannten Verwertungsgesellschaft für Komponistenrechte, schüttet Geld an ihn aus, für seine Ansprüche als Songwriter und Arrangeur. Eva und die anderen Musiker bekommen für die 250 000 verkauften Platten keine einzige zusätzliche Ostmark. Mit dem Honorar, das ihnen für die Studioaufnahmen ausgezahlt wurde, in der Regel maximal 500 Mark pro Song, ist laut Amiga-Gepflogenheit alles abgegolten. Dafür verdienen sie natürlich an den Konzerten und Tanzkapellennächten. Auf die laufenden Einkünften können sich alle verlassen.

Das Schönste, erinnert sich Fritzsch, seien die Abende im Restaurant Rotisserie gewesen, der sogenannten Rotte im Hotel Stadt Berlin, gleich am Alexanderplatz. Die Kreis-Leute gehen ab und zu direkt nach dem Auftritt in die Rotte, hauen einen Teil der Gage auf den Kopf. Sie sitzen auf Hockern an der Theke und schauen zu, wie in der offenen Küche das Chateaubriand für sie gegrillt wird.

«Da habe ich zum ersten Mal Essen als etwas Besonderes empfunden», sagt Fritzsch. «Mir läuft jetzt noch das Wasser im Mund zusammen, wenn ich daran denke. Es war auch ein hervorragender Ort, um sich Westler anzugucken.» Die essen bevorzugt dort, wenn der Tagesausflug zu Ende geht und der Zwangsumtausch noch schnell verbraucht werden muss.

Kreis leisten sich etwas, zwischendurch. Es schmeckt nach Luxus, es riecht entfernt nach Dekadenz, für den Moment an der Bar. 1976 kommt eine Singleplatte heraus, auf der sie «Ein Bett im Kornfeld» von Jürgen Drews spielen. In der BRD war der Song sechs Wochen lang Nummer eins, aber die Drews-Platte ist in der DDR nicht zu bekommen. Die Leute haben keine andere Wahl, als zum Ersatzprodukt von Kreis zu greifen. Arnold Fritzsch ist einen heißen Sommer lang der Ost-Jürgen-Drews.

Im selben Jahr kommt der Hit «Doch ich wollt' es wissen» auch in der Bundesrepublik als Single heraus, von Amiga via Lizenzzahlung ans Label Teldec vergeben. Doch in der BRD interessiert sich fast keiner für die Kreis-Musik.

Ein Hoch auf den Grenzverkehr: Die BRD kommt Kreis zu Hilfe

Der Branchenstandort Westberlin wird in der wilden Geschichte der Band allerdings bald noch eine überraschend wichtige Rolle spielen. Denn so gut es auch weiterhin mit Live-Engagements für Kreis läuft: Die Plattenverkäufe gehen langsam, aber konstant zurück. Das zweite Album «Alle Mann an Deck» wollen 1978 nur noch 80 000 Menschen hören. Das ist in einem Land mit 17 Millionen weiterhin gut, aber im Vergleich zum ersten Album ein Flop.

Und in der Tat kann der kommerzielle Erfolg auch hier, in einer sozialistisch fundierten Entertainmentbranche, zum Kriterium für die Künstlerlaufbahn werden. Während dem Westen in der DDR gern unterstellt wird, auch die schönen Künste durch die kapitalistische Melkmaschine zu leiern, arbeitet die volkseigene Kulturproduktion oft gar nicht so viel anders. Dr. René Büttner, der seit 1978 der sogenannte Chefredakteur bei Amiga Schallplatten ist, also der Herr übers Repertoire des Labels, sendet wenig wohlwollende Signale in Richtung von Fritzsch und seinen Leuten. Büttner gilt als linientreuer Macher und harter Knochen, und er scheint das Werk und die glitzerleichte Aura der Band nicht besonders zu schätzen.

Am Rande einer Konferenz, zu der das Komitee für Unterhaltungskunst seine Kreativen lädt, sagt Büttner Ende der 70er zu Fritzsch, mit offiziösem Unterton: «Die DDR braucht die Gruppe Kreis nicht.» Deutlicher, politisch trennschärfer kann man über Disco-Pop kaum sprechen.

Einen Plattenvertrag, der gekündigt werden könnte, hat sowieso kein Künstler bei Amiga. Irgendwann ruft einfach keiner mehr an. Für Kreis ist das schlecht, denn ein anderes Musiklabel, zu dem man gehen könnte, gibt es in der DDR nicht.

Es ist genau die Willkür der Obrigkeit, von der Arnold Fritzsch im Zusammenhang mit seiner Urangst gesprochen hat. «Eva und ich diskutierten zu der Zeit öfter, ob wir nicht in den Westen gehen sollten», sagt er. Für einzelne Auftritte hat die Künstleragentur sie schon nach Westberlin, Hamburg und Braunschweig reisen lassen. Aber sie entscheiden sich gegen die Flucht. Ihr Sohn ist gerade eingeschult worden, sie wollen ihn nicht zurücklassen.

Fritzsch unterhält gute Beziehungen zu den Redakteuren und Produzenten beim Rundfunk der DDR. Sie erlauben Kreis, in den Radiostudios weiterhin Songs aufzunehmen, und spielen sie in ihren Sendungen. In einem Hörfunkbüro wird der Band im Frühjahr 1980 dann auch die großartige Nachricht eröffnet. Es wird doch noch eine Kreis-Platte geben. Eine, die Amiga-Büttner nicht verhindern kann.

Die Idee: Klaus Hugo, der Chefproduzent im Tanzmusiksektor des Rundfunks, pflegt zu der Zeit immer noch beste Kontakte in die Westberliner Musikszene. Die Freundschaften stammen größtenteils noch aus den Tagen von vor dem Mauerbau. Regelmäßige Gesprächs- und Geschäftspartner sind zum Beispiel die Brüder Peter und Thomas Meisel, die die Meisel Musikverlage sowie das Plattenlabel Hansa führen. Hansa feiert mit Boney M., Gunter Gabriel und später mit Modern Talking und Milli Vanilli gigantische, teils internationale Erfolge.

Ab und zu buchen die Meisels das Studio im DDR-Funkhaus, um mit den dortigen Musikern Orchestermusik zu produzieren, die in den Nachtschienen in BRD-Sendern eingesetzt wird. Das ist billiger und oft auch qualitativ besser, als sie unter Westberliner Bedingungen aufzunehmen. Wenn die Wessis ab und zu in der Nalepastraße in Oberschöneweide einrücken, gelegentlich mit glamourösen Gaststars, ist Festtagsstimmung beim Personal. Ganze Studiobereiche werden für die Sonderproduktionen abgeriegelt, das ansonsten strikte Rauchverbot fällt für wenige Stunden. Die Nacht-und-Nebel-Geschäfte werden in D-Mark-Devisen bezahlt. Das gefällt der Ostberliner Rundfunkleitung gut.

Bei einer dieser neckischen Ost-West-Verhandlungen kommt Anfang 1980 das Gespräch auf die Gruppe Kreis. Hansa hat gerade, als Reaktion auf die New-Wave-Welle, ein neues Sublabel namens Rocktopus gegründet, für etwas zeitgemäßere, weniger backenbärtige Rockmusik, und sucht nun ein Repertoire dafür. Worauf man sich einigt: Der Rundfunk der DDR wird zehn neue Songs von Kreis nach Westen liefern – und Rocktopus wird sie als Album veröffentlichen. Natürlich nur in der Bundesrepublik. Als Arnold und Eva Fritzsch im Mai und Juni 1980 die Stücke einspielen, ist ihnen klar, dass die LP, an der sie hier arbeiten, in ihrer Heimat DDR gar nicht erhältlich sein wird, allenfalls als illegaler Import.

Nach demselben Modell erscheint bei Rocktopus auch das Debütalbum einer anderen jungen Ostberliner Gruppe, die nicht bei Amiga untergekommen ist. Noch nicht. Die Band, angeführt von der charismatischen und absolut startauglichen Sängerin Tamara Danz, heißt Silly.

Zum perfekten Popwunder reicht es dann aber nicht. Weder die LP von Silly noch die von Kreis werden Erfolge in einer Bundesrepublik, in der die Leute gerade mit Peter Maffay und James Last, Pink Floyd und ABBA beschäftigt und somit vollständig ausgelastet sind. Das West-only-Album von Kreis bleibt eine kuriose Fußnote in der Geschichte der Band. Sie zerbricht daraufhin endgültig.

Arnold Fritzsch wird später, wie gesagt, noch richtig glücklich. Er kehrt zurück an den wohligen Platz hinter dem Klavier und vermisst nichts.

«Wenn ich heute wieder Konzerte ankündigen würde», sagt Fritzsch in der Gegenwart, mit Anfang 70, «würden sicher einige Frauen von damals seufzen: ‹Ach, der Murmel!› Und am Ende gehen sie dann doch wieder nur zu Howard Carpendale.»

Marx and Engels and Rock 'n' Roll: ein bisschen Theorie über rote Kultur

Dass die Band Kreis so viel Ärger mit dem Monopolisten Amiga bekam, hatte vor allem mit Ökonomie und persönlichen Animositäten zu tun. Als Beispiel für die systematische Zensur oder Verfälschung von Kunst, für die der DDR-Apparat bekannt war, eignet der Fall sich nicht wirklich. Immerhin führt er die Befehlsketten, Zuständig- und Hörigkeiten vor, die im Kulturbetrieb des Ostens eine völlig andere Qualität hatten als nebenan in Westdeutschland.

Klar gab es auch dort Eingriffe in die Freiheit. In den 80er-Jahren wurden zum Beispiel Platten der Band Die Ärzte auf Hinweis der Bundesprüfstelle für jugendgefährdende Schriften aus den Ladenregalen genommen, weil auf ihnen kokett über Sex mit Tieren und Blutsgeschwistern gesungen wurde. Ein Album der Gruppe Böhse Onkelz kam wegen Gewaltverherrlichung, Jugendgefährdung und Pornografie in polizeiliche Beschlagnahmung, ebenso Platten mit Songs der Punkband Slime, die über Gewalt gegen Polizisten sang. Der Jesus-Christus-Satire «Das Gespenst» des Filmregisseurs Herbert Achternbusch wurde erst die Einstufung durch die FSK und dann ein Teil des bereits genehmigten staatlichen Fördergelds verweigert. Im Mai 1986 schaltete sich der Bayerische Rundfunk als einziger Landessender demonstrativ aus dem Programm der ARD aus. Der Grund: In Dieter Hildebrandts «Scheibenwischer»-Kabarett lief ein Sketch über einen vom Tschernobyl-Fallout verstrahlten Rentner.

Solche Vorfälle aber auch nur entfernt mit der diktatorischen Kulturkontrolle in der DDR zu vergleichen, was ja gelegentlich getan wird, wäre eine groteske Irreführung. Die Strukturen, die ab und zu auch in der BRD solche Zensurfälle möglich machen, standen dort jederzeit zur öffentlichen Pro- und Contra-Debatte, wurden in ihrer politischen Dimension von rechts nach links diskutiert, und viele Fälle landeten vor Gericht. Wenn offenbar wurde, dass Institutionen Einfluss auf die Kultur nahmen, wurde das wie ein Skandal behandelt, nicht wie die Normalität. In keinem bekannten Fall trieben solche Fälle irgendwen in die gezielte Überwachung, in Haft oder ins Exil, verursachten keine Sanktionen für Künstler, die sich praktisch wie Berufsverbote auswirkten.

So durften die Ärzte zwar ihre Platte über Geschwisterliebe nur unter dem Ladentisch an Leute ab 18 verkaufen, aber selbst das hatte mehr den Charakter eines Scherzes und einer PR-Provokation. Gleichzeitig konnten sie in ihren Konzerten ohne Beanstandung ein Lied über den Bundeskanzler singen: «Hannelores Tag ist grau, denn Helmut Kohl schlägt seine Frau.» In der DDR dagegen wurde schon der Song «Honey, Honey» von ABBA als unzumutbare Beleidigung gegenüber dem Staatsratsvorsitzenden Honecker eingestuft. Als das Album «Waterloo» 1976 bei Amiga in einer DDR-Version erschien, entfernte man das Stück vorsichtshalber.

Diese Strukturen mussten von Künstlerinnen und Künstlern im Osten immer mitgedacht werden, von Anfang an, vom Hinter- bis zum Vorderkopf. Die Behörden und Organisationen, die die Zustände aufrechterhielten, konnten sich dabei jederzeit auf höhere Werte berufen, sich leicht rechtfertigen, vor wem auch immer: durch den Verweis auf die Grundfunktionen, die das Entertainment in einer marxistisch-leninistischen Welt zu erfüllen hatte.

Das Ziel aller DDR-Kulturpolitik sei eine «sozialistischrealistische Kunst, die durch ihre Volksverbundenheit und Parteilichkeit, durch Lebensnähe und sozialistischen Ideengehalt die geistige Welt der Werktätigen» bereichere – so kompakt und fast lexikalisch sagte es Kurt Hager, der im Politbüro des SED-Zentralkomitees für Kultur, Wissenschaft und Volksbildung zuständig und damit höchster Kulturhüter im Staat war, bei der 6. Tagung des Komitees im Juli 1972. Das hieß auch: Eskapismus, Realitätsflucht und genialische Selbstgefälligkeiten aller Art waren laut amtlicher Definition in der Kunst der DDR deplatziert. Malerei, Literatur, Film oder eben Musik sollten nie einfach nur schön sein, sondern immer dazu beitragen, ihr Publikum zu sozialistischen Persönlichkeiten heranzuziehen. Ihnen nicht nur keine neuen Flausen in die Köpfe zu setzen, sondern auch die bereits vorhandenen zu vertreiben.

So gesehen war das ideale Kunstwerk in der DDR vom Charakter her immer ideologisch, parteiisch. «Scheinbare Neutralität und Gleichgültigkeit erweisen sich als stillschweigende Unterstützung von Klassen», notierte das «Kleine politische Wörterbuch» der DDR 1978 zum Thema Kultur. Das heißt: Die nicht parteiische, auf Zerstreuung, Dekadenz und industriellen Profit frisierte Kunst des Westens half immer auch mit, den Unterschied zwischen Ausbeutern und Arbeiterklasse in Stein zu meißeln, die Revolution zu verschleppen. Zusätzlich, so sahen es die sozialistischen Ideologen, streckte sie ihre gierigen Zombie-Greifarme Richtung Osten aus, durch das Westfernsehen, das Radio und die aktuellen Trends, die auch in der DDR viele als cool und künstlerisch verbindlich empfanden.

Diversion war das politische Stichwort: die Theorie, dass westliche Staaten ihre Popkultur gezielt dazu einsetzen, um den Osten zu infiltrieren, zu schwächen, letztendlich zu zerstören. «Das ist eine Musik, die das Chaos darstellt, die das Chaos ist, die nicht nur Kriegsvorbereitung, sondern der Krieg ist», kommentierte im April 1951 der führende DDR-Musikwissenschaftler Georg Knepler, nachdem er bei einem Vortrag ein Bebop-Jazzstück angespielt hatte. «Das ist ein Versuch, den Krieg in die Hirne der Menschen einzuschmuggeln.»

Die große außenpolitische Strategie der USA, den Einfluss westlicher Demokratien global immer weiter auszubauen und die sozialistische Sphäre zurückzudrängen, wurde als «Roll Back» bekannt. John Foster Dulles, US-Außenminister unter Präsident Eisenhower, prägte die Idee um 1953 – und neben dem nuklearen Risikospiel galt hier auch die Kultur als relevante Kampfgröße. Es gibt einige Zeugnisse dafür, wie absurd weit die Auslandsgeheimdienste die Propaganda in diesem Feld trieben, auf beiden Seiten.

1956 schickte die CIA den Jazzmusiker Louis Armstrong als sogenannten Goodwill Jazz Ambassador auf Afrikatour, um einen Stein für ihr Menschenrechts-Image ins Brett zu hauen, bevor die Gegenseite ihr zuvorkommen konnte. 1958 initiierten die USA den Druck russischsprachiger Exemplare des Romans «Doktor Schiwago», nur um das in der Sowjetunion verbotene Buch beim Feind einschmuggeln zu können. Autor Boris Pasternak wurde kurz darauf zum Träger des Literaturnobelpreises ausgerufen, den er ebenso öffentlichkeitswirksam ablehnen musste.

Es ist – jenseits solcher Sonderfälle – absolut bemerkenswert, wie viel aufwendig organisierte Unterwanderungsarbeit sich die Opponenten vor allem gegenseitig zutrauten. «Schundliteratur und spießbürgerliche Gewohnheiten», «die ‹Hotmusik› und die ekstatischen ‹Gesänge› eines Presley», all das sah der erste DDR-Regierungschef Walter Ulbricht 1959 als potenziell gefährliche Exempel für die kapitalistisch-imperialistische Unkultur. Auch der läppischste Schlager und der tatsächlich größte Schund wurden auf diese Art zur Staatsaffäre. Wenige Staaten der Weltgeschichte haben der Musik je so viel produktive, gleichzeitig auch zerstörerische Kraft zugeschrieben, sie so ernst genommen wie die Deutsche Demokratische Republik. Und kein anderes hat damit die Züchtung und Förderung einer eigenen Popkultur zu einer solchen politischen Chefsache gemacht.

1965 knallt es in der Waldbühne, und die Explosion ist weit zu hören

Mitte der 60er wurde die Teenagermusik in der Bundesrepublik oft mit ganz ähnlichen Argumenten abgekanzelt und dämonisiert wie in der DDR. Dazu muss man nicht mal auf die berüchtigten Tiraden des großen Frankfurter Philosophen und neulinken Kulturindustriekritikers Theodor W. Adorno zurückgreifen, in dessen Augen die Erfolge der Beatles «etwas Zurückgebliebenes» hatten und ein Indiz dafür waren, wie «die dirigistische Massenkultur uns überschwemmt».

Unter der Überschrift «Musik oder Veitstanz?» diffamierte der Autor Roland Hill im Januar 1964 in der *Frankfurter Allgemeinen Zeitung* die Beatles-Begeisterung als «landesweite Mistkäferplage». «Jugendtorheiten gab es zu allen Zeiten. Sie kamen und verschwanden meist ohne Folgen», stellte die bekannte TV-Ansagerin Mady Manstein im September '64 in ihrer *Funk-Uhr*-Kolumne fest. «Aber wenn man aus einer solchen Torheit eine Massenhysterie werden lässt, kann man schon darüber streiten, ob auch hier die psychologischen Folgen so unbedeutend sind.» Zum Schluss gibt die Autorin zu bedenken, dass man mit den Kindern offenbar zu tolerant und nachsichtig umgegangen sei, wenn sie nun solche irren Freiheiten für sich einklagen würden.

Den Anlass, die Beat-Vorbehalte endlich eskalieren zu lassen, erleben beide deutsche Staaten simultan am 15. September

1965. Am Abend geben die Rolling Stones in der Westberliner Waldbühne das letzte ihrer fünf saisonalen Deutschland-Konzerte. Nachdem verschiedene Medien in den Tagen davor intensiv die schaurige Spannung geschürt haben, ob sich hier wohl die finale Jugendrevolte ereignen würde, tritt die Vorhersage tatsächlich ein. Es kommt vor und während der Show zu Provokation und Gerangel zwischen der Polizei und einigen der 21 000 Besucherinnen und Besucher. Als die Rolling Stones schon nach rund 25 Minuten ihren Auftritt beenden, bricht eine chaotische Schlacht los. 89 Festnahmen, insgesamt 115 Verletzte auf beiden Seiten und 300 000 D-Mark Schaden an der teilweise verwüsteten Freilichtbühne stehen am nächsten Morgen in der Bilanz.

«Jugendliche Leiber, bewegt wie von verschluckten Pressluftbohrern, sich selbst mit den Fäusten auf die Köpfe schlagend, blicklos aufgerissene Augen, stampfende Füße, schleudernde Arme», schreibt Matthias Walden anschließend in bebendem Ton in *Der Monat*, und in Springers *Bild* berichtet die Schauspielerin und spätere Medizinkoryphäe Marianne Koch: «Es war gespenstisch. Ich kenne jetzt die Hölle.»

Dass die Reporter von der relativ neuen Kulturtechnik des Rockkonzerts 1965 noch überfordert sind, mag sein. Dennoch liefern sie mit ihren Berichten genau die Anti-Beat-Propaganda, nach der viele gelechzt haben.

Auf Anregung der Polizei und der CDU-Fraktion wird im Westberliner Abgeordnetenhaus einige Tage nach dem Chaoskonzert ernsthaft debattiert, ob man Rock-'n'-Roll-Veranstaltungen dieses Zuschnitts in Zukunft nicht ganz verhindern solle. Politische Folgen bleiben aus, die Stimmung bleibt trotzdem brenzlig. Ein Jahr später, noch vor Beginn der Studentenprotest-Ära, landet Freddy Quinn einen Hit mit seinem berüchtigten Einpeitscher-Song «Wir»: «Ihr lungert herum in Parks und in Gassen/Wer kann eure sinnlose Faulheit nicht fassen? Wir!» Er spricht den Wählern der bröckelnden Ludwig-Erhard-Regierung aus den Herzen.

Drüben in Ostberlin druckt die SED-Zeitung *Neues Deutschland* am 17. September 1965 den *Bild*-Horrorartikel «Ich saß in der Hölle» von Marianne Koch eins zu eins nach, im Stil eines subversiven Leaks: So schlimm sieht es drüben wirklich aus. Besser hätten die eigenen Journalisten auch nicht beschreiben können, welches Kraftpotenzial für Gewalt und Gehirnwäsche der westliche Rock entwickelt. Die Schikanen, die Beatbands der DDR zu der Zeit ohnehin schon täglich bewältigen müssen, werden weiter verschärft. Mitte Oktober 1965 geht der Fall eines Zehntklässlers der Ernst-Wildangel-Oberschule in Berlin-Mitte durch die Presse. Der junge Mann, bekennender Stones-Fan, soll eine Aufforderung seiner FDJ-engagierten Mitschüler ignoriert haben, sich die langen Haare schneiden zu lassen. Daraufhin fallen die Kameraden vor der Klasse über ihn her und erledigen den Schnitt selbst. In den Zeitungsberichten sind sie die Helden.

«Hinter dieser Politik steckte ja eine Urangst», sagt heute Walter Cikan, ein früherer Musiker, Musikproduzent und leitender Verantwortlicher im DDR-Radio. «Die Urangst der Machthaber, die nach dem Aufstand vom 17. Juni 1953 nie wieder ganz verschwand: vor der Revolte, der Konterrevolution, dem Roll Back, den die Amerikaner angekündigt hatten. Daher kam dieser Zwiespalt, der die Kulturpolitik im Osten so widersprüchlich erscheinen lässt. Einerseits wollte man sich schützen. Andererseits musste man die Menschen im Land aber auch irgendwie erreichen, mit ihnen kommunizieren. Und deshalb ging es immer hin und her. Man öffnete sich. Man machte wieder zu. Und wieder von vorn.»

Das ist die größte Zwickmühle, in der die realsozialistische Kultur steckt. Was als Idee hervorragend klingt, galoppiert in der Praxis unendlich weit weg von der Utopie. Die Frage ist, wie oft man dem Volk ernsthaft erzählen will, Frank Schöbel wäre besser als Elvis, der als Staatstrend lancierte Lipsi-Tanz könne den Twist mit einem Hüftschwung erledigen und Literatur und Kunst wären noch nirgends je so frei gewesen wie jetzt in der DDR. Die Leute sind durch Westfernsehen und -radio bestens informiert. Und müssen daher die Überbringer solcher Erklärungen aus dem Stand für komplett bescheuert halten.

Ein Beatkeller-Pionier steigt zum Entscheider auf

Die Tramps und die Jokers, die Bands, in denen Walter Cikan in den 60ern Orgel spielt, treten in Borna und Wurzen auf, in Zwickau und Rudolstadt, in Auerbach im Vogtland, Cottbus oder Bad Muskau. Meistens in den Tanzsälen der Dorfgasthöfe, in größeren Städten in den Kulturhäusern. In der Regel sind die Läden brechend voll, denn die Leute wollen tanzen. Um die fünf Stunden dauert ein Einsatz, die Bands spielen Stücke der Animals und Spencer Davis Group, von Jimi Hendrix, Chuck Berry, The Who, Manfred Mann oder den unerhörten Rolling Stones. «Under My Thumb», ihr galliger Hit von 1966, ist eine Paradenummer von Cikans Jokers.

Seit 1958 gibt es in der DDR ein Gesetz, das eine genaue Quote für die Musikauswahl festlegt. Demnach muss jedes Radio- und Abendprogramm zu mindestens 60 Prozent aus den Werken einheimischer Komponisten bestehen, zu höchstens 40 Prozent aus westlichen Importen. Es ist in der Regel also keineswegs verboten, Westsongs zu spielen. Es dürfen nur nicht zu viele sein.

In den schriftlichen Titellisten, die die Gruppen vor oder nach ihren Auftritten abgeben müssen, zur Abrechnung der

Tantiemen über die Rechteverwertungsgesellschaft AWA, stimmt das Verhältnis auf geradezu magische Art immer ganz genau. Während der lauten, langen, zerwuschelten Tanznächte schert sich niemand mehr darum. Hier ist die Musik teilweise zu 100 Prozent West.

Die Wirte finden das gut, sie wollen die beste Stimmung, die heißesten Attraktionen. Die Prüftrupps, die von den Bezirkskommissionen losgeschickt werden, um unangesagte Stichproben in den Clubs zu machen, sind eher in den größeren Städten unterwegs, tauchen nur selten in den Dörfern auf. Auch das ist ein Grund dafür, dass die Bands gezielt in die Provinz ausweichen. Dort gibt es in den 60ern einen kleinen Popkulturboom.

«Meine Generation war die erste, die ernsthaft versucht hat, in der DDR Rockmusik zu spielen», sagt Walter Cikan. «Die wenigsten wollten die Welt verändern, das System einreißen. Wir wollten einfach spielen. Ich bin unglaublich froh, dass ich diese fantastische Zeit erleben durfte.»

Cikan, Jahrgang 1944, sitzt am Wohnzimmertisch in Köpenick, einen Spaziergang vom Stadion des 1. FC Union Berlin entfernt. Auch mit Ende 70 spricht er über Musik noch wie über die erste Liebe. Singt ab und zu die Songs kurz an, von denen er redet. Sein biografischer Footprint: ein in Sachsen-Anhalt aufgewachsener Sudetendeutscher, der als Beatpionier mit Farfisa-Orgel und semi-legalem Programm startete – und letztlich bis zum Leiterposten der Abteilung Jugendmusik des DDR-Rundfunks aufstieg. In eine Position hinein, in der er sein eigenes junges Ich sicher ab und zu einbestellt und ihm die Leviten gelesen hätte.

Mit 29 hatte Cikan plötzlich selbst Funktionärsaufgaben, musste um Budgetzuteilungen und Begriffsdefinitionen kämpfen und saß regelmäßig im sogenannten Lektorat, der gefürchteten Konferenzrunde, die jeden fürs Radio gedachten

Liedtext daraufhin abklopfte, ob man ihn in diesem Wortlaut tatsächlich spielen könne – oder ob man den Bands ihren Song zur Überarbeitung zurückgeben müsse, mit dem entsprechenden Tadel.

Inhaltlich angeführt wurde das Lektorat lange von Gisela Steineckert, der Schriftstellerin, Songlyrikerin, langjährigen Präsidentin des Komitees für Unterhaltungskunst und Ehefrau des obersten Radio-Musikchefs Wilhelm Penndorf. In den Runden ging es dann auch um die allerletzten Details und die tagespolitisch schwierigen Wörter, die einzeln angestrichen wurden. So wurde die Gruppe Rockhaus zum Beispiel gleich mehrfach verdonnert, flapsige Passagen im Stück «Ich muss darüber quatschen» zu überarbeiten: Begriffe wie «Aufgeilerei», das titelgebende «quatschen» und sogar «Probleme, die uns quälen» störten Teile des Lektorats. 1978, kurz nach dem Start des sächsischen Kosmonauten Sigmund Jähn, sollte aus einem Text die Wendung «mit dem Kopf zur Erde» verschwinden, weil sie nach Raumkapselabsturz klang. «Paule Panke», die Lehrlingsgroteske der Gruppe Pankow, bekam erst mal ein Veto, weil vor allem die Wortführerin Steineckert die Geschichte über einen vom Dasein genervten Jungschlosser viel zu defätistisch fand. Etwas später wurde sie allerdings doch gespielt.

Der Grundgedanke der vorauseilenden Sperrinstanz: Wäre ein in den Rundfunkstudios produziertes Lied erst ausgestrahlt und danach vom zuständigen Komitee oder von noch höheren politischen Stellen einkassiert worden, hätte man sinnlos Ressourcen verschwendet. Daher versuchte die Runde, schon vor der Produktion alle nur denkbaren Einwände aus dem Text zu entfernen – ohne zu wissen, ob wirklich jemand Anstoß genommen hätte. Nicht mal das klappte immer. 1989 musste Cikan das vom Lektorat abgesegnete und vom Liedermacher Norbert Bischoff eingesungene Stück «Er sagt, er meint es ernst» nachträglich vor dem Komiteechef verteidigen. Im Song erzählte Bischoff von der Begegnung und Diskussion mit einem Rechtsradikalen. Der Klassenfeind solle doch nicht glauben, dass es in der DDR Neonazis gäbe, argumentierte der Vorsitzende. Cikan musste das Stück aus dem Programm nehmen.

Für den Radiomann ergab sich daraus natürlich eine Doppelrolle, ein Good-Cop-Bad-Cop-Dilemma. Ein existenzieller Widerspruch, der sich so ähnlich in vielen DDR-Biografien findet und längst nicht so leicht aufzudröseln ist, wie die schnellen Brüter auf beiden Seiten zu denken scheinen. Für die einen war Walter Cikan der Zensor, der im staatlichen Auftrag mithalf, alles Außerordentliche und Nach-vorn-Denkende zu verhindern. Die anderen sahen in ihm den großen Möglichmacher, den guten Geist. Einen Förderer, der die Abläufe, Launen und exegetische Feinheiten kannte und den Bands daher helfen konnte, ihre Werke um die Barrikaden herumzusteuern. Was das Lektorat mit ihm als Mitglied zerpflückt hatte, stellte er ja anschließend als Produzent selbst erst auf die Beine.

Ja, er habe Privilegien genossen, sagt Cikan heute. Er habe Rücksicht auf die politischen Befindlichkeiten genommen und wie alle im Rundfunk damit gelebt, dass jede Abteilung ihren hauptamtlichen Stasioffizier hatte, der wie selbstverständlich durch die Korridore wandelte. Ebenso heftig habe er sich aber oft mit den Vorgesetzten angelegt, habe erfolgreich für Bands gekämpft, auch für die, die nicht unbedingt seinem Geschmack entsprachen. Es ist ein Zwiespalt, in dem Cikan es sich auch mit Ende 70 noch immer nicht gemütlich eingerichtet hat, dieser Eindruck bleibt.

Die Situation eskaliert: erst eine Demo, dann ein Kahlschlag

Auch wenn sich der Begriff in der saloppen Geschichtsschreibung fest etabliert hat: Ein tatsächliches Beatverbot hat es in der DDR nie gegeben. Allerdings ändern sich die Kriterien, nach denen die Auftrittsgenehmigungen für Beat- und Rockbands erteilt oder wieder entzogen werden, häufig und schnell, vor allem in den 60ern. Sie werden mal toleranter, dann wieder strenger. Manchmal auch so drastisch, dass die Willkür effektiv wie ein Verbot funktioniert.

Im Jahr 1965 kommt alles exemplarisch zusammen, treffen alle Widersprüche aufeinander, alle Eskalationen zwischen den Autoritäten und dem jungen, nach Spaß und Entgrenzung suchenden Publikum. Im Frühjahr geschieht zunächst die Sensation: Amiga veröffentlicht drei Singles und eine eigens zusammengestellte LP der Beatles in DDR-Ausgaben. Die Platten sind in kürzester Zeit ausverkauft. Die Dresdener Theo Schumann Combo wird mit «Das kann doch nicht wahr sein» im Rundfunk gespielt, einer deutschen Version von «The Last Time», einem Song der verhassten Rolling Stones. Ihre Fassung von «(I Can't Get No) Satisfaction» (Textprobe: «Jeden Tag lauf ich dir nach/Und ich rede wie ein Radio/Und du sagst immer kaum ein Wort») schafft das schon nicht mehr, muss bis nach der Wende im Giftschrank des Senders warten. Warum der eine Song läuft und der andere verschwindet, ist logisch nicht zu erklären.

Zugleich häufen sich die Vorfälle, die darauf hindeuten, dass die neue, frische Jugendpolitik nicht etwa zur breitwandigen Fortentwicklung sozialistischer Persönlichkeiten und einer ureigenen DDR-Popkultur führt – sondern eher zu Szenerien, die genau wie die beklagten westlichen Auswüchse wirken. In ostdeutschen Städten werden provokant umherlungernde Teenager gesichtet, Jugendliche verweigern Vorgesetzten und Würdenträgern der Arbeiterschaft den Respekt, verwickeln ab und zu sogar die Volkspolizei in Saalschlachten. Im Herbst '65, auch unter dem Eindruck des Waldbühnen-Fiaskos mit den Stones, werden die Schrauben landesweit fester angezogen. Die Behörden gehen rigide gegen angebliche Gammler vor. Einigen Bands wird wegen umständlich konstruierter Kleinigkeiten die Spielerlaubnis entzogen; angebliche Steuerhinterziehung, Vernachlässigung der Lohnarbeit, unangemessene Bühnenkleidung und so weiter. Die Medien kommentieren alles höhnisch.

In Leipzig wird den Leuten die Bevormundung zu bunt. Gut 2000 gehen am 31. Oktober 1965 zur sogenannten Beatdemo auf die Straße. Graffitis wie «Gegen Wasserwerfer und Polizei nur noch Streik» und «Seid ihr für die Republik? Nein, nein, nein!» werden an Mauern gemalt. Stasi und Polizei wissen vorher davon, lassen die Versammlung aber erst vor Ort auflösen, mit Hunden, Knüppeln und Wasserwerfern. 267 Protestler werden verhaftet. Einige schickt man zur Strafe in den Braunkohlebau, noch bevor irgendwelche Urteile gesprochen sind. Vielen Jugendlichen in der DDR scheint erst jetzt langsam wirklich klar zu werden, wie beschränkt ihre Freiheit eigentlich ist.

Seinen elenden Höhepunkt erreicht das Jahr, als Mitte Dezember in Berlin das 11. Plenum des SED-Zentralkomitees stattfindet. Es geht als sogenanntes Kahlschlagplenum in die Geschichte ein. Hier attestiert Erich Honecker, der damalige Sekretär des Nationalen Verteidigungsrates, der gesamten Künstler-, Schriftsteller- und Musikerschaft, dass sie die Hauptschuld am moralischen Verfall und der Beschädigung kommunistischer Ideen tragen – und dass ihr hierfür nun die Konsequenzen blühen.

Zu dem Anlass muss der Staatsratsvorsitzende Ulbricht

auch den berühmten Spruch tätigen, der zu den komödiantischsten Momenten der DDR-Geschichte zählt. Ob man denn wirklich jeden Dreck aus dem Westen kopieren müsse, fragt er in einer Plenumsrede rhetorisch. «Ich denke, Genossen, mit der Monotonie des ‹Je Je Je› und wie das alles heißt, sollte man doch Schluss machen.»

Er meint dasselbe «Yeah Yeah Yeah», mit dem die Beatles-LP begann, die sein eigener VEB Deutsche Schallplatten nur acht Monate vorher in die Läden stellte. Und die sein Volk als überaus willkommenes Angebot zum freudigen Konsum verstanden hat. Es kann nur ein Missverständnis gewesen sein.

Aus Oberschöneweide on the road: Das Radio wird zur Talentmaschine

Eine der sonderbarsten Geschichten, die Walter Cikan als stellvertretender Chefproduzent der Tanzmusik-Abteilung und späterer Chef der Jugendmusiksparte beim DDR-Rundfunk widerfährt, hat nur indirekt mit dem kulturpolitischen Wirrwarr zu tun. Sie passiert an einem Nachmittag Mitte der 80er-Jahre. Cikan bekommt einen Anruf aus der Redaktion des Jugendsenders DT64. Samstags läuft dort die beliebte Show «Hitglobus», eine Art Popüberblick mit weltweiter Perspektive. Für die kommende Ausgabe, erklärt der Redakteur am Telefon, brauche man dringend noch eine ganz bestimmte Westschallplatte. Ob Cikan schnell rüberfahren und sie besorgen könne?

«Ich hatte vom Rundfunk pro Quartal ein Budget von 150 bis 200 D-Mark für die Anschaffung von Westmusik», sagt Cikan. Das ist wenig, aber die meisten Platten besorgt die Redaktion sowieso privat, über reisefähige Omas, Freunde,

Promotion-Kanäle. «Trotzdem setzte ich mich regelmäßig in den Wartburg, fuhr nach Westberlin und kaufte bei World Of Music oder City Music das ein, was uns fehlte.»

Das 1965 verjagte «Yeah Yeah Yeah» ist zu diesem Zeitpunkt längst wieder da. Die Sender dürfen Westmusik spielen, solange sie sich an die Quote und gewisse schwarze Listen halten. Und Cikan hat die Position im Apparat, um sich ab und zu eine Genehmigung zum Repertoireeinkauf im Westen und den dazu nötigen Reisepass zu holen.

Auch an diesem Tag läuft alles wie üblich. Der Produzent hat Glück. Beim WOM-Musikkaufhaus am Ku'damm steht die gesuchte Platte. Doch dann gibt es ein Problem, ein ganz anderes. Als Cikan den Laden verlässt, findet er den Wartburg nicht mehr. Das Auto, das er in einer Seitenstraße geparkt hatte, ist weg.

Er spricht einen Polizisten an. Ob er die Schilder nicht gesehen habe, fragt der zurück. Es werde eine Demo erwartet. Man habe die Straße räumen müssen, alle Autos abgeschleppt. Der Besucher solle mal zum Revier am Bahnhof Zoo gehen. Die wüssten eventuell, wo sein Wagen stehe.

Es ist eine furchtbare Situation. «Ich musste so schnell wie möglich zurück zum Funkhaus, man erwartete mich», sagt Cikan. «Aber das Auto erst mal zurücklassen und die S-Bahn nehmen, das konnte ich auch nicht. Ich wäre drüben wahrscheinlich erst mal verhaftet und verhört worden. Es hätte so ausgesehen, als hätte ich den Wagen in den Westen verschoben.» Cikan hatte in jüngeren Jahren schon einmal Ärger mit dem Zoll gehabt, war aber glimpflich davongekommen.

Der Beamte am Zoo findet Cikans Wartburg dann tatsächlich in der Liste, immerhin. Er könne ihn mitnehmen. Nur die Strafe müsse er zahlen: 100 D-Mark.

Selbstverständlich hat der Ostberliner nicht so viele Westmark dabei. Walter Cikan ist in eine historische Fangschaltung hineingeraten. Andere machen rüber, er will unbedingt zurück. Aber er kann nicht.

«Ich habe den Mann förmlich angefleht», erinnert er sich, heute kann er darüber lachen. «‹Sie ruinieren gerade mein Leben›, sagte ich zu ihm. ‹Ich kann doch nicht hierbleiben!›» Das Drama lässt den Polizisten nicht unberührt. Cikan darf mit dem Wartburg nach Hause, er steht an der Hochschule der Künste, auch ohne Bezahlung. Die Single, die er bei WOM besorgt hat, wird pünktlich am nächsten Tag im «Hitglobus» gespielt. Niemand erfährt von dem Vorfall.

Bei der Musikbeschaffung muss Cikan ansonsten noch viel weitere Wege zurücklegen. Die Produzentinnen und Produzenten beim DDR-Radio betätigen sich seit den späten 60er-Jahren nicht nur als Repertoirepfleger, sondern als voll funktionsfähige Talentsucher. Sie reisen im Land herum, besuchen Wettbewerbe. Gehen Empfehlungen nach, schneiden Konzerte in Musikclubs mit. Im Prinzip tun sie das, was in der Bundesrepublik die A&R-Leute der Plattenfirmen tun: Sie versuchen, in freier Wildbahn Gruppen, Sängerinnen und Sänger zu entdecken, die gut genug fürs Radio sind, und produzieren Material mit ihnen.

In der DDR gehört die Vorgehensweise fest zum musikalischen System, im Westrundfunk passiert es dagegen nur sehr selten, allenfalls bei der britischen BBC. Der Grund ist relativ banal: Laut Gesetz darf das Radio nur zu 40 Prozent Westmusik spielen – und 60 Prozent Ostmusik sind nun mal ein ganz schöner Haufen Sendezeit, wenn sie von einer eingeschränkten Kulturwirtschaft beliefert werden müssen.

Die sozialistischen Bruderländer helfen zwar mit Musik aus. Aber auch so reicht das, was die landeseigene Monopolplattenfirma Amiga heranschafft, hinten und vorne nicht. 1966 hat DT64 in einem Rechenschaftsbericht geklagt, dass einem «Bedarf von ca. 1200 Tanzmusiken im Monat nur etwa 45 bis 50 Neuzugänge» gegenüberstünden. Ein Gutachten des ZK errechnet 1968, dass in der BRD pro Jahr 4500 neue Songs ins Radio kommen. In der DDR sind es zu dem Zeitpunkt 450.

«Wir haben regelmäßig Hunderte von Bands besucht und gehört», erzählt Cikan. «Oft saß man mit den Leuten auch noch abends zusammen, in Privatwohnungen, und hat gemeinsam an den Einzelheiten neuer Stücke gefeilt, am Aufbau, an der Dynamik.» Neben ihm sind Produzentinnen und Redakteure wie Luise Mirsch, Marianne Oppel oder Manfred Gustavus aktiv, einige gelten unter DDR-Musikern heute als Legenden. Die großen, später symbolträchtigen Gruppen wie Karat, davor Panta Rhei, Electra, City oder Puhdys werden allesamt vom Rundfunk entdeckt oder zumindest gepäppelt.

Das nötige Budget ist beim Radio da, bis zum Schluss. Nachdem Walter Cikan 1986 die neu gegründete Jugendmusiksparte übernimmt, hat er allein hier 1,4 Millionen Mark im Jahr zur Verfügung. Dass der DDR zum Ende des Jahrzehnts das Geld ausging, davon habe er selbst wenig bemerkt, sagt er. Es ist wohl als Scherz gemeint.

Irgendwann, wenn der Publikumserfolg groß genug ist und die Bestätigung gebracht hat, greift das Schallplattenlabel Amiga zu. Vom Rundfunk, der in der Staatsorganisation der ZK-Abteilung Agitation und Propaganda unterstellt ist, wechseln die Gruppen zum VEB Deutsche Schallplatten, einem Wirtschaftsbetrieb, der dem Kulturministerium weisungsbefugt ist. Von der ideologischen Verlautbarung herüber zur Gewinnerzeugung – eine ganz andere Welt. Radio und Schallplatte sind streng genommen keine Konkurrenten. Aber in der Praxis beäugen sie sich gegenseitig. Es gibt einen stillen Wettbewerb darum, wer wen produzieren und dem anderen wegschnappen darf.

Aus der Vogelperspektive erkennt man dann das nächste Paradox. Ab Mitte der 60er-Jahre – also parallel zu den wachsenden Repressalien rund ums Kahlschlagplenum und die Beatdemo – setzte sich im Kulturministerium und in den Bezirken der DDR mehr und mehr die Erkenntnis durch, wie man den unerwünschten, filzhaarigen Beat-Wildwuchs am effektivsten kleinhalten konnte. Die Lösung: Man musste einfach noch gezielter und aufwendiger die Musik fördern, die den Autoritäten in die Karten spielte.

Vor allem die Jugendorganisation FDJ wurde in dieser Hinsicht immer aktiver, übernahm neue Verantwortung. Richtete Wettbewerbe, Schulungen und Camps aus, formte aus der zuvor eher diffusen, vom amerikanischen Folk-Revival inspirierten Singebewegung eine nationale Vorzeigeinstitution, die zeitweise bis zu 4000 Ortsgruppen hat. Der Oktoberklub, die einflussreiche Berliner Niederlassung, brachte 1967 die inoffizielle Hymne der Bewegung hervor, den Agitprop-Abzählreim «Sag mir, wo du stehst», geschrieben von Hartmut König, der bald Sekretär im FDJ-Zentralrat und Mitglied im Zentralkomitee der Partei werden sollte:

Zurück oder vorwärts, du musst dich entschließen
Wir bringen die Zeit nach vorn, Stück um Stück
Du kannst nicht bei uns und bei ihnen genießen
Denn wenn du im Kreis gehst, dann bleibst du zurück

1973 wurde im Kulturministerium ein eigenes Komitee für Unterhaltungskunst eingerichtet. Auch wenn die Rockmusik hier neben Comedy, Artistik oder Tanz nur eine Disziplin unter vielen darstellte – es war das erste Mal, dass sich die

Existenz, die Bedeutsam- und Begehrlichkeit von Popkultur auch in einer staatlichen Struktur niederschlug.

Die Logik war geradezu zwingend. In einem System, das sich so umfassend auf das Prinzip der Organisations- und Regulierungsapparate stützte wie die DDR, konnte die Popmusik erst von diesem Moment an zu ihrem Recht kommen – dem Moment, in dem sie selbst ein offiziell gefördertes, von FDJ und Rundfunk unterstütztes Phänomen wurde. Auch das Suchen und Finden von Freiheiten war für die Künstler eigentlich erst jetzt möglich. Wenn man aus dem Rahmen ausbrechen wollte, musste ja überhaupt erst mal ein Rahmen existieren.

«Es gab einfach sehr viele begabte Leute in dieser Zeit», sagt Veronika Fischer, die in den 70er-Jahren in der DDR als Sängerin und Bandleaderin zum Superstar wurde. «Wir waren alle hervorragend ausgebildet, wir hatten viel mehr künstlerische Freiheit, als die meisten heute denken. Sosehr Russland uns auch politisch dominierte, so wenig mischte es sich in die Kultur ein. Den Einfluss der USA in der Bundesrepublik empfand ich im Vergleich dazu als viel stärker.»

«Ich bin die Fischer, und das ist die Band», sang sie in dem Song, der 1977 fürs DDR-Fernsehen als prähistorisches Musikvideo verfilmt wurde. Man sieht Veronika Fischer als Hippieprinzessin im weißen Kleid. Die blonden Haare wallen im Wind, während sie im Pferdewagen mit ihren jeansverkleideten, kumpeligen Musikern zum lustigen Picknick fährt. Eine Mischung aus Kommunenausflug im kalifornischen Laurel Canyon und dufter Brandenburger Landpartie, zum Sound eines schwer rockenden Boogiesongs mit Gitarrensolo. «Applaudier oder pfeif mich aus», singt sie den Leuten übermütig zu, «doch halt dich nicht im Saal versteckt!»

Fischer war die Rockpop-Liederlady mit Schlaghose und oft tief sentimentaler Ader. Tendenziell unnahbar und lyrisch verrätselt, trotzdem wahnsinnig beliebt, eher Barbra Streisand als Janis Joplin. Am sprichwörtlichsten sind ihre inbrünstigen Stücke, zum Beispiel «Nachts», das sie noch als Sängerin von Panta Rhei sang, oder der «Blues von der letzten Gelegenheit»: «Und die Mutter, die drängte/Geh, und fang dir den Vogel/Aber ich fing ihn nicht». Getextet vom später ins Zwielicht geratenen Rock-Großdichter Kurt Demmler, speziell für sie komponiert von Franz Bartzsch, ihrem Soul Brother. Bartzsch sollte bald der Grund dafür werden, dass sogar der hart arbeitende, überall vorzeigbare Liebling Veronika Fischer Ärger mit den Komitees bekam.

1975 stand Veronika Fischer mit nicht weniger als fünf Stücken in den Jahrescharts des DDR-Rundfunks. 1,5 Millionen ihrer Platten wurden allein zwischen 1975 und '80 verkauft, sie spielte rund 250 Konzerte im Jahr, auch in Russland, Rumänien, Polen, wo die Leute kein Wort ihrer Texte verstanden, gewann Wettbewerbe. Viel mehr als sie konnte man als DDR-Künstlerin oder -Künstler nicht erreichen, beim besten Willen nicht. Das hätte aus Solo Sunny werden können.

«Ich war die Queen», sagt Fischer heute. Das Treffen mit ihr findet in einer Webdesignagentur in der Nähe des Berliner Grunewalds statt. Ein Wohnstraßenhaus mit verglastem Neubaueingang, der Geschäftsführer der Firma ist ihr Sohn. Der, mit dem Fischers damaliger Mann László Kléber, ein ungarischer Fußballspieler und Berater, 1980 nach Westberlin übersiedelte. Das Kind war ein Jahr alt, sie hatten das so abgesprochen. Damals fürchteten sie, dass Veronika Fischer die DDR irgendwann aus politischen Gründen nicht mehr verlassen dürfte. Wieder die Urangst.

«Je bekannter ich wurde, je höher mein Stellenwert wuchs, desto stärker wurde ich ideologisch kontrolliert», sagt sie. Veronika Fischer, Jahrgang 1951, trägt einen schwarzen Rollkragenpullover mit silberner Kreuzkette, eine Künstlerdiva alter Schule, die in der Gegenwart immer noch neue Musik macht und auftritt. «Ich stand unter besonderer Beobachtung, so funktioniert das nun mal in Diktaturen. Ich selbst war ja keine Kommunistin.» Der SED trat sie nie bei, obwohl die Partei es sich so dringend wünschte.

Veronika Fischer, eine Popkönigin ohne angemessenes Reich

Dabei sind es vor allem die grundsätzlichen, für alle geltenden Umstände im Kunstbetrieb, die Veronika Fischer gegen den Strich gehen. Wie schon erwähnt, erhalten zwar die Komponisten und Texter ihre laufenden Anteile an den Amiga-Plattenverkäufen. Aber Fischer schreibt eher selten an Songs mit. Sie bekommt für jedes Stück, das sie im Studio einsingt, einmalig 500 Mark Honorar, quasi auf die Hand. Ihre Versuche, bessere Konditionen auszuhandeln, scheitern.

Der VEB Deutsche Schallplatten ist eine staatliche Firma, daher gehören auch die Lizenzen dem Staat, sagen ihr die Verantwortlichen. Textdichter Demmler beichtet ihr später, er sei dank ihrer Plattenverkäufe Millionär geworden. «Ich bin betrogen worden», fasst Fischer rückblickend zusammen, «wie die anderen Kollegen auch. Ich war die Pilotin, ich habe das Produkt nach außen repräsentiert. Nach gewöhnlichen Businessregeln hätten mir mindestens zehn Prozent von allem zugestanden.»

Auch die Konzertgagen, die in der DDR durch die Einstufungspapiere festgeschrieben sind und somit in Bierkellern genauso hoch ausfallen wie in Fußballstadien, sind für sie kein dauerhafter Anreiz. Tourneen nach Lateinamerika oder Kanada, zu denen das Goethe-Institut sie einlädt und die immerhin Devisen und frischen Ruhm versprechen, lehnt die Künstleragentur in ihrem Namen ab. Und Amiga sperrt sich, als die deutsche Plattenfirma WEA anfragt, ob man mit Fischer nicht eine Ost-West-Koproduktion versuchen wolle. Es gibt keine Chance zur Expansion.

Um 1980 herum ist sich Veronika Fischer sicher, dass sie unter kapitalistischen Bedingungen auch eine Weltkarriere schaffen könnte. In ihrer Heimat DDR dagegen bleibt ihr höchstens noch übrig, das Niveau zu halten. Eine Queen, die im Rapunzelturm sitzt.

Dann folgt ein schwerer Schlag. Franz Bartzsch, ihr Herzenspartner, setzt sich im September 1980 nach Westberlin ab. Die Musik von Republikflüchtigen darf in der DDR in der Regel nicht mehr aufgeführt und gesendet werden. Für Veronika Fischer heißt das: Sie verliert über Nacht den größten Teil ihres Repertoires. Alle Lieder, die Bartzsch für sie gemacht hat, sind gesperrt. Fürs Erste kann sie nicht mal mehr auftreten.

«Es waren traumatische Wochen», erinnert sie sich. «Mein Mann und ich wussten nicht, wie es weitergehen sollte. Er vermutete, die ungarische Botschaft werde ihm bald seinen Pass wegnehmen, um zu verhindern, dass wir auch nach drüben gehen.»

Sie müssen sich schnell entscheiden. László Kléber reist mit dem Sohn über Ungarn nach Westberlin. Nun ändert das Kulturministerium seine Taktik: Man glaubt, die kostbare Volksheldin Fischer nur noch halten zu können, indem man ihr besonders entgegenkommt. Sie erhält ein außergewöhnliches Visum. Damit kann sie jederzeit zwischen den zwei Hälften Berlins hin- und herreisen, um Mann und Kind zu besuchen.

Sie selbst interpretiert das Zugeständnis exakt gegenteilig. Das Visum habe man ihr nur gegeben, sagt sie, um ihre Flucht zu provozieren. Die DDR habe sie so schnell wie möglich loswerden wollen.

Ende 1980 stellt Veronika Fischer tatsächlich ihren Ausreiseantrag, mit dem sie die Staatsbürgerschaft der DDR effektiv aufgeben würde. Sie fängt im Westen neu an, im Februar 1981, mit 30, mehr oder weniger von vorn. Obwohl sie 1978 schon eine kurze BRD-Tour unternommen hat, ist der Ost-Superstar in Stuttgart, Köln oder Hannover fast unbekannt.

Jörg Fauser, der Grand Prix Eurovision und ein Neustart mit Problemen

1984, im Frühjahr, als sie sich halbwegs im Westen eingelebt hat, lernt Veronika Fischer den Schriftsteller Jörg Fauser kennen. Fauser, gebürtiger Hesse, genießt einen großen Ruf als furchtloser, grenzgängerischer, von Würdenträgern kategorisch abgelehnter Autor. Sein erster Roman «Der Schneemann» ist 1981 zum Erfolg geworden, mit dem Hamburger Rocksänger Achim Reichel hat er unter anderem die Hits «Der Spieler» und «Nachtexpress» geschrieben. Als Fauser sie zum ersten Mal besucht, erinnert sich Fischer, habe sie gleich bemerkt, wie betrunken er war. «Jörg sagte: ‹Also, ich schreib die Texte, und du machst den Blues dazu.› Und wir beschlossen, uns erst mal ein bisschen kennenzulernen.»

Die zwei gehen auf Kneipentour durch Kreuzberg, obwohl Fischer eigentlich kein Bier trinkt. Es wird ein großartiger, langer Abend. Der kaputte, getriebene Vogel und die eher distinguierte, reservierte Künstlerin verstehen sich brillant. «Als ich am nächsten Morgen meine Wohnung verließ, ragte ein dicker Brief aus dem Kasten. Es waren Texte, die Jörg für mich geschrieben hatte, basierend auf unseren Unterhaltungen. Er hatte die ganze Nacht gearbeitet.» Veronika Fischer nimmt fünf Songs von Jörg Fauser auf. Drei davon erscheinen erst, nachdem der Autor 1987 bei einem rätselhaften Autounfall ums Leben gekommen ist.

Ansonsten sieht alles erst einmal gut aus: Die Plattenfirma

WEA hat Fischer 1981 auf der bundesdeutschen Mauerseite mit offenen Armen und einem unterschriftsreifen Vertrag empfangen, genau so, wie es Marius Müller-Westernhagen in seinem Gerti-Song prophetisch beschreibt. Auch ihr Kompagnon Franz Bartzsch steht bereit. Er hat sich inzwischen bei Roland Kaiser und Bernhard Brink verdingt, wird bald für Udo Jürgens und Boney M. arbeiten. «Wenn du hier im Westen keine Schlager machst», sagt er beim Wiedersehen zu Fischer, «wirst du es nicht schaffen, von der Musik zu leben.»

Sie wehrt sich, so gut es geht. Und die Industrie glaubt fest an sie. Ihre DDR-Story wird im Marketing nur sanft angedeutet. Die Qualität soll für sich sprechen. Man befürchtet wohl auch, die Dame Fischer mit einer Ost-Erzählung zu sehr in Richtung Liedermacherei zu navigieren.

Allerdings: Die Strategie zündet überhaupt nicht. Mit «Halt mich fest», einer von Bartzsch komponierten und den BRD-Schlachtrossen Bernd Meinunger und Michael Kunze getexteten Rockballade, wird Veronika Fischer durch die TV-Sendungen geschickt. Im burschikosen weißen Anzug singt sie in Ilja Richters «Disco» und im «Show-Express» mit Michael Schanze. Nennenswerte Verkäufe erzielt der Song aber nicht. Keine ihrer Singles, kein einziges der fünf Alben, die Veronika Fischer in den 80er-Jahren im Westen für WEA produziert, erreicht die Charts. Auch nicht die Platte von 1984, auf der sie Stücke von Joy Division, Bryan Adams und Carole King auf Deutsch singt.

1983 wird Veronika Fischer in die Vorentscheidung zum Grand Prix Eurovision geschickt. Es geht um die Titelverteidigung nach Nicoles Sieg mit «Ein bisschen Frieden». Der Musikverlag hat gleich zwei ihrer Songs eingereicht, beide sind in die enge Wahl gekommen: «Unendlich weit», eine getragene Ballade, und das eher schmissige «Wir beide gegen den Wind». Aber sie kann nur einen davon singen.

«Du nimmst ‹Unendlich weit›», entscheidet WEA-Chef Siegfried Loch für sie. «Du sagst doch immer, du willst keinen Schlager machen.» Das andere Stück geben sie der norwegischen Sängerin Wencke Myhre. Sie landet mit «Wir beide gegen den Wind» auf Rang fünf des Vorentscheids. Veronika Fischer erreicht Platz elf, den vorletzten. Sieger wird das Duo Hoffmann & Hoffmann mit dem Schlager «Rücksicht».

«Wenn es keine politischen Faktoren gab, gewann in der DDR in solchen Fällen immer der, der der Beste war», sagt Fischer. «Im Westen dagegen stand das vorne, was der Masse am besten gefiel, womit man am meisten verdienen konnte.» Eine Aussage, die den Sinn und Unsinn der Ost-West-Vergleiche gut zusammenfasst, vielleicht unfreiwillig. Ihr erster zählbarer Erfolg im neuen Leben wird jedenfalls das Lied «Sehnsucht», das immerhin bis Platz 87 der Charts kommt. 1993, knapp vier Jahre nach der Wende.

«Die 90er-Jahre waren im Rückblick die schönste Zeit meiner Karriere», sagt Veronika Fischer heute, im Konferenzraum ihres Sohnes, der sich vom kindlichen Ostflüchtling zum erfolgreichen Internetunternehmer entwickelt hat. «Ich hatte mein früheres Publikum aus der DDR zurück, konnte zugleich aber viel entspannter arbeiten als in den 70ern. Meine Vergangenheit und Gegenwart ließen sich miteinander verbinden. Ich konnte seelisch heilen.»

Für Walter Cikan, den Mann vom Rundfunk der DDR, ist der 90er-Anbruch nicht so rosig. Nach der Wende wird beim Rundfunk eingespart und umstrukturiert. Die Zukunftsoptionen für Parteimitglieder wie ihn sind mau. Cikan lässt sich Ende 1990 kündigen. Arbeitet erst als Promoter bei einem Plattenlabel. Geht dann, mit 48, noch einmal zur Uni, arbeitet bis zur Rente als Therapeut, vor allem für Senioren und Menschen mit geistiger Behinderung. Ab und zu schreibt er heute noch Begleittexte zu CD-Neuauflagen der Musik von damals.

Veronika Fischer versucht in den 2010er-Jahren mehrfach, rückwirkend doch noch an den Umsätzen ihrer erfolgreichen DDR-Platten beteiligt zu werden. Sie will das Geld, von dem sie und ihr Anwalt annehmen, es stehe ihr zu. Alle ihre Klagen werden abgewiesen.

5.

WESTMARK GEGEN FROHE BOTSCHAFT

Lieder gehen durch die Mauer: verkaufte Songs, geschmuggelte Ware und der große Jagdruf für die Import-Export-Schlawiner

Das tollste Foto, das es vom bayerischen Medienmanager Hans Rudolf Beierlein gibt, zeigt ihn auf der Rückbank eines Taxis. Die Szene spielt in den frühen 70ern, vermutlich in London. Rechts neben ihm sitzt sein ganzer Stolz, der Sänger Udo Jürgens, sein zeitlebens berühmtester Kunde. Jürgens sieht auf dem Bild wie ein mit allen Wassern gewaschener Hallodri aus: braune Haut, offenes weißes Hemd, erwartungsvoller Blick ins Nichts. Beierlein, damals Anfang 40, kleiner, robuster und diskreter, trägt eine Flieger-Sonnenbrille, in der sich die Straße spiegelt. Man erkennt gleich, dass er in diesem Duo der ist, der die Fäden in der Hand hält. Der, der die Unternehmung steuert und die Ruhe bewahrt.

Wahrscheinlich fahren sie hier einfach vom Flughafen in die Stadt. Aber Beierlein und Jürgens wirken, als wären sie auf dem Weg zu einem großformatigen Waffen- oder Kokaindeal oder wollten irgendwo irgendwem mal tüchtig Bescheid husten. Beierlein sieht fies und schlau aus, genau so, wie sich Kinder einen Box- oder Rock-'n'-Roll-Manager vorstellen. Solange ich für dich arbeite, soll er zu Jürgens sinngemäß gesagt haben, brauchst du außer Komponieren und Singen gar nichts mehr tun. Sogar seine Eheprobleme soll er gemanagt haben.

Beierlein, der noch als Jungzugführer in der Hitler-Jugend marschiert war und mit Ende 20 einen Dokumentarfilm über den Nürnberger Kriegsverbrecherprozess produzierte, inszenierte sich in seiner besten Zeit als Popstar unter den Strippenziehern. Für Journalisten war es ein Sport, sich neue Wörter für ihn auszudenken: «Klangkapitalist», «Schunkelbaron», «Schnulzen-Platini», «Münchener Mabuse», und natürlich gefiel ihm das.

Beierlein machte die brillant schwermütige Sängerin Alexandra und den Volkslied-Rekruten Heino zu Superstars. Er entwickelte TV-Konzepte für Fitness-, Kinder- und Kochsendungen, für Miss-Germany-Wahlen und Platten wie «Buenos Dias Argentina», die die deutsche Fußballnationalmannschaft zu Turnieren besang. Er handelte mit Bundesliga-Fernsehrechten, förderte die Volksmusik als neues, unerschöpfliches Geschäftsfeld. Da er zugleich den Glauben an die gesunde kulturelle Mischkalkulation hatte, brachte er auch französische Größen wie Françoise Hardy oder Gilbert Bécaud auf den deutschen Markt, betreute den Wiener Fantasten André Heller und investierte in den Rechtekatalog der Progressive-Rockband Yes. 2019 schätzte das *Manager Magazin* Beierleins Vermögen auf rund 300 Millionen Euro.

Ein hawaiianisch angehauchter Ohrwurm, frisch aus Leipzig

«Für mich ist der Begriff Kapitalismus von Haus aus nichts Schlechtes», sagte er 1973 in einem Interview mit der deutschen Ausgabe des *Playboy*. Und sprach dann über Eindrücke, die er bei seinen Aufenthalten im Ostblock gesammelt hatte. «Was ich dort gesehen habe, bestärkt mich in meiner Meinung, dass ein Gewinnstreben nicht schlecht, sondern gut ist. Wo diese Antriebsfeder fehlt, nützen auch Fleiß, Intelligenz und die Berufung auf den ollen Marx nicht viel.»

Grandios kapitalismustaugliches Material fand Beierlein drüben trotzdem. Er war ständig auf der Suche, hielt überall die Augen und Ohren offen, um möglichst bei allem der Erste zu sein. Eine seiner ganz frühen Entdeckungen war der Song «Gitarren klingen leise durch die Nacht». Ein eher unscheinbares Schiebertanzlied, sehnsuchtsschnulzig, mit leisen hawaiianischen Klängen verziert, geschrieben vom Leipziger Orchesterbläser Horst Reipsch und dem Texter Erich Moderer. 1959 wurde es in der DDR auf der B-Seite einer Amiga-Single veröffentlicht, also ohne großes Aufsehen. Der Sänger war Günter Geißler, ein ehemaliger Operntenor aus Cottbus, der zwar eine Leidenschaft für schnelle Autos hatte, aber auf den ersten Blick eher hölzern als sexy erschien.

Beierlein schnüffelte den Wert des Stücks sofort. Es war die Zeit, als sich in der architektonisch und mental wiederaufgebauten Bundesrepublik die Themen Urlaub und Übersee dauerhaft in den Hitparaden niederschlugen, als «La Paloma», Freddy Quinns Lieder über einsame Seewölfe oder Fremdenlegionäre und Caterina Valentes Calypso-Exotismen in den Radioprogrammen glühten. Wie auch der von der Österreicherin Lolita besungene «Weiße Mond von Maratonga», der 1957 bis Platz zwei der deutschen Charts kam. Dass es nirgendwo auf der Welt einen Ort namens Maratonga gibt, störte keinen der fernwehkranken Deutschen.

In dieses Raster passte der «Gitarren»-Song aus der DDR perfekt. Beierlein stand selbst noch am Anfang, hatte sich als Copyright-Makler versucht, der die Verwertungsrechte für neue Schlager an Filmproduktionsfirmen vermittelte, womit er derart viel finanziellen Erfolg gehabt hatte, dass er 1959 in München seinen eigenen Musikrechteverlag Edition Montana gründete. Zum ersten Schwung Lieder, den er für seine Kartei kaufen wollte, sollte «Gitarren klingen leise durch die Nacht» gehören.

Die Verwertungsrechte für Komposition und Text lagen damals beim staatlichen Musikverlag VEB Lied der Zeit in Ostberlin. Beierlein handelte dem VEB die Erlaubnis ab, das Lied im westdeutschen Territorium verwerten zu dürfen. Es wurde der erste Song im Repertoire der Edition Montana. Wie viel Beierlein bezahlte, ist nicht überliefert, aber viel kann es nicht gewesen sein.

Kurz darauf brachte die Firma Ariola dann eine neue, auf bundesdeutsche Bedürfnisse gedrechselte Version des Stücks auf den Markt. Demetrius Macoulis, ein 24-jähriger Grieche, der 1955 in die BRD eingewandert war und nun unter dem Namen Jimmy Makulis als europäischer Sinatra aufgebaut werden sollte, sang das Lied mit etwas mehr Flirt und Schmelz als Günter Geißler. Die Fassung wurde ein Riesenhit. Makulis kam mit «Gitarren» 1959 bis Platz vier der bundesdeutschen Charts, blieb über ein halbes Jahr in der Liste. Eine runde Million Singles wurde verkauft.

Ariola bekam für den zweitverwerteten DDR-Schlager die erste Goldene Schallplatte ihrer Firmengeschichte. Der siebte Sinn von Beierlein, dessen Montana-Verlag daran natürlich bestens mitverdiente, hatte sich bestätigt – womit er zu einem der Pioniere und Obergoldgräber des deutsch-deutschen Kulturhandels wurde. Songs zu kaufen und zu verkaufen, hin und her über die Grenze, Texte, Kompositionen, Aufnahmen, Nutzungsrechte, das war eine großartige Idee. Es machte relativ wenig Probleme, denn dazu mussten keine Menschen hin- und herreisen. Menschen, die unüberlegte Dinge in Pressemikrofone sagen oder gleich ganz fliehen könnten.

Um schnell noch aufzuspringen, veröffentlichte das Label Philips auch Günter Geißlers Originalversion in der BRD, aber sie interessierte nur wenige. 1960 machte zu allem Überfluss auch noch der Komponist Horst Reipsch von Leipzig rüber nach Westberlin. Mindestens einer der Gründe war naheliegend: Die luxuriösen Ausschüttungen, die er als Urheber des Millionenhits erwartete, wollte Reipsch unbedingt in der BRD entgegennehmen, in unverschnittener D-Mark.

Was unter anderem zur Folge hatte, dass Geißler daheim in der DDR nie wieder «Gitarren klingen leise durch die Nacht» singen durfte, den Song eines Republikflüchtigen. Der Höhenflug gelang ihm erst Jahre später, unter anderem mit dem selbst komponierten «Das schönste Mädchen der Welt». Einem Lied, das 1967 wiederum der bundesdeutsche Peter Orloff coverte und so seine Karriere in Gang brachte.

Hans R. Beierlein findet den sozialistischen Copyright-Jackpot

Beierlein hatte nun den guten Draht in die DDR. Und bei den traditionsreichen ostdeutschen Verlagshäusern lag noch mehr tolles Material im Schrank, das oft nur unzureichend genutzt wurde. So kaufte er weiter ein. Sein nächster Fund: ein Seemannslied aus den 30ern, dessen Rechte der Harth Musik Verlag in Leipzig hielt. Der Text erzählte eine Geschichte aus dem Russisch-Japanischen Krieg von 1904. Matrosen eines russischen Geschwaders wurden im Indischen Ozean die Opfer einer Maschinenpanne und vegetierten krank und hungrig dahin. Weil die Kriegsleiden des sowjetischen Bruders hier zu albern und lapidar verhandelt wurden, stand das Lied in der DDR unter Aufführungsverbot.

Beierlein musste laut eigener Aussage nur 20 Pfennig Briefporto bezahlen, um von Harth die BRD-Rechte an «Wir lagen vor Madagaskar» zu bekommen. Heino, Ronny, Freddy Quinn, die ganze maritim orientierte Sängerpalette Westdeutschlands brachte in den nächsten Jahren ihre Versionen davon heraus. Der Impresario meinte später, er habe mit dem Lied in den 70ern mehrere Hunderttausende verdient. Die Hälfte überwies er rüber nach Leipzig, so hatte er es mit Harth vereinbart. Für das famose Paradox, dass ein staatseigener Verlag mit einem an sich verbotenen Lied sechsstellige D-Mark-Summen ins Land holte, müssen die Genossen sich reich beglückwünscht haben. Alle hatten etwas davon.

Das Meisterstück des schwunghaften Ost-West-Rechtehandels stand Beierlein allerdings noch bevor. 1970, als er mit Udo Jürgens' Sieg beim Grand Prix Eurovision, mit Platten wie «Mein Freund, der Baum» von Alexandra oder den Deutschlanderfolgen von Gilbert Bécaud längst Millionen verdient hatte und der DDR-Dialog für ihn keine allzu große Rolle mehr spielte, stieß Beierlein auf ein weltbekanntes, höchst bedeutsames, allerdings beim kleinen, unscheinbaren Haus Chant du Monde in Paris verlegtes Lied.

Wacht auf, Verdammte dieser Erde,
die stets man noch zum Hungern zwingt
Das Recht wie Glut im Kraterherde
nun mit Macht zum Durchbruch dringt

«Die Internationale» war 1871 von Eugène Pottier geschrieben worden, einem sozialistischen Transportarbeiter und Mitglied der Paris Kommune. 1988 vertonte Pierre De Geyter den Text. Bald verbreitete das Lied sich als Schlachtlied der Arbeiterschaft um die Welt, war zwischen 1917 und 1944 sogar die russische Nationalhymne. In der DDR wurde es bei allen größeren Staatsanlässen gesungen und im Fernsehen gespielt, in der vom rheinischen Bierbrauer Emil Luckhardt gedichteten deutschen Version: «Völker, hört die Signale/Auf zum letzten Gefecht!»

Es war ein bisschen wie bei «Happy Birthday», das viele für ein copyrightfreies Volkslied halten, bis irgendwann die

Rechnung vom Abmahnanwalt ankommt. An sich hätte der Pariser Verlag für jede öffentliche Aufführung der «Internationalen» einen Anspruch auf Tantiemenzahlung gehabt. Aber niemand kümmerte sich darum. Bis Beierlein kam.

Zum Discountpreis von 4000 Dollar kaufte er sich bei Chant du Monde alle Verwertungsrechte an der «Internationalen» für den deutschsprachigen Raum, also für die Bundesrepublik, Schweiz, Österreich. Und die DDR.

Angeblich ließ Beierlein sich persönlich zu Klaus Gysi durchstellen, dem damaligen Kulturminister (und Vater von Gregor Gysi). Bei ihm mahnte er die Gebühren an, die die DDR ihm ab sofort für die musikalische Untermalung von Paraden, Parteitagen und Fernsehprogrammen schuldete. «An wen sollte ich zahlen?», soll Gysi einfach nur zurückgefragt haben. Er und sein Nachfolger überwiesen die Tantiemen tatsächlich, bis einschließlich 1989.

Auch wenn es dem Oberkapitalisten Beierlein eine herrliche Freude gewesen sein muss, die Kommunisten für einen ihrer Lieblingssongs zur Kasse zu bitten: Über schlechte Zusammenarbeit konnte er sich nicht beklagen. Rund 20 000 Mark pro Jahr verdiente er mit der «Internationalen» allein an der DDR. In seiner Welt war das freilich mehr ein symbolischer Betrag. Die Probleme kamen erst, als Montana einige Jahre später auch noch die restlichen Weltrechte an dem Lied bekam. Denn Kuba und Nordkorea zahlten nie. Dort ging auch keiner ans Telefon, wenn der «Gold-Hamster im deutschen Showbusiness» (*Der Spiegel*) anrief.

Ein wenig Hintergrund: BRD und DDR als Käufer und Verkäufer

Ein echter, systemübergreifender Außenhandel, ob mit Erdöl, Dresdner Christstollen, Überwachungstechnologie oder eben Musikrechten, war der Warenverkauf zwischen den zwei deutschen Zonen 1949 mit der DDR-Staatsgründung geworden, auch wenn es bis zur wahren staatlichen Anerkennung noch dauern sollte. Für die Bilanzen musste man sogar extra eine Kunstwährung erfinden, die sogenannte Verrechnungseinheit (VE), denn West- und Ostmark ließen sich nicht so einfach ineinander umrechnen.

Die Zahlen: 1950 exportierte die DDR noch Waren für 450 Millionen VE nach Westdeutschland, kaufte dort nur für insgesamt 359 Millionen ein – das war ein kleiner Handelsüberschuss. 1975 erreichten die DDR-Ausfuhren in die BRD dann schon 3,1 Milliarden VE gegenüber Importen von rund 3,3 Milliarden. Ostberlin lieferte Mitte der 70er somit knapp die Hälfte aller Warenexporte, die an nicht sozialistische Länder gingen, an die deutschen Schwestern und Brüder. Bei den Importen machten westdeutsche Güter dagegen nur ein gutes Drittel aus.

Die ganz schwierige Zeit hatte man da schon hinter sich gebracht. Erst von 1969 an erkannten weltweit immer mehr Staaten die DDR an, nahmen sie in ihr diplomatisches Netzwerk auf. 1973 kam der sogenannte Grundlagenvertrag mit der BRD, ein Meilenstein. Davor war die DDR ein weitgehend isolierter Weltmarktbewerber gewesen, der von westlichen Banken praktisch keine Kredite bekam. Devisen beschaffen musste der Staat sich aber trotzdem, um international einkaufen zu können. Die Lösung: 1966 rief das Handelsministerium den Sonderbereich Kommerzielle Koordinierung ins Leben. Unter der Abkürzung KoKo wurde er bekannt und berüchtigt.

Geleitet von Alexander Schalck-Golodkowski, bekamen die Firmen der KoKo bei ihren Geschäften deutlich mehr Freiheiten zugestanden als die planwirtschaftlichen Betriebe. Sie durften mit ihren D-Mark- und Dollar-Budgets auch rundenweise zocken und ein wenig Kapitalismus spielen. Ab und zu schmiedeten sie Deals, von denen der Staat offiziell nichts zu wissen vorgab. Nach der Wende wurde die KoKo zum Sinnbild für diesen reichlich ekligen Sumpf, für die Waffengeschäfte, den Handel mit konfiszierter Kunst oder den Weiterverkauf von Kupfer oder Diamanten, die Bonn für freigelassene Häftlinge im Tausch gegeben hatte.

Hauptsächlich war die KoKo jedoch mit demselben Alltagskram beschäftigt wie die biederen Planfirmen. Zum Beispiel mit dem Export der Mineralölprodukte, für die die DDR so bekannt war. Oder mit der gut bezahlten Annahme größerer Müll-Lieferungen, die das westliche Ausland unauffällig loswerden wollte.

Vor allem in der zweiten Hälfte der 80er wurde das sowjetische Rohöl immer teurer. Es war einer der Stoffe, von denen die ostdeutsche Industrie großteils lebte. Parallel fielen auch noch die Weltmarktpreise für Produkte wie Diesel, Heizöl und Schmierstoffe, die die DDR mit so großem Erfolg herstellte und exportierte. Der Handel mit den sozialistischen Geschwisternationen nahm immer weiter ab, die Schulden stiegen. Trotzdem importierte die DDR mehr und mehr. 1989 überragte der Wert der Einfuhren aus der BRD die Exporte um eine knappe Milliarde VE. Es wäre nicht mehr lange gut gegangen.

Der Handel mit Kulturgütern, die D-Mark-Einnahmen für Heinos «Wir lagen vor Madagaskar»-Version oder die Gebührenschuld für die «Internationale» spielten in diesen Staatshaushalt-Berechnungen freilich keine ernst zu nehmende Rolle. Aber wenn man die Perspektive wieder ein bisschen justiert, wenn man zurück in die Praxis hineintaucht, in den künstlerischen Alltag der DDR, in dem es um Befindlichkeiten, Ressourcen und die Zwischentöne der staatlichen Propaganda geht – dann waren die Tantiemen und Copyright-Zahlungen, die Konzertgagen, die Überweisungen oder technologischen Tauschwerte für Bücher- und Schallplattenverkäufe eine allerhöchst relevante Größe. Sie trugen unmittelbar dazu bei, die Heimatbranche am Laufen zu halten, die gerade in den Tagen des Donners ideologisch souverän agieren sollte. Und sie ernährten in einem weiteren paradoxen Twist auch die Künstlerinnen und Künstler mit, die von der DDR-Führung offiziell kaltgestellt waren.

«Vonseiten des Ostens, also des VEB Deutsche Schallplatten, gab es immer ein zu 90 Prozent kommerzielles Interesse daran, musikalische Produkte in den Westen zu verkaufen», sagt heute Jörg Stempel, der von 1981 an Redakteur beim staatlichen Plattenlabel Amiga war. «Das ideologische Moment war dabei nebensächlich. Keiner war so blöd und glaubte, man könne mit dem neuesten Song vom Oktoberklub oder den Puhdys die Menschen drüben vom Kommunismus überzeugen. Auch wenn manche sicher hofften, man könnte die Leute so wenigstens ein bisschen zum Nachdenken bringen.»

Verbot und Profit: Die DDR verdient an ihren schwarzen Schafen

«Ein entlarvendes Dilemma der Obrigkeit», schrieb der Sänger, Songwriter und Dichter Wolf Biermann 2016 in seiner Autobiografie über seine Situation Ende der 60er. «Die DDR kassierte Valuta von West nach Ost für die Worte des wahren Biermann, und gleichzeitig versuchte die Stasi zu verhindern, dass meine neueste Ware von Ost nach West gelangte.» Biermann war tatsächlich ein spezieller Fall im Rechtehandel, der im Rückblick verwirrend und etwas bizarr wirkt.

Wolf Biermann stammte aus dem Westen, war 1936 in Hamburg geboren, als Teenager 1953 in die DDR übergesiedelt, politisch überzeugt. Er hatte sich dort in den folgenden Jahren allerdings so viel Sing- und Redefreiheit herausgenommen, dass ihm die SED-Führung – im Zuge des Kahlschlagplenums 1965 – jeden Auftritt, jede Veröffentlichung verbot.

Biermann blieb in der DDR, zunächst. Er schrieb weiter Gedichte und nahm weiter Musik auf, brachte auch weiter Bücher und Platten heraus, aber die erschienen ausschließlich drüben in der Bundesrepublik, zum Beispiel beim Klaus Wagenbach Verlag oder der US-stämmigen Firma CBS. Das Ostpublikum, Biermanns physische Nachbarn, bekam die Produkte höchstens illegal zu hören, übers Westfernsehen oder -radio. Oder dann, wenn irgendwer sie wieder in das Land zurückschmuggelte, aus dem sie vorher herausgeschmuggelt worden waren, die Typoskripte mit den Gedichten und die Tonbänder mit der Musik, um sie in Westberlin und Frankfurt am Main druck- oder pressfertig zu machen.

Biermanns wichtigste laufende Einnahmequellen waren die Ausschüttungen, die er von seinem Musikverlag bekam, in seinem Fall von der westdeutschen Edition Manuskript. Die leicht abenteuerliche Kettenreaktion funktionierte so: Wenn die CBS seine Platten verkaufte, wenn eines seiner Lieder im WDR lief oder das ZDF in einer Dokumentation ein Biermann-Stück einsetzte, zahlten Sender und Label dafür den üblichen Abschlag an die Verwertungsgesellschaft GEMA. Die wiederum transferierte die für Biermann bestimmten Erlöse weiter in die DDR, an ihre dortige Schwesterinstitution AWA (kurz für: Anstalt zur Wahrung der Aufführungs- und Vervielfältigungsrechte auf dem Gebiet der Musik).

Die Zahlungen kamen in Valuta an, also in der verrechnungstauglichen Version der D-Mark. Dass der DDR-Kulturhaushalt so besonders gut an den Biermann-Tantiemen verdiente, lag unter anderem daran, dass die AWA nicht nur eine hübsche Bearbeitungsgebühr behielt – sie schüttete die Zahlungen im 1:1-Wechselkurs an den Songschreiber aus. Im freien Tausch war eine Westmark eigentlich um die fünf Ostmark wert. Auf die Art machten die Rechteverwalter also auch noch beim Wechseln Profit.

Von einem GEMA-Scheck über 1000 D-Mark, so rechnete Biermann vor, kamen am Ende rund 800 Ostmark bei ihm an. Einer Sonderregelung nach erhielt er regelmäßig auch kleinere Valutaschecks, von denen er sich im Intershop Schokolade, Seife und Schnaps kaufen konnte. «Mir war diese ganze Idioten-Konstruktion willkommen», schreibt er im Buch, «denn durch die AWA hatte ich eine korrekte, eine staatlich anerkannte Einnahmequelle. Und das war mehr wert als jedes Geld.»

Bei Bettina Wegner, die mit «Sind so kleine Hände» und anderen Platten in der BRD sechsstellige Stückzahlen verkaufte, lag der Fall ganz ähnlich. Das Prinzip: Die Partei erließ Verbote, untersagte bestimmten Künstlern Auftritte und Veröffentlichungen, machte ihnen damit die Arbeit in der DDR unmöglich. Zugleich ließ sie allerdings mehr oder weniger stillschweigend zu, dass dieselben Leute ihre Werke im Westen veröffentlichten – und dass die Künstler vom Rücklauf ihrer dortigen Erfolge ein erträgliches Auskommen hatten. Ein Auskommen, an dem die DDR selbst lustig mitverdiente. Noch ein Zeichen dafür, wie talentiert man eben doch in den gesammelten, ideologiefreien Tricks des Kapitalismus war.

Wer braucht Verträge? Musik, Literatur und Kino machen ihre Diplomatie selbst

Noch einfacher lief es freilich, wenn sich das BRD-Publikum für Künstlerinnen und Künstler begeisterte, die auch im Osten wohlgelitten waren und somit aktiv angepriesen werden konnten. Frank Schöbel, der Mann, der 1974 bei der Fußball-WM-Eröffnung für die DDR aus dem Ball stieg, hatte Anfang der 70er einen guten Lauf in der Bundesrepublik. «Liebesgrüße aus Lichtenberg – Ein Star erobert die westdeutschen Hitparaden», überschrieb der *Stern* 1972 eine Homestory, in der Schöbel als bescheidener Superheld von nebenan porträtiert wurde, der trotz seines gewaltigen DDR-Ruhms mit Frau und Kind in einer kleinen Etagenwohnung mit Kuckucksuhr und Anrichte wohnte.

«Wie ein Stern», die Singleplatte, die die bundesdeutsche Firma Philips von Amiga übernommen hatte, kam Ende 1971 bis Platz 37 der West-Charts, verkaufte rund 150 000 Exemplare, ein kleiner Hit. Der von Kopf bis Fuß *Bravo*-taugliche Schöbel wurde ins Fernsehen gerufen. Trat in der ARD bei «Musik aus Studio B» auf, im ZDF in der «Starparade». Es waren die überhaupt ersten mauerübergreifenden TV-Gastspiele eines Entertainers.

Umgekehrt sangen im «Kessel Buntes» von Anfang an regelmäßig westdeutsche Schlagerstars zum Playback. Katja Ebstein und Rex Gildo, wie wir schon wissen, Manuela, Chris Roberts, Cindy & Bert. Der offizielle politische Grundlagenvertrag zwischen den zwei Staaten war noch nicht einmal unterzeichnet, aber die Pop-Diplomatie zwischen BRD und DDR funktionierte schon großartig, auch wenn die Inhalte, um die es hier ging, eher seicht und unpolitisch waren.

Im Literaturbetrieb funktionierte der Austausch schneller

und verlässlicher, wenn zunächst auch vor allem in Richtung Ost nach West. Die Bücher von in der DDR akzeptierten und beliebten Schriftstellerinnen und Schriftstellern wie Christa Wolf, Christoph Hein und Jurek Becker erschienen mit leichter Verzögerung auch im Westen, vor allem bei den Verlagen Luchterhand und Suhrkamp. Monika Maron, Reiner Kunze, Stefan Heym und andere veröffentlichten – ähnlich wie Biermann – vom Osten aus dann irgendwann nur noch in der Bundesrepublik.

Heym wurde daraus noch ein Strick gedreht, mit einer willkürlich wirkenden Zersetzungsaktion. Er sollte 9000 Mark Strafe zahlen, weil man ihm einen angeblich nicht genehmigten Westdruck des Romans «Collin» als Devisenvergehen auslegte. Er hielt trotzdem bis 1989 durch und wurde einer der wichtigsten Bürgerrechts-Intellektuellen.

Die Verhandlungen zwischen Ostberlin und Bonn über ein offizielles, völkerfreundschaftliches Abkommen zum kulturellen Austausch zogen sich weiter hin – wahnwitzige 13 Jahre dauerten sie am Ende. 1973 hatten die ersten Gespräche begonnen, im Zug des Grundlagenvertrags und der staatlichen Anerkennung. Aber sie versandeten. Einer der Gründe: Die BRD hatte aus der Kriegszeit eine Menge preußischer Kunstschätze in den Archiven und Museen. Nominell gehörten die zwar ins DDR-Gebiet, aber der Westen dachte nicht an eine Rückgabe.

1983, beim nächsten Versuch, war das Zentralkomitee bereit, auf die entsprechende Klausel zu verzichten. Die DDR schien immer mehr zu realisieren, dass die ökonomisch brenzlige Situation keine Selbstisolierung mehr zuließ. Ein Bestandteil des 1986 unterzeichneten Abkommens waren rund 100 grenzübergreifende Projekte: kleine gemeinsame Buchmessen, akademische Partnerschaften und Kunstausstellungen, zum Teil auch mit kontroversen Werken.

Günter Grass stellte, im Namen der Westberliner Akademie der Künste, den Sinn des Kulturabkommens zur Debatte. Wenn es einen offiziellen Vertrag gebe, meinte Grass, gefährde das alle bereits laufenden, durch mutige Initiativen auf die Beine gestellten Kooperationen, und davon gab es wie gesagt einige. Schon 1977 hatten Künstler aus der DDR an der Kasseler Documenta teilgenommen – es war die Zeit, in der der Austausch immer lebendiger und ausgeglichener wurde. Anfang der 80er brach er wieder ein, später nahm er wieder zu. Es kam auf die politische Wetterlage an, die gerade herrschte.

Die Regisseure Heiner Müller und Ruth Berghaus inszenierten in Köln und München, Frankfurt am Main und Mannheim. Es gab Auftritte der Berliner Philharmoniker in Dresden, die Schaubühne spielte in Karl-Marx-Stadt, umgekehrt kam das Leipziger Gewandhausorchester, wenn es nicht gerade in Japan, den USA oder Südamerika beschäftigt war, nach München oder Hamburg. «Jakob der Lügner» und das erwähnte «Solo Sunny» liefen auf der Berlinale. «Die Frau und der Fremde», ein Kostümspiel über eine verquere Liebe nach dem Ersten Weltkrieg, gewann 1985 sogar den Goldenen Bären, den höchsten Preis des Festivals.

Natürlich gab es bei solchen Arrangements auch Ärger. 1979 zum Beispiel zogen alle sozialistischen Staaten (außer Rumänien) unisono ihre Filme aus dem laufenden Berliner Festival zurück, beriefen ihre Juroren ab. Der Anstoß: Michael Ciminos US-Kriegsdrama «The Deer Hunter», das im Berlinale-Programm lief. Die Kritik, angeführt von der sowjetischen Delegation: Der Film stelle die vietnamesischen Soldaten zu einseitig böse dar und verletze so das Prinzip der Völkerverständigung. Kurz sah es so aus, als müsse der Wettbewerb abgebrochen werden, aber dazu kam es nicht.

Ein kleiner Fernsehfilm bringt die Geschichte ins Rollen

Ein im Vergleich zum monumentalen «The Deer Hunter» kleines, nebensächliches Werk setzte kurz darauf ein Musikgeschäft in Gang, das zu einem der symbolkräftigsten der deutschen Ost-West-Geschichte werden sollte. Der Film, um den es geht, war schon 1978 vom Weimarer Regisseur Hans Werner gedreht worden, im farblich entsättigten Sozialromanzen-Look, fürs DDR-Fernsehen. Die Handlung: In einem Lausitzer Kohlestädtchen verlieben sich eine Kraftwerkslaborantin und ein polnischer Gastarbeiter ineinander. Dann bricht die Vergangenheit ins junge Glück ein. Der Mann findet heraus, dass sein Vater in einem nahen Konzentrationslager starb. Der Papa des Mädchens, inzwischen natürlich in den Westen abgehauen, diente seinerzeit dort als Aufseher. Die Tragödie nimmt ihren Lauf.

Seit 1972 gab es zwischen der DDR und Polen einen visafreien Grenzverkehr. Man kam allein mit dem Personalausweis von einem Land ins andere, und dieses Zeichen der Versöhnung und Freundschaft sollte der Film feiern. Dass die Freude nur von kurzer Dauer sein sollte, ahnte damals keiner: Schon 1980 wurde die Reiseerleichterung wieder aufgehoben, nachdem die Gewerkschaft Solidarność die Straßen in Warschau und Krakau zum Brodeln gebracht hatte (und noch bevor Ministerpräsident Jaruzelski 1981 das Kriegsrecht verhängte).

Helmut Richter, der Drehbuchautor, hatte für das Skript des Films sogar einen Liedtext geschrieben. Das Gedicht bot sich als Titelsong an. Es musste nur noch vertont werden.

Manchmal geh ich meine Straße ohne Blick
Manchmal wünsch ich mir mein Schaukelpferd zurück

Manchmal bin ich ohne Rast und Ruh
Manchmal schließ ich alle Türen nach mir zu

Die Puhdys wurden als Erste für den Job angefragt. Sie konnten gerade nicht. Als zweite Wahl übernahm die Band Karat die Aufgabe, den Titelsong zu schreiben, eine Ostberliner Gruppe, die drei Jahre vorher unter anderem aus den Überresten der verehrten Jazzrockmeister Panta Rhei entstanden war.

Ed Swillms, der Karat-Keyboarder, der für seine ebenso penible wie emotional mitreißende Tonsetzerkunst bekannt war, machte sich unter riesigem Zeitdruck an die Arbeit und schrieb eine Melodie, die traumhaft zu Richters Gedicht passte. Dass der Song zwischen Tür und Angel zusammengeschustert wurde, hörte man ihm nicht an, im Gegenteil: Für ein so schlagerähnliches Lied hatte er eine erstaunliche Tiefe. Zwischen den langen E-Piano-Akkorden schwang existenzielle Melancholie mit. Die Verse, vom 35-jährigen Herbert Dreilich im Ton eines verwunschenen Königssohns gesungen, erinnerten an Psalmen des Alten Testaments. Ein Klagelied über die Hindernisse der Völkerfreundschaft.

Der Film «Über sieben Brücken musst du gehen» lief am 30. April 1978 im Fernsehen der DDR. Noch während der Ausstrahlung kamen die ersten Anrufe. Zuschauer fragten, ob man diese Musik auch kaufen könne. Aber es ging noch nicht. Die Schallplatten waren nicht rechtzeitig fertig geworden, was mit dem anstehenden 1. Mai zu tun hatte. Die VEB Gotha-Druck musste wie immer Massen von Transparenten und Plakaten produzieren, daher war die rote Farbe ausgegangen. Um die Karat-Plattencover für Amiga drucken zu können, musste man erst auf Nachschub warten.

Wie Peter Maffay mit «Über sieben Brücken» gleich zwei Hits auf einmal landete

Tutzing am Starnberger See, eine Autostunde südwestlich von München. Der Ort hat sich auch in den 2020er-Jahren noch viel von der Aura der sprichwörtlichen alten Bundesrepublik bewahrt. Die oberbayerische Gemeindearchitektur formiert sich gemütlich um drei Kirchen herum. Es gibt Elektro- und Spielzeugläden mit Schildern, deren Typografie und Gestaltung aus alten, vordigitalen Zeiten erzählen, und einen Zigarettenautomaten an jeder dritten Hausecke. In den Wohngebieten gucken Buchenhecken über die Holzzäune. Peter Maffays Hauptquartier liegt in einer Nebenstraße. Versteckt ist es nicht, aber auch kein Repräsentationsbau.

Maffay, einer der erfolgreichsten deutschen Musikprominenten, hat hier nicht nur seit den frühen 80ern sein Tonstudio. Mittlerweile firmieren an der Adresse auch seine Stiftung und eine eigene Gesellschaft, die sich nur um die Vermarktung von Tabaluga kümmert, dem Drachen aus den Kindermusicals. Vom Empfang aus geht es nach hinten, durch die mit Platin- und Gold-LPs behängten Korridore, die klassische Rock-'n'-Roll-Innenarchitektur. Im Büro des Chefs ist man noch tiefer drin in der Zeitblase. Von der Wand über der Ledercouch guckt gewaltig der Rolling-Stones-Gitarrist Keith Richards in den Raum, ein vom Künstler Gottfried Helnwein fotografiertes Porträt.

«Das Riff zu ‹Satisfaction› war für mich ein universeller Türöffner. Deshalb hängt dieser Typ hier», wird Maffay später sagen und auf das Bild zeigen. «Das brennende Leben, das wir in den 60ern hinter den Fernsehbildern der Stones vermuteten, diese Attitüde, das war der absolute Kick. Obwohl wir sie nur in Schwarz-Weiß sahen.»

Maffay, ein Kind des bundesdeutschen Pop-Aufschwungs der 70er, wächst selbst in einer von der kommunistischen Idee geprägten Diktatur auf. 1949 kommt er in der rumänischen Stadt zur Welt, die in der Landessprache Braşov heißt, auf Deutsch Kronstadt, auf Ungarisch Brassó. In Familien wie seiner mischen sich alle drei Sprachen. Maffays Mutter gehört zur Minderheit der Siebenbürger Sachsen, der Vater hat Wurzeln in Ungarn und der Volksgruppe der Sekler. Beide verbringen die Kriegszeit in Nazideutschland, erst nach der Rückkehr lernen sie sich in Siebenbürgen kennen. Große Teile ihrer Familien sind da bereits geflohen. Als Nächstes schließen die Stalinisten die Grenzen. Und die Eltern stehen – mit ihrer Abstammung und ihren Biografien – weit oben auf der Beobachtungsliste der Geheimpolizei Securitate.

«In Rumänien wurden die Leute damals zum Teil auf der Straße eingesammelt, in den Zug gesetzt und nach Sibirien ins Arbeitslager abtransportiert», erzählt Maffay. Einmal sitzt seine Mutter bereits im Waggon, ihr russischer Stiefvater gibt sich als Soldat aus, holt sie in letzter Minute heraus. Politik ist allgemein ein Tabuthema, die sozialistische Indoktrination gibt es in der Schule. Musikkultur bedeutet Folklore und Klassik. Mit zwölf verdient Peter sich Taschengeld in der Bowlingbahn, wo er Kegel aufstellt, und schaut mit der Freundin im Kino «The Young Ones» mit Cliff Richard. Im Film sieht er zum ersten Mal im Leben eine E-Gitarre.

Dann gibt es plötzlich doch einen Ausweg. Im August 1963, eine Woche vor Peters 14. Geburtstag, darf die Familie nach mehreren verschleppten Anträgen endlich ausreisen. Eine vierstellige Dollarsumme Lösegeld müssen sie bezahlen, um die Pässe zu bekommen, das Geld kommt von der mittlerweile in New Jersey lebenden Oma. Es ist ein schmutziger Deal, aber Mutter, Vater und Sohn wollen nur weg.

«Die westliche Freiheit äußerte sich für mich vor allem in

Gestalt von Farbe und Fröhlichkeit», sagt Maffay über die frühe Zeit in Deutschland. «Ich weiß noch, wie ich am Morgen nach unserer Ankunft in München auf die Straße ging, und da liefen tatsächlich lachende Menschen vorbei. Straßenbahnen bimmelten, Autos fuhren, wie ich sie noch nie gesehen hatte. Zu Hause hatte es solche Mobilität nicht gegeben, dort sollten die Bewegungsradien möglichst klein bleiben. Ich bekam riesige Augen, als ich das sah.»

Maffay ist auch mit Anfang 70 noch der detailliert vollendete Rocker-mit-Gefühl-Charakter, als der er sich auf unzähligen Open-Air-Bühnen, Plakaten und Plattencovern präsentiert hat. Der Pulli verdeckt knapp das Tattoo am Hals, die Armkettchen klappern auf dem Konferenztisch. Wenn er sich beim Sprechen kernig räuspert, klingt das wie die Rock-'n'-Roll-Geräusche, mit denen er manchmal beim Singen bestimmte Stellen akzentuiert. 1970 hat er die erste Nummer eins gehabt, knapp sieben Jahre nach der Flucht, mit der Schlaghosenballade «Du». Das Album «Steppenwolf» signalisiert 1979 die Weichenstellung hin zu einem raueren, US-amerikanisch inspirierten Stil. Maffay bekommt rauschenden Zuspruch. Eine gute Million Platten gehen weg, die Tourneen sind ausverkauft.

Anders als Udo Lindenberg oder Marius Müller-Westernhagen singt Maffay zu den Gitarrenriffs oft introvertierte, grübelnde Lyrik, gibt sich kaum straßenschnoddrig. Genau deshalb bleibt er für viele die ewige Schlagerbacke. Zugleich legt er hier gewissermaßen den Grundstein für ein Genre, das die bundesdeutsche Rockmusik der 80er bestimmen wird.

Im Frühjahr 1980 ist Peter Maffay dabei, das Nachfolgealbum «Revanche» aufzunehmen. «Da hörte ich eines Tages im Radio einen Song», erzählt er, «der mir enorm gut gefiel.» Ein ruhiges Stück, die Harmonien sind ungewöhnlich. Man hört gleich, dass sie andere Inspirationsquellen haben als die meisten Rockballaden. Der Text erzählt eine Geschichte von Zweifel und Zukunftsangst, dennoch entwickeln die Bilder eine verblüffende, positive Kraft. Im Prinzip ist es exakt das, worauf auch Maffay musikalisch aus ist.

Karat heißt die Band, gibt ihm sein Freund und Promoter Dieter Viering zur Auskunft. Das Stück: «Über sieben Brücken musst du gehn», ein Song aus der DDR, 1979 auch in der Bundesrepublik auf Platte erschienen. Kein echter Hit, aber ein von den Rundfunksendern gern gespieltes Stück. Einmal sind Karat damit im NDR-Fernsehen aufgetreten, aber es blieb der einzige TV-Auftritt.

Als Karat im Frühjahr 1980 ein Konzert in Wiesbaden geben, in einer Halle, die lustigerweise Wartburg Music Hall heißt, ist Peter Maffay dann vor Ort. «Wir haben uns tierisch gefreut», sagt Bernd Römer, Gitarrist von Karat. «Nach dem Konzert kam er zu uns in die Garderobe, war sehr locker und cool. Er möge unseren Song sehr, meinte er, und würde gern für sein nächstes Album eine eigene Version machen. Man merkte, dass er vor allem den Kontakt zu uns suchte. Natürlich sprach für uns nichts dagegen. Als wir seine Fassung später hörten, waren wir begeistert.»

«Ich war ziemlich nervös, im positiven Sinn», erinnert sich Maffay an die Begegnung. «Aber alles lief viel relaxter ab, als ich erwartet hatte. Mucker unter sich. Wir funkten auf derselben Wellenlänge. Ost oder West, das machte in der Praxis wenig Unterschied.» Vor allem mit Karat-Sänger Herbert Dreilich entwickelt sich ein anhaltendes Gespräch. Maffay erzählt von Rumänien, Dreilich vom Alltag in der DDR. Bis zu Dreilichs Tod 2004 bleiben die Männer befreundet.

Im September 1980 erscheint das Album «Revanche», lang erwartet, mit großer Aufmerksamkeit. Auf dem Cover ein Maffay mit wallendem Haar und offener Jeansjacke, es wird seine bis heute erfolgreichste Platte. «Revanche» erreicht wieder Platz eins der Charts, verkauft über zwei Millionen Stück.

Lied Nummer drei auf Seite eins ist «Über sieben Brücken musst du gehn». Maffay hält sich in seiner Version nah ans Original. Lässt gegen Schluss seinen amerikanischen Saxofonisten Eddie Taylor ein röhrendes Solo spielen, ein Touch schwarzer Soul für das ostdeutsche Lied. Der Name von Komponist Ed Swillms ist auf der Plattenhülle zwar falsch geschrieben («Swills»), die großzügigen AWA-Ausschüttungen für verkaufte Platten, Konzerteinsätze, Radio und Fernsehen kommen trotzdem wohlbehalten in Ostberlin an, bei Swillms und, via Abschlag, beim DDR-Kulturministerium. Das bundesdeutsche Publikum liebt den Song so sehr, dass plötzlich auch die Originalplatte von Karat in die Hitparade einsteigt, anderthalb Jahre nach ihrer Veröffentlichung, bis auf Platz 15. Es wird der Auftakt für die große Westkarriere der Band.

«Der größte Unterschied zwischen den Fassungen ist, wie im Refrain das Wort ‹musst› zu verstehen ist», sagt Römer von Karat. «Bei uns hat es eher etwas Inniges, im Sinne von: Dir bleibt nichts anderes übrig. Bei Peter Maffay ist es dagegen eine Kampfansage.»

Stücke wie dieses seien es gewesen, meint Maffay rückblickend, die auch dem westlichen Publikum endgültig gezeigt hätten, wie gut deutsche Sprache und Rockmusik zusammenpassten. «In der Isolation des Ostens, wo kein Englisch gesungen werden durfte, hatte sich hier eine Stilistik herausgebildet, die sehr feinfühlig, lyrisch und präzise im Ausdruck war», sagt er.

Mit anderen Worten: Die Musik der DDR könnte eine entscheidende Inspirationsquelle für den bundesdeutschen Rockboom der 80er gewesen sein. Eine These, die bei Weitem nicht alle unterschreiben. Aber hier in Tutzing steht sie nun wenigstens mal im Raum.

Im Juni 1982 tritt Peter Maffay im Open-Air-Vorprogramm der Rolling Stones auf, vor Mick Jagger und Keith Richards, die ihm in den 60er-Jahren den letztnötigen Funken gegeben hatten. Im Niedersachsenstadion in Hannover findet ein kleiner, aber lauter Teil des Stones-Publikums diese Kombination allerdings nicht so passend. Ausgerechnet als Maffays Musiker «Über sieben Brücken musst du gehn» anstimmen, gehen die Wurfangriffe aus den ersten Reihen los, Obst, Eier, Getränkebecher. Die Band trägt die Schmach mit Fassung. Es steht noch viel Überzeugungsarbeit an.

Auch so funktionierte Import-Export: Schmuggel und schwarzer Handel

Den Maffay-Freunden im Osten blieb die «Sieben Brücken»-Version allerdings verwehrt. Amiga veröffentlichte zwar im Lauf der 80er-Jahre vier Platten mit seiner Musik, zwei Alben und zwei sogenannte Quartett-Singles mit je vier Songs, was für einen BRD-Künstler erstaunlich viel war. «Über sieben Brücken» war aber nirgends enthalten. Den Leuten blieben so nur die üblichen Wege der Westmusikbeschaffung: das Mitschneiden aus ARD, ZDF und Radio. Oder eben, weniger privat, der Schwarzmarkt und der Schmuggel.

Wer das nötige Geld hatte, konnte die Straßenecken-Angebote von Westlern nutzen, die zu Tagesbesuchen nach Ostberlin einreisten. Natürlich gab es auch DDR-Zwischenhändler, Typen wie in der berühmten Szene in Leander Haußmanns «Sonnenallee»-Film, in der Robert Stadlober vom blonden Uwe Dag Berlin eine Stones-LP verkauft bekommt. Eine in der DDR nicht erhältliche Langspielplatte konnte zwischen 60 und 150 Ostmark kosten, der Preis richtete sich nach der Tageslage und der inhaltlichen Brisanz.

Billiger, aber noch etwas riskanter war es, Rentnern aus der Familie und dem Bekanntenkreis kleine Einkaufszettel zu schreiben. Seit 1964 durften ältere Menschen unter bestimmten Bedingungen und mit relativ niedrigem Genehmigungsaufwand den Westen besuchen. Sie konnten somit – neben Jeanshosen, Jacobs-Kaffee, Schokolade und Lebkuchengewürz – auch Tonträger, Bücher und Zeitschriften mitbringen, wenn sie geschickt und nervenstark genug waren, um sie zwischen der Schmutzwäsche, in harmlos aussehenden Verpackungen oder sogar irgendwo am Körper zu verstecken.

Anfang der 80er-Jahre taten sich zusätzliche Quellen auf. Das sozialistische Ungarn, das von der DDR aus bereist werden konnte, begann sich mehr und mehr Richtung Westen zu öffnen. «Für uns Zonis ein Schlaraffenland», schreibt der Leipziger Abo Alsleben, der damals ein Teenager war, in seinen Erinnerungen. «Der Sommerurlaub wurde so zur Pilgerfahrt in die ungarische Hauptstadt Budapest, um die neuesten Platten zu erstehen.» Allerdings wurde DDR-Bürgern nur eine begrenzte Menge an Forint-Währung zugestanden, die man im Tausch bekam. Wer viel Ware kaufen wollte, musste eben bei Essen und Übernachtung sparen.

Der Rundfunkredakteur Wolfgang Martin beschreibt in seinem Buch «Wie die Westmusik ins Ostradio kam» eine geradezu mafiös organisierte Plattenschmuggelaktion, an der er Ende der 70er-Jahre teilnahm und die in dieser und ähnlicher Form regelmäßig ablief. Ein Ostberliner DJ hatte ihn konspirativ angesprochen, ob er bei der nächsten geheimen Großlieferung mit wertvollen West-LPs nicht Schmiere stehen wolle, gegen Belohnung. «Erst als ich Einzelheiten erfuhr, wie, wann und wo das passiert», schreibt Martin, «nämlich immer in der Nacht von Samstag auf Sonntag an der Transitautobahn auf einem Parkplatz hinter der Raststätte Michendorf, begriff ich, wie gefährlich das war.»

Es ging vor allem darum, den Polizeipatrouillen zu entgehen, die auf einschlägigen Strecken nachts nach illegalem Transaktionsgemauschel fahndeten. «Ein bestimmtes Lichthupensignal bedeutete dem Fahrer – wir saßen in einem großen Transporter –, ob wir anhalten sollten oder bis zu einem anderen Halteplatz weiterfahren mussten», erinnert sich Martin. Es ging alles gut, er bekam seinen Anteil. Nach zwei geglückten Missionen gab er die Schmuggelei allerdings auf. Er wäre wohl nicht nur seinen Radiojob los gewesen, wenn man ihn mit der Bande erwischt hätte.

Lizenzgeschäfte: Gebt ihr uns Grönemeyer, kriegt ihr Richard Wagner dafür

Völlig legal, aber oft ähnlich schwer zu bekommen waren die Westplatten oder -kassetten, die sorgfältig ausgewählt, staatlich abgesegnet und vom VEB Deutsche Schallplatten offiziell in der DDR veröffentlicht wurden: Joe Cocker und Fleetwood Mac, AC/DC, Roxy Music und Jimi Hendrix, Santana und Tina Turner, Chris de Burgh, Modern Talking und Nena. Die speziellen Intershop-Editionen, die man nur gegen Westmark bekam, waren für die Eliten und Visa-Gäste da. Aber es gab immer wieder auch gewöhnliche, für alle erschwingliche 16-Ostmark-10-Pfennig-Amiga-Versionen von Westplatten, die in normalen Läden standen, solange der Vorhalt reichte, und das war selten sonderlich lang.

Wie 1965, bei der Pioniertat mit den Beatles-Platten, kaufte der VEB dafür bei den westlichen Firmen die Aufnahmen und Pressgenehmigungen ein. In den Verträgen schrieben die Parteien exakte Auflagenhöhen fest, die nicht überschritten werden durften. In den Augen vieler Fans nahm es der Musik natürlich ihren klandestinen Glanz, dass sie vom Kulturministerium ein offizielles Okay bekam. Aber Goldstücke waren die meisten der Platten trotzdem. Wenn neue Lizenzpressungen angekündigt waren, bildeten sich oft Schlangen vor den Geschäften. Viele stellten sich sicherheitshalber an, auch wenn sie keine Ahnung hatten, ob nun gerade die Beach Boys, Miles Davis oder die Erste Allgemeine Verunsicherung im Angebot waren.

Dass Amiga von Platten, die sie laut Vertrag 10 000- oder 20 000-mal pressen durfte, ab und zu auch mal ein Vielfaches produzierte und verkaufte, erzählen viele, die damals beteiligt waren. Aktenkundig wurden solche Manöver natürlich nicht. Mindestens einmal gab es trotzdem Ärger. Roland Temme, der angemessen misstrauische Manager der Kölner Band BAP, ließ 1983 einen Ostberliner Journalisten beauftragen, die Musikalienläden der Stadt abzuklappern und stichprobenartig nachzufragen, wie viele Exemplare der nachgepressten BAP-LP «Vun drinne noh drusse» bei ihnen angekommen seien. Die Überschlagsrechnung soll ergeben haben, dass in der DDR rund 50 000 Stück im Umlauf waren – fünfmal so viel wie im Vertrag vereinbart. Der Schallplatten-VEB musste einlenken und nachzahlen.

Zur ideologischen Absicherung beschäftigte Amiga ein eigenes Autorenteam, das für jede Plattenhülle einen Begleittext schrieb. Darin wurde kurz und oft abenteuerlich verschlungen erklärt, was an der besagten Westband in sozialistischer Hinsicht wertvoll sein könnte. Ab und zu mussten kleine Schönheitsfehler korrigiert werden. Zum Beispiel entfernten die Designer aus der Bildercollage auf dem John-Lennon-Album «Shaved Fish» einen Textblock, der feierte, dass Lennon die umkämpfte Aufenthaltsgenehmigung in den USA bekommen hatte. Das Innencover von Herbert Grönemeyers LP «4630 Bochum» zeigte im Original alle sechs Bandmitglieder – unter anderem den Schlagzeuger Detlef Kessler. Kessler hatte allerdings eine DDR-Vorgeschichte: Er hatte in Ostberlin gelebt, war mit Panta Rhei bekannt geworden, kam 1978 via Ungarn in die BRD. In der alten Heimat war der Republikflüchtling nun derart verpönt, dass Amiga sein Porträtfoto für die Amiga-Version der Grönemeyer-Platte einfach aus dem Design herausmontierte.

Der einfachste, direkteste Weg, um für solche Westlizenzen zu bezahlen, wären die naheliegenden Naturalien gewesen: der Tausch gegen Veröffentlichungsrechte von Ostkünstlern. Allerdings hielt Amiga hier zunächst nur wenige Trümpfe in der Hand. Abgesehen vom vorher erwähnten Frank Schöbel war das Interesse an volkseigenem Rock und Pop in der BRD nicht sonderlich groß. Umso wilder stürzten die Westler sich dafür auf ein ganz anderes Repertoire: Klassische Musikproduktionen aus der DDR galten in der nicht sozialistischen Welt als absoluter Renner.

«Dafür, dass wir ein so kleines Land waren, hatten wir überproportional viele Orchester und Solisten von internationalem Rang», sagt Jörg Stempel von Amiga, dem Plattenlabel, das hier allerdings nicht zuständig war: Klassik firmierte beim VEB Deutsche Schallplatten unter der Marke Eterna. «Das Gewandhausorchester, die Staatskapellen Dresden und Berlin, das waren weltweit renommierte Klangkörper, mit denen die großen Dirigenten arbeiten wollten. Die Aufnahmen konnten wir zum Teil sogar nach Japan und in die USA lizenzieren. Eterna war der eigentliche Grund, warum der VEB ein so gutes Image in der Welt hatte.»

Das Label brachte unter anderem eine weithin als Standard anerkannte Beethoven-Komplettausgabe heraus, die aus 116 Schallplatten bestehen sollte, von denen immerhin 112 wirklich fertig wurden. Für eine bis heute berühmte «Ring des Nibelungen»-Einspielung dirigierte Marek Janowski die

Staatskapelle Dresden, die Münchener Ariola übernahm reihenweise Brahms- und Beethoven-Aufnahmen von DDR-Orchestern. Für den deutsch-deutschen Außenhandel war das ein relativ sicheres, hochkulturell verbürgtes Terrain. Denn was zum Beispiel an Richard Wagners Texten subversiv war, ließ sich aushalten, von beiden Seiten aus.

Nur der kleine Bonusdeal, den die Ostberliner ihren westdeutschen Partnerfirmen immer wieder antrugen, verfing nicht. Wo es doch mit den Symphonien und Opern so hervorragend klappte, fragten sie – wollten Philips oder Hansa da nicht auch mal ein bisschen Rockmusik probieren? Zum Beispiel von den Puhdys, den fünf gestandenen, Beatbühnen-bewährten Musikern, die Anfang der 70er dabei waren, sich als beliebteste Band der DDR zu etablieren? Wäre das nicht etwas für den bundesdeutschen Markt, auf dem Udo Lindenberg gerade so schöne Erfolge mit ganz neuartiger Rock-'n'-Roll-Lyrik feierte?

Ob die Philips- und Ariola-Leute überhaupt in die Puhdys-Platten reinhörten, die sie vom VEB bekamen, lässt sich rückblickend nicht sagen. Sie lehnten jedenfalls dankend ab, wechselten schnell das Thema und fragten vermutlich, was denn das Gewandhausorchester Leipzig und Dirigent Kurt Masur in nächster Zeit so vorhätten.

Der Mann, der den Export in Gang bekommt: Peter Schimmelpfennig

An dieser Stelle soll eines kurz angemerkt werden: Beim Gang durch diese oft so glitschig geschmierte, zu einem guten Teil von Egos, Gecken und phänomenalen Simulanten bevölkerte Geschichte muss man stets aufpassen, wem man was glaubt. Schneller als gedacht tappt man sonst Leuten in die Falle, die sich rückwirkend wichtiger machen, als sie es waren. Freundlich und harmlos wirkende Zeitgenossen geben sich dabei gern als die Rebellen aus, die sie gern gewesen wären. Manche erfinden Verbote, die es nie gab, um sich einen Opferbonus zu erschleichen. Dramatische Episoden fallen jedes Mal noch dramatischer aus, wenn sie erzählt werden. Alle wollen Helden sein.

Der Mann, um den es gleich gehen wird, ist in dieser Hinsicht ein Spezialfall. Einer, an dem man durchaus Züge des Donnervogels und Aufschneiders ausmachen kann und dem man die eine oder andere Übertreibung durchaus zutrauen würde. Was nichts daran ändert, dass Peter Schimmelpfennig – Jahrgang 1944, in Hamburg aufgewachsen, Musikmanager, Drähtezieher und Glücksritter – eine essenzielle, absolut zentrale Rolle in der Entwicklung spielt, die die zwei Staaten BRD und DDR popmusikalisch aneinander annäherte. City, die Puhdys, Karat und ihre Songs wären ohne die Sturheit und den Weitblick Schimmelpfennigs sicher nie auf die andere Seite der Mauer gelangt, kein «Am Fenster», auch kein «Über sieben Brücken», kein «Ich will nicht vergessen». Sogar Silly, die später die exorbitante Musik zur Wendezeit spielen sollten, hätten ohne ihn den Kickstart im Westen nicht früh genug bekommen. Es sei denn, jemand anders hätte seinen Job übernommen. Aber wenn man die Tagesstimmung der späten 70er kennt, weiß man, wie unwahrscheinlich das ist.

Das, was Amiga mit den Beatles-, ABBA- oder Santana-Platten machte, um sie der DDR-Kundschaft anzubieten, drehte Schimmelpfennig praktisch um. Er brachte das zustande, was die meisten für unmöglich gehalten hatten. Auf einmal kauften bundesdeutsche Entertainment-Firmen das Rockmaterial aus der DDR ein, genau das Zeug, das zuvor als verpönt gegolten hatte. Plötzlich tauchten die Ossis selbst in den Hitparaden, in der *Bravo*, im Fernsehen und Hörfunk auf und nicht nur ihre von Westlern nachgesungenen Lieder. Sie verkauften sich kapitalistisch gut.

«Ich schwamm ja damals im Geld», sagt Peter Schimmelpfennig heute über die frühen 80er-Jahre. Schimmel – so nennen ihn wirklich alle, die man nach ihm fragt – ist mit Ende 70 noch der flamboyante, ebenso dandyhafte wie deftige Charakter von früher. Zum Gespräch erscheint er im grauen Pullover mit Hemdkragen und pfirsichfarbener Hose, imposant und mit raspelkurz geschorenem Haar, die Brille am neongelben Band. «Die Bands, die Künstleragentur und die VEB Deutsche Schallplatten haben natürlich auch bestens verdient», sagt er. «Das waren ja zweistellige Millionenbeträge, ein goldener Strom, der da in die DDR geflossen ist. ‹Am Fenster›, ‹Sieben Brücken› und so weiter, das brachte richtig Pulver.» Dann verlangt er nach Rotwein. Man kann sich bestens vorstellen, wie Schimmelpfennig seinerzeit die Szene aufmischte.

Wir sind ihm in diesem Buch schon einmal kurz begegnet. In der Geschichte der Spider Murphy Gang kam er vor, er war der frühere Plattenladenkollege von Manager Jürgen Thürnau, vermittelte den Kontakt zur Künstleragentur und machte so am Ende auch die DDR-Tour der Bayern möglich. Aufgewachsen als Musikbegeisterter im Hamburg der 60er-Jahre, der Zeit, in der die Stadt sich mehr und mehr zum Hotspot der bundesdeutschen Popindustrie entwickelte, heuerte er bei diversen Plattenfirmen an, arbeitete in der Presseabteilung und im Marketing, wurde auch auf eigene Faust als Schallplattenimporteur aktiv.

Schimmelpfennig hatte bemerkt, dass große deutsche Musikvertriebe sich die Platten aus England in der Regel per Schiffslieferung bestellten, weil das am billigsten war. Als Kleinunternehmer hatte er da eine bessere Idee. Er ließ sich die neuen LPs von Jethro Tull, Spooky Tooth oder Fairport

Convention einfach per Luftfracht schicken. Das kostete zwar etwas mehr, ging aber viel schneller. Als die Schiffe in Hamburg anlegten und die Vertreter der etablierten Firmen anschließend ihre Ware anboten, waren die meisten deutschen Plattenläden schon restlos versorgt, aus dem Bauchladen von Schimmelpfennigs kleinem, wenn auch ein wenig teureren Import-Export-Betrieb.

Anfang der 70er begann er dann, noch strategischer zu denken. Er kaufte sich einen Musikrechteverlag namens Nordton. 1977 gründete Schimmelpfennig seine eigene Plattenfirma Pool Musikproduktion, einige Jahre später kam noch das Konzertveranstaltungsbüro Nordrock dazu. Das Spezialgebiet aller drei Unternehmen: nicht nur, aber vor allem Rockmusik aus der DDR. Für den bundesdeutschen Markt übernommen, neu verpackt, passioniert beworben. Und vom Rest der Branche erst einmal belächelt.

Von dem Erfolg, der sich dann doch zusammenbraute, war er selbst freilich am wenigsten überrascht. Schimmelpfennig brachte zwischen 1976 und 1985 elf Alben der Puhdys in der BRD heraus. Von den sechs Karat-LPs und später -CDs, die unter der Labelmarke Pool erschienen, kamen vier in die Charts, «Der blaue Planet» 1982 sogar bis Platz acht, was unter anderem mit einer Viertelmillion verkaufter Einheiten für eine Goldene Schallplatte gut war. City, die ebenso ruppigen wie virtuosen Blues-Krautrocker aus Prenzlauer Berg und Köpenick, liefen mit ihren sechs West-Alben kommerziell nicht ganz so gut wie die eingängigeren Karat, aber auch respektabel. Das von Georgi Gogow sehnsuchtstrunken gegeigte «Am Fenster» wurde im Westen zum linksalternativ angedufteten Hit, den jeder kannte, der wusste, wie man einen Joint baut. 1987 bekamen City eine Goldene BRD-Platte für ihr Debütalbum nachgereicht, spät, aber gerade noch rechtzeitig.

An Maffays «Sieben Brücken»-Version verdiente Schimmelpfennig bestens mit, exakt 25 Prozent aller GEMA-Einnahmen – schließlich hatte er die Musik- und Textrechte am Song für den nicht sozialistischen Raum für seinen Nordton-Verlag akquiriert, mit visionärer Voraussicht.

Tamara Danz und Silly hatten Vorbehalte gegen ihn. Schließlich vertrat er einige Gruppen, die in der DDR als angepasst und harmoniesüchtig galten. Dennoch ließen sie ihn 1984 ihr Album «Mont Klamott» vermarkten. Schimmelpfennig wollte fürs Westgeschäft allerdings eine ganz neue Plattenhülle, nicht die DDR-Vorlage. Er ließ den Starfotografen Jim Rakete nach Ostberlin fahren. Rakete platzierte die Silly-Mitglieder bei Sonnenuntergang rund um einem türkisen Trabi, wie eine modisch höchst distinguierte Wegelagerer-Gang. Ein wahnsinnig gutes Bild, das aufs Cover der Westedition von «Mont Klamott» kam.

Natürlich agierte Schimmelpfennig dabei vor allem als Geschäftsmann, der in der noch überaus fruchtbaren Musikbranche sein Geld verdienen und expandieren wollte. Mit seiner heftigen, impulsiv wirkenden Liebe zum DDR-Rock, mit der er allen anderen im Westen zuvorkam, war er trotzdem auch ein Kulturbotschafter. Das eine schloss das andere nicht aus, zumindest nicht immer.

Über die Wende hinaus konnte er den Vorsprung und die Kontakte allerdings nicht retten. Als die Plattenkonzerne Ende der 80er bemerkt hatten, wie gut es mit dem Rock von drüben funktionierte, und als sich zudem die Zeichen häuften, dass die DDR sich immer weiter öffnen würde, taten die größeren Firmen alles, um den Zwischenhändler loszuwerden. Zudem hatte er das Pech, dass ein New Yorker Verlag pleiteging, der ihm eine siebenstellige Summe geschuldet hatte. Schimmelpfennigs Geschäft war immer auch ein Stück weit Zockerei gewesen.

Den DDR-Institutionen konnte er einiges davon beibringen. Am Anfang hatte die VEB ihm die Nutzung ihrer Puhdys-Tonbänder noch gegen einfache Pauschalzahlungen überlassen: 25 000 Westmark pro LP, und Schimmelpfennig konnte mit den Bändern machen, was er wollte. Er selbst erklärte seinen Ostberliner Geschäftspartnern irgendwann, dass ein echtes Lizenzmodell mehr Sinn ergebe, bei dem beide Parteien prozentual an den laufenden Einnahmen verdienen. Die Planwirtschaftler ließen sich überzeugen.

«Bei den Herren im Osten war mit der Zeit ein gewisses Laufenlernen zu beobachten. Die begriffen irgendwann, dass der ach so böse Klassenfeind nicht immer gleich die Reißzähne und Krallen ausfuhr und den armen sozialistischen Schwestern und Brüdern an die Wäsche gehen wollte», sagt Schimmelpfennig, als man in der Gesprächsrunde schon beim Wodka angekommen ist. «Die Zusammenarbeit wurde immer besser, je mehr Vertrauen die Kollegen in Ostberlin zu mir fassten. Sie merkten ja auch, dass weder die Puhdys oder Karat noch die gesamte DDR durch den Kulturtransfer irgendwelchen Schaden nahm. Im Sport war die DDR Mitte der 70er schon lange eine große Nummer, aber im Bereich Rockmusik war diese Aufwertung etwas völlig Neues. Das wurde auch politisch als enormer Imagegewinn verbucht.»

Dafür ließ man Schimmelpfennig einiges durchgehen. Zum Beispiel den Vorfall, als Mitglieder von City ihn eines Nachts mitsamt seinem blauen Manta am Grenzübergang in Richtung Westberlin ablieferten. Angesichts seines Alkoholpegels wollten die DDR-Beamten ihm jedoch nicht erlauben, am Steuer des Autos den Posten zu passieren. Die rettende Idee: Sie schoben ihn im Manta so weit, bis die Hinterräder nicht mehr auf Ostberliner Gebiet waren. Wie betrunken er auf den Westberliner Straßen fuhr, war ihnen egal. Er kam gesund im Hotel an.

Beim Mittagessen mit Mike Krüger schlägt das Schicksal zu

Rückblende. Den allerersten Kontakt mit der für ihn neuen, damals noch unbekannten DDR-Kultur hat Schimmelpfennig auf einer seiner langen, einsamen Autofahrten als Vertreter. 1975 muss es sein, er ist Anfang 30. Arbeitet bei der Firma Phonogram, kümmert sich um Pressearbeit und ist daher oft auf der Transitautobahn zwischen Hamburg und Berlin unterwegs, um Rundfunksender zu besuchen.

Er fährt gerade durch DDR-Terrain, als er im Autoradio den Song «Wenn ein Mensch lebt» hört. Das Stück mit dem hämmernden Klavierton, dem wölfisch-beharrlichen Gesang von Dieter «Maschine» Birr und dem auch hier wieder etwas biblischen Ton, getextet vom Schriftsteller Ulrich Plenzdorf, musikalisch großzügig bei den Bee Gees abgekupfert.

Es ist das Stück, mit dem die Puhdys einige Zeit davor den sensationellen DEFA-Film «Die Legende von Paul und Paula» eröffnet haben. Schimmelpfennig, der sensibel auf alle deutschsprachigen Versuche jenseits der Liedermacherei reagiert, ist verdattert und bezirzt. Kurz darauf hört er auch noch «Geh zu ihr», den anderen Puhdys-Hit aus «Paul und Paula», einen Humpa-Humpa-Bänkelsang, der von mächtiger, ungestillter Sexlust erzählt. Warum gibt es das nicht bei uns?, fragt er sich.

Ein paar Monate später kommt er nach Ostberlin, es ist ein Routinebesuch. Er ist mit einem seiner Schützlinge auf Promotiontour, dem Ulksänger Mike Krüger, der gerade seinen ersten großen Hit «Mein Gott, Walther» feiert. Krügers Ehefrau Birgit ist dabei. Sie haben in Westberlin zwei Radiosender besucht, nun steht ein Tag zur freien Verfügung an. Schimmelpfennig schlägt einen Besuch im Osten vor. Sightseeing, Atmosphäre aufsaugen, bisschen Bildung.

Zur Mittagszeit landen sie im Hotel Stadt Berlin am Alexanderplatz, im berühmten Restaurant Rotte. Es wird eine anstrengende Mahlzeit. Die anderen Gäste erkennen Mike Krüger, sein Gesicht ist ihnen aus dem Westfernsehen vertraut. Es wird getuschelt, alle schauen her. So oft kommen hier ja keine Stars vorbei.

«Wir zahlten dann», erzählt Schimmelpfennig. «Und beim Rausgehen, im Vorraum des Restaurants, kommt plötzlich einer hinter uns her.»

«Entschuldigen Sie», spricht der Verfolger die Gruppe an. «Mein Name ist Wolfgang Martin, ich bin Redakteur beim Rundfunk der DDR. Denken Sie, es wäre möglich, dass ich für eine meiner Sendungen ein Interview mit Herrn Krüger führen könnte?» Es ist derselbe Wolfgang Martin, der vorhin am Plattenschmuggel auf der Autobahn teilnahm.

«Aber sicher», antwortet PR-Manager Schimmelpfennig an Krügers Stelle, «wenn es nicht sofort sein muss.» Sie tauschen Adressen, höflich und professionell. Die drei Besucher wollen endlich weiter.

Aber dem westdeutschen Promoter fällt noch etwas ein. «Einen Moment noch», ruft er den DDR-Radiomann zurück. «Wenn Sie Redakteur sind, kennen Sie doch bestimmt die Puhdys. Ich finde die wirklich sehr gut und würde gern mit ihnen in Kontakt treten.»

Wolfgang Martin kennt die Band nicht nur. Er ist eng mit den Puhdys befreundet. Und er gibt die Visitenkarte an sie weiter.

Im Frühjahr 1976 ist Schimmelpfennig wieder zum Essen in der Rotte. Dieses Mal mit Harry Jeske, dem wuschelköpfigen Bassisten, Manager und Dingedreher der Puhdys. Jeske, 39, aus Oranienburg, ursprünglich Fliesenleger und Ofensetzer, gilt als der Geschäftsmann innerhalb der Band. Er organisiert die Technik, besorgt Instrumente, Material und alles, was sonst gebraucht wird. Dass sich die zwei Halunken gleich bestens verstehen, kann man sich denken.

«Harry hatte seinen großen schwarzen Wunderkoffer mit Zahlenschloss dabei», erzählt Schimmelpfennig. «Da war alles drin, was man sich an Werbegimmicks vorstellen konnte, Puhdys-Notizblöcke, Kugelschreiber, Aufkleber, kleine Steine mit aufgemalten Augen und so weiter. Er war ein guter Manager.»

Die zwei gehen mit dem Handschlagdeal auseinander, dass sie im Westen gemeinsam etwas aufziehen wollen. «Ich hatte das Gefühl, die Band sah das als Geschenk des Himmels. Der kleine Markt DDR war für die Puhdys zu der Zeit schon relativ erschöpft.»

Jeske, der im August 2020 verstarb, erzählte in Interviews, das Treffen habe nicht am Alexanderplatz, sondern in Hannover stattgefunden, auf dem Rückweg von einem Niederlande-Auftritt. In seiner Autobiografie erwähnt er Schimmelpfennigs Namen übrigens nicht einmal. Er nennt ihn nur «meine ‹West-Connection›».

Als Nächstes spricht der Westmanager mit dem VEB Deutsche Schallplatten. Er überweist per Auslandstransfer 25 000 D-Mark für die Verwertungsrechte am ersten Album «Die Puhdys». Er darf das Album nun theoretisch im gesamten nicht sozialistischen Raum an Labels vermitteln oder selbst veröffentlichen. Eine der wichtigsten Informationen hat Schimmelpfennig beim Abschluss des Deals allerdings nicht bekommen. Er weiß nicht, dass die DDR-Plattenfirma das Material selbst schon in der BRD angeboten hat und damit schlimm gescheitert ist.

«Es war eine absolute Katastrophe», erinnert er sich an seine Vertretertour. «Ich habe mich überall, wo ich vorsprach, bis auf die Knochen blamiert. Ich lief mir die Hacken wund, aber keiner bei irgendeinem Label fand die Puhdys gut.

George Ehmke von Ariola zum Beispiel guckte mich mitleidig an und fragte: ‹Aber dafür haben Sie doch hoffentlich kein Geld bezahlt, oder?› Es war so peinlich.»

Sein eigenes Plattenlabel hat er da noch nicht. Aber bevor er sich die Niederlage eingesteht, will er wenigstens die investierten 25 000 Mark wieder reinbekommen, irgendwie. Wie kann er die Industrie bloß von der Güte der DDR-Gruppe überzeugen? Als lang gedienter Promoter weiß er das natürlich: durch eine Liveshow, ein Ereignis. Von der Bühne herunter kann eine Band, wenn sie gut ist, zumindest ein paar Zögerer für sich gewinnen.

Aber die Puhdys leben hinter der Mauer, und die Bundesrepublik ist 1976 immer noch ein brisanter Ort für eine Band aus der DDR. Songs können relativ einfach reisen. Menschen können es in diesem Fall nicht. Es wäre die nächste Stufe, die es zu nehmen gilt. Es käme auf einen Versuch an.

6.

DER NDR ZEIGT HARRY OBEN OHNE

Ostmusiker fahren nach Westen: Was man von einer Reise zu «Wetten, dass..?» neben Devisen, Liebesbriefen und Gitarrenverstärkern mit nach Hause bringt

Die seltsame Regel ging so: Wer in den 70ern in der DDR Popmusik machte und damit Richtung Westen wollte, musste erst mal noch weiter nach Osten.

Also noch weiter, als man eh schon war, weit über Görlitz hinaus, den russlandnahsten Ort Sachsens. Wenn Musikerinnen und Musiker sich die Fahrt zu Gastspielen in Brüssel, Rotterdam, Frankfurt am Main oder Hamburg verdienen wollten, mussten sie vorher einmal nach Krementschuk, Alexandrowka und Tscherkassy. Weit weg in die Ukraine, in den Schlamm und in die Sonne, zu den Bauarbeitern. Sie mussten an den historischen, fast schon mythischen Ort reisen, als Mutprobe und Treuetest, der in der DDR unter dem Schlagwort bekannt war, das alle verstanden: die Trasse.

Die Trasse war eine Großbaustelle. Ein weiter Teilabschnitt der sowjetischen Erdgaspipeline Sojus, an dem Stahlrohre mit mehr als 14 Metern Durchmesser verlegt und verschweißt werden mussten, möglichst für die Ewigkeit. Ein Stück ernsthaft wilder Osten.

1966 war bei Orenburg im Ural ein immenses Gasvorkommen entdeckt worden. Um den Rohstoff abzutransportieren, durch einen Zipfel von Kasachstan hindurch bis in die westliche Ukraine, wo es an der Grenze zur Slowakei weiter Richtung Italien, Österreich und Bundesrepublik Deutschland gehen sollte, startete die Sowjetunion 1974 das Projekt. Eine knapp 3000 Kilometer lange Leitung musste errichtet werden. Da auch die sozialistischen Bruderstaaten ihr Gas abbekamen, mussten sie an der Pipeline mitbauen, gerecht verteilt. Die DDR bekam einen Abschnitt in der Ukraine zugewiesen, der von der Kleinstadt Bar bis nach Krementschuk am Fluss Dnepr reichte, gut 518 Kilometer.

«Druschba» nannten die Projektleiter das Teilstück, russisch für Freundschaft (und nicht zu verwechseln mit der Druschba-Ölpipeline, die Arnold Fritzsch im vierten Kapitel besang). Für Tausende junger, vor allem männlicher Schweißer, Schlosser, Zimmermänner und Kraftfahrer, aber auch Friseure und Köche aus der DDR bedeutete die Druschba einen ausgesprochen originellen, freiwilligen und exzellent bezahlten Abenteuerurlaub. 6000 Leute waren ab 1975 jeweils gleichzeitig an der Trasse im Einsatz, in der Regel für zwei Jahre. Stationiert, möchte man fast sagen, obwohl die Aktion keinerlei militärischen Geschmack hatte. An der Trasse herrschte eher der kumpelige, manchmal ehrgeizige Umgangston eines Riesenbautrupps mit Spezialmission und scharf definiertem Plansoll.

Um die Stimmung in der Enklave hochzuhalten, trotz Schlick, Sommerhitze, Winterfrost, Entbehrung, Katerkopfweh, Heimweh und Lagerkoller, schickte die fürs Ausland zuständige Abteilung des Kulturministeriums den Werktätigen regelmäßig auch ein bisschen Entertainment vorbei. Das sogenannte Diskomobil der FDJ zum Beispiel, ein orange lackiertes, zum Party-Soundsystem umgebautes Armeefahrzeug, dazu ein rollendes Kino. Und irgendwann auch echte Musikerinnen und Musiker.

Wer Francis Ford Coppolas Film «Apocalypse Now» und die Szene mit der Truppenbespaßung im vietnamesischen Dschungel kennt, in der die *Playboy*-Models aus dem Helikopter steigen und ein größeres Handgemenge auslösen, stellt sich die Trassenkonzerte vielleicht etwas zu spektakulär vor. Im großen Saal, in dem die Arbeiter im Projektleitungscamp in Tscherkassy aßen, erst manierlich tranken und danach auf die Pauke hauten, gab es im hinteren Teil einen Bereich, den man als Bühne nutzen konnte. Hier traten im Lauf der knapp vier Jahre erst leichtere Unterhalter wie das Duo Hauff und Henkler auf. Sie wurden über Kiew eingeflogen und die restlichen 200 Kilometer auf dem Landweg hergebracht.

Später kamen alle, deren Namen etwas hermachten. Frank Schöbel, die Modern Soul Band, die Heavy-Rock-Gruppe Prinzip mit ihrem legendären Konzert am ersten Trassen-Heiligabend 1975. Am Ende auch City, Karat und die Puhdys. Manche Künstler gingen richtig auf Allwettertour, fuhren die Pipeline entlang von Baustelle zu Baustelle und spielten für die Trassniki, wie die Arbeiter sich selbst nannten. Eine Strafarbeit war es nicht direkt, doch alle wussten, dass ihnen die Solidaritätsaktion im rauen Land noch nützlich werden konnte.

«Es war ein Abenteuer, absolut schrill», erinnert sich Veronika Fischer, die 1977 entsandt wurde. «Wir spielten von der Ladefläche eines Lkw aus. Man wurde sehr dreckig, und die Stromversorgung eierte. Es gibt ja diese alten Bilder, auf denen Marlene Dietrich vom Armeefahrzeug herunter für die US-Soldaten spielt – so ähnlich fühlte ich mich dort oft. Aber die Arbeiter benahmen sich bestens und waren sichtlich froh, mal wieder eine Frau zu Gesicht zu bekommen.»

«Wir schliefen in Baracken», sagt Rundfunkmann Walter Cikan, der als Betreuer mit Karat in Tscherkassy gastierte. «In den Nächten konnten die Temperaturen bis auf 20 Grad minus gehen, aber es war eine eher trockene Kälte, also gut auszuhalten. Die Gruppen spielten abends drei bis vier Stunden am Stück, man brauchte entsprechend viel Programm. Ich erinnere mich noch, wie Neumi, der damals noch Sänger bei Karat war, ‹Rote Lippen soll man küssen› zum Besten gab. Der vollbesetzte Saal stimmte ein, der Wodka floss, es war gigantisch.» Die Arbeiter mussten am nächsten Morgen um sechs zur Baustelle.

Es wurden Quizabende, Trinkspiele und Mottopartys gefeiert, eine Mischung aus allem, was man sich heute unter Abifahrt und Après-Ski vorstellt, durchsetzt von der typischen Gastarbeiter-Melancholie. Kam die Musik nicht so gut an, sollen die Zuhörer manchmal das Stromkabel zur Bühne durchgehackt haben. Die Puhdys brachten extra ihre neu angeschaffte, opulente Verstärkeranlage mit, was aber auch einen Nachteil hatte: Da die Boxen besonders viel Platz im Flugzeug belegten, musste man dafür einige Arbeiter in Ostberlin zurücklassen, die zur Ablösung erwartet wurden. Für andere verlängerte sich der Ukraine-Aufenthalt so um ein oder zwei Wochen, sie waren sauer. Auch die noch brillanter tönende Darbietung von «Perlenfischer» oder «Geh zu ihr» war da kein Trost.

Für das Kulturministerium und die Staatssicherheit hatten die Trassentouren aber auch diesen anderen, sehr nützlichen Zweck: Man konnte sie als wenig riskante Trockenübung sehen, als Lackmustest für die oft noch jungen DDR-Künstlerinnen und -Künstler, die sonst eher selten unter Extrembedingungen und fern von zu Hause auftraten. Wie betrugen sie sich in der ungewohnten Situation? Gab es Protest, Kontrollverlust, sonstigen Ärger? Spielten sie auch, oder soffen sie bloß?

«Alle Stationen entlang der Trasse schrieben regelmäßig ihre Berichte», sagt Walter Cikan. «Da wurde dann auch erwähnt, wie sich die Bands vor Ort betragen hatten. Davon konnte es durchaus abhängen, ob jemand vom Ministerium als reisefähig eingestuft wurde oder nicht. Es ging bei Auslandsfahrten ja um politische Glaubwürdigkeit, um Vertrauen.» Wer von der Trasse heimkam und keinen allzu großen Mist gebaut hatte, wischte sich also den Schlamm von den Stiefeln und wartete auf die Einladung nach Paris oder Baden-Baden.

Nur für die Künstlerschaft der DDR: ein eigenes Reisebüro

«Zuerst reisten die Politiker», sagt Peter Schimmelpfennig, der hanseatische Musikimpresario mit DDR-Fokus, den wir im vorigen Kapitel kennengelernt haben. «Dann durften die Sportler, dann kamen die klassischen Musiker dran. Als Nächste die Rentner. Und anschließend, und das war meiner Ansicht nach in seiner Symbolhaftigkeit für alle deutlich erkennbar: Erst dann ließ man plötzlich auch die Popmusiker reisen.»

Ganz so simpel war es immer noch nicht. Auch wenn die grundlegenden politischen Tagestemperaturen stimmten, die Kandidaten prinzipiell abgesegnet und – ob mit oder ohne Trassen-Examen – als reisefähig eingestuft waren, hingen die weiteren Formalitäten davon ab, wann und wie die Künstleragentur der DDR aktiv wurde. Diese besondere Institution kam schon kurz im Kapitel über die Spider Murphy Gang vor, trotzdem lohnt es sich, sie näher zu erklären. Unter anderem auch, weil das zivile Publikum auf beiden Mauerseiten schlicht nicht mitbekam, dass es sie überhaupt gab.

Die Künstleragentur war so etwas wie das internationale Eventvermittlungsbüro der DDR. Sie war die Institution im Apparat, die einzig und allein dazu berechtigt war, Musiker, Schauspieler, Regisseure oder Artisten aus anderen Staaten zu Gastspielen ins Land zu holen – und umgekehrt auch das Privileg besaß, die einheimischen Kreativen zu entsenden. Natürlich war die Agentur gleichzeitig auch dazu da, genau das alles zu verhindern, wenn irgendetwas dagegensprach. Meistens schaffte sie das einfach durch simples Nichtstun.

Im kapitalistischen Westen gab es den Wettbewerb unzähliger privatwirtschaftlicher Veranstalter, Agenten und Buchungsbüros, die miteinander sprachen und verhandelten, wenn sie Tourneen arrangieren wollten. In der DDR lief alles ausschließlich durch dieses offizielle, politisch geschmiedete Nadelöhr.

Als typische Ausgeburt des Regulierungs- und Organigrammwahns war die Künstleragentur Anfang der 60er aus der zentralen Konzert- und Gastspieldirektion hervorgegangen, die Kulturaktivitäten landesweit koordinierte. Im Mai 1960 gründete das Politbüro die Agentur, erstaunlicherweise nicht als Behörde, sondern als GmbH. Was wohl den Zweck hatte, sie als internationalen Verhandlungspartner wasserdicht zu machen. Die DDR und ihre staatlichen Institutionen genossen zu der Zeit in der westlichen Welt ja noch praktisch keine Anerkennung.

Die Agentur war direkt dem Kulturministerium unterstellt. Eigene Befugnisse, um selbst über Ausreisegenehmigungen oder -verbote zu entscheiden, hatte sie allerdings nicht. Die Urteile über die Reisefähigkeit von Künstlern kamen von den jeweils zuständigen Bezirksräten oder dem Berliner Magistrat, in einigen Fällen auch direkt vom Ministerrat oder ab 1973 vom Komitee für Unterhaltungskunst. Die Agentur überbrachte oder verweigerte die Genehmigungen lediglich, in der Regel ohne Begründung und Debatte. Die Erlaubnis allein wäre für die Künstlerinnen und Künstler aber auch nichts wert gewesen, hätten die GmbH-Beamten sie nicht offiziell entsandt, den ganzen Rest organisiert und die Gagenzahlungen abgewickelt.

Ihren ersten großen, politisch relevanten Paradeeinsatz musste die Künstleragentur gleich im August 1961 meistern, relativ kurz nach ihrer Gründung. Der Mauerbau stellte viele Orchester und Theater nämlich vor ein ganz praktisches Problem: Von einem auf den anderen Tag fehlten ihnen wichtige Ensemblemitglieder, die im Westteil der Stadt lebten und nun nicht mehr zur Arbeit kommen konnten oder wollten. Es war die Aufgabe der Agentur, so schnell wie möglich Ersatzleute zu beschaffen und lockere Autarkie zu demonstrieren. Die Partner in den Bruderstaaten halfen gern aus. Relativ schnell ließen sich mit kulturellen Gastarbeitern aus Polen, Ungarn oder ČSSR die Lücken füllen. Um Tänzerinnnen und Tänzer für den Friedrichstadt-Palast anzuwerben, gingen die Direktoren sogar auf Dienstreise nach Kuba.

Was die Entsendung eigener Leute in die Welt betraf, gab es in den ersten Jahren allerdings noch peinlichere Hürden zu überwinden. Bis in die späten 60er mussten Bürgerinnen und Bürger der DDR, die im Interesse von Politik, Sport oder eben Kunst in nicht sozialistische Länder reisen wollten, vorher erst noch nach Westberlin fahren und dort eine Genehmigung für die Auslandsreise beantragen.

Das hatte mit der Hallstein-Doktrin von 1955 zu tun, benannt nach dem heißspornigen CDU-Europapolitiker Walter Hallstein, einem früheren NS-Führungsoffizier und engen Vertrauten Konrad Adenauers. Da die Bundesrepublik die DDR damals noch nicht als Staat und diplomatischen Partner anerkannte und sich selbst als einzige legitime Verkörperung Deutschlands begriff, drohte sie allen Staaten mit Sanktionen, die über ihren Kopf hinweg diplomatischen Verkehr mit Ostberlin führten. Das führte zu der bizarren Situation, dass sich alle Reisekader, die nach Paris, London oder Oslo wollten und zu Hause in der DDR ihre Papiere schon organisiert hatten, erst persönlich im alliierten Reiseamt in der Schöneberger Elßholzstraße vorstellen mussten.

Dort prüften amerikanische, britische und französische

Verbindungsoffiziere die Reisemotivationen, und das war alles andere als Formsache. 1963 wurde dem Berliner Ensemble der Flug zu einem London-Gastspiel verweigert, 1969 durfte ein Abteilungsleiter des DDR-Kulturministeriums nicht zu einer Ausstellungseröffnung nach Paris, und so weiter. Wenn das Leipziger Gewandhausorchester ins Nato-Ausland wollte, mussten sämtliche Mitglieder vorher persönlich in Schöneberg erscheinen, bis runter zum Piccoloflötisten, und sich den zeitbegrenzten Travelboard-Pass abholen.

«Auf die Frage nach dem Beruf habe ich geschrieben: ‹Angestellter eines wissenschaftlichen Instituts›», zitierte der *Spiegel* den hochrangigen SED-Funktionär Siegfried Förster, der die Prozedur als gezielte, bösartige Demütigung empfand, «schließlich ist der Sozialismus ja auch eine Wissenschaft.» Die DDR mokierte sich über die westliche Schikanen- und Provokationspolitik, hatte in Fragen von Ein- und Ausreise die Schrauben aber selbst fest angezogen. Es war ein bürokratischer Stellungskrieg.

Ab Ende der 60er handhabte der Westen die Travelboard-Praxis immer nachlässiger. Unter Bundeskanzler Willy Brandt fiel die Hallstein-Doktrin ganz weg, dann kam 1973 der berühmte Grundlagenvertrag, der auch sonstige internationale Barrieren wegräumte. 1975 schickte die DDR-Künstleragentur 36 eigene Theater- oder Klassikensembles und elf Schlager- und Popkünstler ins kapitalistische Ausland, 1981 waren es schon 50 Ensembles und 47 Entertainer, und natürlich wurden es später immer mehr.

Auf der Hitliste der Zielländer stand die Bundesrepublik auf Nummer eins, überraschend gefolgt von Japan. Kunst aus der DDR wurde dort so rasend nachgefragt, dass es in japanischen Städten ab und zu richtige Festwochen mit Ost-Schwerpunkt gab. Legendär ist das Abendessen im Kaiserpalast in Tokio, zu dem Erich Honecker beim Staatsbesuch 1981 geladen wurde. Die Dinnermusik, die das Streichquartett der Berliner Staatsoper beisteuerte, interessierte den Kaiser dermaßen, dass er sich immer wieder beim ostdeutschen Gast erkundigte, welcher Komponist dies oder das denn nun wieder sei. Honecker musste sich die Informationen jedes Mal umständlich beim mitgereisten Künstleragentur-Vertreter Hans Emmerich holen. Es war ein unruhiger Abend für den armen Staatsratsvorsitzenden.

Natürlich stieg die Quote auch umgekehrt, beim Empfang popmusikalischer Gäste aus dem Westausland: von 27 Bands und Künstlern im Jahr 1975 auf 84 in 1981 und so weiter. Darum wird es im folgenden Kapitel gehen.

Die Puhdys werden von der Handwerkertruppe zum Exportgut

Nach knapp 40 Minuten Autofahrt vom Berliner Alexanderplatz aus kommt man in Schöneiche an. Oder-Spree-Kreis, eine ländliche Ecke, die schon zu DDR-Zeiten als Ausweichquartier für die genervten Großstädter beliebt war. Daher kann man hier heute noch diverse Protagonisten der ostdeutschen Rockszene treffen, wenn man durch die Wohnstraßen wandert oder zur passenden Uhrzeit in der richtigen Pizzeria sitzt.

Das Haus von Musikmanager Mario Geyermann liegt am östlichen Rand von Schöneiche, dort, wo bald schon wieder die Felder losgehen. Wer hier hinunter ins Souterrain geht, steht plötzlich in einer kleinen, sehr gegenwärtigen Pop-Schaltzentrale. Im Vorraum lagern wie in einem Hofladen CDs, Poster und T-Shirts von diversen Nachwuchskünstlern und Veteranen, für die Geyermann arbeitet, von der Gruppe Bell, Book & Candle, dem Sänger Tino Eisbrenner und Undine Lux aus Fürstenwalde. Lux wurde um 2010 als Helene-Fischer-Imitatorin bekannt, startete kurz darauf eine Karriere als pinkhaariges Schlageroriginal. Heute ist sie Geyermanns Geschäftspartnerin und, man kann der alten Redewendung hier kaum entkommen, sein bestes Pferd im Stall.

Der Manager hat die ersten Erfahrungen noch vor der Wende gesammelt, in der an die Neue Deutsche Welle angelehnten DDR-Pop-Zeit. Heute führt er die Geschäfte vom Hauptkellerraum aus, und hier sitzt auch der Mann im Sessel, an dem man im Ostberliner Rockbusiness weder als Musiker noch als Branchen- und Behörden-Insider auch nur irgendwie vorbeikam. Peter Meyer, ausgestattet mit dem weiterhin rätselhaften Spitznamen Eingehängt, trägt am Anfang noch die schwarze Hoodie-Kapuze über dem Kopf und sieht aus wie ein alter Samurai-Meister. Meyer, Keyboarder und einer der musikalischen Köpfe der Puhdys, ist zum Zeitpunkt des Gesprächs 81, zeigt aber noch oft genug den illusionslosen Realitätsblick eines vollständig Angeschlossenen. Und er weiß alles noch.

«Wirklich jeder, den ich in der Musikszene kannte, wollte rüber in den Westen und sich dort präsentieren», sagt Peter Meyer. «Obwohl keiner wusste, wie das beim Publikum ankommen würde. Um Plattenveröffentlichungen ging es nicht in erster Linie. Man wollte drüben spielen und dann schauen, was sich ergibt.»

Die Puhdys, die heute als erfolgreichste Rockband der DDR gelten, starteten in den späten 60ern im Tanzkapellenzirkus, als Amateurband mit vor allem handwerklichem Berufsbackground. Die Musiker waren gelernte Schleifer, Fliesenleger und Bauzeichner, ihr stilistisches Spezialgebiet lag im mittelschweren, nicht zu schnellen Quecksilber-Bluesrock britischer Bands wie Deep Purple und Uriah Heep.

Mit der echten Karriere ging es im Frühjahr 1971 los. Da hatte ein gewisser Uwe Stabs, Berufsschüler des Landtechnischen Instandsetzungswerkes im sachsen-anhaltischen Gardelegen, unter Schulkameraden eine Unterschriftenaktion gestartet. Das Ziel: Die von Kulturhausabenden beliebten Puhdys sollten ins Fernsehen kommen. 150 Unterzeichner fanden sich, daraufhin lud die Jugendsendung «Basar» die noch unbedarfte Band tatsächlich in die Sendung ein.

Ein eigenes Lied sollten sie spielen, gaben ihnen die TV-Redakteure vor, und zwar mit deutschem Text. Sie hatten keines. Extra für den Fernsehauftritt schrieben sie «Türen öffnen sich zur Stadt», und es wurde ihr erster Hit. Als anderthalb Jahre später eine Anfrage von Peter Gotthardt kam, der als musikalischer Koordinator des DEFA-Films «Die Legende von Paul und Paula» eine Rockband für den Soundtrack und eine Filmszene suchte, war der Weg nach oben offen und trittfest. «Paul und Paula» machte nicht nur seine zwei überirdisch schönen Hauptdarsteller Angelica Domröse und Winfried Glatzeder zu Superstars, sondern mittelfristig auch die Puhdys. Obwohl man der eher hemdsärmelig-linkischen Band das Potenzial auf den ersten Blick nicht zugetraut hätte.

Ihr erstes Konzert im nicht sozialistischen Ausland gaben sie 1974 im belgischen Wieze, bei einem Brauereifest. «Das hatten wir, wie so vieles, dem Organisationstalent unseres Bassisten Harry Jeske zu verdanken», hat Sänger und Gitarrist Dieter «Maschine» Birr in einem Gespräch gesagt, das im Juni 2011 stattfand. «Wir malten uns vor der Reise noch aus, da würden sicher die tollsten Gruppen spielen und man würde uns von der Bühne pfeifen. Aber am Ende war da außer uns nur ein Akkordeonspieler. Der Auftritt war okay. Die Leute hatten halt keine Ahnung, wer wir eigentlich waren.»

Bevor eine Band die Genehmigung zu einer solchen Fahrt bekam, wurden alle Mitglieder und sonstige Beteiligten noch einmal genau durchleuchtet. Problematische familiäre Verbindungen, frühere Konflikte mit Polizei und Staat oder verdächtige Kontakte konnten dazu führen, dass die Agentur auch kurze Auslandsaufenthalte verweigerte. Fast jede Band kennt zumindest Geschichten von Crewmitgliedern, die als nicht reisefähig galten und auf Westfahrten ersetzt werden mussten. Aber obwohl die Lebensläufe der Puhdys-Mitglieder im DDR-Sinn nicht alle ganz hasenrein waren, hatten sie nie irgendwelche Schwierigkeiten, an ihre temporären Pässe zu kommen.

Das lag wohl auch zum großen Teil daran, dass Keyboarder Meyer ein so ausgeprägtes Talent im Umgang mit den Autoritäten hatte. Sein Engagement brachte ihm später lebendige Kontakte zu Politikern wie Kurt Hager und Egon Krenz ein. Im staatlichen Komitee für Unterhaltungskunst war Meyer der Vorsitzende der Sektion Rockmusik, bevor Toni Krahl von City den Job 1987 von ihm übernahm.

1993 konfrontierte ihn ein WDR-Reporter mit einem Stasiaktenfund. Einige Dokumente besagten, dass Meyer als Inoffizieller Mitarbeiter mit Kurznamen Peter für das Ministerium als Spitzel gearbeitet und dabei Interna aus der Musikerszene an die Offiziere weitergegeben habe. Meyer erklärte, das besagte Schriftstück sei nicht mehr als eine interne Kaderakte, die nicht mal seine Unterschrift trage. Er habe zwar einige Tuchfühlung nach oben gehabt, sei aber nie direkt von der Stasi angeworben worden. Man habe ihn als IM geführt, ohne dass er es wusste oder merkte.

Es ist einer der vielen öffentlich debattierten Fälle, in denen eine problematische Spannung liegt: zwischen den Dokumenten auf der einen Seite, die so zitierfähig und unmissverständlich zu sein scheinen – und einer Welt, in der die Grenzen zwischen Taktik, Selbstschutz und Ergebung oft fließend waren. Mittlerweile dürfte allen klar sein, dass man manche Akten längst nicht so einfach und eins zu eins lesen darf, wie es besonders in den frühen 90ern einige Journalisten machten. Gleichzeitig schaffen es aber auch die plausibelsten Erklärungen am Ende nur selten, einen solchen Verdacht ganz zu entkräften. Ohne wirklich starke Indizien und Argumente kann man in den IM-Streitfällen keine Urteile fällen. Meistens reicht es weder für eindeutige Freisprüche noch für eindeutige Schuldzuweisungen. Mit dem historischen Zwielicht müssen alle Beteiligten leben.

Zurück ins Jahr 1975. Harry Jeske, der Mann mit dem Musterköfferchen, der in Showbusiness- und Marketingfragen besonders gewieft agierte, hatte einen guten Kontakt zum niederländischen Künstlermanager John Wardell aufgebaut. Wardell hatte ein großes Herz für den West-Ost-Austausch, führte TV-Redaktionen wie «Rund» oder dem «Kessel Buntes» regelmäßig Schlagerstars aus dem kapitalistischen Ausland zu. Für die Puhdys organisierte er 1975 eine Tour durch die Niederlande.

«Es war eine Umstellung für uns, in Läden in Amsterdam zu spielen, in die an guten Tagen 50 Konzertbesucher kamen, an schlechten vielleicht sieben, während wir in der DDR zu der Zeit immer vor Tausenden auftraten», sagt Peter Meyer. «Die Kollegen nahmen auf Reisen zur Sicherheit immer Koffer voller Wiener Würstchen aus Ostberlin mit. Dafür war ich zu faul. Ich riskierte die lokale Küche.»

Das erste BRD-Gastspiel der Puhdys fand relativ lautlos und unzeremoniell im April 1976 statt, allerdings auf gewissermaßen sozialistischem Boden. Die DKP-nahe Sozialistische Deutsche Arbeiterjugend und der Marxistische Studentenbund Spartakus hatten die Band zu ihrem ersten «Festival der Jugend» in die Dortmunder Westfalenhalle eingeladen. Zwei Monate später spielten sie in Westberlin, beim sogenannten Atze-Fest der FDJW, der Jugendorganisation des bundesrepublikanischen SED-Ablegers. So waren die Puhdys zwar rein auf dem Papier im Traumpopland BRD angekommen. Aber sie blieben zunächst noch in der östlich-roten Komfortzone stecken, bestens abgeschirmt.

Es war die Zeit, in der ihr West-Interessenvertreter Schimmelpfennig erfolglos die Klinken der Plattenfirmen putzte, mit den Bändern des ersten Puhdys-Albums unterm Arm. Schimmelpfennig war klar: Wenn er die 25 000 D-Mark noch irgendwie zurückverdienen wollte, die er für die Lizenz ausgelegt hatte, musste er ein Ereignis auf die Beine stellen, das den Puhdys Aufmerksamkeit bringen und ihnen einen gewissen Marktwert geben könnte. Eine echte, leibhaftige BRD-Premiere, bei der sich auch Nichtkommunisten willkommen fühlten.

Ein historischer Abend in Hamburg, an dem ein Funktionär einiges lernt

Hamburg, Stadtteil Ottensen, 9. November 1976. Eine Woche vor der Biermann-Ausbürgerung, was noch keiner ahnt, und genau 13 Jahre vor dem Mauerfall. Die Konzerthalle Fabrik, ein Gründerzeitbau, in dem ursprünglich eine preußische Maschinen- und Munitionsfertigung saß, wirkt von innen wie eine holzverbalkte Mischung aus Großraumtheater und Kathedrale. Heute Abend ist der Saal mit gut 1200 Leuten komplett ausverkauft, obwohl fast niemand von ihnen sagen kann, was sie überhaupt erwartet.

«Fünf Pilzköpfe vom Alexanderplatz in Ost-Berlin wollen die Herzen des verwöhnten Hamburger Musik-Publikums erobern», so hat die *Hamburger Morgenpost* das Konzert angekündigt. Und gerade weil die wenigsten hier je ein einziges Lied der Puhdys gehört haben, die aus der nahen, fremden DDR hierherkommen sollen, ist die Spannung groß. Udo Lindenberg und andere Protagonisten der Szene sind im Publikum. Es ist ein großer Nightlife-Termin.

«Ich hatte die Nacht vorher kaum geschlafen», sagt Organisator Schimmelpfennig. «Man war sich ja nicht hundertprozentig sicher: Kommt die Band wirklich? Oder passiert kurz vor Schluss noch irgendeine Katastrophe? Horst Dietrich, der Chef der Fabrik, meinte später, dass er heimlich eine Ersatzband auf Abruf hatte. Er glaubte nicht, dass diese DDR-Jungs wirklich auftauchen würden.»

Dietrich hat sich von seinem alten Freund überreden lassen, für das Event seine linkssolidarisch angehauchte Kulturstätte zu öffnen, in der davor noch AC/DC, Kraftwerk und die Krautrock-Supergruppe Harmonia gespielt hatten. Es ist ein Deal, von dem beide profitieren. Schimmelpfennig bekommt seinen schönen PR-Aufschlag. Für die Fabrik-Macher ist es ein mittlerer Coup: Rock aus der DDR, zum ersten Mal aus nächster Nähe zu hören, das klingt zumindest wie eine Attraktion. Dass die Puhdys schon in Dortmund und Westberlin gespielt haben, hat ja keiner mitbekommen. Man einigt sich auf 1000 D-Mark Gage. Für den Veranstalter ein überschaubares Risiko.

Die DDR lässt die Puhdys gehen. Schimmelpfennig ist den Autoritäten mittlerweile als angenehmer Partner bekannt, und alle verstehen, dass man Auftritte wie diesen braucht, um das gewinnorientierte Geschäft der VEB Deutsche Schallplatten mittelfristig auch in der BRD zu verankern. Als fluchtgefährdet gilt die Truppe bei den Behörden sowieso nicht.

Wie immer bei solchen Auslandsfahrten werden am Morgen auf Anweisung der Künstleragentur die Reisepässe ausgegeben. Die Musiker dürfen sie bis zur Rückkehr behalten, müssen sie dann wieder abgeben. In einem Staat wie der DDR, in dem Bürgerinnen und Bürger keine Reisefreiheit haben, wird so etwas wie ein echtes Ritual zelebriert. Einige Jahre später wird die Agentur bestimmten Künstlern vertrauliche Dauervisa ausstellen, die sie einfach zu Hause in der Schublade behalten können. Aber so weit sind wir noch nicht.

Vor der Abfahrt gibt es eine kurze Vergatterung, in der noch einmal die Rechte und Pflichten bei Westreisen verlesen werden. Außerdem stellt die Künstleragentur den Puhdys einen Reisebetreuer zur Seite, einen Wachhund oder einen hilfreichen Vor-Ort-Koordinator, das hängt vom Blickwinkel ab. Egon Werther kommt mit nach Hamburg, der stellvertretende Generaldirektor der Agentur. Die Stadt gilt zu der Zeit, mit Superstar Lindenberg und den Hauptsitzen diverser Plattenfirmen, als pochendes Zentrum der Popindustrie. Für die Ost-Abordnung ist es auch ein Repräsentationsbesuch.

Ein Gebot, auf dessen Einhaltung Werther dabei Wert legen muss: Den fünf Puhdys ist keinerlei Kontakt mit der Westpresse gestattet. Keine Interviews oder Kommentare, kein Posieren für Fotos oder Filme. Doch genau dafür hat der West-Impresario das Konzert ja eigentlich anberaumt: um einen Medien-Buzz zu erzeugen. Es könnte ein Problem werden.

Und sobald die Puhdys mit ihrem Werdau-50-Lkw vor der Hamburger Fabrik vorgefahren sind, gehört ihnen die gesamte Aufmerksamkeit. Dass es in der BRD bislang weder ihre Musik noch allzu viele Informationen über sie gibt, scheint hier gerade den Reiz auszumachen. «Die Bude war rappelvoll, und natürlich waren alle Medien da, ZDF, *Spiegel*, NDR, *Bravo* und so weiter», erinnert sich Schimmelpfennig. «Und alle gingen auf die armen Puhdys los.» Mit Egon Werther, dem anfänglich etwas steifen Herrn von der Künstleragentur, versteht der Manager sich auf Anhieb blendend. Aber kurz vor Konzertbeginn spitzt sich hinter den Kulissen die Lage zu.

«Ich sehe mich noch oben im Produktionsbüro der Halle stehen, mit hochrotem Kopf», erzählt Schimmelpfennig, grandios erheitert. «Alle Redaktionen waren am Telefon, alle wollten einen Termin mit der Band. Aber ich durfte ja nichts entscheiden. Ich zog diese Ringelschnur am Hörer so lang, wie ich nur konnte, bis nach draußen auf den Korridor:

‹Weeeertheeeer! Wo sind Sie? Sie können doch jetzt nicht weglaufen! Ich habe hier die ZDF-Drehscheibe dran, die wollen die Puhdys interviewen!›»

Werther, der Kulturfunktionär aus dem medial total beruhigten DDR-System, hat noch nie am eigenen Leib erlebt, wie viel Druck eine pressefreiheitlich arbeitende Meute an Reportern und Kameraleuten im Extremfall erzeugen kann. «Dem stand der Schweiß auf der Stirn, der fürchtete um seinen Job», sagt Schimmelpfennig. «Und er machte das Klügste, was er in der Situation tun konnte. Er ging erst mal ein paar Runden um den Block. Als es richtig ernst wurde, war er einfach nicht da.»

Es ist eine der ersten großen Westlektionen, die der Funktionär hier lernt. Aus dem Stand formuliert: Was die Künstleragentur der DDR nicht sieht, muss sie auch nicht verhindern.

Also nähert sich den Puhdys ein Kamerateam vom NDR. Filmt sie beim Biertrinken vor der Show, beim Umziehen in der Garderobe. Man sieht Harry Jeske oben ohne, man beobachtet Gitarrist Quaster dabei, wie er sich hübsch die Mähne kämmt. Auf der Bühne spielt die Band dann wie um ihr Leben. Die Menge springt überraschend gut auf die Musik an, auf die Mischung aus lyrischem Ton und gemäßigt glühendem Hardrock. Die Seifenblasenmaschine, der ganze Stolz im Gerätepark der Band, kommt zum Einsatz. Sie müssen Zugaben geben. Manche Quellen sagen drei, andere fünf.

Und Interviewverbot hin oder her, nach dem Konzert lobt Peter Meyer vor den versammelten Reportern ausdrücklich, wie die Leute hier die ihnen unbekannten Songs beklatscht hätten: «Hat mich unheimlich gewundert, dass die da so reagiert haben.»

Die *Bravo* bringt eine ganze Seite zum Konzert. Unter einem wirklich glänzenden Foto, auf dem die Puhdys mit Fellkragen-Lederjacken und grimmigen Blicken wie eine ultracoole Rockertruppe anmuten, werden erstaunte Hamburger Zuschauer zitiert: «Die sehen ja genauso aus wie wir!», «Dürfen die denn das, Rockmusik machen?». Auch Premierengast Udo Lindenberg spricht im Artikel: «Die Puhdys und andere Bands der DDR zusammen in einem Konzert mit dem Panikorchester in der Rock 'n' Roll-Arena von Jena – das wäre riesig und könnte die Jugend aus beiden Teilen Deutschlands einander näherbringen.»

Lindenberg spielt auf den Song «Rock 'n' Roll-Arena in Jena» an, den er gerade veröffentlicht hat. Im Lied ist zwar nur von seinen eigenen Tourplänen im Osten die Rede. Der in der *Bravo* abgedruckte Ausspruch dreht die Vision aber deutlich weiter, macht sie fast schon zum politischen Appell. Musik, sagt Lindenberg, könnte den dringend nötigen Dialog in Gang bringen, in beide Richtungen. Er wird bald seine eigenen Erfahrungen damit machen.

Der *Spiegel* sieht den Besuch der Puhdys mit Egon Werther unter eher ökonomischen Gesichtspunkten: «Die Funktionäre wollen ihr Pop-Produkt im Westen bekannt machen, um langfristig harte Tantiemen-Mark zu kassieren.»

Am Ende geht Peter Schimmelpfennigs Plan auf. Nach dem triumphalen Fabrik-Konzert melden unter anderem drei bundesdeutsche Plattenfirmen Interesse an, die die Puhdys vorher spöttisch abgelehnt hatten. Wer nicht wollte, der hat schon, entscheidet der Manager diebisch und verkauft die Option stattdessen an die Westberliner Firma Hansa.

Ein Erfolg wird die bundesdeutsche Version des Puhdys-Albums trotzdem nicht. Rund 3000 Platten gehen weg, ein Rinnsal im Vergleich zu den 750 000, die sie im Osten von den ersten drei Alben verkauft haben. Auch die erste BRD-Tour wird 1977 ein Fiasko, bei dem sie mehrere Konzerte wieder absagen müssen, weil der Vorverkauf so schlecht läuft. «Das war keine Tournee, sondern ein Kreuzzug», sagt Schimmelpfennig heute. Es soll noch ein wenig dauern, bis die Band im Juni 1981 in der Westberliner Waldbühne vor 17000 tobenden Leuten spielt. Anstands-Wauwaus von der Künstleragentur kommen zu dem Zeitpunkt längst nicht mehr mit.

Schon 1978 hat Schimmelpfennig sein eigenes Plattenlabel Pool gegründet, mehr oder weniger exklusiv für die Ostimporte. Die Hamburger Firma Teldec übernimmt für die LPs und Singles von Puhdys, Karat, City und später Silly nur noch die Herstellung und den Vertrieb, gegen Beteiligung. Auch mit dem VEB Deutsche Schallplatten verhandelt er neu. Schimmelpfennig erklärt den Ostberlinern, dass sie besser fahren, wenn sie ihm die Tonbänder auf Basis eines Lizenzmodells überlassen. Dass sich das lohnen könnte, also dass man im Westen wirklich im größeren Stil Platten verkaufen kann, hätte vorher niemand vermutet.

«Die Funktionäre in der DDR wussten sehr viel über den Klassenfeind», sagt Schimmelpfennig. «Aber sie hatten nicht diesen unmittelbaren, täglichen Kontakt. Sie mussten erst einmal lernen, die Dinge auch mal laufen zu lassen und mit den Westmedien umzugehen. Sie mussten Vertrauen gewinnen. Der Prozess begann mit den Puhdys.»

Der Manager schafft es, beiden Seiten glaubhaft zu machen, dass er vor allem in ihrem Interesse handelt. Er jongliert gekonnt mit dem Exotismus und der Neugier, die Ende der 70er im Westen die Aufmerksamkeit für DDR-Kultur wachsen lassen, und verkauft den Radios, Medien und Entscheidern den Rock aus der DDR als neues, heißes Ding. Den Ost-Verantwortlichen wiederum macht er klar, dass er ihnen als treuer, kapitalismusgeschulter Berater beisteht und den Markteintritt für sie regelt.

«Es hat sich unser westdeutscher Partner Peter Schimmelpfennig durch persönlich starkes Engagement für diese Gruppen sehr verdient gemacht», schreibt der in seinen Urteilen gewöhnlich sehr linienstrenge Künstleragenturchef Hermann Falk 2015 über ihn. «Er organisierte in seiner kommerziellen Verantwortung mehrere Tourneen, gewann dabei nicht immer. Aber es bleibt ihm das moralische Verdienst.»

Die Puhdys und City nehmen 1980 sogar englischsprachige Platten auf. Für eine eher scherzhafte Promotionreise mit Fototerminen lässt Schimmelpfennig die Puhdys sogar nach New York fliegen. Bei den Aufnahmen, die City für den angloamerikanischen Markt machen, ist ein US-Impresario involviert, der viel mit den Beach Boys gearbeitet hat. Kurz fieberträumt man von internationalen Karrieren. Aber keine der zwei LPs erscheint wirklich je in Großbritannien oder den USA. Dafür bekommen City 1981 für «Am Fenster» in einem Land eine Goldene Schallplatte, das weder sozialistisch noch deutschsprachig ist. In Griechenland.

Die Angstgegner aller reisenden DDR-Musiker: Presse und Zoll

Wie die Funktionäre müssen auch die Künstler lernen, mit der neuen Situation und dem Publikumsinteresse klarzukommen. Plötzlich sind sie politische Repräsentanten, ob sie wollen oder nicht. Jetzt stehen sie von gleich zwei Seiten aus unter verschärfter Beobachtung.

«Wenn wir in der DDR von den Medien interviewt wurden, war das immer nur Friede, Freude, Eierkuchen», sagt Peter Meyer. «Die Journalisten in der BRD hatten dagegen einen ganz anderen Härtegrad. Ich war in der Band ja für die Interviews zuständig, und oft habe ich mich hinterher leicht panisch gefragt, wenn ich im Auto nach Hause saß: ‹Verdammte Scheiße, was hast du denn heute wieder erzählt? Hoffentlich geht das gut.›»

Ein typisches Angstthema ist zum Beispiel der Schießbefehl an der deutsch-deutschen Grenze, nach dem die Leute sie gern fragen. Ein anderes Problem sind der westliche Spott und Hochmut, die oft spürbar in der Luft liegen. «Quaster saß einmal mit einem Redakteur an der Bar, eher informell, und der fragte ihn, wo wir eigentlich unsere Instrumente herbekämen», erinnert sich Meyer. «Quaster erzählte, dass wir uns unter anderem Lautsprecher im Westen gekauft und uns daraus Boxen gebaut hätten. Ein paar Tage später stand dann als Überschrift in der Zeitung: ‹Puhdys: Ostrock auf selbstgebastelten Instrumenten›. An solchen Journalismus mussten wir uns erst gewöhnen.»

Einmal wird Meyer bei einem «heute journal»-Interview, das er 1978 gemeinsam mit Udo Lindenberg gibt, vom Reporter in die Enge getrieben. Er versucht, ihm vor laufender Kamera eine DDR-Einladung an Lindenberg in den Mund zu legen. «Na, ich bin nicht befugt, ihn einzuladen», pariert Meyer, diplomatisch geschult, aber nicht ohne den ebenso optimistischen wie letztlich nichtssagenden Nachsatz: «Ich glaube jedenfalls, dass es irgendwie klappen könnte.»

Beliebt waren die BRD-Konzerte vor allem als Einnahmequelle, obwohl die Musiker, die in den Westen reisen konnten, in der Regel ja auch schon zu Hause überdurchschnittlich gut situiert waren. An den West-Plattenverkäufen verdienten ausschließlich die Texter und Komponisten mit – dafür wurden die Showgagen natürlich unter allen Mitgliedern geteilt, nach Abzug der Anteile für den Manager und die Künstleragentur, zunächst zu drei Vierteln, später zur Hälfte in D-Mark oder Intershop-Schecks ausbezahlt. Einer Modellrechnung zufolge, die der Westberliner Journalist Olaf Leitner 1983 aufstellte, blieben einer fünfköpfigen Gruppe aus Ostdeutschland von einer 3000-DM-Abendgage am Ende 315 Westmark und 58 Pfenning pro Person. Das klingt nach wenig, aber bei den wirklich gut gebuchten Bands kam auf diese Art einiges zusammen. Zudem schwankten die Konditionen, und mit der Zeit stiegen die Honorare.

Das Geld wurde oft gleich vor Ort investiert, in Technik und Instrumente, die in der DDR nicht zu bekommen waren. Und das nicht unbedingt nur zum Eigengebrauch. Geschichten von DDR-Rockbands, die bei Westtourneen große Mengen an Equipment einkauften, damit die hintere, blickdicht abgeschirmte Hälfte ihres Lkws bis unter den Rand füllten, die Fracht über die Grenze schmuggelten und im Osten mit Gewinn verkauften, hört man häufig. Von Dritten wird alles jedoch meistens nur anonymisiert oder betont unscharf berichtet. Erzählen die Künstler selbst, klingen die Geschichten differenzierter, aber vor allem ehrbarer.

«Wenn wir in den Westen fuhren, hatte ich immer eine Liste mit Bestellungen von Freunden dabei», sagt zum Beispiel Bernd Römer, der 1976 als szenebekanntes thüringisches Gitarrenwunderkind zur Band Karat stieß und mit ihnen von 1978 an regelmäßig im Ausland auf Tour ging. «Unser Stammladen war Music Corner in Hannover. Den Inhaber, der bald ein guter Freund wurde, instruierten wir oft schon im Voraus, damit er alle Sachen besorgen konnte, die wir brauchten. Gitarren und kleine Verstärker habe ich gern bei Sound & Drumland in Westberlin geholt. Es gab damals einen großartigen Transistor-Amp von Gallien-Krueger, davon habe ich durch die Jahre wirklich viele mitgebracht. Zu DDR-Zeiten war ich in Westberlin wohl einer der besten Gallien-Krueger-Kunden.»

Bereichert habe er sich aber nie an den Botendiensten, sagt Römer. Manchmal nahm er auch nur eine Flasche Whiskey als Bezahlung. Die Grenzbeamten, die den heimkehrenden Helden nur selten Probleme bei der Einreise machten, waren im Regelfall offenbar instruiert, man wurde nur selten kontrolliert. So ließ sich die Material- und Technologieknappheit, die in der DDR in vielen Bereichen herrschte, am einfachsten und effektivsten lindern: indem man an der Grenze ab und zu auch die verdächtigen Lkws fröhlich durchwinkte.

Planet blau, Klamotten schrill: Karat treffen den Zeitgeist am zielsichersten

Für den größeren Durchbruch fehlte den Pionieren Puhdys im Westen irgendein gewisses Etwas, zumindest jenseits der Berliner Stadtgrenzen. Dafür wurden Karat Anfang der 80er-Jahre zu echten Stars in der Bundesrepublik, zum kommerziellen Spitzenartikel des DDR-Rockexports. Wie sehr es an Maffay und dem «Sieben Brücken»-Faktor lag, ist schwer zu sagen. Eine gewisse Medienpräsenz hatte die Band auch vorher schon gehabt.

Der Höhepunkt kam im Frühjahr 1982. Das über Schimmelpfennigs Pool-Label veröffentlichte Album «Der blaue Planet» kletterte bis auf Platz acht der BRD-Albumcharts, blieb fast ein Jahr lang in der Liste notiert und wurde mit einer Goldenen Schallplatte ausgezeichnet, die für mindestens eine Viertelmillion verkaufte Exemplare stand. Noch eine Goldene gab es 1984 für das vorige Album «Albatros».

Die Musik von Karat, die man in den 70ern noch strikt beim Hippie- und Räucherstäbchen-Publikum gesehen hatte, passte in der neuen Dekade plötzlich hervorragend in den westlichen Zeitgeist, in die Radioprogramme und Jugendzimmer. Die Rockballaden, komponiert und arrangiert vom Virtuosen Ed Swillms, wurden von elektronischen Atmosphären und Klassikanspielungen getragen. In den metaphernsatten Texten von Hausdichter Norbert Kaiser waren die atomare Bedrohung und das Schicksal der Erde echte Themen.

Auch westdeutsche Topkünstler sangen verstärkt darüber, was Männerherrschaft mit Kriegstreiberei zu tun hatte, über die nukleare Eiszeit, den irrtümlich durch Luftballons ausgelösten Weltkrieg und über Karl, den Käfer. Themen wie Friedensaktivismus und Ökologie waren in die Unterhaltung und Spaßkultur gesickert. Die Nachdenklich- und Ernsthaftigkeit, wie man sie vorher vor allem vom DDR-Rock und den mahnenden Liedermachern kannte, beförderte Popkarrieren auf einmal eher, anstatt sie zu behindern. Der Kalte Krieg kam auf den Festivals an.

«Jeder Karat-Song ist mit bis in die letzte Kleinigkeit ausgetüftelter Melodie und Arrangement ein Kunstwerk für sich», schrieb die *Bravo* 1982 in einem großen Bericht, in dem erneut auch die Professionalität der Musiker gelobt wurde: «In dieser Beziehung könnten sich viele West-Bands von ihren Kollegen aus Ost-Berlin eine dicke Scheibe abschneiden.» Allerdings sei die Bühnenshow «anfangs etwas steif», räumt der Text ein. Die Gestik von Sänger Herbert Dreilich erinnere an die frühen Tage von Mick Jagger. «Gleichfalls in den Sechzigern war die schwarz-weiß karierte Op-Art-Hose von Bassist Henning modern», und Dreilichs Ansagen klängen, «als hätte er sie an der Hochschule für Unterhaltungsmusik (...) einst sorgfältig auswendig gelernt». Das Klischee vom hinterwäldlerischen Ossi mussten die Autoren dann doch noch ausbreiten.

Dass Karat aus der DDR kamen, betonte auch Frank Elstner, als die Gruppe im September 1982 bei «Wetten, dass..?» in Ludwigshafen auftrat, direkt nach einer Wette, in der ein Rollschuhfahrer versuchte, den amtierenden Rennrad-Weltmeister zu besiegen, übrigens erfolglos. Karat spielten ihren BRD-Top-Ten-Hit «Jede Stunde», Sänger Dreilich im türkisen Jackett, Bassist Protzmann im gelb-blauen Freizeitdress und Gitarrist Römer im pinken Sakko mit roter Hose. Das Vorurteil, der Osten sei grau, war spätestens mit dieser Präsentation widerlegt.

Die Triumphe von Karat schufen noch mehr Nachfrage, und das nicht etwa nur bei den Westmedien. «Als unser großer Erfolg im Westen kam, hat Amiga-Chefredakteur René Büttner das große Geld gewittert», sagt Römer heute. Der VEB Deutsche Schallplatten verdiente, anders als die Künstler, mit den Single- und Albumverkäufen große Mengen an D-Mark. Die steckte die Plattenfirma unter anderem in die technische Aufrüstung des firmeneigenen Tonstudios in der Ostberliner Brunnenstraße. Die Musiker konnten hier von einem Besuch zum nächsten buchstäblich beobachten, wohin die D-Mark-Mengen flossen, die ihre BRD-Veröffentlichungen einspielten: in Monitorboxen, Effektgeräte, sogar in die elektrischen Schreibmaschinen für die Büros.

«Bald kam die Forderung, wir sollten ab sofort am besten jedes Jahr eine neue LP aufnehmen, um die Nachfrage im Westen zu bedienen», sagt Römer. «Weil wir neben den vielen DDR-Konzerten jetzt auch noch in Bochum, Mainz oder Ludwigsburg spielen mussten, hingen wir konditionell sowieso schon durch. Dass wir zusätzlich auch noch ständig ins Studio mussten, steigerte die Erwartungen bis ins schwer Erträgliche.»

Vor allem für Ed Swillms, den ebenso genialen wie sensiblen Komponisten, war das hohe, vom VEB auferlegte Plansoll eine riesige Belastung. «Ein Künstler wie Ed setzt sich ja nicht einfach hin und schreibt, wenn er die Anweisung dazu bekommt», sagt Römer. «Es beschäftigte ihn praktisch Tag und Nacht. Der Druck wurde zu groß für ihn. Er hatte dann tatsächlich einen Zusammenbruch im Studio.»

1987 verließ Swillms die Band. Er ist in der Zwischenzeit zur beinahe mythischen Figur geworden, taucht ab und zu auf, aber nur nach eigenen Regeln. Als Autor von «Über sieben

Brücken» und praktisch allen Karat-Hits der 80er ist er im Rückblick der DDR-Popmusiker, der wohl das treffsicherste Gespür dafür hatte, wie grenzübergreifend und integrativ Musik funktionieren konnte. Dass er zugleich so sehr unter den Begehrlichkeiten leiden musste, die seine Kunst weckte, ist umso tragischer.

Die Heimkehrer bekommen Blumen, aber auch Ärger

Der Fall Karat lässt sich als Exempel einer tiefergehenden Systemfrage sehen. In der Geschichte der Band zeigt sich, was passieren konnte, wenn an einer eigentlich sozialistisch grundierten Band plötzlich die kapitalistische Praxis zerrte und sägte.

«Für uns war der Erfolg im Westen so speziell, weil wir uns dort, anders als zu Hause, mit Musik aus der ganzen Welt messen mussten», sagt Bernd Römer, der auch Anfang der 2020er-Jahre immer noch mit Karat unterwegs ist. «Wenn Leute, die eine Woche vorher bei den Rolling Stones waren, eine Zugabe von uns forderten, war das eine alles andere als alltägliche Erfahrung. Das strahlte auch zurück in die DDR, so wie bei Sportlern, die erfolgreich vom Turnier zurückkommen und zu Hause umso mehr gefeiert werden. Als wir nach unserem ersten BRD-Fernsehauftritt heimkehrten, gab es in der DDR einen unglaublichen Run auf die Konzertkarten. Da waren die größten Hallen plötzlich randvoll ausverkauft. Es war der helle Wahnsinn.»

Der TV-Auftritt, von dem Römer hier spricht, fand schon im Frühjahr 1980 statt. In der «Aktuellen Schaubude» des NDR präsentierten Karat «Über sieben Brücken musst du gehn». Sie mimten zum Playback, ganz leger und wie so oft in abenteuerlich gemischten Kleidungsfarben, vor einer Dekoration aus leuchtenden Waben. Das Lied und die Band waren in der Bundesrepublik damals noch unbekannt. Entsprechend hoch schlugen anschließend die Wellen.

Karat wurden nacheinander in mehrere andere, große Westfernsehsendungen eingeladen. Die Künstleragentur gab ihr Okay. Doch jedes Mal, wenn die Gruppe am Morgen zur Passausgabe erschien, hieß es plötzlich: «Ihr bleibt doch hier. Wir haben schon für euch abgesagt.»

Wieder und wieder. Eine Begründung gab es, wie meistens im Alltag der Agentur, nie. Selbst im Rückblick ist nicht klar, warum das Kulturministerium 1980 kurzfristig alle DDR-Künstler aus den kapitalistischen Medien herauszog, während Tourneen zunächst erlaubt blieben. Es war einer der schwer nachvollziehbaren ZK-Entschlüsse, die auf Tageslaunen, sich widersprechenden Strategien und resoluter Vermeidungstaktik basierten. In diesem Fall könnte es eine Reaktion auf die Arbeiterunruhen in Polen und die Gründung von Solidarność gewesen sein, vermutet Bernd Römer. Aber die passierte in Wahrheit erst Monate später.

Als der Bann wieder aufgehoben wurde, auf ähnlich rätselhafte und unkommentierte Weise, hatte sich der erste Karat-Enthusiasmus im Westen schon wieder verflüchtigt. Peter Maffay hatte «Über sieben Brücken» nachgesungen, einen Hit gelandet. Und damit erst mal den Bedarf gedeckt.

In die Charts und bis zu «Wetten, dass..?» kam die Gruppe wie gesagt noch früh genug. Das Gefühl, trotz aller Privilegien und Ritterschläge immer der potenziellen, unangekündigten Willkür des Staates ausgeliefert zu sein, ging davon nicht weg.

Barbara Thalheims Westtour wird abgesagt – dann eskaliert die Lage

Im November 1980 wird die aus Leipzig stammende Sängerin und Liederschreiberin Barbara Thalheim vom Blitzschlag der kulturpolitischen Beliebigkeit getroffen, noch härter, noch paradoxer als kurz davor Karat. Barbara Thalheim tritt seit Januar 1978 immer wieder auch in Clubs und Hallen der BRD auf. Sie hat zwei Amiga-Alben mit ihren lyrisch präzisen, hellwachen Liedern bei der westdeutschen Polydor platziert, genießt enormen Fan-Rückhalt in Westberlin, Hannover, Köln. Mehr beim Rotwein- und Theaterpublikum als bei der *Bravo*-Leserschaft, aber dort ist die Liebe umso belastbarer.

Für die DDR ist sie eine Art Prestige-Export, glaubwürdig, ästhetisch originell, kritisch in alle Richtungen. Drei Tage sind es noch bis zum Start einer dreiwöchigen, hochwertigen Westdeutschland-Tour, die von der Künstleragentur ohne Zögern abgezeichnet wurde. Die Pässe für die Musiker liegen bereit. Da wird die Künstlerin an einem Ostberliner Morgen überraschend in die Agentur gerufen, in die Krausenstraße beim Checkpoint Charlie. Bitte schnell, es sei eilig.

Leider, erklärt ihr dort der zuständige Abteilungsleiter, müsse man die Konzertreise kurzfristig absagen. Komplett. Sie brauche sich um nichts zu kümmern, die Agentur werde alle Veranstalter in Westdeutschland umgehend informieren. Und einen schönen Tag noch.

Ob sie vielleicht erfahren könne, was der Grund sei, fragt Barbara Thalheim zurück. Sie reagiert halbwegs gefasst, obwohl sie schockiert und rasend wütend ist.

Das wisse er selbst nicht genau, antwortet der Agenturmann drucksend. Die Anweisung komme aus dem Zentralkomitee der SED, sie betreffe alle Auftritte jeglicher DDR-Künstler in der BRD, ohne Widerrede. Es habe wohl damit zu tun, dass Ostdeutschland den Westen endlich zum Abschluss des ewig schwebenden Kulturabkommens und der Anerkennung der DDR-Staatsbürgerschaft bewegen wolle. Man wolle demonstrieren, dass der freundliche Export keine Selbstverständlichkeit sei.

Oder es liegt daran, denkt sich Barbara Thalheim privat, dass Regierungschef Erich Honecker gerade auf dem Sprung zu einem wichtigen Staatsbesuch ist. Vom 10. bis 13. November will er in Wien sein, sein allererster Termin überhaupt in einem nicht sozialistischen Land. Welches Signal, welchen Leidensdruck genau ein strikter Stopp des Kulturaustausches hier erzeugen soll, ist unklar. Es wäre nicht das erste Mal, dass sich eine Befehlskette in ihrer eigenen Widersprüchlichkeit verheddert hat.

«Wir wollen die magere Kulturlandschaft der Bundesrepublik nicht weiterhin mit unseren Künstlern aufwerten», so lautet die offizielle Auskunft, die sie vom Kulturministerium bekommt. Thalheim kocht vor Wut und denkt daran, wie viel Energie sie und ihre Musiker bereits für Proben und Organisation vergeudet haben. Und sie sorgt sich darum, welchen Eindruck die Absagen im Westen hinterlassen könnten. Wie genau hat die Künstleragentur den Veranstaltern erklärt, dass sie nicht kommt? Sie fühlt sich stumm geschaltet. Also legt sie eine Kassette in den Rekorder ein und nimmt eine Sprachnachricht auf, in der sie kurz erklärt, was sie über die Vorgänge weiß: Tour abgesagt, Anordnung von oben, politische Gründe. Alle sind betroffen, alles ist beschissen.

Ein Freund aus Westberlin, der für sie Konzerte organisiert, kommt später noch zu Besuch. Er nimmt die Kassette mit und verspricht, sie Vivi Eickelberg zu geben, Thalheims Westmanagerin. Es ist ihr offizielles Statement zum Sachverhalt, das die DDR selbst nun mal nicht abgeben will.

Die nächsten Tage sind still. Dann platzt die Bombe. Am

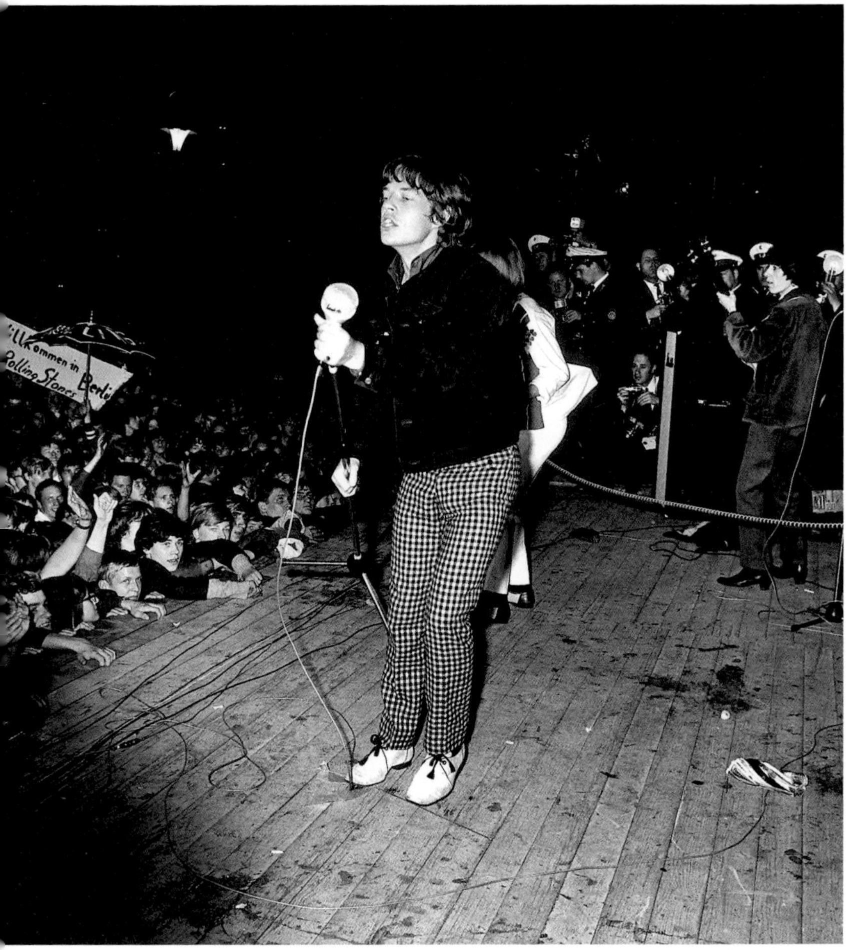

Kickstart für den deutschen Beatprotest: Am 15. September 1965 spielen die Rolling Stones in der Westberliner Waldbühne für 21 000 Fans und fast 400 Polizisten. Die Krawalle rund ums Konzert haben auch in der DDR Konsequenzen (siehe S. 105).

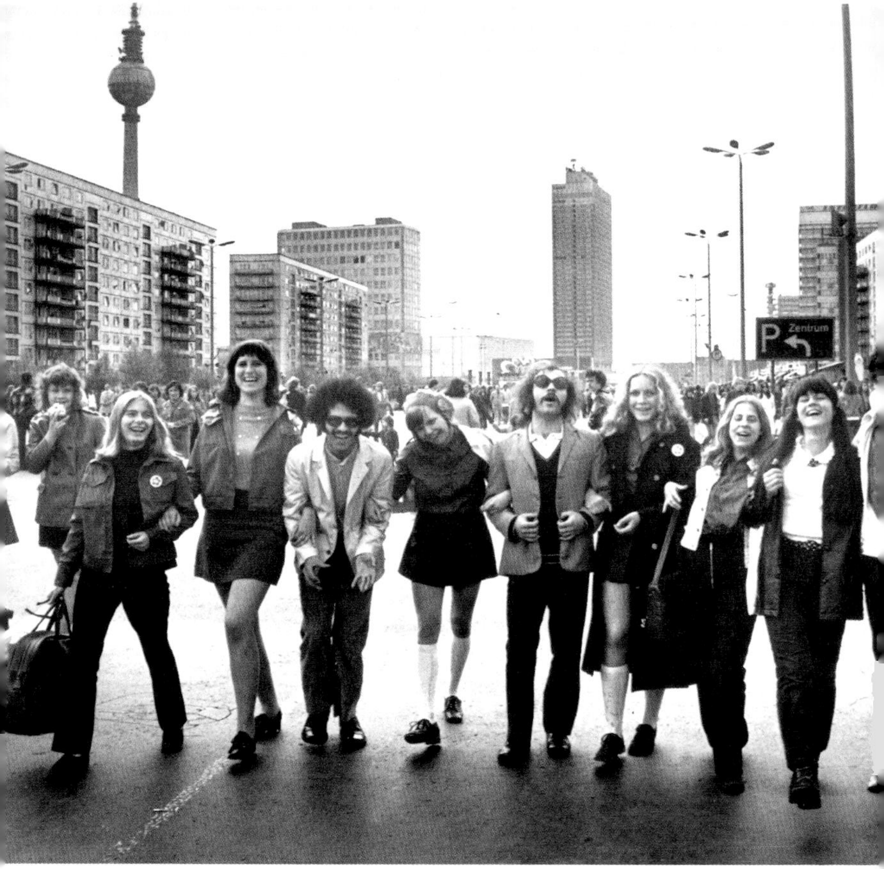

Ein sozialistisches Sommermärchen: Zu den Weltjugendfestspielen im Juli/August 1973 kommen über 25 000 Menschen aus 140 Ländern nach Ostberlin. Bei der Open-Air-Party auf der Karl-Marx-Allee wirkt die DDR ganz weltoffen (S. 118).

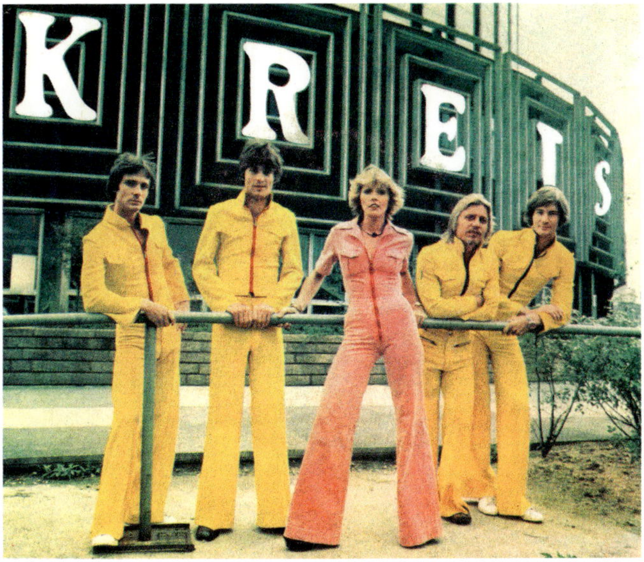

Mit der Disco-Soul-Band Kreis werden Arnold und Eva Fritzsch (2. u. 3. v. l.) für kurze Zeit zu echten Ost-Popstars (S. 92).

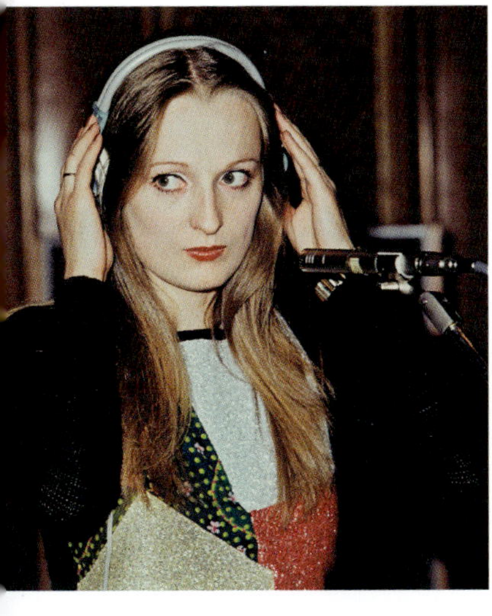

In den 70ern ist Veronika Fischer ein Superstar im ganzen Ostblock. Trotzdem (oder gerade deshalb) zieht es sie 1981 nach Westen (S. 119).

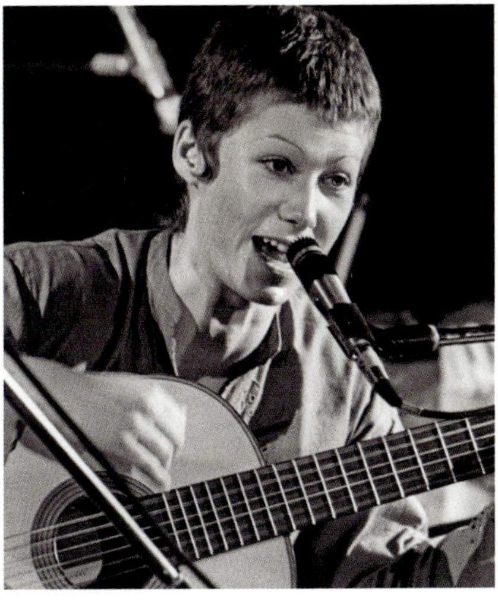

Die spezielle Hassliebe, die Barbara Thalheim zur DDR pflegt, macht sie zur interessanten, oft aber auch widersprüchlichen Grenzgängerin (S. 191).

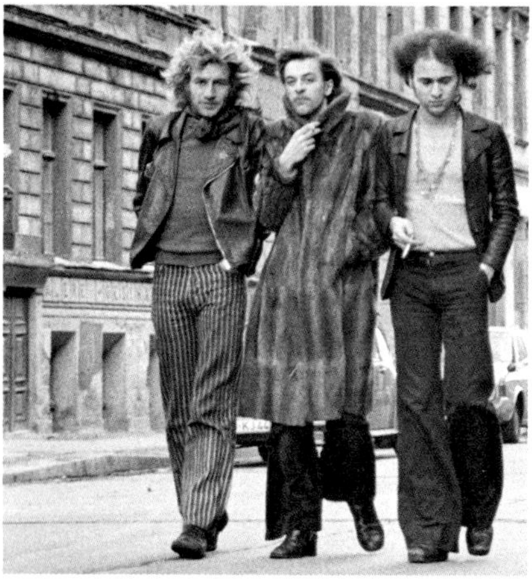

Rio Reiser (Mitte, zwischen den Bandkollegen Jörg Schlotterer und R. P. S. Lanrue 1973) tritt als Westrebell erst 1988 in Ostberlin auf (S. 353).

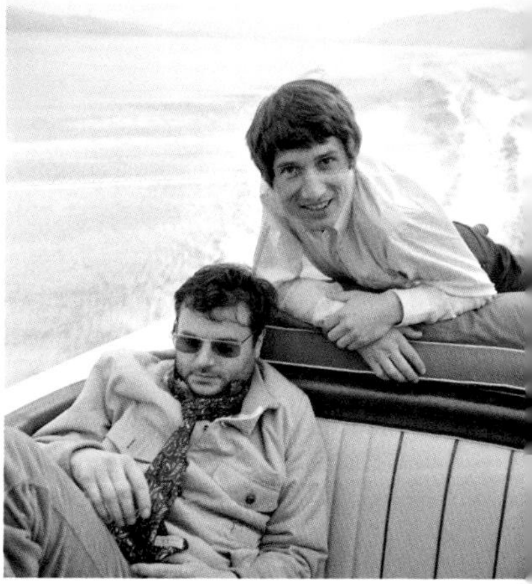

Hans R. Beierlein (l.) wird als Manager von Udo Jürgens bekannt (hier 1967), entdeckt aber auch früh den Rechtehand mit der DDR (S. 127).

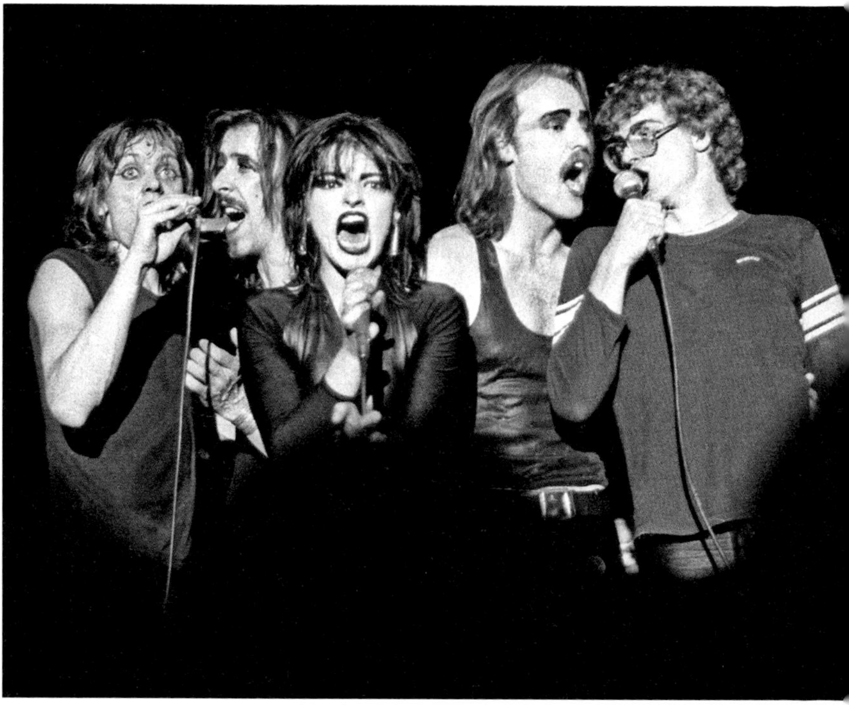

Die Nina Hagen Band, das harmonisch zerstrittene Ost-West-Erfolgsprojekt, singt den A-cappella-Song «Fisch im Wasser», 1979 in Braunschweig (S. 238).

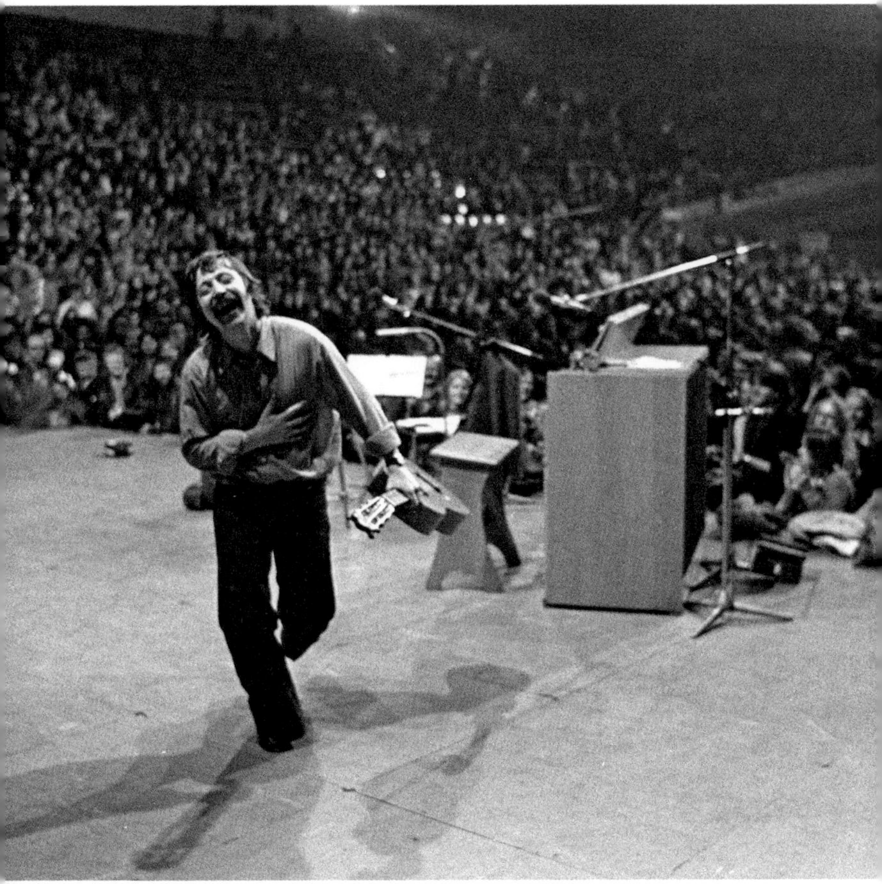

Ein Konzert, das wie ein Beben wirkt: Wolf Biermann, damals Wahl-Ostberliner, singt am 13. November 1976 für rund 7000 Menschen in der Sporthalle Köln. Drei Tage später bürgert die DDR ihn aus (S. 244).

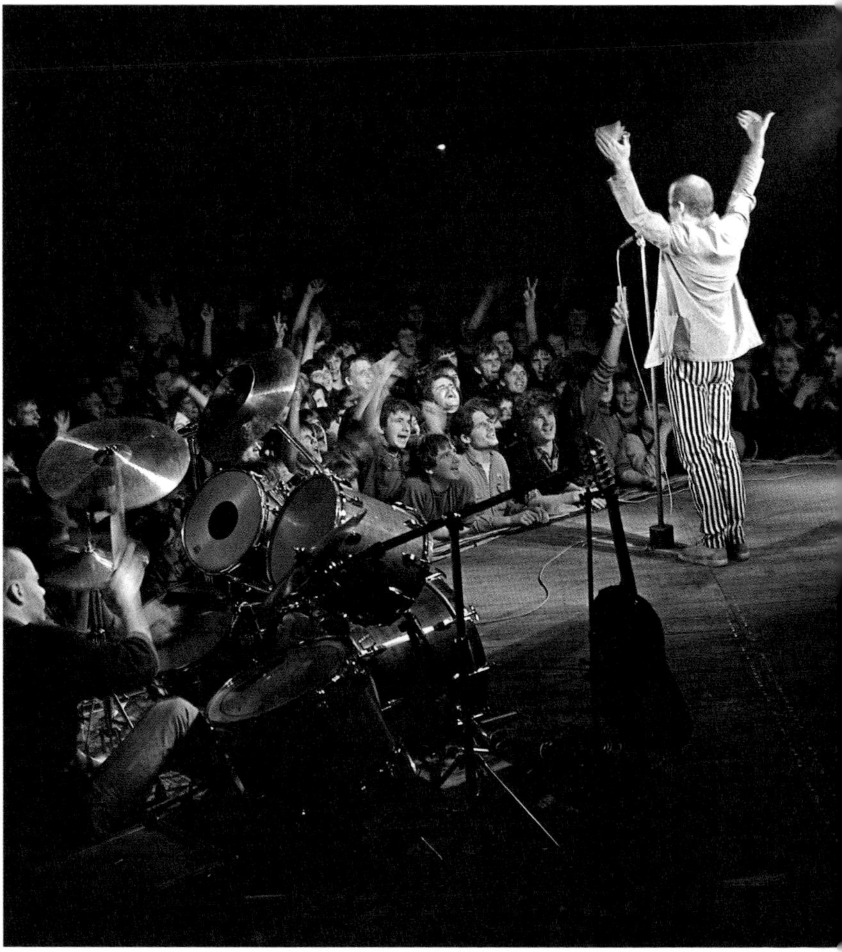

Kings vom Prenzlauer Berg: City mit Sänger Toni Krahl und Schlagzeuger Klaus Selmke (l.) werden zu den erfolgreichsten Export-Bands der DDR. Goldene Schallplatten erringen sie nicht nur in Westdeutschland, sondern auch in Griechenland (S. 157).

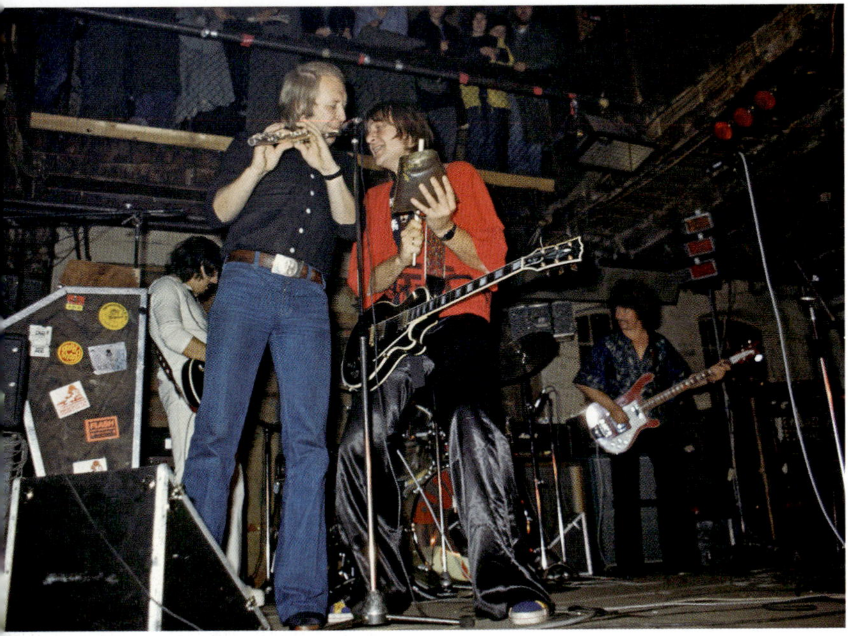

Die Puhdys bei ihrem ersten echten BRD-Konzert 1976 in der Hamburger Fabrik. Vorn Peter Meyer und Dieter Birr, hinten rechts Harry Jeske (S. 177).

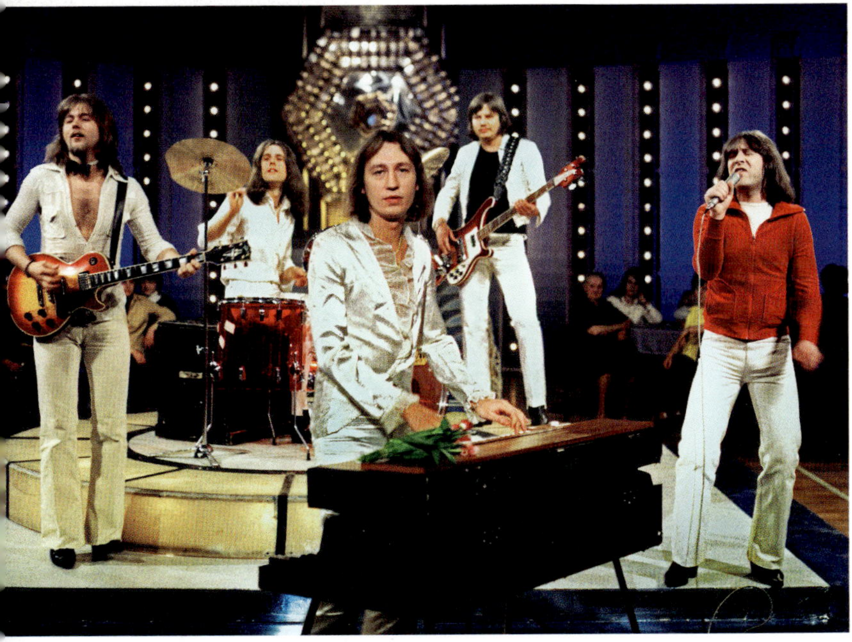

Karat bespielen in der ersten Hälfte der 80er beide deutsche Märkte intensiv. Nicht nur dem Songwriter Ed Swillms (Mitte) geht das an die Substanz (S. 186).

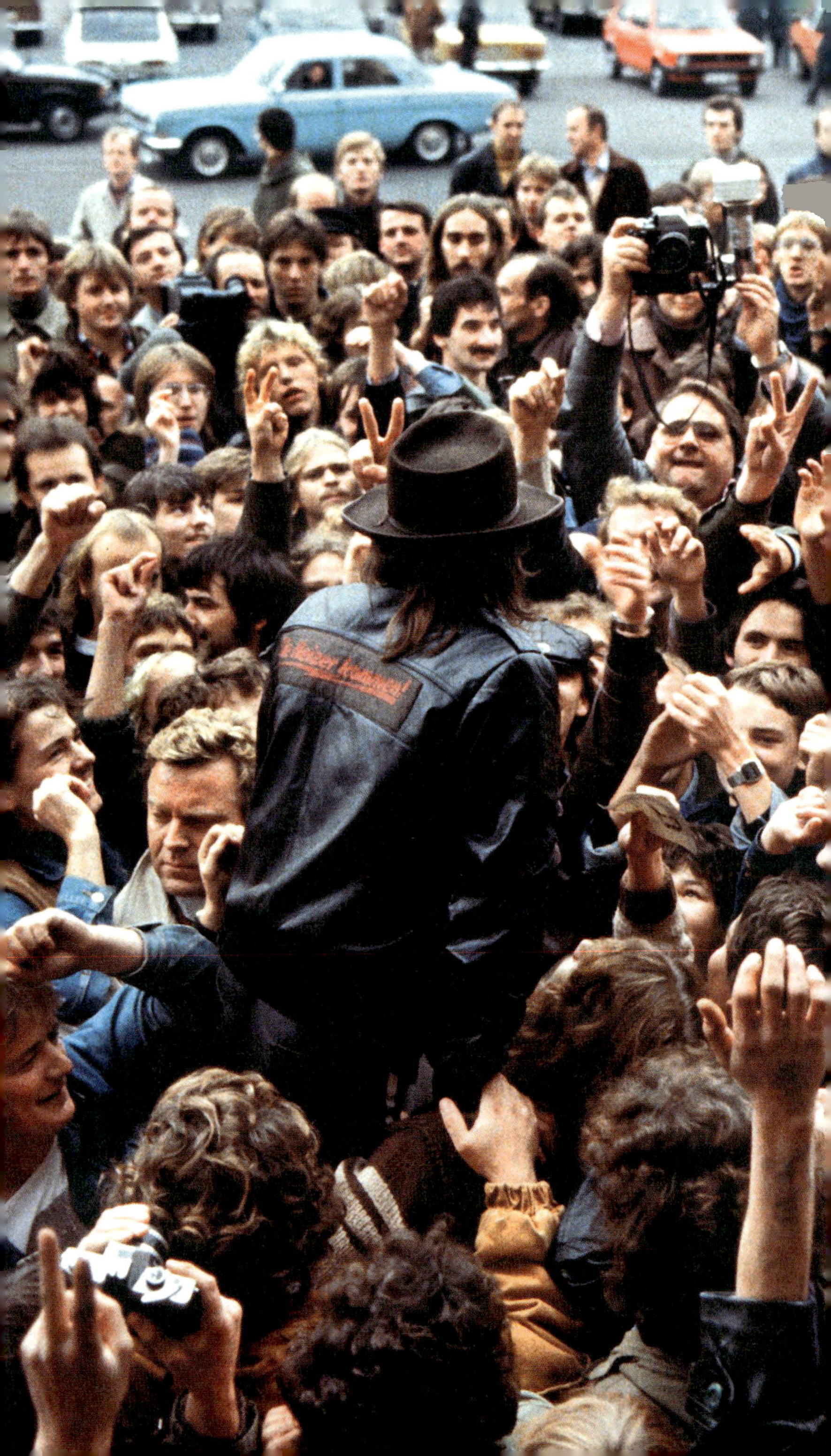

11. November 1980 sieht Barbara Thalheim sich selbst im Westfernsehen. Die Medien berichten, dass die DDR plötzlich wieder ihre eigenen Künstler wegsperre. Sie berufen sich dabei auf Thalheims Aussagen. Managerin Eickelberg hatte eine Pressekonferenz einberufen, dort die Kassette vorgespielt. Das Ärgernis ist zur schlagzeilenträchtigen Affäre geworden: Kulturblockade! Schwerer Rückschlag für die Diplomatie!

Aufmerksamkeit für den Skandal wollte Barbara Thalheim durchaus schaffen. Dass nun allerdings ihr eigener Name so öffentlich und prominent darübersteht, war nicht vorgesehen. Es könnte Folgen für sie haben.

Zwei Tage später hält morgens ein Wagen vor ihrem Haus. Eine der notorischen schwarzen Limousinen, und kurz darauf klingelt es bei ihr. «Frau Thalheim?», fragt der Fahrer. Er sei hier, um sie abzuholen. Ins Zentralkomitee, das operative Hauptquartier der Partei. Barbara Thalheim klaubt schnell ein paar Kleidungsstücke und Badartikel zusammen. Ihr ist völlig klar: Jetzt wandert sie in Arrest. Dafür, dass sie sich mit ihrer Kassette so tief in die Staatskommunikation eingemischt hat, wenn auch eher aus Versehen.

Wie man im Westen spielt, ohne dadurch BRD-Fan zu werden

Ein Sprung in die Gegenwart. Barbara Thalheim schlägt den Dorotheenstädtischen Friedhof in Berlin als Treffpunkt vor. In dem kleinen, schönen Garten mitten im Stadtteil Mitte liegen die Schriftsteller Bertolt Brecht und Thomas Brasch, die Schauspielerin Gisela May, die Fotografin Sibylle Bergemann, die Bürgerrechtlerin Bärbel Bohley. Es ist eine Galerie der großen Toten der DDR-Kultur. Auf dem Grabstein von Heiner Müller legen die Besucher heute noch Zigarren ab.

Barbara Thalheim bringt Kaffee und Croissants mit, sie trägt Rot und Schwarz. Viel Zeit habe sie nicht, sagt sie. Mit Mitte 70 macht sie noch immer neue Musik, gibt Konzerte, ist Teil eines Netzwerks, in dem es oft viel zu tun gibt.

Ansonsten ist sie im Umgang mit der Öffentlichkeit vorsichtig bis misstrauisch. Denn auch sie hat eine Stasigeschichte, ähnlich wie Peter Meyer, wegen der es zum Clinch mit den Medien kam. Von 1971 bis '79, so sagen es Akten, die nach der Wende gefunden und von Journalisten zitiert wurden, führte der Dienst sie als Inoffizielle Mitarbeiterin. IM Elvira war ihr Name. Eine Auswertung legt sogar nahe, ihre Aussagen hätten dazu beigetragen, dass eine Freundin vorübergehend in Haft kam. Auch sie selbst wurde überwacht, allerdings erst später.

Nach der Wende, noch bevor die Vorwürfe publik wurden, beauftragte Barbara Thalheim proaktiv einen Journalisten mit der Aufarbeitung ihres Falles. Seine Ergebnisse entlasteten sie, vor allem in der Sache mit der Freundin. Aber die Artikel im *Spiegel* und *Stern*, in denen sie als Denunziantin dargestellt wurde, unter anderem vom prominenten Dissidenten Stephan Krawczyk, erschienen teilweise noch vorher.

Thalheim ging offen mit den Vorwürfen um, sie erklärte sich ausführlich. Zur zweifelsfreien Klärung und Aussöhnung mit den Kritikern reichte es natürlich trotzdem nicht. Es war noch so ein 90er-Fall, in dem sich Wahrheitssuche, Textanalyse und der Wunsch nach Genugtuung auf unselige Art vermischten, von beiden Seiten her.

«Jeder, der sich einbildet, er habe es selbst in der Hand, die eigenen Geschichten aufzudröseln, irrt sich gewaltig», sagt sie heute. «Vielen geht es hier nicht wirklich um Erkenntnis, sondern um Formen von Gewaltausübung und Wichtigtuerei. Wer die Akten als uneingeschränkte Wahrheit liest, kapiert nicht, auf welche Art sie entstanden sind.»

Ihr Vater Werner Thalheim hat als KPD-Mitglied vier Jahre im Konzentrationslager Dachau gesessen, ist in der DDR bekannt als engagierte Stimme des Antifaschismus. Die Tochter versucht sich erst in der Mitsing-Institution Oktoberklub und als Sängerin schmissiger Lieder, bis sie Mitte der 70er den gehobeneren Ton für sich entdeckt, die Introspektion, das Sezieren der Zustände. Sie lässt sich von einem Streichquartett begleiten, singt Songs übers Erwachsenwerden, über den Clash von Ich und Gesellschaft, Texte wie das «Höhlenlied» von Fritz Jochen Kopka, der zeitweise ihr Lebensgefährte ist:

Manchmal möchte ich auch heut noch eine Höhle haben
Wo man träumen kann und nicht an Grenzen stößt
Eine Handvoll Leute wie sich selber haben
Und nur auf sich selber hör'n, auch wenn man nicht viel weiß
Nur an große Dinge denken und nicht an den Preis

Durch ihren Familienhintergrund hat Barbara Thalheim ein paar mehr Lorbeeren und Narrenfreiheiten als andere. Dennoch bleiben ihre Lieder ein verblüffendes Beispiel dafür, wie weit man sich in der DDR poetisch aus dem Fenster lehnen kann, wie weit man die Grenzen ausreizen kann, wenn man zum Kampf bereit ist.

Nur jetzt, im November 1980, da ist Thalheim 33, scheint die Geduld am Ende zu sein, die die Staatsorgane mit ihr hatten. Ihre Tonbandnachricht ist publik geworden, der Fahrer hat sie zu Hause abgeholt. Im ZK-Hauptquartier geht es von einem Vorzimmer ins nächste, bis sie Kurt Hager gegenübersteht. Hager ist unter anderem Mitglied des DDR-Staatsrats und Nationalen Verteidigungsrats, der oberste Kulturzuständige im Politbüro der SED. Ein Mann, von dessen Entscheidungen man als Musikerin oder Musiker hochgradig abhängt, den man aber nie selbst zu Gesicht bekommt. Höchstens dann, wenn es sehr, sehr ernst ist.

Auf Hagers Tisch sieht Barbara Thalheim die gesammelten Westzeitungen, viele mit ihrer Schlagzeile. Der Chefideologe schaut sie an. «Und das bei deinen Eltern!» Hager duzt sie, weil Genossen das untereinander tun. Barbara Thalheim ist seit 1975 SED-Mitglied. In der Wut hat sie wenige Tage vorher allerdings schon ein Austrittsgesuch geschrieben.

«Das war für ihn der Schlüssel», sagt sie heute über den Moment. «Er wollte mir sagen: Wie kannst du dich jetzt so skandalös verhalten, nachdem dein Vater vier Jahre in Dachau gelitten hat? In Hagers Augen war es eine Frage des Anstands.»

Es folgt ein echtes Streitgespräch. Obwohl sie Angst hat, was all das für sie bedeuten wird, argumentiert Thalheim so rational wie möglich. Sie pocht auf die Einhaltung von Verträgen, auf ihre freie Berufsausübung und die grundsätzliche Unschuld der Kunst. Hager erklärt dagegen, dass politische Erwägungen solche Prinzipien auch einmal aushebeln können. Thalheim hat das Gefühl, dass er sie ernst nimmt. Es scheint ihr kein Gespräch zu sein, dessen Ergebnis eh schon von Anfang an feststeht.

Hinterher darf Barbara Thalheim wieder nach Hause. Sie muss nicht vor Gericht. Im Gegenteil. Sie fährt nach Köln, mit ihren Musikern.

Die schlechte Presse und die Debatten haben offenbar zu viel Druck aufgebaut. Hager und seine ZK-Genossen nehmen das Auftrittsverbot zurück, als Sofortmaßnahme in Sachen Staats-PR. Zwei Konzerte der abgesagten Tour können Thalheim und ihr Quartett noch nachholen. In Interviews erklärt sie bundesdeutschen Reportern, sie werde weiterkämpfen. «Kulturaustausch muss fortgeführt werden», überschreibt die *Süddeutsche Zeitung* am 24. November 1980 einen Artikel über sie, der aus Meldungen der Nachrichtenagenturen AP und dpa zitiert. «Ich halte diese Entscheidung nicht für richtig», sagt Thalheim da über die vorübergehende Absage ihrer Tour. Sie wolle weiter dafür kämpfen, «dass ich mich nicht entschuldigen muss für etwas, was ich hier oder dort sage». Es sind erstaunlich klare Worte.

Als sie nach den Konzerten nach Hause zurückkommt, folgt aber doch noch eine Quittung dafür, dass sie im Westen zur Symbolfigur für das große Anliegen geworden ist. Nach einer Art Standgerichtssitzung wird sie aus der SED ausgeschlossen, aus Sicht des Systems eine drakonische Strafe. DDR-Veranstalter sagen Konzerte mit ihr ab, die Angebote versiegen. Sie wird in ihrer Heimat erst mal kaltgestellt.

Es bleibt allerdings nur eine Phase. Im Januar 1982 spielt Barbara Thalheim schon wieder in Westberlin, mit dem Okay der Künstleragentur. Den Wunsch zur Flucht, den viele Bundesdeutsche in den Herzen aller DDR-Bürger vermuten, hat Barbara Thalheim bei solchen Gelegenheiten keine Sekunde lang. Nach jeder Konzertreise kehrt sie heim nach Ostberlin. Die tiefe, ab und zu leicht devot wirkende Dankbarkeit, die viele Künstler zu fühlen scheinen, sobald der Westen ihnen Aufmerksamkeit schenkt, kennt sie nicht. Bei Auftritten in der BRD spürt sie immer wieder auch deutlich und schmerzhaft, wie übersättigt und arrogant das Publikum dort häufig reagiert. Es stört sie, dass bei Kultur-Events das Drumherum, die Getränke- und Merchandise-Umsätze oft stärker im Mittelpunkt zu stehen scheinen als die Kunst. Sie bleibt lieber im Sozialismus.

«Ich bin unendlich dankbar dafür, dass ich den Westen damals schon so ausführlich kennenlernen konnte», sagt sie in der Gegenwart, mit dem Kaffeebecher auf der Friedhofsbank, wenn sie an die Konzertreisen in den 70er- und 80er-Jahren denkt. «Es gab dort ausreichend Erlebnisse und Eindrücke, die mir am Ende ein Land wie die DDR als das kleinere Übel erscheinen ließen.»

Am 9. November 1989 ist sie abends in Wien zu Gast, bei einer Talkshow des ORF. «Wenn die Mauer fällt» ist der Titel, unter anderem sind Eva-Maria Hagen und die *Zeit*-Journalistin Marlies Menge dabei. «Die Mauer muss weg, aber nicht die DDR», sagt Barbara Thalheim in der Runde, und weder sie noch die anderen wissen, dass dieser Mauerfall zur selben Zeit in Berlin bereits geschehen ist. Ihre Meinung zur Wiedervereinigung ein Jahr später, zu den Aktivitäten der Treuhandanstalt, den Positionierungen diverser Intellektueller und zum kapitalistischen System an sich wird Thalheim in den 90er-Jahren noch in vielen TV-Talkshows erklären und damit vielen auf die Nerven gehen. Als 1995 im Südwest-3-Nachtcafé der Frankfurter Boxpromoter Eberhard Thust davon spricht, dass sich die Lust auf Geld für ihn wie Sex anfühle, gibt sie von ihrem Sitzplatz vier Stühle weiter zurück, er habe wohl noch nie richtigen Sex gehabt.

Im Jahr 2020 hört sie zum ersten Mal von Robin Schulz aus Osnabrück. Schulz ist als DJ und Techno-House-Remixer zu der Zeit ein weltweiter Superstar, bekommt um die 100 000 Dollar pro Auftritt, ist 2014 für einen Grammy nominiert worden. Eines seiner Stücke heißt «Eines Tages», und darin hat er große Teile eines Songs von Barbara Thalheim verwendet. Irgendjemand erzählt es ihr, sie sucht das Lied im Internet und hört nach. Die Teile, die Robin Schulz verwendet hat, natürlich ohne sie zu fragen, stammen aus dem Lied «Abschied von den Eltern» von einer ihrer alten Streichquartett-Platten.

Eines Tages packst du deine Sachen
Du hast Angst und gehst doch fort
Eines schönen Tages spürst du Türen
Trittst sie ein und glaubst kein Wort

Schulz hat einen elektronischen Beat dazugebastelt, jetzt kann man zu dem Lied tanzen, wenn man will. Auf YouTube, wo es weit über eine Million Aufrufe hat, kommentiert ein junger Fan: «He should do more songs in German, it's a cool language.»

Barbara Thalheim überlegt, juristisch aktiv zu werden, um ihren Anteil an der ungefragten Kollaboration einzusammeln. Die GEMA antwortet, im besten Fall würde sie 300 Euro dafür bekommen. Sie lässt es sein. Dem Prinzip, nichts einfach nur aus Prinzip zu tun, will sie dann doch lieber treu bleiben.

7.

KEINE PANIK ODER DOCH WELCHE: EIN DRAMA IN FÜNF AKTEN

Westmusiker fahren nach Osten: die diplomatische Schlacht um Udo Lindenbergs Tour und das harte Rock-'n'-Roll-Leben jenseits der FDJ

Draußen auf dem großen Platz ist seit Stunden die Hölle los. Aber drinnen im Beton- und Stahlpalast kommt wenig davon an. Man ist gut abgeschirmt, die Front aus rauchbraun getönten Scheiben hält dicht. Der Lärm von der Straße klingt hier nur noch wie ein dumpfes, fernes Rauschen, man sitzt im oft zitierten Auge des Taifuns. Zudem ist inzwischen die Sonne untergegangen. Der Kolossbau mit seinen fest verriegelten Türen und Fenstern liegt zum größten Teil im Dunkeln, eine nächtliche Burg.

Doch im ersten Stock brennt Licht. Udo Lindenberg steht am Fenster, oben im Palast der Republik in Ostberlin. Er schaut nach unten, auf die wilde Menschenmenge. Gut 500 junge Leute haben sich auf dem Marx-Engels-Platz versammelt, nicht weit von den gläsernen Eingangstüren des Gebäudes. Sie rufen seinen Namen, immer wieder. Sie wollen etwas.

«Udo! Udo! Udo!» und: «Wir woll'n rein! Wir woll'n rein! Wir woll'n rein!» Manche skandieren dazu eine Zeile aus «Grande Finale», einem sarkastischen Atomkriegs-Partylied von Lindenbergs vorvorletztem Album: «Immer lustig und vergnügt, bis der Arsch im Sarge liegt.»

Es sieht auf den ersten Blick wie eine politische Demonstration aus. Auf den zweiten eher wie ein erwartungsvoll erregter Pulk, der auf ein Fußballspiel oder Open-Air-Konzert wartet. Dann, beim dritten Blick, doch wieder wie eine Demo, man weiß es nicht so recht.

Es ist kühl, die Leute tragen Parkas und dicke Jacken. Einige sind von weiter her angereist, aus der halben DDR, an diesem Oktober-Dienstag im Jahr 1983. Pappschilder, Fotos und Schals werden hochgehalten. Andere, die ganz weit vorne sind, stecken schon im Clinch mit den Polizisten. Die Ordner haben Zäune aufgestellt, Vopos bewachen den Raum vor den Eingangstüren.

Niemand, kein Einziger der hier wartenden Fans, wird den Palast betreten dürfen. Keiner von ihnen hat eine Karte, keiner wird Udo Lindenbergs Auftritt sehen dürfen. Sie wissen das längst, und trotzdem sind sie da.

«Dann erkannten die Leute Udos Schattenriss», erzählt Christoph Westecker, Konzertpromoter und Redakteur aus Westberlin, der in diesem Moment neben Lindenberg stand. «Er lehnte auf der Fensterbank, hatte den Hut auf. Von unten aus war die Silhouette im Gegenlicht gut zu erkennen. Was natürlich dazu führte, dass die Fans noch mehr abgingen.»

Einer knipst geistesgegenwärtig die Beleuchtung im Zimmer aus, und das Fensterbild verschwindet. Die Band kommt herein, die fünf Mitglieder von Lindenbergs berühmtem Panikorchester, das mit in die DDR gekommen ist. Sie werden ihn später auf der Bühne im Palast begleiten, wie bei jedem Konzert.

«Die Jungs stellten sich um Udo herum auf», erzählt Westecker. «Er in der Mitte, er kniete so halb, rechts und links seine Musiker. Völlige Stille im Raum. Es sah aus wie das heilige Abendmahl. Und so schauten sie runter auf die Menge, die sich auf dem Platz drängelte.»

Auch Harry Belafonte wird Zeuge der Szene. Der jamaikanisch-amerikanische Superstar ist als eigentlicher Höhepunkt des Konzertabends angekündigt worden. Lindenberg und seine Band treten nur als eine seiner Vorgruppen auf. Belafonte geht genau in diesem Moment auf dem Korridor vorbei. Er schaut in den Raum. Kehrt noch einmal um, kommt herein und stellt sich zu der sonderbaren Formation am Fenster.

Er legt Lindenberg den Arm um die Schultern. Sie schweigen. Beide schauen nach unten, auf die Köpfe der Jungs und Mädchen, die im Schein der Lampen fordern, endlich, nach all den vielen Jahren des Wartens, ihren Star sehen und hören zu dürfen.

«Udo», sagt Belafonte und schaut den deutschen Rocker-Kollegen an. «Udo, you made it.»

15 Minuten Ruhm im Palast der Republik: So sah der Höhepunkt eines Dramas aus

Der Auftritt, den Lindenberg und seine Band am 25. Oktober 1983 im Palast der Republik spielten, war streng genommen nicht mal ein richtiges Konzert. Im Gewusel des umfangreichen Programms hatten sie nur 15 Minuten Zeit auf der Bühne. Sie schafften vier Lieder, dazu eine kurze Ansprache Lindenbergs. Dann kam die nächste der insgesamt 16 Attraktionen, Schanna Bitschewskaja, Perry Friedman, der Chor der Dresdener Kreuzschule oder Dean Reed. Am Ende sang Belafonte «We Shall Overcome».

Und trotzdem hat die Kurzvorstellung im Lauf der Zeit einen geradezu exemplarischen Rang erreicht, eine spezielle historische Gravitas. Die Lindenberg-Show auf DDR-Boden gilt als das Leuchtturmereignis des deutsch-deutschen Musikaustausches. Der definitive Rock-'n'-Roll-Staatsbesuch während der eiskalten Jahre. Die eine Geschichte von früher, die auf Anhieb alle kennen, aus Ost und West, wenn man sie fragt und sie nur halbwegs alt genug sind.

Es hat im Grenzverkehr dramatischere, spannungsreichere Episoden gegeben. Aber Udo im Palast, live in concert im Prunkbau Erich Honeckers, das bleibt die essenzielle Urszene.

«Ich wusste: Die ganze Nation, alles guckt, alles wartet, wie er das macht, was er erzählt», so fasste Lindenberg in einem Dokumentarfilm von 2010 zusammen, welcher Erwartungsdruck an dem Tag auf ihm lag. «Ich war hocherfreut, weil ich davon überzeugt war: Jetzt haben wir diese harte Nuss geknackt.»

Denn in Wahrheit ging es an dem Tag um sehr viel mehr. Um mehr als um ein einziges, kurzes Pro-forma-Gastspiel bei einer Protokollveranstaltung. Udo Lindenberg und sein diplomatisches Team hatten vorher viele Monate lang mit FDJ-Vertretern und so auch indirekt mit dem Politbüro verhandelt. Das eigentliche Ziel: eine richtige DDR-Tournee, die Lindenberg mit seiner Band spielen wollte, unbedingt. Eine Reise quer durchs verbotene Land. Konzerte in Leipzig, Halle, Jena, endlich ein Zugang zu den Fans, die ihn umso mehr liebten, je rigider die Behörden ihn auf der schwarzen Liste hielten.

Der Palast-Auftritt sollte nur die etwas pompöse Kennenlern-Geste sein. Wie das erste Abendessen, bei dem die Tochter den Eltern ihren neuen Verlobten vorführt. Die Udo-Tournee-Generalprobe unter Laborbedingungen.

Und das bedeutet auch: Stellt man sich die komplizierte, viel besungene Geschichte des westfälisch-hanseatischen Sänger-Songwriters Udo Lindenberg mit der DDR als dramatisches Theaterstück vor – dann ist der Auftritt in Ostberlin zwar der Höhepunkt. Aber der steht im klassischen Drama eben nicht am Schluss, sondern in der Mitte.

Akt eins, die Exposition. Lindenberg, seit ungefähr 1973 der deutschsprachige Superrockstar der Stunde, bezeugt immer wieder sein großes Interesse an der DDR, an den dortigen Fans und Liebschaften, für die er endlich singen will. Aber zunächst bleibt es bei Lippenbekenntnissen, denn die Grenze ist für ihn dicht.

Akt zwei, die Komplikation. Die Handlung steigt. Während andere Künstler aus der leichteren Unterhaltung öfter und gern zu Gastspielen nach drüben geladen werden, gilt Lindenberg für die Kulturbehörden als unzumutbar. Allerdings: Der Zeitenwandel beginnt. Je stärker der Sänger sich seit Anfang der 80er als Friedensaktivist präsentiert, desto besser wird seine Verhandlungsposition.

Akt drei, Perpetie und Klimax. Im Januar 1983 bringt Udo Lindenberg den Song «Sonderzug nach Pankow» heraus, eine Art musikalischen Brief, in dem er den DDR-Staatsratsvorsitzenden Honecker ausgesprochen flapsig ansingt. Alle zuvor aufgekeimten Beziehungsgraswurzeln Richtung Osten scheinen über Nacht erledigt zu sein. Trotzdem geht der Verhandlungsmarathon weiter, umso intensiver. Er endet damit, dass Lindenberg – nur neun Monate nach Veröffentlichung des Liedes – tatsächlich im Palast der Republik auftritt. Genau so, wie er es sich im Liedtext ausgemalt hat.

Akt vier, die retardierende Handlung. Die Tournee, die grob für Sommer 1984 geplant ist und nach dem Auftritt nur eine Frage der Zeit zu sein scheint, wird immer noch nicht bestätigt. Die DDR-Seite hält Lindenberg hin. Die Dinge ziehen sich.

Akt fünf, die Katastrophe. Man kann es verraten, ohne irgendwem den Spaß zu verderben: Die FDJ teilt mit, dass eine Udo-Lindenberg-Tournee nun doch nicht infrage komme. Über die Gründe gibt es verschiedene Theorien. Keine kann das Rätsel ganz lösen, das im west-östlichen Verhältnis zwischen Lindenberg und der DDR steckt. In diesem poppolitischen Fort-da-Spiel, dieser tiefen, doppelseitigen, heißcoolen Hassliebe.

Erster Akt: Udo Lindenberg streckt die Hand Richtung Osten aus

An ein paar aktuelle Kommentare heranzukommen, die Udo Lindenbergs heutige Sicht auf die Dinge zeigen, ist gar nicht so einfach. Über das Thema DDR habe er schon so oft gesprochen, lässt er ausrichten, mit seufzendem Unterton. Viele Wochen lang tut sich nichts, alle Nachfragen versickern. Dann, auf einmal, zu durchweg ungewöhnlichen Uhrzeiten, antwortet Udo Lindenberg. Per E-Mail, in seinem unverwechselbaren Ton, den kein Imitator richtig hinkriegt, geschmückt mit wildbunten Emojis. In der Signatur steht: «Von meinem uPhone gesendet».

Welchen Blick hatte er auf die DDR, als alles losging? Mitte der 70er galt sie im Westen nur den wenigsten als besonders begehrenswerte Kulturlandschaft, während er schon früh anfing, seine Lieder in Richtung Osten zu singen.

«Hinter den grauen Fassaden – schlummert Feuer und Temperament, wächst die Sehnsucht», antwortet Udo Lindenberg. Die Vision dahinter habe ungefähr so ausgesehen: «Irgendwann nehmen wir das Beste aus den beiden deutschen Staaten und packen das zusammen: Bunte Republik Deutschland.»

Aber wie entwickelte sich aus solchen niedlichen Träumen der Dialog, der amtliche Schriftverkehr? Die Verhandlungsmasse, die in den 80ern eine so politische Dimension bekam, dass sich sogar Erich Honecker selbst mit der Frage nach dem Rock-'n'-Roll-Konzert beschäftigen musste?

«Eigendynamik», schreibt Lindenberg. Und zählt einige der hochkarätigen Leute auf, die ihn zu der Zeit in persönlichen Treffen inspiriert und aktiviert hätten, für die größeren Visionen: «Weizsäcker, Olof Palme, Brandt, Bahr (Ostpolitik). Später dann in Moskau, die Weichenstellung für den Mauerfall (Gorbatschow, Valentin Falin).» Mit Gorbatschow und Falin, seinem Berater und dem früheren russischen Botschafter in Deutschland, sprach Lindenberg auf einer der Moskaureisen, die er Mitte des Jahrzehnts machte. Im August 1985 trat er dort zum ersten Mal auf, bei einer weiteren Ausgabe der Weltjugendfestspiele, im Gorki-Park und in der Halle des Luschniki-Stadions. Später noch in Leningrad.

Bevor die Lawine der Historie ihn an diese großen Orte brachte, hatten Lindenbergs West-Ost-Gespräche sehr klein und privat begonnen. Die Anekdote, wie er 1973 bei einem Ausflug nach Ostberlin eine Art One-Day-Stand mit einer extrem attraktiven Zufallsbekanntschaft hatte, gehört fest zum Alten Testament der Lindenberg-Saga. «Es geht nicht mit uns», soll die angehende Kunststudentin Manuela gesagt haben, so rekonstruierte er den Wortlaut später. «Ich bin Kommunistin, und du wirst Millionär. Der antifaschistische Schutzwall ist zu hoch. Und ein Tagesaufenthalts-Liebchen bin ich nicht.»

Als er kurz nach der Begegnung den Song «Wir wollen doch einfach nur zusammen sein (Mädchen aus Ostberlin)» schrieb, rutschte der Text schon in der zweiten Strophe weit über die tagesaktuell erotische Perspektive hinaus. Schon hier wurde Lindenbergs Exzellenz als Texter und Denker deutlich – sie könnte ein Grund dafür gewesen sein, dass sein Anliegen, so locker aus dem Ärmel gehustet es auch daherkam, relativ bald gehört wurde. Aus der geilen Lust auf Wiedervereinigung wird hier schon gleich die höhere Mission, der Auftrag des Herrn, das Gemeinschaftsding:

Und ihr träumt von einem Rockfestival
Auf dem Alexanderplatz
Mit den Rolling Stones und 'ner Band aus Moskau

Drei Jahre später stand Lindenberg, damals Anfang 30, als Sänger, Autor, Live-Musiker und Plattenverkäufer auf dem ersten Gipfel des Ruhms. Inzwischen hatte er den unschlagbaren Bühnencharakter erfunden, als den man ihn noch heute kennt: den mit Straßenintelligenz und konkurrenzlos stabiler Gelassenheit gesegneten Oberlupo, den Till Eulenspiegel in Lederhose, der mit den Umgangsformen der Unter- und Halbwelt jongliert, dabei aber trotzdem grenzenlos seine Gefühle auslebt. Mitte der 70er galt er als Entdecker einer originären neuen deutschen Coolness, als Rockmusik-Pionier. Nebenbei macht er auch noch Hamburg zur vorübergehenden Nummer-eins-Popmetropole des Landes.

Eines fällt erst im Rückblick richtig auf: Udo Lindenberg war in dieser exzellenten Tagesform natürlich genau die Art von Verhandlungspartner, für den die Bürokratie des Ostens wirklich gar kein Rezept hatte. Und das DDR-Thema blieb weiterhin heiß bei ihm, auch ohne Sex. Die Vorschläge wurden immer konkreter und somit auch problematischer. 1976, kurz vor dem Puhdys-Konzert in der Hamburger Fabrik und damit der Ankunft der Ostbands, sang er im Stück «Rock'n Roll-Arena in Jena»:

Ich würd so gerne bei euch mal singen
Meine Freunde in der DDR
'ne Panik-Tournee, die würd's echt bringen
Ich träume oft davon, wie super das doch wär

Im selben Jahr eröffnete drüben in Ostberlin das Ministerium für Staatssicherheit eine Akte über ihn. Die ersten dort abgelegten und, nun ja: pfeilscharf beobachteten Berichte besagen, Lindenberg sei ein «gleichgültiger, pessimistischer Mensch und tritt betont anarchistisch auf (...). Der Begriff Panik wird von ihm ständig verwandt und spielt in seinem künstlerischen Image eine bewusste Rolle.» Fachleute aus der Künstleragentur hätten zudem zu Protokoll gegeben, der Mann sei nur «ein mittelmäßiger Schlagersänger der BRD (...), an dem keinerlei Interesse besteht».

Aber so resolut die Behörden der DDR auch beteuerten, wie egal er ihnen angeblich war: Der antiautoritäre Lindenberg ließ sie nicht los, selbst dann, wenn er gar nichts machte. Im November 1977 fertigte die Generaldirektion beim Komitee für Unterhaltungskunst eine lange, detaillierte Studie zu Werk und Wirken des Künstlers an, ohne unmittelbaren Anlass. «Die Mehrzahl seiner Titel, die über Probleme Jugendlicher im Spätkapitalismus (...) in der BRD berichten, halten wir für unsere kulturpolitischen Bestrebungen ausnutzbar», war eine der Erkenntnisse. Lindenbergs Anti-Haltung könnte der eigenen Jugend als wunderbar abschreckendes Anschauungsmaterial für die Verkommenheit des Westens verkauft werden. Der Gedanke trug möglicherweise dazu bei, dass die junge Radiowelle DT64 im Februar 1978 die Genehmigung bekam, einige Lindenberg-Stücke zu spielen. Es blieb eine Ausnahme, wenn auch nicht die einzige.

Die Entscheidung für oder gegen ein leibhaftiges DDR-Konzert stand auf einem ganz anderen Blatt. Im März 1979 bekräftigte Lindenberg in einem SFB-Interview noch einmal, dass er unbedingt für seine Freunde drüben spielen wolle, aber noch keine positiven Signale vom «Künstlerdienst» empfangen habe (er meinte wohl die Künstleragentur). Als Kurt Hager im ZK wenige Tage später eine getippte Abschrift des Radiointerviews auf den Tisch bekam, griff er impulsiv zum Stift. Und schrieb quer und mit festem Strich übers Papier, was er über die Sache dachte: «Auftritt in der DDR kommt nicht in Frage». Kein Missverständnis möglich.

Der Star befand sich da gerade auf seiner mächtigen «Dröhnland Symphonie»-Tour durch die Bundesrepublik, einer von Theater-Regiecrack Peter Zadek inszenierten Prachtrevue mit Tänzern, Statisten in Pinguinkonstümen, künstlichem Schnee, einer Peep-Show und einem Straßenkreuzer auf der Bühne. «Sympathie für den Teufel», die deutsche Version des Stones-Hits, sang Lindenberg im Nachthemd und mit Dornenkronenhut, während im Hintergrund große Porträts von Jimmy Carter und Leonid Breschnew hereingetragen wurden, den damaligen Staatschefs von USA und Sowjetunion. Zwei Catcher aus seiner Gang traten für den Rest des Songs gegeneinander an, symbolisch. Der Kalte Krieg als Keilerei. Am Ende fielen beide um.

Zweiter Akt: Die Frankfurter Beatles dürfen kommen, Udo bleibt draußen

«Die Denke hat sich zu der Zeit bei den deutschsprachigen Künstlern im Westen immer mehr durchgesetzt», sagt Christoph Westecker. «Diese Sichtweise: Da drüben ist ein Gebiet mit 16 Millionen Menschen, die uns verstehen, die wir aber nicht kennen. Und die möchten wir mal besuchen.»

Westecker, gebürtiger Hesse, sitzt in seinem großen Wohnzimmer in Schöneiche bei Berlin, nur ein paar Straßen vom Geyermann-Hauptquartier entfernt, in dem wir vorher Peter Meyer von den Puhdys getroffen haben. Die Terrassentür ist offen, der Garten ist grün. Für das Gespräch hat Westecker die Kopien seiner zwei Stasiakten aus dem Schrank geholt, sie liegen neben ihm auf dem Tisch, während er fröhlich Kaffee trinkt. Die zweite Akte habe er extra bestellt, betont er, nachdem er in der ersten kein Wort über seine vielen Abenteuer mit Ostmädchen gefunden habe. Das sei ihm doch sehr lückenhaft vorgekommen.

«Gleichzeitig war es ja so, dass die Bürger der DDR alles über den Westen wussten, alles, in- und auswendig», sagt er. «Sobald man aber in der Bundesrepublik westlich von Hannover war, da war Schluss mit lustig. Da kannte keiner mehr die DDR. Da wussten die Leute wirklich gar nichts.»

Westecker, Jahrgang 1951, geboren in Frankfurt am Main, aufgewachsen in Düsseldorf, hat später als Redakteur und Produzent bei SAT.1 und RTL Karriere gemacht. Davor, als er in Westberlin auf Lehramt studierte, war er auf reichlich eigenwillige Art zu einem Nebenjob als Musikmanager gekommen.

Westecker hatte in Ostberlin Barbara Thalheim mit ihrem Streichquartett gehört. Etwas so Großartiges müsse man doch auch dem BRD-Publikum zugänglich machen, dachte er sich. Also klopfte der studentische Amateur in seinem besten Beerdigungsanzug und mit einem eigens angeschafften Köfferchen bei der DDR-Künstleragentur an. Gab sich als Konzertagent aus, spielte den Offiziellen, und schaffte es tatsächlich, Thalheim und das Quartett für Auftritte ins Quartier Latin nach Westberlin zu holen. Es war der Startpunkt ihrer bald ausgiebigen Westgastspiele.

Er organisierte alles, vermittelte und übersetzte zwischen den zwei Seiten. Bald arbeitete er semiprofessionell als Impresario, stellte Westauftritte von Ostkünstlern auf die Beine. Fungierte als heimlicher Bote, als er die von Thalheim besprochene, skandalöse Kassette durch den Checkpoint brachte, in seinem Strumpf versteckt. Irgendwann begann sein Business auch in die entgegengesetzte Richtung zu laufen.

Egon Werther von der Künstleragentur, mit dem Westecker regelmäßig kommunizierte, fragte an, ob er nicht Lust und Zeit habe, einen Spezialauftrag zu erfüllen. Ein wichtiger westdeutscher Partner der Agentur brauche dringend Unterstützung: ein gewisser Dolf Zenzen, der seit einiger Zeit als Künstlervermittler für den Osten arbeite. Zenzen, in München ansässig, suche ein Außenbüro in Berlin. Könne Westecker das übernehmen?

Zenzen, 1909 geboren, war eigentlich Schauspieler. Hatte unter anderem unter dem «Jud Süß»-Regisseur Veit Harlan studiert, war im Dritten Reich zum gut beschäftigten Bühnenmimen geworden und hatte kleine Rollen in NS-Propagandafilmen wie «Feinde» und «Geheimakte W. B.1» gespielt. Nach dem Krieg trat er lieber hinter die Kulissen zurück, wurde Künstlervermittler, gründete eine Agentur. Er konzentrierte sich unter anderem darauf, westdeutsche Artisten, Zauberkünstler, aber auch Sängerinnen und Sänger an die DDR zu vermitteln.

Der Bedarf wurde seit den frühen 70ern immer größer, für Sendungen wie «Ein Kessel Buntes» und große Galaveranstaltungen. Zenzen leistete hier ganz ähnliche Arbeit wie der Pool-Mann Peter Schimmelpfennig, allerdings von West nach Ost. Er organisierte die Verträge, Modalitäten und Reisen für Lena Valaitis, Katja Ebstein, Roy Black oder Cindy & Bert, wenn sie im Friedrichstadt-Palast, der Stadthalle Cottbus oder im Haus der Kultur in Gera erwartet wurden. Verhandlungen mit der Künstleragentur konnten sich schwierig gestalten, wenn man ihre Sprache nicht sprach. Hier brauchte es Spezialisten.

Westecker, der den Job als Zenzens Berliner Abgeordneter übernahm, fand den Eintritt in eine verrückte Welt. Er kutschierte die Schlagerstars zu ihren Ostauftritten und wieder zurück, oft zusammen mit ihren Schmuggel- und Tauschgütern im Kofferraum: westdeutscher Sanitärbedarf hin, wertvolle Wanduhren aus dem Erzgebirge zurück. Um den russischen Kaviar zu beschaffen, den ein Festivalleiter als Gage für Stephan Sulke versprochen hatte, klapperte Westecker einen Tag lang die Ostberliner Luxushotels ab.

«Einmal betreute ich Costa Cordalis beim Jahresball des BFC Dynamo, im Sportforum Hohenschönhausen», erzählt er. Der Ostberliner Verein, vielfacher Fußballmeister, galt inoffiziell als Stasiklub. Dynamo-Vorsitzender war Ministeriumschef Erich Mielke, der natürlich in der ersten Reihe saß, als Cordalis beim großen Fest sang, begleitet von griechischen Volksmusikern. «Nachdem sie fertig waren, sprang Mielke vom Tisch auf», sagt Westecker. «Er rannte quer über die Tanzfläche zur Bühne, packte Costa, küsste ihn links und rechts, bedankte sich. Er war völlig aus dem Häuschen.»

«Christoph, hast du gesehen, der Minister hat mich geküsst!», sagte Cordalis später stolz zu ihm. Da erklärte Westecker ihm erst einmal, was diese Stasi, die Mielke leitete, eigentlich war und wie sie arbeitete. Hinterher schwor Cordalis, zu Hause niemandem von seinem Dynamo-Triumph zu erzählen.

Wenn es um vergleichsweise leichte Unterhaltung ging, waren westliche Popmusikerinnen und -musiker meist willkommen. «Überall in der DDR finden Musiker und Entertainer aus der Bundesrepublik derzeit übervolle Säle», meldete *Der Spiegel* im April 1978 in einem großen Bericht, in dem auch noch Werner Lamberz zitiert wurde, der Leiter der Abteilung Agitation im Politbüro, der kurz danach in Libyen ums Leben gekommen war. «Unsere Bevölkerung will die Musik-Stars aus dem Westfernsehen auch bühnennah erleben», hatte Lamberz auf seiner SED-Tagung gesagt. «Es passiert gar nichts, wenn wir die West-Leute in die DDR holen.»

Wo bei solchen Aktionen genau die Schmerzgrenze lag, war nicht genau definiert und wurde von Fall zu Fall entschieden. Die britische Softrockband Smokie durfte schon 1976 auf DDR-Tour gehen. Die kanadische Progressivrock-Gruppe Saga schlug 1983 im thüringischen Suhl ihr Probenquartier auf und gab in der Stadthalle ein bald als legendär geltendes Konzert. Udo Jürgens wurde natürlich als Österreicher deklariert. Boney M., die aus der Nähe von Offenbach operierten, dem Domizil ihres Produzenten Frank Farian, kündigte der

«Kessel Buntes» als jamaikanische Band an. Die beliebtesten Gäste aus der unzweifelhaften BRD waren Musiker wie James Last, Max Greger, Klaus Doldinger oder auch Tangerine Dream. Bei ihnen gab es fast nie Songtexte, die man kontrollieren und eventuell anmahnen musste. Natürlich schaute die Künstleragentur sich die Repertoirelisten vorher genau an.

1977 wurden zum ersten Mal vier Künstler ins Land gelassen, die man im weitesten Sinne als westdeutsche Rockgruppe bezeichnen konnte. Die Beatles Revival Band aus Frankfurt am Main war allerdings eher ein Nostalgie-Act, imitierte die Beatles relativ punktgenau und sorgte damit in den Hallen und Kulturhäusern für ein gewisses Aufsehen, ohne allzu viel Radau zu stiften. Bevor die Band 1978 für eine weitere Osttournee zurückkam, veröffentlichte sie auf Schallplatte sogar ein speziell angefertigtes Bruderschaftslied: «Ein Flug in die DDR», eine umgetextete Version des Beatles-Songs «Back In The USSR».

Das letzte Mal war ich vor sieben Jahren da
da sah manches anders aus
Was in der Zeitung steht, ist auch nicht immer wahr
Mann, ich möcht so gern nach Haus

Den selbst im Licht von Willy Brandts neuer Ostpolitik inhaltlich über Gebühr entgegenkommenden Song konnte die Band in Cottbus und Riesa allerdings nicht singen. Auf dem Programm standen nur die englischsprachigen Beatles-Originallieder. Weniger verständlich, weniger riskant. 1982 spielten sie sogar noch eine weitere Tour.

Man kann sich gut vorstellen, wie Udo Lindenberg schäumte, wenn er die Berichte über solche heiteren Ostgastspiele las. «All die ganzen Schlageraffen dürfen da singen», sang er bald in seiner großen musikalischen Beschwerde, und genau diese

Leute meinte er. Die Fans und das Interesse an seiner Musik waren nachweislich da, trotzdem passierte nichts, in seinen Augen: völlig unverständlicherweise. Dass Kurt Hagers Urteil im Raum stand, apodiktisch und unwidersprochen, konnte er nicht wissen. Ein Gastspiel kommt nicht infrage. Punkt.

Dritter Akt, erster Teil: Ein Friedenslied bringt endlich Hoffnung

Viele, wirklich viele Menschen haben schon behauptet, sie wären es gewesen. Sie hätten, unter kompliziertesten Vorbedingungen, 1983 den Auftritt im Palast der Republik möglich gemacht, der doch als völlig ausgeschlossen gegolten hatte. Und wahrscheinlich hatten sogar alle ein bisschen recht, von Fritz Rau bis Egon Krenz.

Allerdings muss man dann, aus purer Fairness, auch Olga in dieser Reihe erwähnen. Olga, die damals fast 80-jährige russische Nachbarin von Jean-Jacques Kravetz, dem Keyboarder von Udo Lindenbergs Panikorchester, der in Hamburg wohnte.

Denn Olgas Tränen besiegelten den Song, der zu einem der wichtigen Türöffner werden sollte. Nicht offiziell, aber wenn es um Stimmungen und politische Erwägungen geht, können auch die sanfteren Argumente brennend relevant sein. Jedenfalls hatten Kravetz und Lindenberg am besagten Nachmittag im Sommer 1981 gemeinsam im Hamburger Teldec-Studio an neuer Musik gearbeitet. Vor allem ein Stück hatte sie schwer beschäftigt: «Wozu sind Kriege da?», ein kinderliedhafter, schwermütiger Text, weit weg vom gewohnten, schnoddrigen Lindenberg-Duktus. Eine zum Klavier gesungene, zeitgemäße Klage, in der der Sänger von der Angst vor der atomaren Nachrüstung erzählte, formuliert in Grundschülerfragen:

Herr Präsident, ich bin jetzt zehn Jahre alt
Und ich fürchte mich in diesem Atomraketenwald.
Sag mir die Wahrheit, sag mir das jetzt
Wofür wird mein Leben aufs Spiel gesetzt?

Eigentlich müsse das ein Kind singen, meinte der Pianist. Ja, aber welches?, fragte Lindenberg zurück. Dabei lag die Antwort so nahe.

Kravetz hatte ausgerechnet an diesem Tag seinen Sohn Pascal mit ins Studio gebracht, nur um ihm einmal alles zu zeigen. Pascal, elf Jahre, lebte eigentlich bei der Mutter in Uetersen, die Eltern waren frisch geschieden. Aber an dem Tag kam er abends noch mit zum Vater. Ob er das Lied mit dem Krieg mal singen dürfe, fragte Pascal im Taxi. Er hatte sich im Proberaum Notizen gemacht und konnte den ganzen Text.

Zu Hause spielte Kravetz das Stück auf dem Klavier, Pascal sang dazu. Der Vater war sprachlos. Als Erstes riefen sie die Nachbarin: «Olga, wir müssen dir was vorspielen.» Als die alte Russin den kleinen Deutschen so herzzerreißend von Krieg und Tod singen hörte, brach sie in Tränen aus. Das war's. Ein paar Tage später wurde der Song für die Veröffentlichung aufgenommen, als Duett von Udo Lindenberg und Klein Pascal. Dass er schon elf war, im Text aber «zehn» sang, war ein inhaltliches Opfer, das man für den Wohlklang durchaus bringen konnte.

«Udo hat sich in seinen Texten immer mit dem beschäftigt, was um ihn herum los war», sagt Kravetz heute, mit Mitte siebzig, an seinem Wohnzimmertisch in Jesteburg bei Hamburg. «Und wenn die Ereignisse tragischer wurden, wurden es eben auch die Lieder. Wir haben damals viel über die wirklich beunruhigende Situation in der Welt gesprochen. Natürlich waren wir alle gegen die Aufrüstung.»

«Wozu sind Kriege da?» wurde, obwohl viele das Lied als

Kitsch beschimpften, im Herbst 1981 nicht nur zum bislang größten Hiterfolg des Sängers in der BRD. Ein knappes Jahr später eröffnete der Song die Lindenberg-LP, die der VEB Deutsche Schallplatten herausbrachte. Die Udo-Amiga-Platte, gepresst in einer Auflage von 50 000 Stück, enthielt zwölf Lieder, die etwas wahllos aus dem Gesamtwerk herausgepickt waren. Ein plötzlicher, beachtlicher Kurswechsel beim Umgang mit dem Verfemten. Ende April 1982 brachte die *Junge Welt* sogar ein ausführliches Interview mit ihm, in dem es vor allem um die drohende Nato-Nachrüstung in Europa ging. Lindenberg beschwerte sich später, seine DDR-kritischen Statements seien allesamt gestrichen worden. Es dürfte ihn kaum überrascht haben.

Über die genauen Gründe dafür, dass der eben noch als Quasi-Staatsfeind gebrandmarkte Sänger Anfang der 80er so schnell und überraschend in der Ostberliner Gunst stieg, lässt sich nur mutmaßen. Als Erstes fällt einem die Komitee-Aussage von 1977 ein: «Die Mehrzahl seiner Titel (…) halten wir für unsere kulturpolitischen Bestrebungen ausnutzbar.» Ein BRD-Rebell, der den bündnistechnischen Schulterschluss mit den USA so emotional und öffentlichkeitswirksam ablehnte, war als Exempel für die DDR interessant.

Hinter Lindenbergs Engagement gegen die atomare Aufrüstung war inzwischen sogar noch mehr Feuer gekommen. Er trat für die in der BRD ansässige Sozialistische Deutsche Arbeiterjugend auf, unterstützte den 1980 gestarteten Krefelder Appell gegen die Umsetzung des Nato-Doppelbeschlusses, die unter anderem besagte, dass amerikanische Mittelstreckenraketen in Westeuropa aufgestellt werden sollten. Im November 1981 war er beim «Künstler für den Frieden»-Superkonzert in der Dortmunder Westfalenhalle dabei und sang für die mehr als 10 000 Leute «Wozu sind Kriege da?», dieses Mal allein.

«Das könnte doch auch eine Veranstaltungsidee für uns sein», dachte Hartmut König, damals FDJ-Kulturchef und Mitglied der Kulturkommission des Politbüros, der in Dortmund als Beobachter im Saal dabei war und die Szene in seiner Autobiografie schildert. «Und wie sich Udo Lindenberg dazugestellt hat, macht nicht nur mich aufmerksam.»

Partei und Kulturapparat änderten ihre Taktik. Sie betrachteten Lindenberg zwar weiter als Problemfall. Aber sie begannen auszuprobieren, wie sie seine DDR-Berühmtheit dennoch für ihre Zwecke nutzen könnten.

Von der anderen Seite sah es noch verzwirbelter aus. Würde Lindenberg jetzt erst mal ein bisschen mitspielen und zum Schein die Erwartungen erfüllen, so rechnete es sich sein Lager aus, könnte er damit endlich den berühmten Fuß in die Tür bekommen. Ein kleiner, strategischer Flirt mit den Oberen – vielleicht läge darin das Potenzial, ihn doch noch zu den Ostfans zu bringen, auf die lang ersehnte Tour. Als kapitalistisch-sozialistischer Doppelagent.

«Lindenberg war ja auch alles andere als ein Antikommunist», sagt Michel Gaißmayer, der den Sänger nie kumpelhaft «Udo» nennt, obwohl die zwei Männer seit damals eng befreundet sind. Gaißmayer, Jahrgang 1937, Westberliner, ist ein kultureller Grenzgänger. Autor, Regisseur, Kurator, Berater und einer, der in Lindenbergs Sache zum entscheidenden Verhandler werden sollte. «Er hat eine Fähigkeit, die nur wenige haben», sagt er heute über den Künstler. «Er behandelt die Putzfrau im Hotel genauso wie die Frau des Generaldirektors, absolut unvoreingenommen. Und die DDR war ja nun mal das Land der kleinen Leute.»

Gaißmayer ist eine beeindruckende Erscheinung. Sein Leben ist tief in der deutschen Kriegs- und Nachkriegshistorie verankert, in der Kulturgeschichte des Wiederaufbaus. Er arbeitete mit Regisseuren wie Erwin Piscator und Alexander

Kluge, hatte als junger Mann mit Jean-Paul Sartre und Helene Weigel zu tun. Mitte der 60er war er in Berlin einige Zeit der kulturpolitische Berater von Willy Brandt, bevor der 1966 nach Bonn ging. Zugleich pflegte Gaißmayer enge intellektuelle Verbindungen nach drüben, zur Ostberliner Akademie der Künste, zu Heiner Müller, zum «Solo Sunny»-Regisseur Konrad Wolf und vielen anderen.

«Ich blickte positiv auf die DDR», sagt er beim Treffen im Café des Berliner Erste-Klasse-Hotels, in dem er zu der Zeit wohnt. Er erscheint ganz in Schwarz, spricht leise und hundertprozentig exakt und rührt den Cappuccino erst an, als der nach zweieinhalb konzentrierten Stunden längst kalt ist. Ende der 50er war Gaißmayer Mitglied der Westberliner SED-Enklave geworden, ein eher ungewöhnliches Parteibekenntnis. «Meine Haltung hatte damit zu tun, dass in der Bundesrepublik nach dem Krieg praktisch keine Aufarbeitung der Nazizeit zu beobachten war. Eine wirkliche Diskussion über die Konzentrationslager ging erst los, nachdem 1979 die Serie ‹Holocaust› im deutschen Fernsehen gelaufen war. Nicht dass ich die Verhältnisse in der DDR unterschätzt oder gutgeheißen hätte. Aber sie hatten mit dem Marxismus eine Grundlage, aus der etwas hätte werden können.»

Lindenberg nahm er 1979 zum ersten Mal wahr, als er eine Aufführung der «Dröhnland Symphonie» besuchte, aus reinem Interesse an der Arbeit von Regisseur Zadek. Mit Rock und Pop hatte Gaißmayer wenig zu tun, aber er war begeistert von der Show. Gut drei Jahre später lernten Lindenberg und er sich kennen, Ende 1982 am Set von Adolf Winkelmanns Film «Super», in dem der Sänger mitspielte. Er wolle so gern in der DDR auftreten, erzählte er dem Kultur-Unterhändler. Ob er als Insider da nicht irgendwas deichseln könne?

Ein kurioser Zufall kam Gaißmayer zu Hilfe. Ungefähr zur selben Zeit hatte sich Rudolf Augstein bei ihm gemeldet, der

Chefredakteur des *Spiegel*. Augstein wollte auch etwas von ihm. Er träumte davon, Markus Wolf fürs Magazin zu interviewen, den Auslandschef der Stasi – und er wusste, dass Gaißmayer Wolfs inzwischen verstorbenen Bruder Konrad gekannt hatte. Die Anfrage Augsteins, die Gaißmayer stellvertretend in seine weit verästelten Kanäle gab, wurde tatsächlich bestätigt. Ja, hieß es, Wolf sei bereit, mit dem Westjournalisten zu sprechen.

Eine Sensation. Doch sie hielt nur drei Tage. Es tue ihm schrecklich leid, ließ Markus Wolf ausrichten, aber Minister Erich Mielke habe ihm das Interview nun doch untersagt. Könne er Gaißmayer denn, nachdem er ihm diese peinliche Kehrtwende beschert habe, vielleicht einen anderen Wunsch erfüllen?

Aber natürlich, antwortete Gaißmayer. Wolf solle dafür sorgen, dass Udo Lindenberg in der DDR singen könne. Nein, da seien ihm leider die Hände gebunden, meinte Wolf: Lindenberg, das sei eine große, ganz weit oben aufgehängte Sache. Aber er habe eine Idee. Gaißmayer könne seine Anfrage doch schriftlich stellen. Er solle einen Brief direkt an den Staatsratsvorsitzenden Honecker schreiben, persönlich adressiert. Allein er könne das entscheiden.

Wenn ein solcher Rat direkt aus dem Hauptquartier der Stasi kam, musste es ein guter Rat sein. Und trotzdem gab es schon wieder ein Problem. Ein neues, fundamentales. So ernst, dass alle Beteiligten sich fragten, wie man jetzt überhaupt noch weiterverhandeln sollte.

Dritter Akt, zweiter Teil: eine mittlere Katastrophe und der Brief an Honecker

Was dachte der Sänger Udo Lindenberg sich dabei, als er Anfang 1983 «Sonderzug nach Pankow» herausbrachte? War ihm klar, dass er mit einem derart konfrontativen Song alles wieder einreißen könnte, was sich in den letzten drei Jahren zu seinen Gunsten entwickelt hatte?

«Als ich den ‹Sonderzug›-Text schrieb», antwortet Lindenberg auf die Frage, «dachte ich: Da geht's jetzt um ‹all or nothing›!» Und macht ein Hut-Emoji dahinter.

Die maximale Provokation, um eine Reaktion irgendeiner Art zu erzwingen. So klang «Sonderzug nach Pankow» tatsächlich, wie ein letztes, großes Auf-den-Tisch-Hauen, weil er sich anders nicht hörbar machen konnte. Lindenberg reklamierte in seinem Song öffentlich und explizit, dass er als vermeintlich einziger Westkünstler nicht in der DDR spielen dürfe. Er nannte Honecker beim Namen. Fragte kumpelhaft, ob er sich nicht auch oft wie ein kleiner Rocker fühle und in der Lederjacke Westradio höre.

In der BRD stieg die Single bis auf Nummer fünf der Charts, sie war ein gigantischer Hit. Die Stasi stellte derweil in einem langen Gutachten fest, dass das öffentliche Vorspielen oder Singen des Songs in der DDR den Straftatbestand der Beleidigung erfülle und entsprechend geahndet werden müsse.

«Das war einfach Udos Humor», sagt Keyboarder Kravetz. «Als Franzose hatte ich eine etwas andere Sicht auf die Dinge, aber ich fand das Lied echt lustig. Wie da bei Konzerten immer der Zug auf die Bühne gefahren kam, herrlich.»

«Als ich das Stück hörte», sagt Michel Gaißmayer, «dachte ich im ersten Moment, und bitte verzeihen Sie mir die ungeschminkten Worte: Was für ein Idiot!»

Die Fortschritte, die Udo Lindenberg mit dem vorbildlichen, verantwortungsvollen «Wozu sind Kriege da?» erreicht hatte, hatte er mit dem provokanten «Sonderzug nach Pankow» schnippeldidum wieder zunichtegemacht. Die Fans im Osten lachten laut mit ihm, aber was nützte es? Ein Auftritt im Palast des mutwillig gekränkten Honecker erschien im Frühjahr 1983 auf einmal noch unmöglicher als je zuvor.

Aber Gaißmayer gab nicht auf. Der Brief an den Staatschef, den er auf Empfehlung von Markus Wolf schreiben sollte, musste nun eben noch besser werden, viel besser. Er schrieb in der Ich-Form, als wäre er Udo Lindenberg. Er nahm sich viel, viel Zeit. Er konzipierte, verwarf wieder, suchte nach den hundertprozentig richtigen, im Zweifel bombensicher mehrdeutigen Worten.

«Es war ein Balanceakt», sagt er heute. «Der Brief sollte zum einen bei Honecker den erhofften Erfolg haben, durfte aber auch von Lindenbergs Seite auf keinen Fall zu anbiedernd klingen. Keine Seite durfte ihr Gesicht verlieren.» Die schwedische Fotografin Kristina Eriksson, seine Lebensgefährtin, saß an der Schreibmaschine, zusammen feilten sie am Text. Lindenberg war mit allem einverstanden und unterschrieb. Am 5. September 1983 ging das dreiseitige Schriftstück im Büro Honeckers ein.

«Sehr geehrter Herr Honecker! Ich wende mich mit einer Bitte an Sie», beginnt der Text. Das Wort «Irritation» zieht sich durch, in mehreren Bedeutungsschattierungen. Lindenberg sei irritiert, dass andere Künstler ihm vorgezogen worden seien, obwohl er sich redlich um einen DDR-Auftritt bemüht habe – aber er gebe auch zu, dass manche seiner Äußerungen wohl «Irritationen hervorgerufen» hätten. Unter anderem der «Sonderzug»-Song, den die meisten aber einfach nur missverstanden hätten. Jedenfalls verfolge er Honeckers «Initiativen zur Friedenssicherung aufmerksam» und werde in Ostberlin gern auch ohne Gage und mit einem Programm auftreten, das keine gefährlichen Lieder enthalte.

Der Brief war ein sanftes, nur für die Eingeweihten spürbares Zurückrudern hinter Lindenbergs frühere Aussagen. Dennoch hatte Gaißmayer keinen einzigen Satz als direkte Bitte formuliert. Der Sänger erklärte sich. Er bettelte aber nicht. Es war ein Meisterstück der diplomatischen Sprachkunst.

Und man kann kurz vorgreifen: Der letzte, verzweifelte Kommunikationsversuch entfaltete seinen vollen Effekt. Ab sofort ging alles, was sich davor jahrelang zäh und missverständlich hingezogen hatte, wahnsinnig schnell.

Honecker mochte den Brief offenbar. «Lindenberg, ist das nicht der, der mich Honey nennt?», soll er Egon Krenz gefragt haben, den Genossen aus dem Staatsrat, der als Zentralratschef für die FDJ zuständig war. Honecker übergab den Fall an ihn. Er solle bitte ausloten, wie man die Lindenberg-Sache schnellstmöglich realisieren könne.

Egon Krenz kam ins Schwitzen. Der politische Aufsteiger stand unmittelbar vor einem Jobwechsel, er sollte ins Politbüro einziehen und dort als ZK-Sekretär unter anderem für nationale Sicherheitsfragen zuständig sein. Das Projekt Lindenberg, bei dem so viel schiefgehen konnte, passte ihm in diesem Moment überhaupt nicht in den Plan. Es hatte das Potenzial, noch im letzten Moment seinen Ruf zu ruinieren. Vielleicht hatte Krenz genau deswegen die grandiose Idee. Man könne den Sänger doch einfach in eine Veranstaltung hineinsortieren, die sowieso stattfinden würde: in den Abschlussabend der Internationalen Liedertournee der FDJ, der Ende Oktober für den Palast der Republik vorgesehen war. Das Motto der Veranstaltung: «Für den Frieden der Welt – weg mit dem Nato-Raketenbeschluss».

Die Vorteile lagen auf der Hand. Zum einen würde das scharfe Profil Lindenbergs die Friedensrevue bereichern und nach außen wie ein besonders weltoffenes Statement wirken. Zugleich würde man ihm auf die Art aber keine Bühne zur Verfügung stellen, auf der er sich allzu hedonistisch ausbreiten konnte. Und, auch das war wichtig: Man könnte auf diesem Umweg vielleicht an den amerikanischen Superstar Harry Belafonte herankommen, den vor allem Krenz liebend gern als Stargast des Abends begrüßt hätte. Fritz Rau, Lindenbergs Tourmanager und väterlicher Adlatus, vertrat auch Belafonte und hatte bereits signalisiert, er werde sich wohlwollend und kooperativ für dessen Mitwirkung engagieren, wenn man seinem Schützling Udo endlich den Wunsch erfülle.

«Einverstanden!», soll Erich Honeckers schneller Kommentar zum Konzept von Krenz gewesen sein. Und die FDJ sowie das Organisationsbüro des jährlichen Festivals des politischen Liedes machten sich an die Arbeit.

Nur sieben Wochen nachdem Honecker den Brief von Michel Gaißmayer bekommen hatte, fand der Auftritt von Udo Lindenberg im Palast der Republik tatsächlich statt.

Vierter Akt: Gehorsam, Rebellion und eine plötzlich tote Leitung

«Mit dem Barscheck der totalen Gesinnungsaufgabe bezahlt Lindenberg den ‹DDR›-Eintrittspreis», schrieb zwei Tage nach dem Konzert *Die Welt*, eine Springer-Tageszeitung, weshalb die DDR in Anführungszeichen stand. «Jetzt ist er bar jeder Glaubwürdigkeit. Marketing eines gefallenen Friedensengels.» Viele sahen es ähnlich. Lindenberg habe sich billig an die SED und ihre Interessen verkauft, als er den Auftritt unter diesen kompromittierenden Bedingungen zusagte. Wobei er sich ja nicht mal verkauft hatte, denn Geld hatte es für die Show nicht gegeben.

Der Stasi-Abschlussbericht resümierte ungleich lebensfroher: «Die Veranstaltung verlief ohne Vorkommnisse, und das politische Ziel dieser Friedensmanifestation wurde erreicht.» Aber wenn es denn stimmt, dass Lindenbergs historische Stippvisite vor allem ein Eignungstest war, dann lag die viel wichtigere Bilanzfrage doch etwas tiefer. Die Frage, wie die Manöverkritik nun im Detail aussah. Ob es für die Tour reichte, die angeblich ja schon so gut wie abgemacht war. Ob die Zugeständnisse, die dem Sänger in den Westmedien um die Ohren gehauen wurden, wenigstens ihren salomonischen Zweck erfüllt hatten.

Man kann die Punkte einzeln durchgehen. Krawalle im Saal, das lässt sich mit Gewissheit sagen, gab es keine. Die FDJ-Leitungsstellen hatten den Anteil der 4200 Sitzplatzkarten, der nicht an Funktionäre und ihr Umfeld ging, von vornherein «an bewährte Jugendliche ausgegeben», wie es ein Stasibericht sagte. Einen öffentlichen Verkauf gab es nicht. Viele, nicht alle dieser Privilegierten, waren in FDJ-Uniformen erschienen, den berühmten blauen Hemden. Auch unter ihnen dürfte eine beträchtliche Zahl von Lindenberg-Fans gewesen sein. Sie gaben allerdings acht, bloß nicht zu begeistert zu wirken.

Alle anderen konnten das Konzert zumindest im Fernsehen sehen, was in der DDR auch nicht besonders häufig vorkam. Da lief es am selben Abend, aber für alle Fälle mit einer kleinen Zeitverzögerung.

«Der Palast der Republik war eine traumhafte Halle», erinnert sich Jean-Jacques Kravetz. «Rote Sessel, eine brillante Akustik. Wir haben den Saal beim Soundcheck ja leer gesehen, und ich fragte mich: Wie kann man nur für so viel Geld so ein irres Ding hinstellen? Als ich Jahre später erfuhr, dass da überall Asbest verbaut war, wurde mir ganz schlecht.» Die Atmosphäre am Abend sei alles andere als feindlich gewesen.

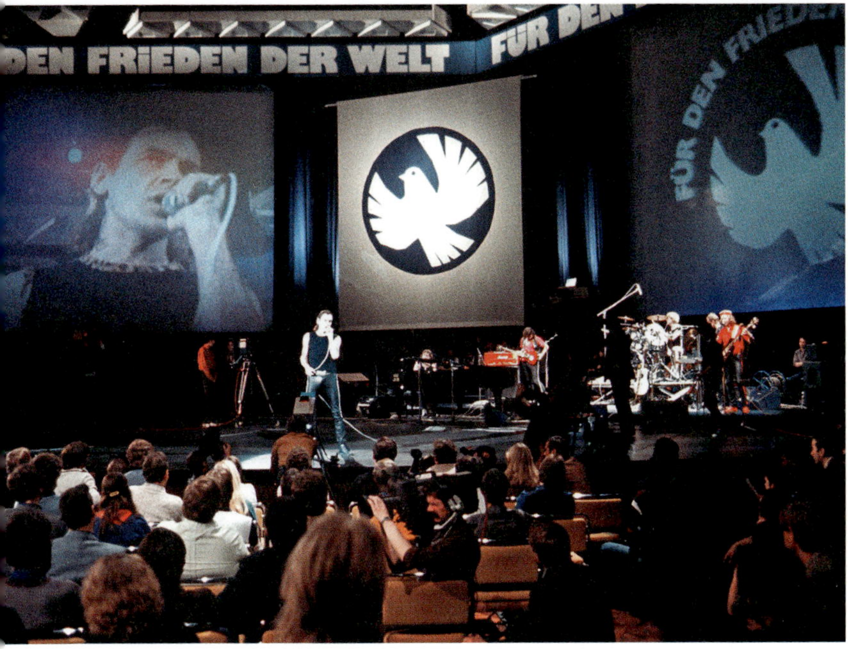

Ein umstrittener Meilenstein: Am 25. Oktober 1983 spielen Udo Lindenberg und seine Band im Palast der Republik (S. 200).

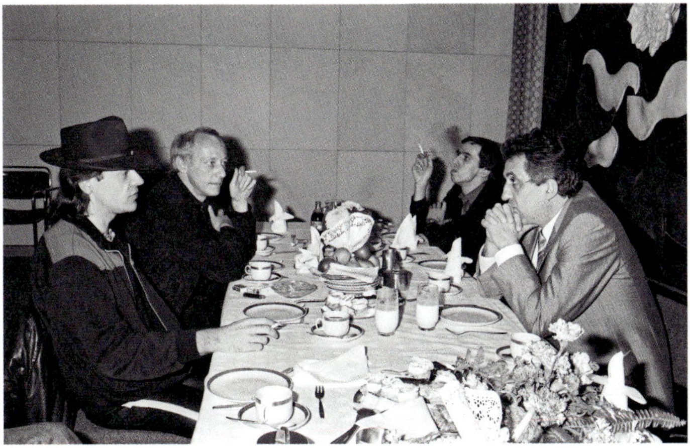

Protokoll vor der Show: Lindenberg mit FDJ-Zentralratssekretär Egon Krenz im Lindenrestaurant des Palasts, auf dem Tisch die berühmten Buttermilchgläser. Rechts neben dem Sänger: sein Berater Michel Gaißmayer (S. 223).

Links: Lindenberg lässt sich von den Fans vor dem Palast feiern – eine Szene, die die Gastgeber eigentlich verhindern wollten (S. 225).

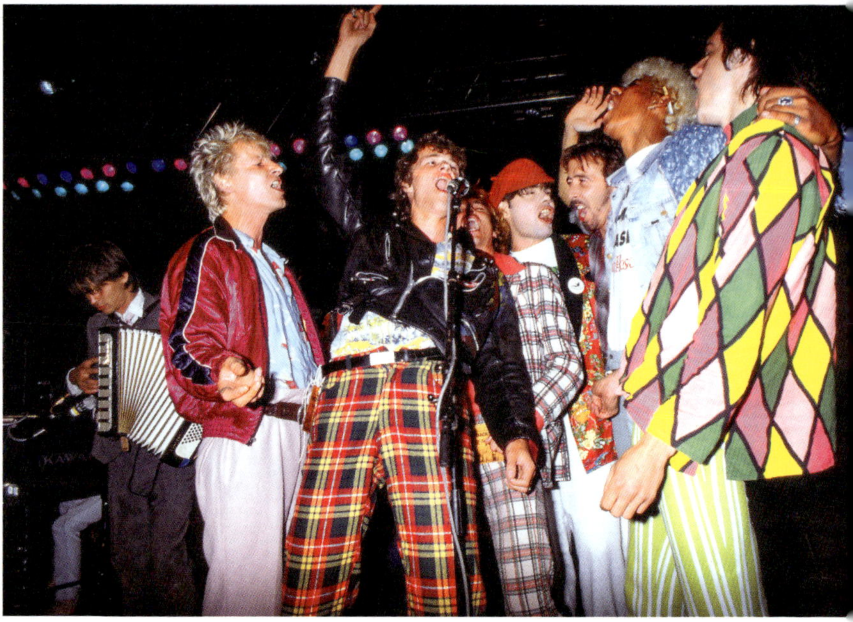

Mitglieder der Toten Hosen, von Alphaville, Spliff, Theatre du Pain und weiteren Bands, im Protest vereint beim Anti-WAAhnsinns-Festival 1986 in Burglengenfeld (S. 324).

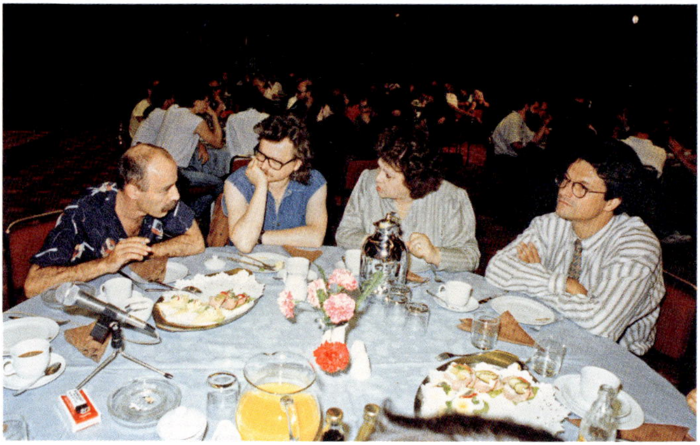

Musikdiplomatie im August 1989: Toni Krahl von City, Heinz Rudolf Kunze, Dichterin Gisela Steineckert und Diether Dehm beim Dinner zur Rockpoeten-Tour durch die DDR (S. 324).

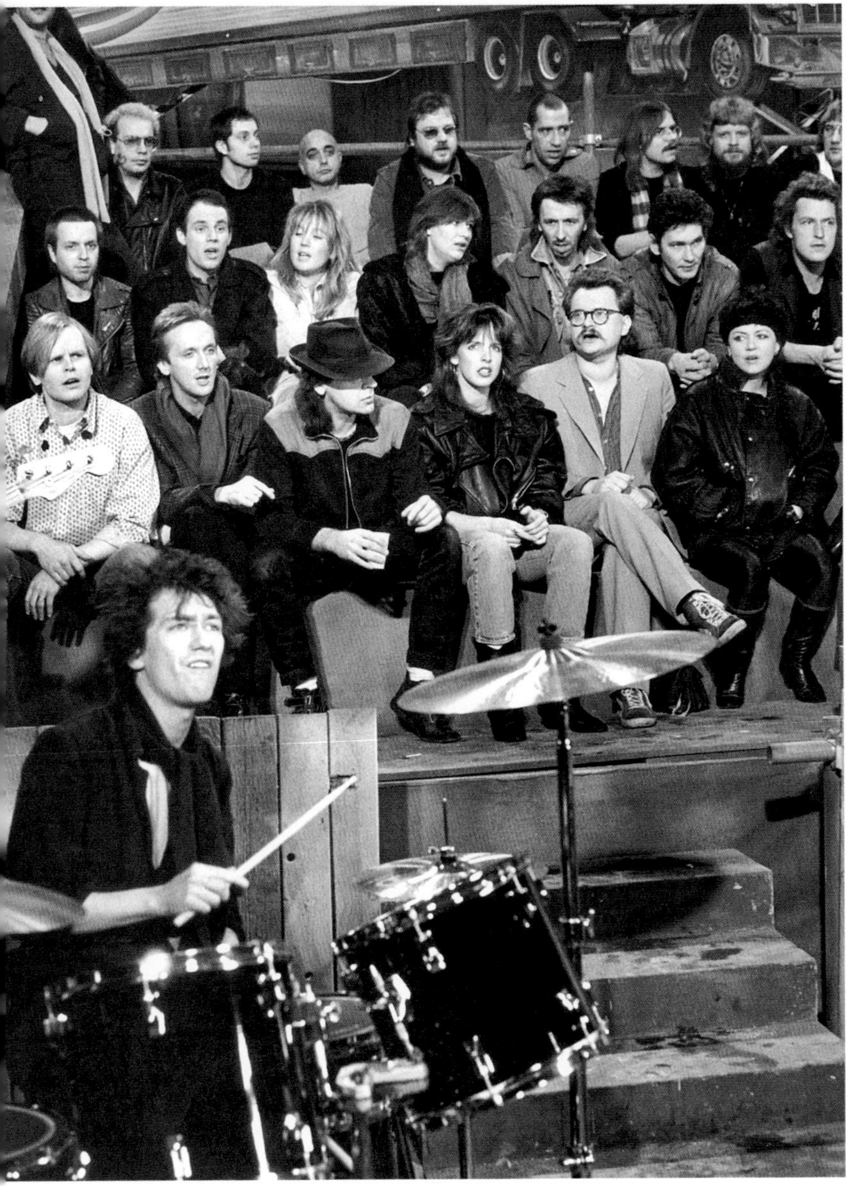

Westdeutscher Rock zeigt sich engagiert: Im Januar 1985 singt die szeneübergreifende Band für Afrika «Nackt im Wind». Vorn: Drummer George Kranz (S. 323).

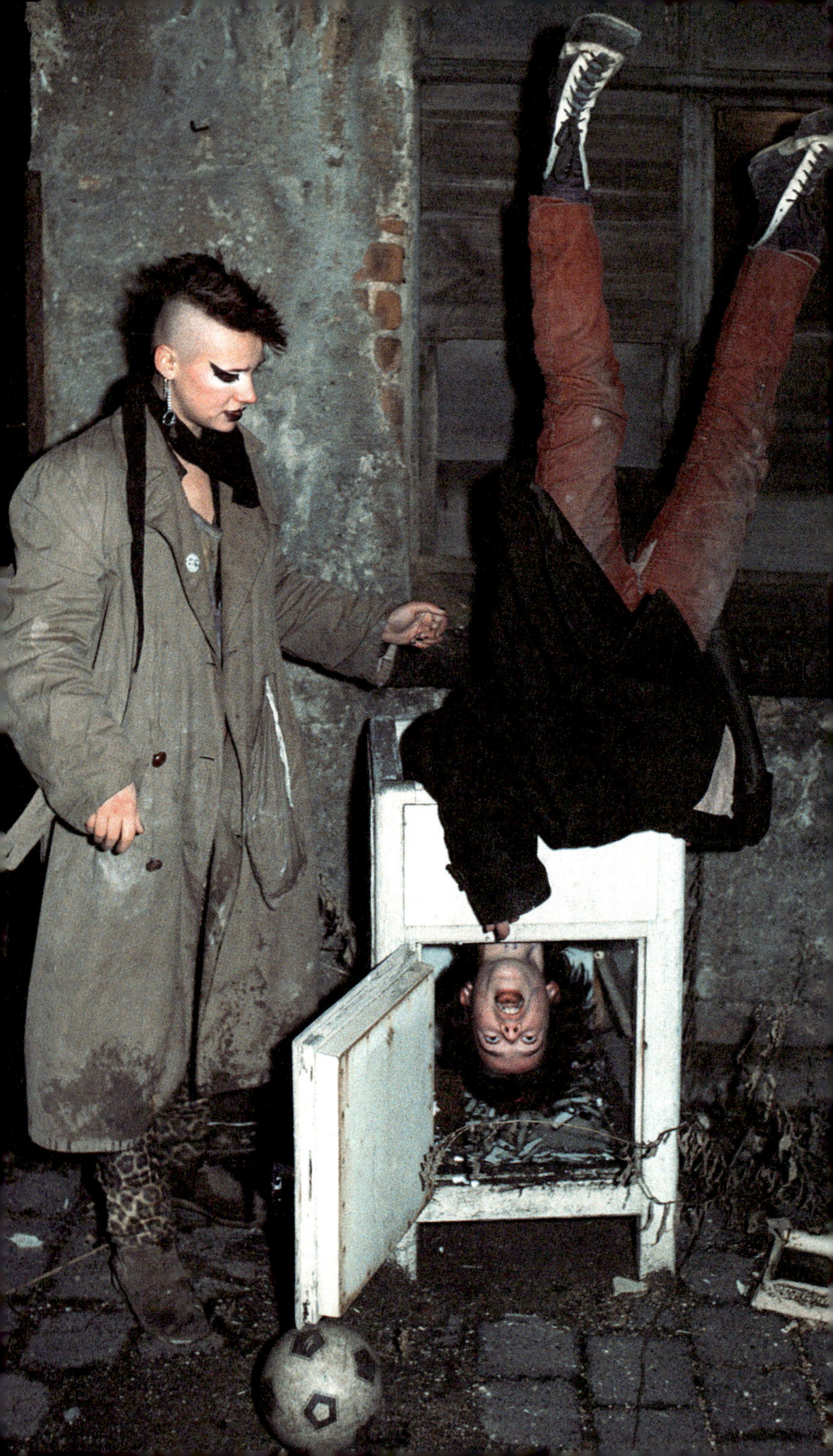

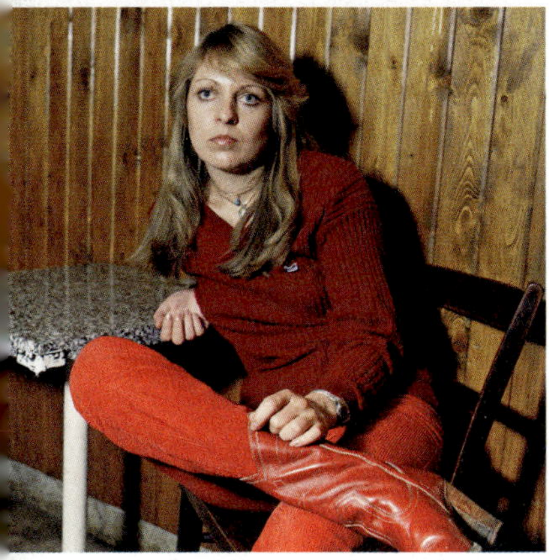

Silly-Sängerin Tamara Danz im September 1980, auf dem Weg zur Ikone und zu einer der essenziellen Stimmen der Wende (S. 363).

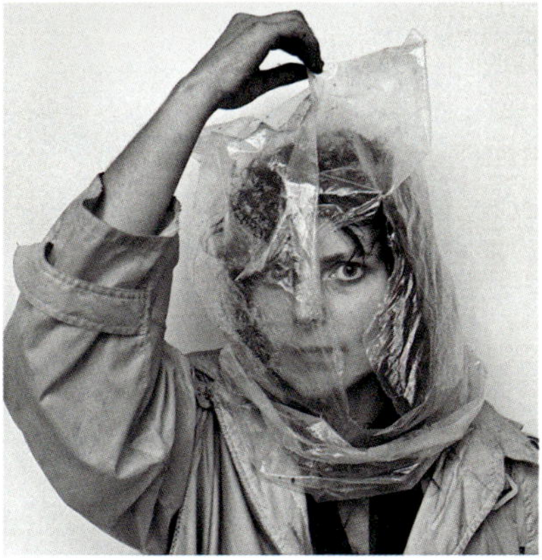

Cornelia Schleime, Künstlerin und Punk-Poetin, in ihrer Performance «Ich halte doch nicht die Luft an» von 1982 (S. 280).

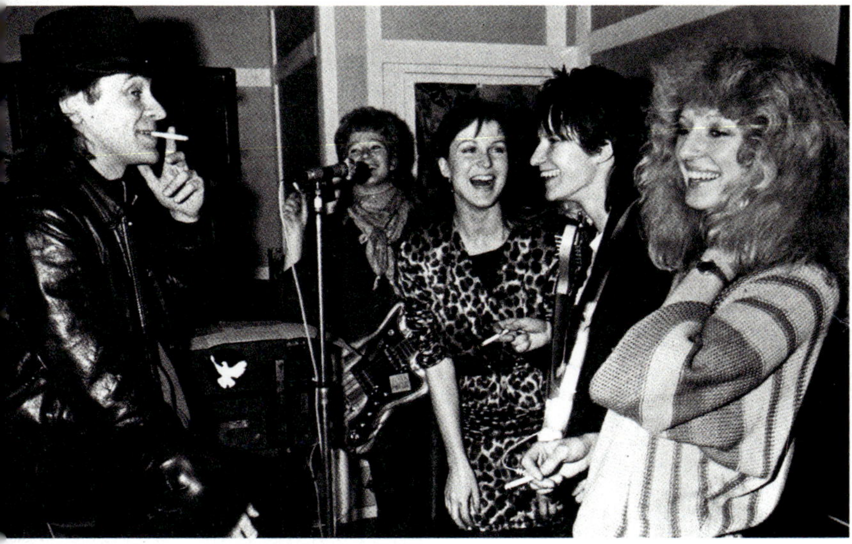

Mona Lise, die berühmteste weibliche New-Wave-Band der DDR, bekommt Anfang 1984 Proberaumbesuch von Udo Lindenberg. Aus der gemeinsamen Tour wird aber nichts. Ganz rechts: Tina Powileit (S. 388).

Links: Das System auf den Kopf stellen – Jana Schloßer (l.), 19, und Mita Schamal, 17, von der Punkband Namenlos 1983 in Leipzig. Kurz darauf werden alle vier Mitglieder verhaftet (S. 274).

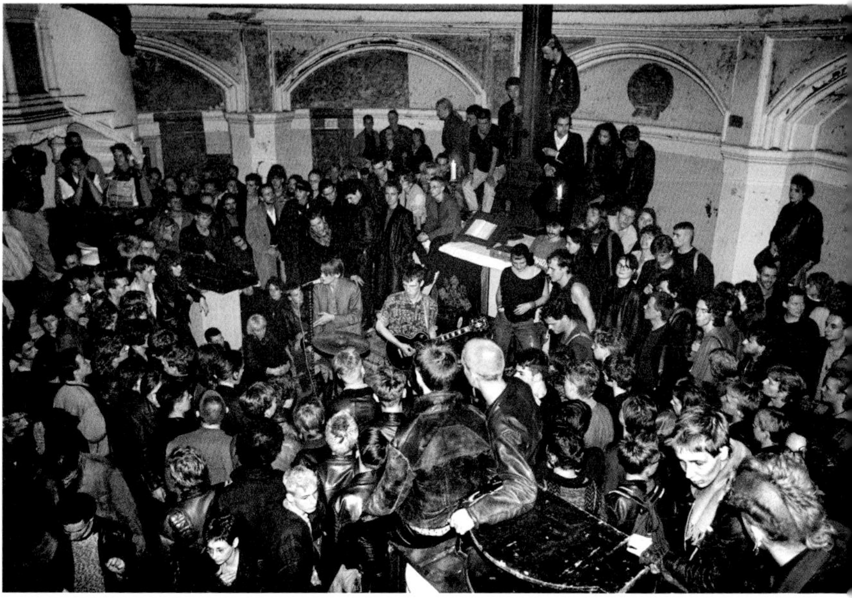

Element of Crime spielen am 17. Oktober 1987 illegal in der vollen Zionskirche. Nach dem Konzert stürmen rechte Skinheads den Saal (S. 384).

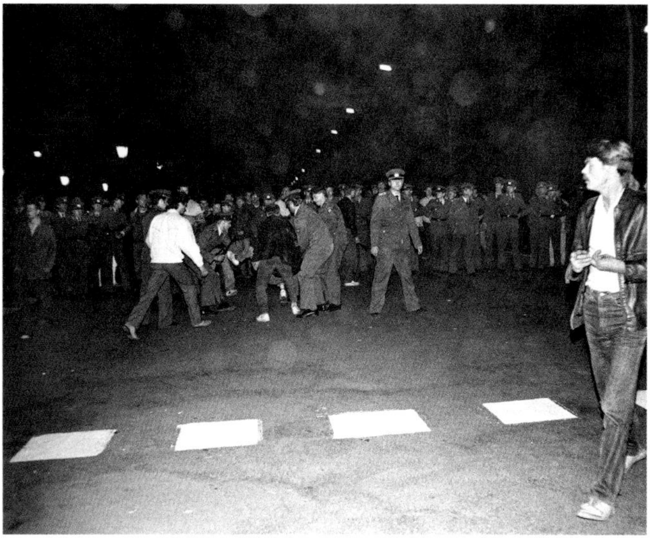

Pfingsten 1987: In Ostberlin hören Tausende einem Konzert jenseits der Mauer zu und werden daraufhin von Stasi und Polizei drangsaliert. Ein rares Foto vom zweiten Abend (S. 342).

Rechts: Zum Konzert von Bruce Springsteen in Ostberlin-Weißensee kommen am 19. Juli 1988 rund 160 000 Menschen. Die USA-Flaggen sind notgedrungen selbst gebastelt (S. 349).

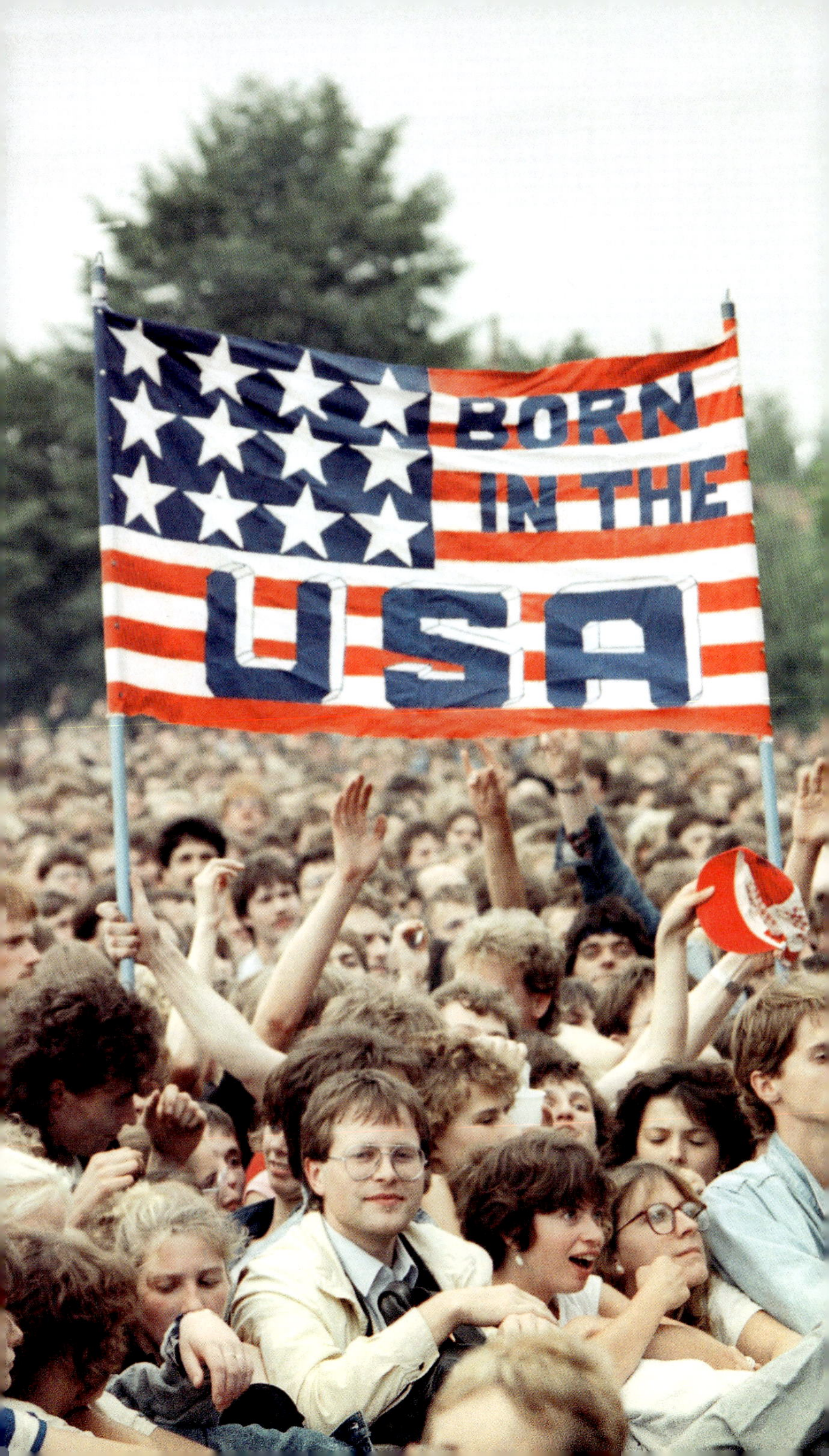
BORN
IN THE
USA

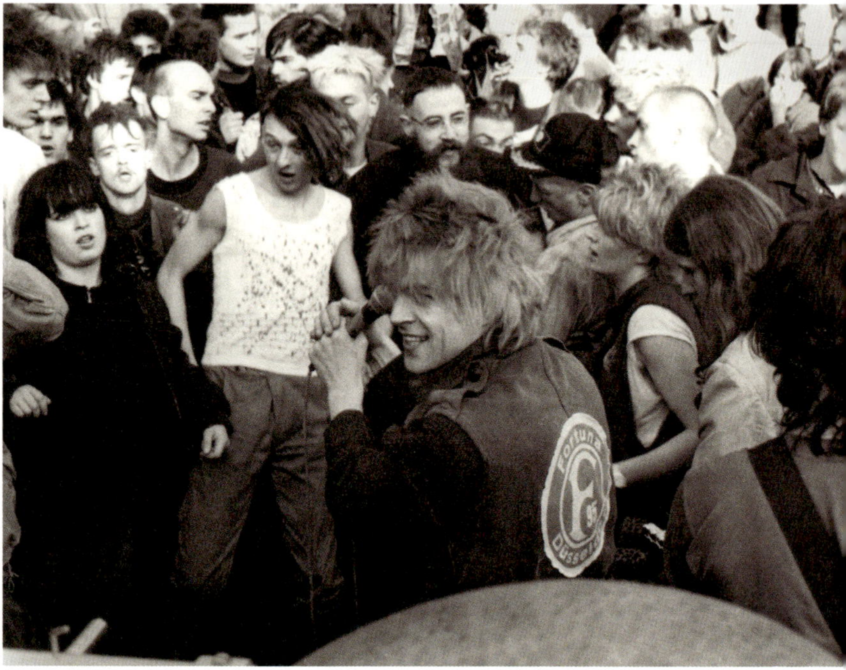

Keine Disco in Moskau, aber fast: Die Toten Hosen 1988 beim Guerilla-Konzert auf dem Kinderspielplatz der Hoffnungskirche Pankow (S. 298).

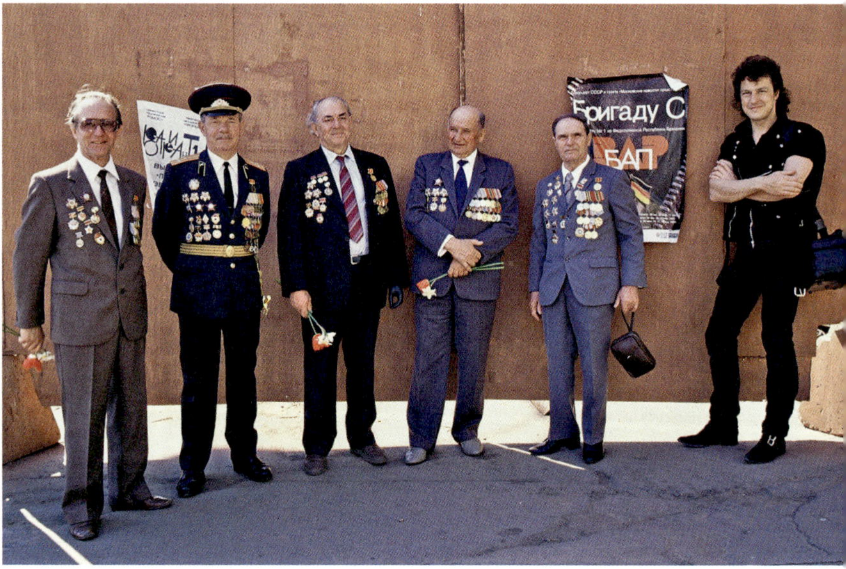

In der DDR durfte die Kölner Band BAP nie öffentlich auftreten, aber in der Sowjetunion gab sie 1989 sechs Konzerte. Hier: Wolfgang Niedecken mit Armeeveteranen in Moskau (S. 325).

«Die Leute haben schon geklatscht. Es war halt kein Rock-'n'-Roll-Publikum. Wir waren anderes gewohnt.»

Wie fühlte es sich für den Künstler Lindenberg an, vor dieser bestellten Kulisse zu singen? Mit zerrissenem Herzen, während er wusste, dass draußen vor der Halle die freilaufenden Fans seinen Namen riefen?

«Ich hab für die Leute draußen an den TVs performt», antwortet Udo Lindenberg. «Die Steiff-Tiere im Saal – ich wusste ja, die hätten ja gern, die durften ja nicht: abgeh'n wie die Zäpfchen ...»

Es war ein außergewöhnliches Konzept: Lindenberg und sein Panikorchester spielten im Palast der Republik eigentlich für die Leute, die gar nicht da waren. Für ein unsichtbares Publikum, einerseits das vor den Fernsehern, aber vor allem für die Menge, die draußen auf dem Platz stand und der Lindenberg am Nachmittag kurz persönlich Hallo gesagt hatte. Von den zeitweise über 500 Aufrechten wurden im Lauf des Abends 44 von den Polizisten und Stasibeamten verhaftet und abgeführt. Im offiziellen Bericht war von 25 die Rede, aber spätere Recherchen ergaben eine höhere Zahl. Zeugen berichteten später, dass einige auf den Wachen verprügelt und brutal eingeschüchtert wurden, bevor man sie wieder laufen ließ.

Es war eine Show für die Abwesenden, und diese seltsame Konstellation ist eine der wenigen denkbaren Erklärungen dafür, dass die Band – im reichlich kühlen Ambiente des Saals und in der kurzen Bühnenzeit – eine so erstaunliche Menge an Energie entwickeln konnte. Lindenberg, im schwarzen ärmellosen Hemd, mit Lederhose und ohne Hut, sang mit seinem streng fokussierten Adlerblick die Songs «Das kann man auch mal so sehen» und «Ich bin Rocker», ein gewaltiger Kontrast zur plinkernden Folkmusik, die in dieser Abendrevue ansonsten geboten wurde. Er tänzelte, tigerte über die Planken, wirbelte das Mikrofon herum. Goss sich Wasser ins Ohr, prustete es anschließend in die Luft. Später sagten manche, es wäre Wodka gewesen. Aber den trank er nach eigener Auskunft erst hinterher.

Dann kam «Kleiner Junge». Dann «Wozu sind Kriege da?», am Anfang nur er allein, mit Kravetz am Klavier. Und Schluss. Den «Sonderzug» spielten sie nicht. «Warum auch?», soll Lindenberg bei einer Vorbesprechung zu Hartmut König gesagt haben, dem Kultursekretär des FDJ-Zentralrats. «Wenn ich im Palast singe, ist der Sonderzug ja angekommen.» Ganz in Erfüllung ging das Lied allerdings nicht. Erich Honecker bekam er während des Tagesausflugs nicht zu Gesicht.

«Ich war zuerst ein bisschen schockiert, als ich gehört habe, dass er hier auftreten soll», sagte drinnen eine vielleicht 18-jährige FDJlerin ins Mikrofon der ARD-Tagesthemen, die ihr Ticket umsonst bekommen hatte. «Aber er hat sich ja für den Frieden ausgesprochen, auch für die Vorschläge von Andropow. Für den Frieden können wir zusammenstehen, und da würde man vielleicht auch mal den ‹Sonderzug nach Pankow› verzeihen.»

Der inhaltlich wundeste Punkt in Lindenbergs Vorstellung war ein anderer. Beide Verhandlungsparteien hatten es als notwendiges Risiko einkalkuliert, dass der Star in der Mitte seines Auftritts eine kurze Ansprache ans Publikum halten würde. Die Rede lag der FDJ natürlich nicht als Textblatt vor – es war der einzige Teil der Show, für den das galt. Lindenbergs Grußbotschaft folgte nur seiner eigenen emotionalen Intelligenz, keiner Vorschrift, keinen Absprachen mit den Gastgebern. Deshalb wäre sie auch um ein Haar der Faktor geworden, der ihn ins Unglück geritten hätte.

«Am Abend vor dem Auftritt bekam ich einen Anruf von Udo», erzählt Christoph Westecker. «Er saß schon mit Fritz Rau im Hotel Interconti und fragte, ob ich vorbeikommen könne, er bräuchte meinen Rat als DDR-Kenner. Wir saßen bis nachts um zwei in der Pizzeria zusammen und gingen immer wieder die Rede durch, die er skizziert hatte. Ob er denn auch etwas gegen die russischen Raketen sagen könne, fragte er. ‹Udo, du bist doch der Friedensfürst, der aus dem Westen kommt›, meinte ich. ‹Die dürfen nichts gegen die SS-20 sagen, aber du darfst es natürlich.›»

Und das tat er auch, genau so, wie Westecker es ihm empfohlen hatte. «Von deutschem Boden darf nie wieder ein Krieg ausgehen!», rief Lindenberg in den zunächst so höflich stillen Saal hinein. Hinter ihm an der Wand prangte das riesige Friedenstauben-Piktogramm, und plötzlich klatschte das Sitzpublikum los. In den Applaussturm hinein sprach er weiter.

«Weg mit allem Raketenschrott in der Bundesrepublik und in der DDR!», rief Lindenberg. «Nirgendwo wollen wir auch nur eine einzige Rakete sehen. Keine Pershings und keine SS-20.»

Und da war es dann tatsächlich, das Politikum. Harry Belafonte war in der Pressekonferenz vor der Show noch impulsiv mit den USA ins Gericht gegangen für die am selben Tag bekannt gewordene Invasion auf der Karibikinsel Grenada. Egon Krenz, der Schirmherr des Abends, hatte in seiner Ansprache die Stationierung amerikanischer Mittelstreckenraketen in Europa als Gefahr für den Weltfrieden verurteilt, aber die Waffensysteme, die die Sowjetunion für die DDR und die ČSSR vorsah, mit keinem Wort erwähnt. Und dann kam Udo Lindenberg und sprach die bösen Worte aus. Gegen den großen sowjetischen Bruder, gegen die Selbstverteidigungskraft des Warschauer Pakts, und das auch noch vor dem großen Auditorium im Volkspalast.

Es gab durchaus Beifall, aber verhalten. Er kam wohl vor allem von denen, die nicht so richtig wussten, wie sie hier die Pershing-Kritik im ersten Teil des Satzes bejubeln, die zweite Hälfte dabei aber ausschließen sollten. Das sei der Punkt gewesen, an dem der Hammer fiel, sagten später viele. Mit dem Aufruf, die SS-20 zu verschrotten, habe Lindenberg seine eigene, lang ersehnte, nun kurz bevorstehende Osttournee gekillt.

«Aber das stimmt einfach nicht», sagt Michel Gaißmayer. «Honecker hat das gern gehört. Die SED konnte solche Dinge damals natürlich nicht äußern. Aber er schützte Lindenbergs Aussage. Sie war ihm hochwillkommen, um auch in diese Richtung ein Signal zu senden.»

Als die Aufzeichnung zeitverzögert im DDR-Fernsehen lief, war der SS-20-Kommentar zu hören. Auch die zwei Wiederholungen, die es in den folgenden Tagen gab, enthielten die ungekürzte Rede. Niemand wollte sie zensieren. Sie war als mutiger, ernsthaft rebellischer Gedanke und Akt auf die Welt gekommen – und bekam am Ende nun doch ihren Platz in der höheren Strategie des Apparats.

Udo Lindenberg hatte am 25. Oktober 1983 Wasser auf die heiligen Bühnenbretter gespuckt, hatte sich mit den demonstrierenden Fans solidarisiert und die sowjetischen Mittelstreckenwaffen zur Entsorgung freigegeben. Aber nichts davon war für sich genommen schlimm genug, um vom ZK und von der FDJ als Eklat oder diplomatische Katastrophe gezählt zu werden. Nichts konnte ihn zurück auf die schwarze Liste katapultieren, von der er gerade mühsam herabgesteppt war.

Der DDR-Tournee im Sommer 1984 stand so gesehen also nichts mehr im Wege, davon durften Lindenberg und Rau jetzt eigentlich ausgehen. Doch jedes Mal, wenn sie noch einmal nachfragten, wann man sich denn nun zusammensetzen wolle, um die Details zu klären, reagierte Ostberlin mit Schweigen oder ausweichendem Palaver.

Fünfter Akt: Die circa 25 Gründe dafür, dass es doch keine Tour gab

Die Absage kam am 22. Februar 1984. Schriftlich, adressiert an Lindenberg im Westberliner Interconti, unter dem Briefkopf des Organisationsbüros vom Festival des politischen Liedes.

Man habe in den Westmedien Statements des Sängers gehört und gelesen, in denen er sich schon auf Einzelheiten zur DDR-Tour festgelegt habe, schrieb Reinhard Heinemann, der Festivalleiter. «Das steht nicht in Übereinstimmung mit unseren Gesprächen.» Daher sehe man sich «außerstande, eine diesen Wünschen entsprechende Tournee in der DDR zu organisieren».

Indiskretion. Eine absurdere, weniger glaubwürdige Begründung für die Absage hätte man sich nach dem ganzen Zirkus der letzten Monate kaum einfallen lassen können. Aber es blieb das letzte Wort. Zwar zogen sich die weiteren, endlosen Pingpong-Verhandlungen noch bis kurz vor dem Mauerfall. Aber hinter die Absage vom Februar '84 trat die DDR kein einziges Mal mehr offiziell zurück.

Wie überrascht war der allzeit so hoffnungsfrohe Künstler denn wirklich, als er vom Nein aus Ostberlin erfuhr?

«Dass die FDJ sooo frei war, den Vertrag mit Fritz Rau und mir zu brechen, damit hätt' ich nicht gerechnet», antwortet Udo Lindenberg. «Hat geschockt und genervt. Kam in der ‹Tagesschau›, haben mir Passanten auf dem Ku'damm erzählt.»

Der Vertrag, den er meint – das war neben den vielen mündlichen, absichtlich schwammigen Zusagen von Egon Krenz und Hartmut König vor allem ein Brief, den derselbe Reinhard Heinemann, von dem nun die Absage kam, gut zwei Wochen vor dem Konzert geschrieben hatte. «Außerdem möchten wir unsere Einladung zu weiteren Konzerten mit Deiner Band im Jahr 1984 bestätigen», stand da verblüffend konkret, schwarz auf weiß getippt.

Diese Beteuerung sei nicht mehr als ein impulsiver Alleingang des Festivalleiters gewesen, erklärte Hartmut König später. Eine aus dem Affekt getätigte Aktion des Lindenberg-Fans Heinemann, die allein seinem Wunschdenken entsprang und nicht mit Krenz und der FDJ abgesprochen war. Juristisch belastbar wäre ein solcher Schrieb so oder so niemals gewesen.

Die Antwort auf die so gern gestellte Frage, was der wahre Grund für die Absage der Tour gewesen war, fällt leider ähnlich verwirrend aus. Dafür muss man sich von mehreren Seiten aus an das Problem heranrobben. Es wäre schön, wenn man es schnell erklären könnte, aber es ist zu kompliziert.

Offenbar gab es genug Funktionäre, die sich für den Fall einer Lindenberg-Tournee ernsthaft um die öffentliche Sicherheit und die drohenden Tumulte in der Provinz sorgten. Zudem hatten sich verschiedene Bezirksleitungen beim FDJ-Zentralrat beschwert, er könne derart brisante, aufwendig zu organisierende Konzerte dem Künstler nicht einfach zusagen, ohne sie schon vorher an den Gesprächen zu beteiligen. Wenn etwas schiefginge, wären sie diejenigen, die dafür geradestehen müssten. Und so weiter.

Dass man den Fall Lindenberg von Anfang an so hoch gehängt und als zentral verordnete Chefsache behandelt hatte, in der Honecker selbst das letzte Wort hatte, begann sich jetzt zu rächen. Auch Hermann Falk, der Generaldirektor der Künstleragentur, schoss noch ein vitriolisches Statement gegen die FDJ hinterher. Man habe ja schon den Palast-Gig über den Kopf der Agentur hinweg organisiert und damit die wahren Zuständigen schändlich übergangen. So etwas könne er kein zweites Mal dulden – schon gar nicht, wenn es nun um die Planungen zu einer Veranstaltung gehe, die er selbst für «politisch unverantwortlich» und «eine Beleidigung anderer engagierter Künstler» halte.

Keine der vielen Beschwerden hätte alleine genug Gewicht gehabt. Beim Widerstand gegen die Tour war die überwältigende Summe der einzelnen Teile entscheidend. Dabei schien es schon längst nicht mehr in erster Linie um Lindenberg, seine inhaltliche Sprengkraft oder den Zweifel zu gehen, was man dem Publikum zumuten könne und was nicht. Sondern darum, wer im bürokratischen Gewühl sprechen durfte und wer nicht. Wer recht und unrecht hatte. Und an wem die letzte Verantwortung hängen bleiben würde, egal für was. Als im Januar 1984 auch noch der Streit um einen Auftritt der Kölner Band BAP bei «Rock für den Frieden» eskalierte und ihre Tournee annulliert wurde, waren das Elend und die Abschreckung komplett.

Man kann die gescheiterte Lindenberg-Tour als Musterbeispiel dafür sehen, wie sich der sozialistische Kulturbetrieb im schlimmsten Fall selbst kannibalisierte. Ein Dilemma, das daher kam, dass jede noch so kleine Organisationsleistung immer auch eine politische Komponente hatte – und daher Gefahr lief, verhindert oder hintertrieben zu werden, sobald irgendein Entscheidungsträger dabei um seine Position fürchten musste. Keine diktatorische Willkür, sondern ein schwerer Fehler im System. Vermutlich hätte es auch in der Bundesrepublik in den 80ern nie Tina-Turner- oder Chris-de-Burgh-Konzerte gegeben, wenn die behördlichen Prozesse so diffizil und durchpolitisiert gewesen wären.

Die DDR schob die Schuld am Scheitern der Verhandlungen natürlich komplett dem Sänger zu, der in Interviews immer wieder betont hatte, die Tour wäre schon fest vereinbart. «Ich sehe meine Befürchtung bestätigt, dass Udo Lindenbergs Versuche, auf die Tourneeausrichtung über die Medien Einfluss zu nehmen, das Projekt aufs Eis befördern würden», urteilte Hartmut König noch 30 Jahre später in seinen Memoiren. «Ich finde es auch an der Zeit, sich anderen Projekten zuzuwenden.»

«Ich bin heute noch der Überzeugung», sagt wiederum Michel Gaißmayer zum Schluss des Gesprächs, «dass diese Tournee völlig glatt gelaufen wäre, wenn man sie gewagt hätte.»

Zumindest ein kleiner, nicht ganz unwesentlicher Teil des großen Traums wurde doch noch wahr. Am 9. September 1987 stand Udo Lindenberg seinem Brieffreund Erich Honecker Auge in Auge gegenüber. Sie waren von einer dichten Menge umdrängt, der meistfotografierte Moment des ersten und einzigen Staatsbesuchs, den jemals ein DDR-Staatschef der BRD abstattete. Der Dialog, den die zwei Männer auf dem Platz vor Friedrich Engels' Geburtshaus in Wuppertal führten, fiel noch wesentlich kürzer aus als Lindenbergs Ostberlin-Auftritt. Der Künstler – der wenige Tage vorher den Song «Der Generalsekretär» veröffentlicht hatte, einen weiteren komödiantischen Honecker-Song – bat ein weiteres Mal um die Tournee. Worauf Honecker antwortete, der mit dem linken Bein schon in der Limousine zum nächsten Termin saß: «Ich werde die Freie Deutsche Jugend bitten, dass sie das organisiert.» Der Schriftzug «Gitarren statt Knarren» auf der Ibanez-E-Gitarre, die Lindenberg dem Politiker als Präsent in die Hand gedrückt hatte, war von ihm und Gaißmayer am Vorabend im Münchener Hotelzimmer mit Letraset-Buchstaben aufs Holz gerubbelt worden.

Auch Honeckers Ansage blieb natürlich eine leere Versprechung, eine protokollarische Marginalie, wie so vieles in dieser Geschichte. Die Staatsbesuchsgitarre hängt heute im Lindenberg-Heimatmuseum «Panik City» auf der Hamburger Reeperbahn. Sie kann dort zu den üblichen Öffnungszeiten besichtigt werden.

Tausche Motorrad gegen Motorradlieder: Peter Maffay auf DDR-Tour

Der Fall Peter Maffay ist dagegen ein Beispiel dafür, wie erfolgreich die Lobbyarbeit auch ausfallen konnte. Zu der Zeit, als Lindenberg beim Treffen mit Honecker erneut um eine Tournee bat, hatte Maffay schon acht große Konzerte in der DDR gespielt, 1986 und '87. Und das, obwohl die Entscheider auch ihn zunächst abgewiesen und hingehalten hatten. Sein entscheidender Fürsprecher stand der Macht am Ende wohl schlicht noch etwas näher – und war einen Deut besser vernetzt als die Lindenberg'sche Eingreiftruppe.

«Eine Maxime von Brandts Ostpolitik war ja, durch direkte Begegnungen zwischen West und Ost die Mauer, wie es damals hieß: durchlässig zu machen», sagt Oskar Lafontaine am Telefon. Zum Zeitpunkt des Gesprächs ist er Ende 70, noch Fraktionsvorsitzender der Partei Die Linke im Saarländischen Landtag. Damals, in der zweiten Hälfte der 80er, war Lafontaine SPD-Ministerpräsident des Saarlands, zählte zum linken Flügel der Partei und zu den Aktivposten der Friedensbewegung. «Ich habe mich für den Dialog mit der DDR eingesetzt, aber das war zu der Zeit schon längst kein spezifisch linkes Anliegen mehr. Das machten praktisch alle. Wenn Leipziger Messe oder eine ähnliche Veranstaltung war, rannten da auch die CDU-Leute hin.»

Maffay, ein guter Freund von ihm, stand schon 1984 kurz vor der ersten DDR-Reise. Der Sänger hatte keine ernsthaft kontroversen Texte oder Gesten im Programm, war mit seiner «Über sieben Brücken»-Version als kultureller Multiplikator für den Osten aktiv geworden und hatte schon drei Schallplattenveröffentlichungen bei Amiga. Als die Künstleragentur beim ZK anfragte, ob man Maffay nicht einmal für Konzerte einladen könne, kam trotzdem ein Nein.

Das hatte einerseits mit der harten Linie nach dem Ärger mit der BAP-Tour von 1984 zu tun, der vorübergehend dazu führte, dass der Kulturgrenzverkehr insgesamt limitiert wurde. Wahrscheinlich aber auch damit, dass Maffay den in Hamburg lebenden Afghanen Rahman Nadjafi unterstützte, der sich aktiv für die damals Hunderttausende von Kriegsflüchtlingen aus seinem von der Sowjetarmee besetzten Heimatland engagierte. Maffay hatte Nadjafi unter anderem geholfen, 1980 in der Musikhalle ein Benefizkonzert auf die Beine zu stellen. Bei einem Open-Air-Auftritt in Bad Segeberg empfing Maffay sogar vier Mujaheddin-Kämpfer auf der Bühne, die fürs Publikum volkstümlich musizieren durften. Maffay spendete 100 000 D-Mark vom Abenderlös an Nadjafis Hilfsorganisation, reiste gemeinsam mit ihm nach Pakistan. Wer sich so tatkräftig für die Opfer der sowjetischen Invasion engagierte, dem flogen in Ostberlin nicht unbedingt die Herzen zu.

Doch Lafontaine hatte besonders zu Honecker einen guten Draht. Beide Männer kamen aus dem Saarland, hatten ihre Wurzeln in der dortigen Arbeiterbewegung. Als Maffay im privaten Gespräch mit Lafontaine das Thema DDR ansprach und fragte, ob es nicht doch eine Chance gäbe, dass er einmal dort spielen könne, versuchte der Ministerpräsident sein Glück.

«Ich weiß nicht mehr hundertprozentig, ob ich mit Honecker selbst darüber sprach oder mit seinem Abteilungsleiter Internationales», sagt Oskar Lafontaine. «Womöglich auch mit Krenz. Jedenfalls erinnerte ich meine Gesprächspartner in der DDR immer wieder daran, dass Maffay gern bei ihnen auftreten wolle und ich das nachdrücklich befürwortete. Und meine Beziehungen waren damals so gut, dass ich an sich davon ausgehen konnte, dass man mir solche Wünsche erfüllte, wenn nichts Gravierendes dagegensprach.»

Am 4. und 5. Juni 1986 spielten Maffay und seine Band abendfüllend in der Rostocker Sport- und Kongresshalle, es war ihre DDR-Premiere. Die Eintrittskarten seien frei verkauft worden, sicherte die Künstleragentur ihm und dem Agenten Fritz Rau zu, doch auch dieses Mal hatte die FDJ ihre Finger im Spiel. Von den 10 000 Tickets für die zwei Konzerte waren 9000 teils an die eigenen Leute verteilt, teils über Betriebsleitungen vergeben worden. Die weniger Privilegierten hatten für die übrigen Karten so lange angestanden oder derart hohe Schwarzmarktpreise bezahlt, dass sie die finale Belohnung, Maffays Ankunft auf der Bühne, entsprechend brachial feierten. Berühmt wurde die Geschichte des 18-jährigen Ingo Dressler. Weil er unmittelbar vor Konzertbeginn keine andere Chance sah, den verehrten Künstler endlich live zu sehen, tauschte er vor der Halle sein aufgemotztes AWO-425-Motorrad gegen ein Ticket.

In Maffays Band spielten mit Keyboarder Jean-Jacques Kravetz, Bassist Steffi Stephan und Schlagzeuger Bertram Engel übrigens drei Musiker, die auch mit Lindenberg im Palast der Republik gewesen waren. Zumindest für sie erfüllte sich die Sache mit der DDR-Tournee nun also doch noch.

«Am zweiten Abend sagte ich am Ende: ‹Wenn jemand ein Autogramm haben will, richten wir das draußen im Foyer ein›», erzählt Maffay. «Alle sind geblieben. Ich habe bis morgens um fünf Autogramme geschrieben und mit den Leuten geredet. Niemand hat uns dafür kritisiert.»

Die Stasi eröffnete für ihn und den mitreisenden Medientross den Überwachungsvorgang «Aktion gelber Stern». Die Beamten leisteten ganze, flächendeckende Arbeit, schrieben jede Uhrzeit, jedes Autokennzeichen und jeden noch so kurzen Kontakt mit Einheimischen in eine zum Schluss 200 Seiten dicke Akte. Dort wurde auch eine «ältere Angestellte» des Rostocker Hotels zitiert: «Ein Aufriss um den Maffay … wenn man sich um andere Dinge des täglichen Lebens so kümmern würde!» Ein Fan berichtete dem Sänger später, er sei festgenommen worden, nur weil er sich bei der Zigarettenpause an einer Tankstelle mit ihm unterhalten hatte.

Die staatlichen Berichterstatter nahmen Maffay sein Afghanistan-Engagement zwar weiter übel, schätzten aber die Art, wie er während seines Besuchs alle Provokationen vermied. 1987 ließ man ihn wiederkommen, für zwei Konzerte in Suhl und vier Shows in der Werner-Seelenbinder-Halle in Berlin. An einem der Abende war auch Oskar Lafontaine im Saal, im Block der FDJ-Offiziellen. Maffay grüßte ihn von der Bühne herab als den guten Freund, der das hier alles möglich gemacht hatte.

«Wenn ich heute nach Rumänien gehe», erzählt Maffay, «sagen manche dort zu mir: ‹Ihr seid weggegangen, aber wir sind geblieben.› Darin schwingt der Vorwurf mit, dass wir uns durch die Flucht den schwierigen Alltagthemen nicht wirklich gestellt haben. Das heutige Selbstverständnis der Menschen in Ostdeutschland hat meiner Meinung nach viel damit zu tun. Diese Überzeugung: Wir sind nicht abgehauen. Unseren Teil zur Öffnung haben wir von hier aus beigetragen.»

«Ich geh fort» hieß einer der Songs, den Maffay auch bei seinen DDR-Konzerten spielte. Eine an sich harmlose, romantische Aussteigerfantasie, eine Geschichte für Abenteurer und einsame Kojoten. Die Fans im Osten sangen sie besonders gern mit:

Ich geh fort, ich geh fort
Dorthin wo kein Mensch mich erkennt
Ich geh fort, ich geh fort
Und fang noch mal von vorne an

Wenn er den Song in der DDR spielte, änderte Maffay allerdings den letzten Durchgang des Refrains. «Ich bleib hier, ich bleib hier», sang er da. Es war ein poetisches Schulterklopfen für alle, die 1987 noch immer nicht die Koffer Richtung Ungarn gepackt hatten.

Die veränderte Textzeile gefiel dem Kulturministerium offenbar besser als den 6000 Besuchern in der Seelenbinder-Halle. Als das DDR-Fernsehen einen der Auftritte zeigte, wurde an der Stelle, an der Maffay «Ich bleib hier» sang, extra noch ein zusätzlicher Szenenapplaus vom Band eingespielt, den es in der Halle gar nicht gegeben hatte. Als Anerkennung, fast so als hätten Honecker und Krenz persönlich hinter dem Vorhang gestanden und dazwischengejubelt. Manches, was aus dem Westen in die DDR kam, war eben doch so gut, dass man die Leute eigens darauf hinweisen musste.

8.

99 FARBFERNSEHER

Was das Schicksal der ausgebürgerten DDR-Zeremonienmeisterin Nina Hagen mit den Umtrieben der westdeutschen 68er zu tun hatte

Es ist erst mal nur ein Gedankenspiel. Angenommen, da wäre diese junge Frau, Anfang 20, irgendwann im Frühjahr 1978. Eine junge Frau aus der DDR, die auf dem Sofa sitzt und die man dort mit einer großen, durchaus riskanten Dosis BRD-Westfernsehen bedröhnen würde. In voller Bildröhrenbreite, zur Primetime, und zum ersten Mal in ihrem Leben.

Was hätte die junge Frau gedacht, was hätte sie gesehen? Vermutlich die Volksfürsorge-Bausparkasse, mitsamt ihrer reichlich schaurigen Drohung: «Vielleicht kommt morgen einer meiner Kollegen zu Ihnen!». Die Femina-Slipeinlage, die Mach-mit-Barbie mit ihrem Pferd Dancer. Sie hätte kalten Bommerlunder gesehen («Richtung Norden und dann immer geradeaus»), dazu den heißen, berühmten Dosenöffner von Moulinex. Und womöglich «Die himmlischen Töchter», eine neue Comedyreihe. Ingrid Steeger und Iris Berben spielen darin zwei lebenslustige Flugbegleiterinnen, die sich ab und zu so weit entkleiden, wie es Ende der 70er im Abendprogramm der ARD möglich ist, also ziemlich weit.

Sie hätte «Vorsicht, Falle!» gesehen, die Trickbetrüger-Warnsendung, die ihr Publikum in der Verteidigung von Privateigentum unterrichtet. Die Popshow «Musikladen» mit ihren Go-go-Girls, und am Ende noch die Science-Fiction-Spätfilme wie «Jahr 2022 ... die überleben wollen» oder «Dr. Zyklop».

Die junge Frau hätte das alles gesehen und gehört, aber nicht anfassen, ausprobieren oder austrinken können. «Ich kann mich gar nicht entscheiden!», hätte sie vielleicht geschrien, latent überfordert und aufgekratzt von all den neuen Sehgewohnheiten. «Is' alles so schön bunt hier!»

Die Sängerin Nina Hagen bollert diese Ausrufe heraus, auf Berlinerisch. Im Duktus einer Boulevardkomödien-Schauspielerin, mit Betonung auf «bunt». Und erst dann grölt sie richtig los: «Ich glotz' TV!» V wie «Fauch!». Nina Hagen glotzt, und die Leute glotzen zurück. Mehr ist heute an diesem Ort auch nicht zu schaffen, denn der Laden ist viel zu voll.

800, eher 900 Menschen haben sich an diesem Abend ins Quartier Latin gequetscht, ein ehemaliges Kino in der Potsdamer Straße in Westberlin-Tiergarten. Eine leicht angespeckte Konzertkneipe, die für eigenartige bis teilweise richtig irre Ereignisse bekannt ist. Es ist der 25. Februar 1978, Samstagabend kurz nach 20 Uhr, beste Sendezeit. Im Fernsehen verpassen gerade alle gemeinsam «Musik ist Trumpf» mit Peter Frankenfeld. Draußen auf der Straße, im Dunkeln vor der Quartier-Tür, stehen mindestens noch mal so viele Leute, denn das hier ist die Attraktion der Stunde.

Nina Hagen, 22, Sängerin, höhere Performance-Existenz und die Ziehtochter des aufständischen Troubadours Wolf Biermann, ist erst ein gutes Jahr vorher von Ostberlin in die Bundesrepublik ausgereist, auf relativ spektakuläre Art und Weise. Seither geistert sie durch die bundesdeutschen Medien, wie ein großes, uneingelöstes Versprechen. Dieser Abend im Berliner Quartier Latin ist nun die Premiere. Das erste öffentliche Konzert seit der Umsiedlung, ihr erster Auftritt im Westen überhaupt.

Der Andrang kommt genau daher: Alle wollen die exklusive Arbeitsprobe aus Hagens neuem Leben sehen und hören. Es gibt zu dem Zeitpunkt noch keine Platte von ihr, keinen einzigen Song im Radio. Und es wird ein Auftritt, den niemand je vergessen wird, der das Glück hat, ihn zu sehen.

«Ich bin so tot, war das nun schon mein Leben?», schmiersäuselt Nina Hagen, es ist die zweite Strophe des Fernseh-Songs. «Meine schöne Fantasie, meine Schaltstellen – sind hinübeeeeer!»

Der Star auf der Bühne trägt hautenges Schwarz, ein ballerinenartiges Catsuit mit Nietengürtel, darüber eine weiße Flokati-Puschelstola, die fast bis zum Boden hängt. Die Haare kurz, die Lippen schwarz, die Augen mit dunklem Punk-Lidschatten. Ein Fabelwesen aus der Hölle, selbst ganz schön bunt hier, trotz des vielen, vielen Schwarz. Mit Opernstimme bellt und hechelt sie durch die Songs, die von der Band mit höchster, roher Präzision in den Raum gehauen werden, von den vier hageren Westberliner Rock-Kerlen, die auf der Quartier-Bühne wie eine böse Leibgarde um sie herumstehen.

«TV-Glotzer» heißt das Lied. Es stammt eigentlich von der kalifornischen Showrocktruppe The Tubes, ist rund drei Jahre alt und handelt im Original von den Exzessen reicher Kinder in Los Angeles. Nina Hagen hat es persönlich umgetextet, multifunktional und medienkritisch: «Ich glotz von Ost nach West!» In der Tat stehen vorn in der Quartier-Latin-Menge diverse ältere Damen aus Ostberlin. Rentnerinnen und Rentner aus der DDR dürfen seit einiger Zeit ja mit relativ wenig Papieraufwand auf die andere Seite fahren, und diese Seniorinnen wollten unbedingt hier dabei sein.

Denn die süße, giftige Nina, gebürtig aus Ostberlin, war ursprünglich ihr Eigentum. Sie war ihr Schlager-, Film- und Bühnenstar, bevor sie rüber in den Westen floh. Einige der Frauen werden zum Schluss Blumensträuße auf die Bühne werfen, fast synchron. Zur Ehrerbietung, wie nur wenige Jahre davor im Friedrichstadt-Palast, als Catharina Hagen, genannt Nina, noch auf der anderen deutschen Seite sang. Mit

Pagenkopf, Häkel-Accessoires und Liedern, die zum Beispiel «Hatschi-Waldera» hießen.

«Ich bin nicht deine Fickmaschine», singt sie jetzt, in der Gegenwart, während halb Westberlin sie anstarrt. «Spritz spritz, das is'n Witz!» Da erschrecken natürlich nicht nur die Ost-Omas. Auch für bundesdeutsche Geschmacksnerven ist das Anfang 1978 relativ radikales Material. Auf jeden Fall einen Tick skandalöser, als wenn Ingrid Steeger im Fernsehen ihren Busen zeigt.

Nina Hagens DDR klingt wie ein toller Abenteuerspielplatz

Natürlich ist die Hagen-Band-Show ein voller Erfolg. «Glamourös muss gar nichts sein, und dennoch liegt in ihrem Gehabe die Magie eines Starauftritts», schreibt der Journalist Barry Graves in der Tageszeitung *Der Abend*, als die Nina Hagen Band Anfang Mai '78 noch einmal im Quartier Latin gastiert, wegen der riesigen Nachfrage gleich an drei aufeinanderfolgenden Tagen. «Mit dem Publikum wird auf du und du geflachst und gelegentlich auch gemeckert, und dennoch ist die da oben keine von uns.» Etwas absolut reizend Fremdes umflackert diese Frau, diese frische, große Attraktion der BRD-Popkultur. Einerseits bezirzt sie die Feministinnen, andererseits aber auch die jeanshosentragenden Rock-'n'-Roll-Boys, die sich so sehnlich wünschen, dass etwas so Aufregendes wie der neue Punkrock aus London endlich auch in Deutschland passieren soll.

Im Oktober 1978 berichtet der *Spiegel* über Nina Hagen: «Die Leute sollen über sie lachen, sollen sie lieben, wie sie die Leute liebt.» Dass auf dem Titelbild der Ausgabe, in der das steht, eine Fotocollage mit dem Kopf von Karl Marx zu sehen ist, ist ein lustiger Zufall. Die besagte Coverstory dreht sich um die potenzielle Gefahr, die zu der Zeit viele darin sehen, dass Hamburg gerade als erstes Bundesland den Radikalenerlass aufgekündigt hat – die Gesetzespraxis, die seit 1972 Rechts- und vor allem Linksextreme aus öffentlichen Ämtern fernhalten soll. Die große Titelzeile dazu: «Dürfen Kommunisten Lehrer sein?»

Als das *Spiegel*-Heft erscheint, hat die Nina Hagen Band endlich ihr lange angekündigtes Album veröffentlicht. Es wird sich rund 300 000-mal verkaufen. Gegenüber der Bühnenversion hat die Schallplattenaufnahme des Songs «TV-Glotzer» noch einen Bonuseffekt. Am Ende hört man, wie die Kiste, sicher von Loewe oder Grundig, in die Luft gesprengt wird.

Westfernsehen, auch wenn es im Song wie die allerneueste Schockdroge beschrieben wird, kennt Nina Hagen schon länger. In Ostberlin, im erzgebirgischen Annaberg-Buchholz und an weiteren provinziellen Lebensstationen wächst sie zeitweise als Tochter eines relativ schrillen Paares auf. Daher kommt sie früh mit allen Arten von Showgeschäft und gefährlicher Fantasie in Kontakt. Ihre Mutter Eva-Maria Hagen ist ein Kino-Superstar der Sixties, so etwas wie die Brigitte Bardot der DDR. Nachdem sie sich 1959 von Ninas Vater hat scheiden lassen, einem Drehbuchautor und Widerstandskämpfer im Dritten Reich, kommt sie Mitte der 60er-Jahre mit Wolf Biermann zusammen.

Eva-Maria Hagen und Biermann werden ein brisantes Traumpaar, Nina ist da neun Jahre alt. Zur selben Zeit erlässt die SED – im Zug des berühmten 11. Plenums von 1965 – gegen den polterstarken Sänger ein fristloses Auftritts- und Publikationsverbot. Die Repressalien, die das für ihn bedeutet, treffen auch seine kleine Familie.

«I grew up in the Bertolt-Brecht-Kurt-Weill tradition», erzählt Nina Hagen Jahre später, im August 1985, als sie wie eine ägyptische Göttin in der CBS-Talkshow von David Letterman thront, um für ihr Konzert im New Yorker Beacon Theater zu werben. «Also in the old hippie tradition. When I was eleven, I was a big fan of Jimi Hendrix and Janis Joplin, and they're still my heroes.»

Ihr größter Held ist allerdings der walrossbärtige Stiefvater. Wolf Biermann bringt ihr das Gitarrespielen bei, gibt ihr Bücher. Als der Hund ihres Teenager-Boyfriends sie ins Gesicht beißt, schreibt er für sie das Trostgedicht mit dem Titel «Ninas Nase», aus ihrer Perspektive:

Das war meine schönste Zeit. Er stand
Auf mich und liebte mich mit dem Mullverband
Auf meinem kaputten Kindergesicht
Das störte die erste Liebe nicht

Schon das frühe Ostleben der Nina Hagen klingt also, wenn man all diese Eindrücke auf sich wirken lässt, ganz schön bunt. «Die DDR war für mich ein großes Theater mit Super-Dooper-Rollenspielen!», schreibt sie 1988 in ihrer ersten Autobiografie. Diese Haltung begrüßen ihre Boheme-Eltern ausdrücklich.

1975, da sind Eva-Maria und Wolf schon seit drei Jahren wieder getrennt und Nina studiert am Zentralen Studio für Unterhaltungskunst in Ostberlin, bringen ihr zwei Jungs aus Warschau den ersten LSD-Trip vorbei. Sie schluckt ihn, trifft Gott und nennt ihn Michi. Der Name des Herrn erinnert, zufällig oder nicht, an die Figur Micha, den Protagonisten aus dem Superhit ihrer Band Automobil von 1974, «Du hast den Farbfilm vergessen». Der ohrwurmhafte Blasmusikschlager rotiert in der DDR derartig heiß, dass man auch in Westberlin nicht anders kann, als ihn wahrzunehmen. Die Plattenfirma Hansa bringt ihn in der BRD als Single heraus, aber wie so oft interessieren sich in den Bundesländern, die weiter entfernt von Berlin liegen, nicht so viele Menschen dafür.

Wolf Biermann in Köln: erst der Triumph, dann die Explosion

Im November 1976 nimmt die Geschichte eine dramatische Wendung. Das hat mit Wolf Biermann zu tun. Es ist das nicht nur für ihn einschneidende Ereignis, von dem hier schon mehrfach kurz die Rede gewesen ist.

Biermann bekommt 1976 von der DDR eine offizielle, zunächst vorübergehende und freundlich wirkende Ausreise genehmigt. Dienstlich, gewissermaßen, damit er auf eine von der Industriegewerkschaft IG Metall initiierte Westdeutschlandtournee gehen kann. Viele verstehen die Geste als Indiz eines gesamtpolitischen Tauwetters, und schon bei der ersten Station ist – ähnlich wie bei Nina Hagens Quartier-Premiere knapp zwei Jahre später – die Aufmerksamkeit maximal.

Biermanns Vorstellung in der Kölner Sporthalle am 13. November, zwei Tage vor seinem 40. Geburtstag, wird schon vorab als ein kulturelles Großereignis verstanden. Das WDR-Radio ändert kurzfristig sein Programm, bringt eine Liveübertragung. Unter den knapp 7000 Zuhörerinnen und Zuhörern vor Ort in der Halle sitzen, laut Stasibericht vom 15. November, «ca. 2000 Personen von linken, maoistischen und trotzkistischen Gruppierungen sowie ca. 3000 Angehörige der IG Metall; Durchschnittsalter zwischen 18 und 40 Jahren». Eine demografisch erfreulich präzise Auswertung. Wer die restlichen 2000 Leute sind, steht leider nicht drin.

«Die BRD braucht eine KP», singt Biermann gleich in seinem ersten Song. KP steht für Kommunistische Partei, und obwohl er für die Zeile in Köln viel Szenenapplaus bekommt, fragt man sich, was er wohl genau mit ihr meint. Denn eigentlich hat die BRD ja eine KP: die 1968 gegründete DKP, die die Erbfolge der 1956 verbotenen KPD angetreten hat. Aber die DKP meint Biermann hier bestimmt nicht. Sie wird in Westdeutschland zu großen Teilen von der SED finanziert, orientiert sich ideologisch stark am Kommunismus sowjetischer Prägung. In ihrer Welt wird der Sänger mit seinen Ansichten und seiner DDR-kritischen Haltung eher als Abtrünniger gesehen. (Biermann selbst tritt im Sommer 1977 der Hamburger Exilgruppe der Kommunistischen Partei Spaniens bei. Sie ist im Vergleich zur DKP deutlich reformoffener.)

Das Konzert in Köln entfaltet noch heute eine umwerfende Wirkung. Es ist zugleich eine zeitlyrische Hofaudienz und ein politisches Uniseminar, geleitet von Biermann, der im hellblau-weiß gestreiften Oberhemd weit vorn an der Rampe hockt, sprungbereit. Auch er ist ein Bühnentier, wie später seine Ziehtochter Nina, ein bisschen anders natürlich.

Er erzählt Witze über das eifersüchtige Verhältnis, das West- und Ost-Linke zueinander pflegen. Er holt die größten Vokabeln aus den Untiefen zwischen Liebe und Arbeiterkampf, Marx und Heinrich Heine, Grundgesetz und Neuem Testament. Biermann pariert alle Zwischenrufe aus dem Auditorium, er lädt die Leute fast schon zur Diskussion ein. Weist auf eine faschistische Faser des DDR-Arbeiteraufstands vom 17. Juni 1953 hin, stichelt gegen die Staatssicherheit und spricht von der DDR als Diktatur. Zugleich spricht er sich gegen jede Form von Republikflucht aus. Sie ziehe die Intelligenz und das kritische Denken immer mehr aus einem Land ab, in dem solche Qualitäten dringender denn je gebraucht würden.

Drei Tage nach dem Köln-Konzert lässt das Politbüro trotzdem über die Nachrichtenagentur ADN seinen Beschluss vermelden: Biermann darf nicht mehr zurück in die DDR. Was man ihm offiziell vorwirft: die grobe Verletzung der staatsbürgerlichen Pflichten, feindseliges Auftreten gegenüber der Republik. Vieles deutet darauf hin, dass das Urteil schon vorher feststand und die Reise vor allem als passender Anlass genutzt wurde. Die Aberkennung der Staatsbürgerschaft ist für Biermann allerdings nicht etwa ein Zum-Glück-gezwungen-Werden. Er wollte unbedingt zurück. Er will nicht im Westen bleiben, auf keinen Fall. Ab sofort ist es ihm nicht mal mehr gestattet, die DDR via Transit zu durchqueren.

In diesem sehr öffentlichkeitsstarken Fall bedeutet die Ausbürgerung eines Menschen und Dichters schlicht – eine Explosion. Schriftstellerinnen, Schriftsteller und Künstler im Osten verfassen eine Petition zugunsten Biermanns, Christa Wolf, Stefan Heym, Sarah Kirsch und andere sind dabei. Andere distanzieren sich genau davon. Noch andere unterschreiben erst und ziehen ihre Unterschrift kurz darauf wieder zurück. Wieder andere lassen die Unterschrift zwar stehen, aber die Stasi verbreitet rufschädigend, sie hätten sie gelöscht. Es herrschen blinde Wut und extremste Verwirrung zugleich.

Die Partei hat erfolgreich einen Spaltpilz gepflanzt, mitten in der Künstlerschaft. Und das ausgerechnet im Namen des Poeten, der die zerstreute Linke eigentlich enger zusammenführen wollte, um sie endlich wieder kampffähig zu machen.

Drei Tage nach der Ausbürgerung zeigt das ARD-Fernsehen den kompletten, fast vierstündigen Mitschnitt der Köln-Show. So erfahren endlich auch die interessierten Millionen in der DDR, worum es bei dem ganzen Trubel geht. Was ihnen durch das Verbot lange verwehrt blieb, können sie nun einfach im Westfernsehen anschauen.

An dieser Stelle kreuzt sich die Story wieder mit dem Schicksal der Künstlerin Nina Hagen. Nina, damals 21, schreibt in den folgenden Tagen ihren eigenen, höchst individuellen Protestbrief. Schön mit Schreibmaschine, eine eng getippte Seite, adressiert direkt an den damaligen Innenminister und

Volkspolizeichef Friedrich Dickel in der Ostberliner Mauerstraße. Betreffzeile: «Antrag auf Aberkennung der DDR-Staatsbürgerschaft und Ausreise aus der DDR in die BRD». Eine fundamentale Beschwerde, in deren Verlauf sie teilweise sehr konkret wird:

> *Wolf Biermann wurden Sachen vorgeworfen, die nicht den Tatsachen entsprechen. Dies waren zum Beispiel Äußerungen wie: «Biermann diffamiert die Arbeiterklasse», «Biermann hat seit Jahren den sozialistischen Staat und seine humanistischen Ideale beschmutzt». Was man Biermann vorwirft, wirft man indirekt auch mir vor! Denn Biermann ist mein Freund und Kollege.*

Vater nennt sie ihn im Brief nicht. Sie gibt sich differenziert und prinzipiell linientreu: «Ich glaube fest an den Sozialismus!» Dennoch liest man deutlich heraus, dass es ihr mit der eigenen Ausbürgerung nicht schnell genug gehen kann. Wenn Biermann weg ist, so argumentiert sie, könne auch sie selbst in der DDR nicht mehr arbeiten. Falls sich die Partei die Sache mit dem Sänger später noch einmal anders überlegen sollte, könne sie ja auch wieder zurückkommen, kein Problem.

Auch in ihrem Fall dauert es nicht lange, bis etwas passiert. Am 6. Dezember 1976 wird ihr die Ausbürgerungsurkunde ausgestellt. Es steht wirklich groß «URKUNDE» darüber, in Großbuchstaben, wie bei einem Leichtathletikturnier oder einem Vorlesewettbewerb, darunter der Stempel vom Innenministerium der DDR. Nina Hagen wird offiziell aus ihrem Geburtsland entlassen.

Einige Monate später sitzt sie in ihrer ersten West-TV-Talkshow, «Je später der Abend» in der ARD, zusammen mit dem Schlagersänger Gunter Gabriel und dem Kabarettisten Hanns Dieter Hüsch. Nun ja, sagt sie da vom Ledersofa aus zu Moderator Reinhard Münchenhagen: Eine gewisse Umstellung bedeute es ja wohl für jeden Menschen, wenn er von einem Land in ein anderes umziehe.

«Also kein Gefühl von Exil oder so was?», fragt Münchenhagen suggestiv zurück. «Nee», antwortet sie, ganz ohne Nachdenken, und schüttelt mit einer fast kolibrihaft schnellen Bewegung den Kopf. «Nee.»

Was wird jetzt aus Nina? Ein Schlachtplan beim Szegediner Gulasch

«Nina hatte sich mehr oder weniger direkt nach ihrer Ausbürgerung in Berlin in den Zug gesetzt, ist Richtung Hamburg gefahren, und das war's. Das war der Beginn ihres neuen Lebens», sagt Jochen Leuschner, der für die bundesdeutsche Plattenfirma CBS lange Zeit mit ihr arbeitete. «Ein, zwei Tage danach saß sie schon mit Wolf Biermann bei uns im Frankfurter Büro.»

Leuschner, Jahrgang 1948, studierter Betriebswirt und Krautrock-Musiker, war später über zehn Jahre lang Geschäftsführer der deutschen Dependance der CBS (die seit 1991, seit dem Verkauf nach Japan, Sony Music heißt). Er brachte Platten von Michael Jackson, Bruce Springsteen oder Céline Dion heraus. Zum Jahreswechsel 1976 nach '77, als die frisch in der BRD angekommene Nina Hagen zum ersten Mal bei der CBS in Frankfurt einläuft, ist er noch relativ neu in seinem Job. Leuschner hat gerade als Manager im Bereich Artist & Repertoire angefangen, also bei der Suche und Pflege von Talenten. Die «Farbfilm»-Single kennt er, mehr weiß er nicht von der jungen, eben eingewanderten Künstlerin.

Man setzt sich zusammen und redet Business, bis zur Mittagspause. Während Biermann sich mit dem CBS-Chef Rudolf

Wolpert zum hochrangigen Männergespräch zurückzieht, ist der Frischling Leuschner dafür zuständig, den weiblichen Gast zu unterhalten. Er nimmt Nina Hagen ins Restaurant Prager Stuben in Bornheim mit, sie essen Szegediner Gulasch für vier Mark 50 pro Portion und beschnuppern sich.

«Es war wie ein Blind Date, unsere erste richtige Unterhaltung», erinnert sich Leuschner. «Nina sah damals ja noch nicht nach Punk aus, eher nach Mireille Mathieu. ‹Am liebsten möchte ich mit einer Band arbeiten, Musik kreieren›, sagte sie. ‹Was da rauskommen soll, weeß ick noch nich. Bloß kein Schlager!› Und ich natürlich gleich: ‹Klar, auf keinen Fall.› Auf die Idee, sie solche Nummern singen zu lassen wie in der DDR, wären wir gar nicht gekommen.»

Der Künstlervertrag zwischen Nina Hagen und der Firma CBS wird noch am selben Tag unterschrieben. Was man mit dieser vielversprechenden, aber etwas ratlosen und rätselhaften Sängerin aus dem Osten genau anfangen will, ist völlig unklar. CBS hat die Ausgebürgerte zur Sicherheit erst mal vom Markt weggekauft.

Die Verbindung zwischen CBS und Nina Hagen kommt natürlich über Biermann. Seit 1973 hat das Label seine Schallplatten veröffentlicht, nur in der Bundesrepublik. CBS-Chef Wolpert hat ein heiß pochendes Herz für Jazz und Kleinkunst, ist vernarrt in Biermann und in alles, wofür er steht. Der Rebell ist für die Firma auch ein Stolzprojekt, ein Hochkultur-Imagefaktor.

Dabei gerät es jedes Mal zu einem kleinen Abenteuer, die von Biermann in Ostberlin bespielten Masterbänder zur Plattenfirma in den Westen zu schmuggeln. Christa Zentgraf, die Witwe eines verstorbenen früheren CBS-Repertoire-Chefs und hohe Vertrauensperson Wolperts, ist dafür zuständig. «Das lief jedes Mal gleich ab», erzählt Leuschner. «Sie setzte sich in Frankfurt ins Flugzeug nach Berlin, stieg dort in die S-Bahn, fuhr über die Grenze. Dort traf sie sich mit Biermann, bekam von ihm in einem Kästchen die Masterbänder übergeben. Und dann setzte sie sich wieder in die Bahn und kam sofort nach Frankfurt zurück.»

Ein wenig Staffage ist die Schmuggelaktion dennoch, denn natürlich wissen alle, dass die Stasi alles mitbekommt. Der an sich illegale Transfer wird toleriert. Einerseits profitiert der DDR-Apparat von den Westmark-Honoraren, die Biermann überwiesen bekommt. Zudem will man ihn auf mittlere Sicht ja sowieso loswerden. Seine Verbindung zum BRD-Markt könnte die Abnabelung beschleunigen.

Die politische 70er-Debattenzeit ist jedenfalls reif für Kulturgut wie Biermanns Lieder, besonders im Westen. Und obwohl LPs wie «Chausseestraße 131» oder «Warte nicht auf beßre Zeiten» eine eher kleine, spezielle Zielgruppe bedienen, verkaufen sich bis zu 50 000 Exemplare pro Album. Biermann hat beim Plattenkonzern in Frankfurt am Main den Rang eines Freundes des Hauses. Nach der Ausbürgerung wird die Beziehung noch intensiver.

«Wenn er in Frankfurt war, kam er jedes Mal auch bei mir im Büro vorbei», sagt Leuschner. «Er hatte die Gitarre dabei, machte die Tür hinter sich zu. Setzte sich hin und sang mir seine neuen Titel vor. Das war wirklich großes Kino. So wie wenn Bob Dylan persönlich vorbeikommt und dir ein Privatkonzert gibt.»

Eine Identitätssuche als Tingeltangeltour – mit erstaunlichem Ende

Was Nina Hagen jetzt schnell zur Eingewöhnung braucht: ein neues Repertoire, musikalische Partner, vor allem ein Image oder Konzept oder beides. Leuschner ruft als Erstes in Hamburg an, bei Karl Allaut, dem früheren Gitarristen von Udo Lindenbergs Panikorchester. 1977 ist das die Nummer sicher. Allaut trifft sich mit Hagen, lehnt aber ab: Sie sei zu chaotisch für eine Zusammenarbeit. Auch Frank Dostal, der bei den Hamburger Beatstars The Rattles gespielt und sich als Produzent des spanischen Disco-Stöhnduos Baccara diverse goldene Körperteile verdient hat, sieht nach einem ersten Kennenlernen keine gemeinsame Basis mit der jungen Sängerin, obwohl er als geduldig gilt.

Die CBS gewährt Nina Hagen einen Recherche-Aufenthalt in London, dem popkulturellen Brennpunkt, an dem gerade die erste Welle des Punk randaliert. Sie hängt mit der Fotografin und Filmemacherin Juliana Knepler ab, lernt die Frauenband The Slits kennen, befreundet sich mit ihrer Sängerin Ariane Forster, die mit ihr das vorhin zitierte «Fickmaschine»-Lied schreibt. «Als sie nach drei oder vier Monaten zurückkam, sah sie zumindest optisch so aus wie die heute bekannte Bühnenfigur Nina Hagen», erinnert sich Leuschner. Aber eine Band oder wenigstens ein paar musikalische Pingpong-Partner hat sie auch dort nicht gefunden.

Das Problem löst sich dann ganz zufällig. An einem Abend im Sommer 1977 ist Nina Hagen bei Klaus Jentzsch in Berlin-Schöneberg zu Gast. Jentzsch ist selbst ein DDR-Abtrünniger, ein Rock-'n'-Roll-Veteran und eine etwas verlorene Seele. Berühmt wurde er als Bandleader und Bassist der Klaus Renft Combo. Im September 1975 ist die Gruppe – wegen akutem Ungehorsam und diversen problematischen Songtexten – vom Leipziger Bezirksrat aufgelöst worden, den Mitgliedern wurden praktisch Berufsverbote erteilt. Jentzsch konnte im Mai 1976 nach Westberlin übersiedeln.

Als Nina Hagen ihn besucht, werkelt er gerade mit einigen Leuten an einem Filmsoundtrack für den SFB. Darunter ist der Gitarrist Bernhard Potschka, ein vorne schnauzbärtiger und hinten langhaariger Franke. Sie singt ihm eines ihrer Lieder vor. Er ist begeistert und will unbedingt mit ihr arbeiten.

Potschka hat tatsächlich eine Band zur Hand, zumindest Reste davon. Bis vor Kurzem hat er in der Gruppe Lokomotive Kreuzberg gespielt. Sie hat sich eben erst aufgelöst.

Einer der Gründe dafür ist, dass die Truppe ihre wichtigsten ökonomischen Stützen verloren hat. Die hyperagile Großgewerkschaft IG Metall, die 1976 ja auch die schicksalhafte Biermann-Tour mitveranstaltete, sowie der Deutsche Gewerkschaftsbund haben Lokomotive Kreuzberg lange mit guten Aufträgen und Gagen versorgt, die fruchtbare Partnerschaft aber nun gekündigt. Bei den Vorständen waren Beschwerden eingegangen: Ideologisch sei diese Band, die da mit Unterstützung der Gewerkschaftler auftrete, doch etwas zweifelhaft. Lokomotive Kreuzberg hatte sich einen Namen als linke, zutiefst antikapitalistische Rocktheatertruppe gemacht, mit steilen Refrains für den Arbeiterkampf und Marxismus-Grundkursen für Lehrlinge. Im Herbst 1977 gibt es sie nicht mehr. Aus ihren Überresten entsteht die Nina Hagen Band.

Es ist ein herrliches Beispiel für die Ironie des Schicksals. Da ringt sich die junge Sängerin Nina unter allergrößten Mühen in die Freiheit, lässt die linke Diktatur hinter sich. Unterschreibt beim US-stämmigen Entertainmentriesen und tingelt durchs obergeile Hamburg, durchs exzentrische London. Und am Ende landet sie ausgerechnet in den offenen Armen einer der am entschiedensten kommunistischen Bands, die die bundesdeutsche Rockgeschichte je hervorgebracht hat. Und dann wird sie sogar noch glücklich mit ihr. Zumindest kurzzeitig.

Westberlin in den 70ern: Auch hier mischte die SED mit

Links von der SPD, die in der Bundesrepublik 1969 unter Willy Brandt die Regierungsmehrheit errungen hatte, gab es in den 70er-Jahren ein rasend lebendiges, streit- und zerfleischungslustiges, bisweilen auch hühnerhaufenartiges Gruppenspektrum. Erst die Grünen, die 1980 bundesweit gegründet wurden, schafften hier etwas mehr Überblick und Sammlung. Trotzdem musste man weiterhin sehr genau aufpassen, um wirklich zu wissen, mit wem man jetzt gerade seinen Tee trank oder sein Gras rauchte.

Neben der bereits erwähnten marxistisch-leninistischen DKP war in Berlin ein Westzweig der DDR-Regierungspartei SED aktiv, die Sozialistische Einheitspartei Westberlins, kurz SEW. Die SED hatte es schon vor der DDR-Gründung auch in den nicht sowjetischen Sektoren gegeben. Nach dem Mauerbau hatte die neu formierte SEW zu Spitzenzeiten um die 10 000 Mitglieder, bekam 1971 bei der Wahl zum Berliner Abgeordnetenhaus fast 34 000 Stimmen, was immerhin 2,3 Prozentpunkten, aber exakt null Sitzen entsprach.

So wenig realpolitischen Wumms die SEW auch hatte, so bedeutsam war im Vergleich dazu ihre kulturelle Schlagkraft, ihre Lobby in bestimmten Kreisen. Die moskautreue, oft mit stalinistischem Drall agierende Partei hatte ihren stärksten Rückhalt unter den Arbeiterinnen und Arbeitern der Deutschen Reichsbahn. Das DDR-Staatsunternehmen blieb in Westberlin auch nach dem Mauerbau präsent, weil es bis 1984 weiterhin das Gesamtberliner S-Bahnnetz betrieb. Auch in sonstigen Gewerkschaftsverbänden, an den Unis, in der Medien-, Theater- und weiteren Kunstszene der Stadt hatte die SEW in den 70ern einiges an Repräsentanz. Dass sie mit bis zu 15 Millionen D-Mark pro Jahr direkt aus der DDR finanziert wurde, konnte nur leidlich vertuscht werden. In den SEW-Treffpunktkneipen wie der Drehscheibe in Wilmersdorf oder dem Casaleon in Neukölln prosteten sich an der Theke auch Stasi- und BRD-Verfassungsschutzleute gegenseitig zu und merkten es eventuell nicht mal.

In der Öffentlichkeit ständig mit dem Parteibuch zu wedeln, gehörte unter Aktivisten auch nicht unbedingt zum guten Ton. Dass die Mitglieder der Rockband Lokomotive Kreuzberg der SEW nahestanden, genauer gesagt ihrer Kreuzberger Parteigruppe 55, war trotzdem kein Geheimnis. Die Rock-'n'-Roll-Theatergruppe trat sogar 1973 bei den Weltjugendfestspielen in Ostberlin auf. Ein Lok-Album wie «James Blond – den Lohnräubern auf der Spur», das 1973 beim graswurzellinken, einigen Zeugen zufolge ebenso von der SED mitgeförderten Plattenlabel Pläne erschien, funktionierte wie ein Hörspiel. In der Story sucht sich ein Agent einen Undercover-Job in einem Handwerksbetrieb, um im Namen der Arbeiterschaft die Missstände auszuspionieren. «Er braucht den Flash der Aktienkurse», fasst die Lok ihr Urteil über die Knallcharge des kapitalistischen Unternehmers zusammen, «wir müssen ihn radikal vom Profit entwöhnen.» Es ist nicht wahnsinnig weit entfernt von den Diskursen über Wachstumskritik und ökonomische Nachhaltigkeit, die heute in jeder dritten Talkshow geführt werden.

Viele zeitgenössische, vor allem bürgerliche Betrachter glaubten hier glasklar die von Ostberlin aus gezogenen Marionettenfäden oder sogar gleich die schnarrende Stimme des Obersten Sowjets zu erkennen. Sie warnten vor der gezielten, gierigen Unterwanderung der westlichen Jugendhirne, die der Osten hier angeblich orchestriere. Andere Kritiker, die zum Beispiel fürs linksbürgerliche Feuilleton sprachen, fanden die Ästhetik von Lok Kreuzberg eher zu harmlos, zu wenig subtil und ästhetisch zu platt.

«Sind manche Szenen in Ihrem neuen Stück nicht etwas überdeutlich geraten?», wurde Sänger und Textautor Karl-Heinz Scherfling 1975 kess von einem WDR-Reporter gefragt. «In politischen Dingen muss man sehr deutlich sein», antwortete Scherfling seelenruhig. «Der politische Gegner, den wir angreifen, ist ja auch sehr deutlich. Ich erinnere an die Sonthofener Rede von Franz Josef Strauß.»

Strauß, seinerzeit wirtschaftspolitischer Sprecher der CDU/CSU-Opposition, hatte im November 1974 in einer internen, nicht zur Veröffentlichung gedachten Ansprache angeregt, man solle gezielt einen kompletten Staatsbankrott provozieren. So könne die Union sich bei der anschließenden Wahl besser als Retterin der Nation gerieren.

Wie die Musikszene zum Kampfplatz der K-Gruppen wurde

Politische Bands wie Lok Kreuzberg bekamen zu der Zeit allerdings noch aus einer anderen, eher unerwarteten Richtung Gegenwind: aus dem eigenen, linksaktivistischen Lager. Wenn die Band irgendwo auftrat, so schrieb Bandgründer Andreas Brauer 2018, hätten sich im Saal und davor regelmäßig Mitglieder verschiedener kommunistisch orientierter Gruppen in die Haare bekommen. «Nahezu jede Veranstaltung wurde durch diesen Hickhack von links und noch mal links behindert – aber das gehörte dazu», meint Brauer. «Es war völlig klar, dass irgendwann irgendwelche Leute versuchten, die Bühne zu stürmen und Flugblätter zu verlesen.»

«Die BRD braucht eine KP» – als Biermann die Zeile 1976 in Köln sang, hatte wohl jeder der vielen, vielen Szenenapplaus-Klatscher unter den 7000 ein völlig anderes Bild im Kopf. Ein unterschiedliches Ideal davon, was für eine kommunistische Partei oder Gruppe das denn bitte werden solle.

Vergleichbaren Zoff hatte es schon in der Zeit der 68er-Bewegung gegeben, als Gruppen wie der Sozialistische Deutsche Studentenbund (SDS) den Diskurs beherrschten und als politische Kraft einer Außerparlamentarischen Opposition begriffen wurden, kurz APO. Zum stellvertretenden Schauplatz der ideologischen Kämpfe wurde das Musikfestival Internationale Songtage, das Ende September 1968 in Essen stattfand. Die Songtage waren eine durchaus eindrucksvolle Leistungsschau der aktuellen alternativen Musik, mit Liedermachern wie Reinhard Mey und Insterburg & Co., Sound- und Strategie-Visionären wie Amon Düül, Guru Guru und Tangerine Dream sowie US-Ikonen wie Frank Zappa und The Fugs. Die Hauptfrage, um die es in den Essener Begleitdebatten ging: Wie viel Eskapismus lässt sich mit dem Streben nach dem gesellschaftlichen Umsturz vereinen? Und ab wann verliert die Kunst ihre Kraft zur produktiven Bewusstseinserweiterung, weil sie zu unterhaltsam geworden ist?

«Das war auch die Linie der APO damals. ‹Alles, was konsumierbar ist, was verwertbar ist im kapitalistischen Verwertungsrahmen, ist schlecht›», sagte Vridolin Enxing, der Keyboarder der explizit DKP-nahen Kölner Rockband Floh de Cologne, 1980 in einem Interview. Floh de Cologne selbst entkamen dem Dilemma, indem die Mitglieder sich auf der Bühne bei den Songtagen mit Schokolade und brauner Farbe übergossen, aus Haschisch-Kochbüchern vorlasen und mit der irren Sponti-Avantgarde-Performance erst aufhörten, als die letzten Zuschauer aus dem Saal geflohen waren.

Frank Zappa, der in den USA als ultrafreigeistiger Super-Bürgerschreck gefürchtet und ikonisiert wurde, fand ein paar Wochen später seinen Meister in der Berliner APO. Während seines Konzerts im Berliner Sportpalast am 16. Oktober 1968 bedrängten ihn Vertreter der Kommune I vom Saal aus: Er solle das Publikum von der Bühne herunter zum Sturm aufs Gefängnis im Stadtteil Moabit aufrufen, unter anderem, um den dort einsitzenden Kommunarden Fritz Teufel zu befreien. Zappa lehnte es ab, weil er den Plan für einen sehr kurzsichtigen revolutionären Schachzug und daher für völlig behämmert hielt. Daraufhin störten die Aktivisten sein Konzert massiv, provozierten einen Abbruch, den Zappa aber nicht zuließ. Als Antwort widmete er der deutschen Protestjugend 1970 den Song «The Return Of The Hunchback Duke»:

See the student leader
He's a rebel prophet
He's fucked up, he's still a Nazi
Like his mom and dad

Als die Erschütterungen der 68er-Zeit mehr und mehr abklangen, die APO aus dem Diskurs rutschte und der SDS sich auflöste, formte sich eine neue Topografie der westdeutschen Linken. Einerseits entstanden so frische Trampelpfade. Zum anderen taten sich plötzlich auch hinter jeder dritten Ecke neue, glitschige Abgründe auf.

K-Gruppen wurden die vielen Splitterverbände am Anfang noch von Gegnern und Spöttern genannt, aber der Begriff ging bald ins normale Alltagslexikon über. Im großen Panorama der K-Gruppen standen maoistische SDS-Spaltprodukte auf der einen Seite, daneben die Trotzkisten, die eher Richtung Russland orientierte Marxisten-Leninisten, die Anarchisten und Spontis. Es gab die AUD und den KBW, die SJD, auch Falken genannt, den KB, den MSB Spartakus und die Naturfreunde Deutschlands, dazu noch die gemäßigteren Jugendorganisationen der Gewerkschaften DGB und IG Metall und natürlich noch viele andere.

«Die dritte Revolution war während der Semesterferien, ist aber wohl auch beendet», sang der Düsseldorfer Sänger und Kabarettist Dieter Süverkrüp höhnisch dazu. Süverkrüp war DKP-Mitglied und gehörte zu den wirklich wenigen westdeutschen Künstlern, die die Biermann-Ausbürgerung gegen die Kritik verteidigten. Wer die identitätspolitisch diversifizierte Social-Media-Streitkultur von heute für ein neuzeitliches, digitales Phänomen hält, sollte sich kurz vorzustellen versuchen, wie heiß und haarspalterisch die Debatten 1973 in den Hörsälen und auf den Trottoirs abgelaufen sein müssen.

Ein unvergesslicher Höhepunkt dieses Kulturkampfes bleibt die Ausgabe der WDR-Fernsehtalkshow «Ende offen» vom 3. Dezember 1971. Während der Sendung geriet Nikel Pallat, Manager und Musiker der aktionistisch und ohne Plattenvertrag arbeitenden Westberliner Rockband Ton Steine Scherben in einen energischen Disput mit Rolf-Ulrich Kaiser, der 1968 die Songtage organisiert hatte und nun für den Musikverlagsmillionär Peter Meisel arbeitete. Die Frage in Kürze: Revolutionärer Umsturz jetzt – oder besser ein geduldiges, allmähliches Durchdringen der Verhältnisse?

Als das Streitgespräch in eine Sackgasse schlitterte, zog Nikel Pallat mitten im Satz ein Hackebeil unter seinem Jackett hervor. Dann versuchte er, mit kräftigen Hieben den Studiotisch zu spalten. Echte Aktionen seien zielführender als Geschwafel, wollte er damit wohl sagen. Aus heutiger Sicht überrascht an der Szene vor allem, wie wenig sich die anderen Diskussionsteilnehmer im Studio über den Vorfall zu wundern schienen. Es muss zu der Zeit ganz schön zugegangen sein.

«Macht kaputt, was euch kaputt macht» hatte Pallats Band Ton Steine Scherben kurz davor ihre erste, in Eigenregie gepresste Single genannt, ein Song, der vom damals 20-jährigen Rio Reiser gesungen wurde. Um Konsumüberforderung ging es hier allerdings nicht, sondern um sozialen Frust. 1975 verließen Ton Steine Scherben dann fluchtartig Kreuzberg und zogen auf einen nordfriesischen Bauernhof. Als linke Vorzeigegruppe ertrugen sie es nicht mehr, wie unterschiedliche Parteien aus entgegengesetzten Himmelsrichtungen an ihnen zerrten. Hier die K-Gruppen, dort die meist bürgerliche Hochkultur. Die künstlerisch überzeugendste linke Rockband Westdeutschlands war zugleich die, die sich von den Vereinnahmungen am stärksten zermürben ließ.

Die Nina Hagen Band trifft sich zum letzten Showdown

Juli 1979. Knapp anderthalb Jahre sind seit dem gloriosen Quartier-Latin-Konzert der Nina Hagen Band vergangen. Jetzt geht die Geschichte mit einem Knall zu Ende.

Der Showdown findet im Konferenzsaal des Hotels Schweizerhof in Westberlin statt, Nähe Bahnhof Zoo. Der Concierge lässt Nina Hagen erst gar nicht ins Haus hinein, denn sie trägt eine Strumpfhose mit einem Muster aus stilisierten Schamhaar-Dreiecken. Fritz Rau, der große Konzertagent, der auch zur Sitzung gekommen ist, muss die Situation klären.

Die Parteien sitzen um einen ovalen, tatsächlich mit grünem Filz bespannten Businesstisch. Kaffee, Wasser, Akten. In einer Ecke: Nina Hagen, ihr neuer Manager Koos van Dijk und sein Anwalt. In der anderen: die vier Musiker der Band, Gitarrist Bernhard Potschka, Bassist Manfred Praeker, Schlagzeuger Herwig Mitteregger, alle drei frühere Lok-Kreuzberg-Mitglieder, und der später dazugekommene Keyboarder Reinhold Heil. Dazu der Bandmanager und Fotograf Jim Rakete mit dem Staranwalt und berüchtigten Wadenbeißer Dr. Axel Meyer-Wölden. Auf der Gegenseite des Tischs: CBS-Deutschlandchef Wolpert mit seiner Abordnung. Dazwischen, am neutralen Teil der Tischkante, hockt auch noch Fritz Rau. Er ist da, um zu vermitteln und zu versöhnen.

Der Anlass des Treffens: Die Nina Hagen Band hat sich zerharkt, im Lauf von knapp zwei Jahren. Man will nicht mehr zusammenarbeiten, da sind sich die Sängerin und die Männer einig. Die CBS wiederum möchte Nina Hagen behalten, auch ohne Band. Dazu muss sie die vier Musiker jetzt irgendwie loswerden.

Das geht aber nicht so einfach. Als die Gruppe im Herbst 1977 in Kreuzberg zusammenkam, ungeduldig und kreativ befeuert, war die Stimmung so geschwisterlich, dass man einen Gesellschaftsvertrag miteinander schloss. Alle für einen, eine für alle, inklusive Nina. Der Vertrag verbietet es CBS nun, Potschka, Praeker, Mitteregger und Heil einfach zu entlassen. Hier, im Schweizerhof, soll geklärt werden, unter welchen Bedingungen man bereit ist, die kleine Gesellschaft Nina Hagen Band aufzulösen. Eine musikalische Scheidung, mit allem legalen Hickhack. Wer kriegt die Kinder, wer die Möbel?

«Haltet bloß den Mund», sagt Manager Rakete vorher zu seinen Schützlingen. «Lasst euch nicht provozieren. Nur Axel redet. Wir sagen nichts.»

Dabei gilt die Band 1979 als großes bundesdeutsches Erfolgsprojekt. Sie hat mit dem ersten Album die Goldene Schallplatte erreicht, eine Menge ausverkaufter Konzerte gespielt und war häufig im Drei-Kanäle-Fernsehen zu sehen. Sie hat mit Songs über Abtreibung, weibliche Unter-der-Dusche-Masturbation und lesbische Liebe dem Publikum einen heilsamen, inspirierenden Schock versetzt. Warum sie sich nun trennen will, das hat so stark emotionale Gründe, dass man es kaum erklären kann.

In der Band habe sie sich «nach einer geraumen Zeit übergangen und missverstanden» gefühlt, schreibt Nina Hagen rückblickend 1988. Der *Stern* zitiert im Oktober 1979, was sie über ihre früheren Mitstreiter sagt: «Det sind meine Freunde nich mehr. Ick gehöre in den Vordergrund, wa.»

«Wolf Biermann spielte eine gewisse Rolle, als die Götterdämmerung kam», sagt CBS-Mann Jochen Leuschner. «Er war der Meinung, die Band bremse Nina in kreativer Hinsicht. Dass ein großer Teil der Musik im Kollektiv entstanden war, konnte er nicht wissen.»

«Von unserer Philosophie her waren wir ja eher das Gegenteil von Punk», sagt Reinhold Heil, der Keyboarder. «Das hat Nina am Ende ziemlich geärgert. Sie fand, dass wir die Punk-Fahne nicht hoch genug hielten.» Auch er erinnert sich, wie sie ihm erzählte, dass der väterliche Freund Biermann die im Vertrag fixierte Gleichberechtigung nicht angemessen fand. «Hier im Westen sei es doch so, soll er gesagt haben, dass es einen Star gebe und dann eben die Begleitband, die weniger abbekommt. Biermann hatte natürlich recht. Scheiße war es trotzdem.»

Reinhold Heil sitzt heute an der Westküste der Insel Hawaii. Die Webcam, durch die er spricht, zwölf Stunden Zeitverschiebung entfernt, zeigt in sein Heimstudio hinein. Man sieht Synthesizer, Bildschirme, etwas historische Elektronik. Heil, Jahrgang 1954, im schwarzen T-Shirt der US-Anti-Waffen-Initiative «Guns Down», hat sich erstaunlich wenig verändert seit den alten Berliner Tagen.

Dass er als Tontechnikstudent und Sohn eines hessischen Elektrohändlers der sozial Privilegierteste in der Band war, verglichen mit den drei Ex-Lok-Kreuzberg-Musikern, daraus hat er nie einen Hehl gemacht. Den heutigen Status verdankt er einer rauschenden Karriere als Musiker, Produzent, Studiobetreiber und Soundtrack-Komponist, unter anderem für diverse Filme von Tom Tykwer und die Serie «Deutschland 83» über das beinahe missglückte Nato-Manöver aus dem besagten Jahr.

«Wenn man damals in Berlin mit Nina rumhing, hatte man

sicher nicht das Gefühl, auf der Seite des Klassenfeindes zu stehen», sagt Heil. «Aber aus der Vogelperspektive sah es vielleicht etwas anders aus.» Einige der alten SEW-Freunde seiner drei Mitmusiker waren jedenfalls blank entsetzt, dass sich die Reste der scharf linksbewegten Lok Kreuzberg ausgerechnet mit Nina Hagen abgaben. Mit einer Dissidentin, die die Deutsche Demokratische Republik allein schon durch ihren selbstgewählten Fortgang verhöhnt hatte. Der deutschdeutsche Konflikt spaltete so gesehen auch Kreuzberg.

Das späte Glück: Spaghetti Carbonara und Rock in Rio

Im Sommer 1979, beim High Noon im Schweizerhof, geht es gar nicht in erster Linie um Bargeld und Abfindungen. Eher um Perspektiven, um zukünftige Rechte. Anwalt Meyer-Wölden macht der CBS klar, dass er ihren wertvollen Star Nina Hagen für einige Jahre zum Nichtstun verdonnern könnte, wenn er den Weg durch die Instanzen wählt. So einigt man sich. Der Gesellschaftsvertrag der Nina Hagen Band wird gelöst – unter der Bedingung, dass die vier Musiker weiterhin die Verlagsrechte für die gemeinsamen Songs verwalten dürfen. Und: Sie bekommen einen eigenen, separaten Plattenvertrag bei CBS.

Drei Jahre später stehen Heil, Potschka, Mitteregger und Praeker unter dem Namen Spliff mit dem Album «85 555» auf Nummer eins der Charts, verkaufen mehr als eine halbe Million Stück und landen mit dem von Heil geschriebenen und gesungenen «Carbonara» einen Sommerhit. Spätestens da stießen die Verhandlungsführer der Plattenfirma wohl darauf an, dass sie sich 1979 vom Teufelspokerer Meyer-Wölden praktisch zu ihrem Glück zwingen ließen und die Goldjungs von Spliff nicht aus dem Vertrag warfen.

Nina Hagen erreicht mit dem Album «Nun Sex Monk Rock», dem ersten ohne die Band, dagegen nur mit Mühe die deutschen Top 30. Beim ersten «Rock in Rio»-Festival, zu dem 1985 1,3 Millionen Zuschauerinnen und Zuschauer ins Stadion Cidade do Rock kommen, tritt sie mit pink-orangeroter Haarmähne auf und wird überstürmisch gefeiert. Wer in Brasilien so umjubelt wird, ist zweifellos ein Weltstar. Sogar hier auf der Stadionbühne singt sie noch einmal «TV-Glotzer»: «Ich glotz von Ost nach West». Ein wirklich langer Weg, den sie von Annaberg-Buchholz bis Rio zurückgelegt hat. Westberlin wirkt nur noch wie ein kleines, hilfreiches Trittbrett.

Nicht alle erleben nach ihrer Ausbürgerung aus der DDR so viel Glück und Entfaltung wie Nina Hagen. Klaus Jentzsch, genannt Renft, bekommt im Westen gar nichts mehr zustande, bevor die Wende kommt. Andere, die rund um die Biermann-Ausbürgerung herum ausreisen, können ihren Nimbus halten, manche steigern ihn sogar. Eva-Maria Hagen, Ninas Mutter, kann nun endlich zusammen mit dem Exfreund Biermann auftreten. Die Renft-Spießgesellen Christian Kunert und Gerulf Pannach platzieren sich klug im Musikkunstgewerbe. Die Schriftstellerinnen und Schriftsteller Thomas Brasch, Sarah Kirsch, Jürgen Fuchs, Jurek Becker oder Reiner Kunze werden im Westen nahezu übergangslos im Literaturbetrieb empfangen. Die Schauspieler Manfred Krug und Armin Mueller-Stahl entwickeln sich zu noch größeren Bedeutungs- und sogar Werbeträgern. Laut einer Liste, die der Historiker Hartmut Pätzke recherchiert hat, wurden im Lauf der DDR-Staatsgeschichte unfassbare 1500 Künstler und Kunstwissenschaftler ausgewiesen oder durch Flucht verloren. Der Brain Drain, die wachsende Westwärts-Abwanderung von kulturellen und intellektuellen Koryphäen, hat durch die Wolf-Biermann-Zäsur erst richtig Dampf bekommen.

Ein Welthit kommt aus der Luftballontraube

Am Ende ist die Pop-Dissidentin Nina Hagen dann sogar noch – wenn auch nur indirekt – für den deutschen Welthit mitverantwortlich, der rückblickend den Geist des Kalten Krieges am besten zu fassen bekam.

Als im Juni 1982 die Rolling Stones in der Westberliner Waldbühne spielen, 17 Jahre nach der berühmten Beatschlacht an derselben Stelle, sind die fünf Mitglieder der Rockband Nena im Publikum. Nena ist eine junge, noch unbekannte Gruppe, die frisch bei der CBS unter Vertrag steht. Die Nachwuchsmusiker sind begeistert von den Stones, die mit «Under My Thumb» die Show eröffnen und zum Start eine große Traube Luftballons in den Himmel fliegen lassen. Was würde wohl passieren, wenn der Wind ein paar von den Dingern in den russischen Sektor der Stadt hinüberweht, über die Mauer? Carlo Karges, der Nena-Gitarrist, stellt sich die Frage, während er in der Menge steht und in die Luft guckt. Er glotzt von West nach Ost. Und schreibt kurz danach in Form eines Songtexts das Märchen zusammen, in dem die Ballons aus Versehen den Dritten Weltkrieg auslösen.

Der Manager von Nena ist Jim Rakete. Die Plattenproduktion läuft in dem Studio in Moabit, das die frühere Nina Hagen Band sich inzwischen in den ehemaligen Kühlräumen eines italienischen Lebensmittelhändlers gebaut hat. Betreut werden die Debütanten und ihre ungestüme 22-jährige Sängerin dort von Manfred Praeker und Reinhold Heil. Sie produzieren die Band.

«Die wilde Frische von Nena war völlig faszinierend. Wir passten gut auf, dass die Aufnahmen nicht zu glatt und poliert klangen. Die Atemgeräusche in ihrem Gesang haben wir oft sogar extra am Mischpult hochgezogen», erzählt Reinhold

Heil von Hawaii aus. «Auch die Band war großartig. Es gab ja Gerüchte, die Nena-Musik wäre in Wahrheit von uns gespielt worden. Nichts daran stimmt.»

Bei «99 Luftballons», dem Stück, das Carlo Karges nach dem Stones-Konzert schrieb, habe er lediglich eine kleine Synthesizerlinie gehämmert, die Keyboarder Uwe Fahrenkrog-Petersen nicht hundertprozentig hinbekam, das war alles, sagt Heil. «Wir fanden den Song trotzdem schwierig. Diese vielen verschiedenen Sequenzen, die nicht wirklich zusammenpassten, so etwas spielten die Radios eigentlich nicht. Wir konnten uns nicht vorstellen, dass das ein Hit werden könnte.»

«99 Luftballons», der riesengroße Kinderreim, an dessen Ende die Welt in Trümmern liegt und der Geist des schönen Mädchens über den Wassern schwebt wie der Gottvater in der Schöpfungsgeschichte, führt im März 1983 die bundesdeutschen Charts an. Er ist überall. In Großbritannien, Japan, Mexiko, Kanada und Australien erreicht er ebenfalls die Nummer eins, teils in einer englischen Version. In Ronald Reagans USA kommt die Single bis auf Platz zwei der Billboard-Charts. Es ist die Fabel über den Atomkrieg, auf die man sich weltweit einigen kann.

Auch im Osten erscheint 1986 ein Nena-Album, eine Amiga-Mischung aus zwölf Greatest Hits, vom ersten Erfolg «Nur geträumt» bis zur aktuellen Single «Jung wie du». Ausgerechnet «99 Luftballons» fehlt, und es gibt keine Erklärung dafür. Alle sangen mit, die ganze Welt. Nur die DDR enthielt sich offiziell der Stimme.

9.

ZU VIEL ZUKUNFT IST AUCH NICHT GUT

Punkrock und Sportlerflucht, Stasischwindler und Bommerlunder im Gottesdienst: die hohe Kunst des illegalen Kulturaustausches

Wer auch immer behauptet hat, man könne diese zwei sonderbaren deutschen Staaten doch gar nicht miteinander vergleichen, hätte diesen besonderen Abend im Frühjahr 1986 abwarten sollen – denn da ging es. Da hatten beide dieselben Chancen, da waren die Regeln auf beiden Seiten gleich. Links die DDR, in gelben Trikots. Rechts die BRD in Blau. Drunter der Rasen, ganz oben das Flutlicht.

Am 19. März 1986 empfing der FC Bayer Uerdingen, zu der Zeit Tabellensechster der Fußball-Bundesliga, in seiner Grotenburg-Kampfbahn die Mannschaft von Dynamo Dresden, Platz drei der DDR-Oberliga. Es war das Viertelfinale des Europacups der Pokalsieger, das Rückspiel, an dessen Ende ein Team ins Halbfinale weiterziehen würde. Entweder die Dresdener, die zwei Wochen vorher das Hinspiel mit 2:0 gewonnen hatten. Oder die Krefeld-Uerdinger, die dafür mit mindestens drei Toren Unterschied gewinnen mussten. Eine deutliche Ansage, aber es schien machbar.

Die ZDF übertrug live, das Fernsehen der DDR auch. Ostdeutsch-westdeutsche Duelle gab es im Fußball ja häufiger, aber trotzdem hatten sie jedes Mal wieder etwas ausgedehnt Bedeutungsvolles. Die Ostteams galten als Außenseiter, siegten ab und zu allerdings trotzdem. Lokomotive Leipzig warf 1973 Fortuna Düsseldorf aus dem UEFA Cup, 1983 auch noch Werder Bremen. Das erste Länderspiel der BRD gegen die DDR endete bei der Weltmeisterschaft 1974 in Hamburg mit einem völlig verdatternden 1:0-Triumph der Ostmannschaft, die als einzige im gesamten Turnier den späteren Weltmeister schlagen konnte. Eine Revanche gab es nie.

Und auch im März 1986 in Krefeld ging das Rückspiel erst mal seinen sozialistischen Gang. Dynamo führte zur Pause mit 3:1, nach Treffern von Ralf Minge, Frank Lippmann und einem Eigentor. Die Ossis spielten souverän und leichtgezügelt, es war eine kalte Demütigung für die Gastgeber. Viele Krefelder Fans verließen schon zur Pause das Stadion, schlichen nach Hause. Es soll Fernsehzuschauer gegeben haben, die beim ZDF anriefen und fragten, ob man in der zweiten Halbzeit nicht lieber Bayern gegen Anderlecht zeigen könne. Uerdingen hätte im günstigsten Fall fünf Tore schießen müssen, um doch noch weiterzukommen.

Die Experten gaben dem Spiel hinterher den Namen «Wunder von der Grotenburg», denn das Unglaubliche geschah tatsächlich. Zwischen der 58. und der 79. Minute schaffte Bayer Uerdingen fünf Treffer, erst stolpernd, dann immer berauschter, vorbei am 22-jährigen, völlig überforderten Dresdener Jungtorwart Jens Ramme, der nach der Pause den verletzten Stammhüter Jakubowski ersetzen musste. Es war eine Schaumwelle der Motivation, rational kaum zu erklären. Dynamo presste dagegen. Bis Uerdingen-Stürmer Wolfgang Schäfer vier Minuten vor Schluss zum Solo ansetzte, den Ball fast übers ganze Feld trieb und auch noch das 7:3 schoss.

Gegen jede Wahrscheinlichkeit hatte Uerdingen den DDR-Verein doch noch aus dem Wettbewerb geworfen, die Übriggebliebenen der ursprünglich 22 000 Zuschauer rasteten völlig aus. 2007 erklärte das Fußballmagazin *11 Freunde* die Partie zum «größten Fußballspiel aller Zeiten».

«Nun sind wir eben international keine gute Mannschaft,

das ist Fakt, also müssen wir uns in irgendwelchen Dingen verstärken», sagte der Dresdener Trainer Klaus Sammer hinterher aschfahl ins TV-Mikrofon. Als ZDF-Reporter Rolf Kramer ihm ein Kompliment für seine redliche Verliererhaltung aussprach, grinste Sammer ein einziges Mal kurz und bitter. «Danke schön», antwortete er, «aber das nützt mir jetzt an und für sich überhaupt nichts.»

Es sollte noch schlimmer kommen für den Sachsen Sammer (dessen damals 18-jähriger Sohn Matthias in Krefeld immerhin eine knappe halbe Stunde spielte). Als der Dynamo-Kader am nächsten Tag wieder in Dresden landete, fehlte ein Spieler. Frank Lippmann, der querulantisch veranlagte Torschütze, den Sammer nur auf Druck der zuständigen Stasioffiziere mit nach Krefeld genommen hatte, war am frühen Morgen aus dem Mannschaftshotel verschwunden. An den Aufpassern vorbei hatte er den Fahrstuhl in die Tiefgarage genommen, sich dort mit dem Auto abholen lassen und war Richtung Nürnberg getürmt.

Die mitgereisten Aufpasserbeamten waren ähnlich verdattert wie Lippmann selbst. Laut eigener Aussage sei die Idee zur Flucht erst bei einem sogenannten Frustbier nach dem Spiel geboren worden. Trainer Sammer, doppelt gedemütigt, musste sich zu Hause stammelnd erklären. Zum Saisonende wurde er von seinem Posten entfernt, zumindest bis nach der Wende. Flüchtling Lippmann brachte es noch auf ein paar Bundesligaspiele beim 1. FC Nürnberg und bei Waldhof Mannheim. Als Spieler glückte ihm kein echter Erfolg mehr.

Die Stasi und die Unliebsamen: das Schicksal des Lutz Eigendorf

Insgesamt mehr als 600 Sportlerinnen und Sportler ergriffen zwischen 1952 und 1989 bei Westturnieren die Flucht oder verließen heimlich die DDR, laut offizieller Zählung. 20 von ihnen waren Fußballspieler, auch das war eine Form von Kulturaustausch.

Ein spektakulärer Fall war Lutz Eigendorf, Mittelfeldstar des inoffiziellen Stasiklubs BFC Dynamo und hoffnungsvoller DDR-Jungnationalspieler. Im März 1979 blieb er nach einem Freundschaftsspiel in Kaiserslautern in der BRD, und vor allem Erich Mielke, der als Stasichef auch BFC-Vorsitzender war, empfand das als persönliche Beleidigung. Die Ostbehörden taten alles, um Eigendorf auch weiterhin zu beschatten und ihn sowie sein Umfeld nach Möglichkeit zu zermürben. Der Geflohene provozierte über die Medien zurück. In Interviews goss er Schmach über den DDR-Sport und seine ideologische Athletenbetreuung.

Am 5. März 1983 lief dann die Nachricht durch die Kanäle, dass Lutz Eigendorf in Braunschweig einen schweren Autounfall gehabt hatte. Er war nachts mit seinem Alfa Romeo von der Straße abgekommen, mit voller Wucht gegen einen Baum geprallt. Zwei Tage später starb er im Krankenhaus, er war 26. 2,2 Promille Alkohol wurden im Blut des Verunglückten gemessen. Einige Zeugen sagten jedoch aus, er habe am besagten Abend nur wenig getrunken. Als Journalisten nach der Wende in den Akten wühlten, fanden sie seltsame Hinweise. Offenbar hatte es verschiedene Pläne der Stasi gegeben, Eigendorf zu vergiften, unter Narkose zu setzen oder bei einer Autofahrt gezielt mit einem Lichtblitz zu blenden. Ein alter Geheimdienstler behauptete 2010 sogar, den Mordauftrag bekommen zu haben, aber die Aussage gilt als zweifelhaft. Dass die Stasi wirklich etwas mit dem Unfall zu tun hatte, konnte nie nachgewiesen werden. Diverse Schlampereien der Braunschweiger Polizei machten die Analyse ohnehin unmöglich.

Das Rätsel um Eigendorfs Tod blieb ein gruselschauriger, ungeklärter Fall für die N24-Doku-Nachtschiene. Trotzdem sind schon viele der Recherchedetails weitere Exempel dafür, wie eiskalt, revanchistisch und menschenverachtend das Ministerium für Staatssicherheit und seine Verbündeten agieren konnten. Selbst ein so unpolitischer, harmloser Gegner wie der geflohene Fußballer wurde verbissen überwacht und mindestens ins Visier für einen Vergeltungsschlag genommen.

Vom Maß an Repressalien durch Polizei und Staatssicherheit, unter denen im Vergleich dazu die Subkultur, die Künstler und Intellektuellen regelmäßig litten, wurde hier ja schon mehrfach erzählt: von den Arbeitsdienststrafen für Teilnehmer der Leipziger Beatdemo, den Sanktionen gegen die Wolf-Biermann-Unterstützer und Rockbands wie die Klaus Renft Combo, die 1975 nicht etwa verboten, sondern einfach für nicht existent erklärt wurde. Der Philosoph Rudolf Bahro, der 1977 in der DDR das berühmte sozialismuskritische Buch «Die Alternative» veröffentlichte, kam im Juni 1978 wegen Landesverrats in zeitweise streng isolierte Haft, durfte Ende des Jahres in die BRD verschwinden. Das prominenteste Beispiel für staatliche Rache an Geistesmenschen war wohl der Fall des russischen Physikers und Aktivisten Andrei Sacharow, der 1975 seinen Friedensnobelpreis nicht annehmen durfte und 1980 für fast sieben Jahre in die buchstäbliche Verbannung nach Gorki geschickt wurde.

Anarchy in the GDR: Die Punkbewegung kommt an

Die routinehaften Übergriffe gegen notorisch Langhaarige, Blues- und Rockmusikfans und sogenannte Gammler, die die Ordnungskräfte im Sinne der Umerziehung betrieben, waren gegen Ende der 70er allerdings weniger geworden. Die Lage hatte sich beruhigt. Viele rebellische Triebe waren durch staatliche Förderungen und FDJ-Programme erfolgreich eingenordet worden. Bis plötzlich, aus dem herbstgrauen Himmel heraus, der grelle Blitz einschlug – und die anderen zum Angriff übergingen. Die, an die man noch gar nicht gedacht hatte: die Kurzhaarigen, der nächste große soziokulturelle Stamm, mit dem die Autoritäten fertigwerden mussten. Vor allem: Seine Mitglieder führten sich noch viel penetranter auf, als es ihre parkatragenden, fusselbärtigen Vorfahren je gewagt hätten.

Die Punk-Bewegung, um 1975 in Großbritannien und mit leicht anderem Fokus in den USA entstanden, hatte schon für den Weg in die Kinderzimmer und Fußgängerzonen der Bundesrepublik einige Zeit gebraucht. In Ostberlin, Leipzig und Erfurt konnten um 1978 herum die ersten, noch einsamen Punks statistisch erfasst werden, die durch die Straßen stiefelten, mit Rasiercreme- und Zuckerwasser-Schockfrisuren, mutwillig zerrissener Kleidung, Hundehalsbändern, provokanten Leitsprüchen und demonstrativ zur Schau gestelltem Nicht-Mitmachen. Eine Jugendkultur, bei der es ums individuelle Auffallen ging, um die Hässlich- und Nutzlosigkeit und darum, neue Lebensformen vor allem in der Ablehnung der alten zu finden, dazu um eine Musik, die den Dilettantismus und das klare, brutale Wort feierte – all das wirkte im Ostblock und besonders in der DDR natürlich noch eine Unze radikaler. Im Licht der strategischen, alle Register ziehenden Unterdrückung und Gegenwehr durch Volkspolizei und Staatssicherheit, denen die jungen Systemverächter bald ausgesetzt waren, erschienen viele der Schikanen gegen das 60er-Beatpublikum rückblickend fast wie geduldige Pädagogik.

Ein expliziter Befehl zur «Härte gegen Punk» wurde im August 1983 ausgerufen. So nannte sich eine interne Stasianordnung, die direkt von Erich Mielke kam. Das hieß: Beamte sollten bei festgenommenen Szenemitgliedern gezielt nach strafrechtlichen Ansatzpunkten suchen, um sie noch länger und effektiver festhalten zu können. Neben Rowdytum, sogenannter öffentlicher Herabwürdigung und asozialem Verhalten seien auch durchaus kreative Begründungen willkommen, stand in dem Papier. Zudem solle man sich bemühen, Spitzel in der Szene anzuwerben. Ein besonders wichtiges Ziel war es, die Sänger, Musiker und Songschreiber illegaler Punkbands zu identifizieren und zum Schweigen zu bringen, denn als Multiplikatoren und Slogan-Erfinder konnten sie den größten Schaden anrichten. Sie waren bevorzugte Objekte für Schauprozesse. «Samthandschuhe ausziehen», empfahl der ansonsten um sachliche Formulierung bemühte Einsatzbefehl erstaunlich emotional, «wir haben keinen Anlass, mit diesen Figuren zart umzugehen.»

Dabei kann man in den ersten Ursprüngen des DDR-Punk viele eher spielerische Züge erkennen – worin sich die Ost-Rebellinnen und -Rebellen nicht groß von den Nachhut-Bewegungen anderer Länder unterschieden. Kleidung, Frisuren und grundsätzliche Haltungsmerkmale schaute man sich vom Westfernsehen und den Sex-Pistols-Fotos in *Bravo*-Heften ab, die irgendwer über die Grenze geschmuggelt hatte. Die Musik ließ sich mit etwas Geschick direkt von britischen BBC World Service auf Kassetten aufnehmen, bis nach und nach die bundesdeutsche Punkvariante aus Düsseldorf, Hamburg oder Westberlin ins Blickfeld rückte. Instrumente, um eigene Songs zu machen, beschaffte man sich umständlich. Unmöglich war es nicht, und Exzellenz stand hier ja nicht im Vordergrund, anders als bei den Profirockbands, die immer den neuesten Kram zu brauchen glaubten.

Das eine oder andere DDR-spezifische Dilemma war dabei gar nicht leicht zu lösen. Die Hippiekultur zum Beispiel, die den Bilderstürmern im Westen als Feindbild galt, konnte von Ostpunks nicht ernsthaft gehasst und bekämpft werden. Schließlich waren die Langhaarigen bis kurz davor auf ganz ähnliche Art schikaniert und geächtet worden wie sie selbst. Wenn überhaupt, dann waren sie eher Geschwister als Erzgegner.

Der noch kniffligere Fall: Die Verwünschungen gegen Kapitalismus, gewinnorientierte Lebensläufe und die USA, die besonders in der stark politisierten Graswurzel den westlichen Punk mitbestimmten, kamen für die Adepten in der DDR keinesfalls infrage. Wer sich aus dem SED-System heraus gegen das Establishment stellte, konnte das nicht wirklich aus einer linken, geschweige denn kommunistischen Position heraus tun, ohne in den inneren Widerspruch hineinzutaumeln. Die Parole «No Future», in Großbritannien und der BRD als Verachtungsruf gegen die falschen gesellschaftlichen Glücksversprechen benutzt, ergab im anderen Deutschland schlicht keinen Sinn. In einem Land, das praktisch keine Arbeitslosigkeit kannte und den Weg zum Kommunismus von der frühen FDJ-Erziehung an als goldenen, guten Pfad nach Morgen beschwor, mussten die Rebellen den Slogan umdrehen. «Too Much Future» hieß die Antwort der DDR-Punks.

Den irreführenden Schluss, man könne das sozialistische Regime bloß von der ideologischen Gegenseite aus attackieren, also an der hart rechten Front, zog dabei nur ein relativ kleiner, oft totgeschwiegener, wenn auch historisch bedeutsamer Teil der Community. Mit faschistoiden Symbolen geflirtet und provoziert wurde ja erst mal von vielen, in London vom Sex-Pistols-Bassisten Sid Vicious mit seinem Hakenkreuzhemd, in Düsseldorf von der Gruppe DAF mit ihrem «Mussolini»-Song. Die klare Abgrenzung zwischen anarchisch getriebenen, autoritätskritischen Punks und klar rechts verorteten Skinheads und Hooligans nahm auch in der DDR bis zur Mitte der 80er nach und nach ihren Lauf. Im Oktober 1987 kam es nach einem Konzert in der Ostberliner Zionskirche zur Schlacht zwischen den zwei Gruppen. Dazu mehr in einem späteren Kapitel.

Allein im Jahr 1984 wurden rund um den Alexanderplatz 120 Punks teils mehrfach festgenommen. Anfang 1985 waren unter den 215 behördlich erfassten Ostberliner Szenezugehörigen mehr als 80 polizeilich vorbestraft. Mielkes Härtebefehl wurde also ernst genommen. Anders als viele Westpunks, deren Visionen vom allgewaltigen Polizeistaat am Ende dystopische Zuspitzungen waren, mussten die Subkulturellen im Osten wenig hinzudichten, um ihre beklemmenden Bilder zu zeichnen, so wie beispielsweise die Ostberliner Band Namenlos in ihrem Song «MFS» von 1983. Zum prügelnden, sich überschlagenden Pogo-Lärm deklamierte die 19-jährige Sängerin Jana Schloßer:

Endlich geh ich dann die Straßen lang
Ein Besoffener suhlt sich an ihrem Rand
Dann rufe ich meine Kumpels an
Da hängt noch wer an der Leitung dran

Aufgepasst, du wirst überwacht vom MF-MFS!
Aufgepasst, du wirst überwacht vom MF-MFS!

Ich bin k.o. und will nach Haus
Ich denk mir, ich penn mich aus

Dann endlich geh ich durch die Tür
Bis jetzt lief einer hinter mir

«MM-FF-SS!», hört man sie noch in den Schlussakkord hineinrufen, für alle, die die Nazianspielungen noch nicht kapiert hatten. Vier Monate nach einem Auftritt in der Lichtenberger Erlöserkirche im April 1983, den sie gemeinsam mit den Bands Planlos und Unerwünscht gespielt hatten, wurden alle vier Namenlos-Mitglieder tatsächlich von der besungenen Staatssicherheit festgenommen. Das Gericht verurteilte drei von ihnen zu Haftstrafen zwischen einem und anderthalb Jahren, wegen öffentlicher Herabwürdigung staatlicher Organe. Nur Schlagzeugerin Mita Schamal kam nach sieben Wochen Untersuchungshaft wieder frei. Sie war 17.

Ein Grenzgänger triggert die Idee: Lasst uns eine Platte machen

«Anfangs erschüttert mich das fehlende Mitgefühl der anderen», schreibt der Westberliner Reporter Dimitri Hegemann im Sommer 1982 in einer großen Reportage, die im Stadtmagazin *Tip* über die Ostberliner Punkszene berichtet. In diesem Fall geht es um eine Clique, die eben erfahren hat, dass einer ihrer Freunde verhaftet und ins Besserungsheim gesteckt worden sei. «Doch dann verstehe ich: Sie leben damit. Es ist nichts Besonderes, wenn jemand für einige Zeit in staatlichem Gewahrsam verschwindet.»

Autor Hegemann wurde einige Jahre später zu einem der wichtigen Gründerväter der deutschen Techno-Partykultur. 1988 gehörte er zur Gruppe, die in Kreuzberg den Club Ufo eröffnete, nach der Wiedervereinigung spürte er mit Freunden in den Tresorräumen des alten Wertheim-Kaufhauses am

Leipziger Platz den verheißenen Ort auf, fürs Tanzen im Stroboskoplicht und ein neues Versprechen davon, was von einer Clubnacht zu erwarten ist. Sie nannten ihn Tresor. Der Laden setzte einen neuen Maßstab, der sogar an den Ursprungsorten des Technosounds in Detroit und Chicago gesehen wurde. Den Tresor gibt es nach mehreren Umzügen auch in den frühen 2020er-Jahren noch.

1982 allerdings ist Dimitri Hegemann 26 und ein Metropolenfrischling. Vier Jahre vorher hat er seinen Wohnsitz von Münster nach Westberlin verlegt, läuft als Mischung aus Hippie und New-Wave-Typ durch die Straßen. Er spielt Bass bei der angedüsterten Band Leningrad Sandwich, arbeitet beim Independent-Plattenlabel Aggressive Rockproduktionen in Kreuzberg. Hegemann kümmert sich dort auch um die Organisation der Tourneen, reist mit US-amerikanischen Gruppen wie Black Flag und den Minutemen durch Deutschland. Die schwarze Hardcore-Band Bad Brains bringt er eines Abends auch an die Berliner Mauer, erklimmt mit den Musikern einen Aussichtsturm und lässt sie über den unheimlich beleuchteten Todesstreifen schauen. Die Band aus Washington, die eben noch den Joint kreisen ließ, ist von dem Anblick völlig geplättet.

«Die waren auf so etwas nicht vorbereitet», erinnert sich Hegemann. «Ich zeigte Richtung DDR und sagte: ‹It's like another world!› Sie konnten es kaum glauben.»

Um auch das eigene Landeskundewissen aufzubessern, fährt Hegemann selbst immer öfter nach Ostberlin. Als er im Haus der jungen Talente in der Klosterstraße ein Konzert der Band Pankow besucht, lernt er vor der Tür eine Gruppe Lederjackenpunks kennen. Sie kommen ins Gespräch, trinken zusammen. Die Jungs sind um einiges jünger als er. Trotzdem freunden sie sich an. «Sie waren gut drauf, sie jammerten nicht. Sie waren auf angenehme Art romantisch naiv», sagt Hegemann heute. Die Unternehmungslust, den selbstmitleidslosen Trotz der DDR-Punks kennt er aus der saturierteren Westberliner Szene so nicht.

Er besucht die neuen Bekannten regelmäßig in ihrer WG in Prenzlauer Berg und trifft dort nicht nur Punks, sondern auch andere alternative Ostjugendliche, die ihm mit ihren Geschichten die Augen öffnen, wie stark hier der tägliche Anpassungsdruck wirkt, der in der BRD der frühen 80er längst nachgelassen hat. Manchmal begleiten die Freunde ihn noch nachts zur Grenze, winken, wenn er im blauen Ford-Transit-Bus zurück auf die andere Seite fährt. «Es fühlte sich absurd an: Ich durfte raus und rein. Sie nicht.»

Einige haben Platzverweise an den einschlägigen Treffpunkten kassiert, am Alexanderplatz oder auf dem Rummelplatz im Plänterwald. Auch der Wirt der Kneipe unten im Haus bedient sie nicht mehr. «Eines Abends stellte ich mich zur Verfügung und ging für sie runter», erzählt Hegemann. «Der Wirt hatte allerdings kein Flaschenbier. Ich also wieder rauf in die Wohnung, wo ich das Aquarium ausleerte und die Fische kurz im Kochtopf parkte. Damit bin ich wieder runter, hab dem Mann an der Theke eine Hand voll Westgeld hingeknallt: ‹Bitte vollmachen›.» Das schwappende, biergefüllte Aquarium balanciert Hegemann durchs Treppenhaus zurück nach oben, es wird noch ein lustiger Abend.

In einer dieser Runden entsteht irgendwann die Idee. Eigentlich könnte man doch mal eine Platte machen. Ein Album mit Punkrock aus der DDR. So naheliegend und simpel es klingt, eine solche Platte gibt es bis dahin noch nicht.

Der Grund ist, dass Bands wie Wutanfall aus Leipzig, das neben Berlin die stärkste Szene hat, Restbestand aus Magdeburg, Virus X aus Rostock oder Betonromantik aus Berlin nur als streng private Projekte existieren dürfen. Sie treten auf Dachböden und in Proberäumen auf, in Ateliers von gleichgesinnten Künstlerinnen und Künstlern. Oder eben in Kirchen. Im Rahmen der offenen Gemeindearbeit sind auch Jugendliche willkommen, die als problematisch gelten. In einem 1978 geschlossenen Stillhalteabkommen hat sich der Staat verpflichtet, die Selbstbestimmung der Kirchen zu achten und hier auf Eingriffe der Stasi zu verzichten.

Das heißt gleichzeitig: Alle anderen Verbreitungskanäle sind tabu. Ein Einstufungsbescheid, den selbst Amateurkünstler brauchen, um legal in Kulturhäusern oder Kneipen spielen zu können, ist mit Songs wie «Töten und Fressen», «Ronny muss zur Armee», «Spitzel» oder, nun ja, «DDR Terrorstaat» nicht zu kriegen. Allein der VEB Deutsche Schallplatten und der Rundfunk der DDR dürfen Tonaufnahmen verbreiten, und hier kommen die Punks natürlich nicht rein. Bis Amiga sich Ende der 80er mit den sogenannten «anderen Bands» zu schmücken versucht, dauert es noch ein paar Jahre.

Ähnliche Monopole gibt es im Westen natürlich auch. Dort sind sie vor allem kommerziell motiviert. Während die Entertainmentkonzerne mit der zugänglichen, leicht verdaulichen Neue-Deutsche-Welle-Musik von Trio oder Extrabreit ihre Umsätze machen, würden ästhetisch und politisch eigentümlichere Bands wie Slime, Daily Terror oder die Einstürzenden Neubauten auch bei ihnen nie einen Vertrag bekommen. Der Unterschied: In der BRD gibt es als Alternative ein ganzes Netzwerk aus unabhängigen, kleinen Plattenfirmen. Sie können auf eigene ökonomische Gefahr alles veröffentlichen, das nicht als volksverhetzend oder gewaltverherrlichend gilt. Gerade Slime bekommen mit ihrem «Bullenschweine»-Song tatsächlich bald ein solches Problem.

Dimitri Hegemann arbeitet selbst bei einem unabhängigen Label, das natürlich auch DDR-Musik herausbringen könnte. Besser geht es gar nicht. In der WG in Prenzlauer Berg werden ab Sommer 1982 also ernsthafte Pläne für das erste ostdeutsche Punkalbum geschmiedet.

«Die Idee war: Wir, die Ostpunks, werden jetzt laut und zeigen der Welt, dass es uns gibt», sagt Hegemann. «Am Anfang hatte das Projekt etwas sehr Verspieltes. Es war eine kleine Untergrundaktion, ohne Überbau, als wildes Abenteuer für den Alltag. Wir haben damals ja alle einfach mit dieser Mauer gelebt. Sie war da. Wir stellten sie nicht infrage.»

Karl-Ulrich Walterbach, der Chef von Aggressive Rockproduktionen, findet die Idee großartig, eine Platte mit unterdrückten Bands aus dem Osten zu machen. Zumindest er sieht eine echte Mission darin. Ein Politikum, einen Nierenschlag gegen das diktatorische System. Dass das Projekt nach DDR-Recht komplett illegal ist, nur unter höchster Konspirationsstufe realisiert werden kann und alle Beteiligten in größte Bedrängnis bringen könnte, ist den Mitmachern klar.

Die Betreiber eines der wenigen privat geführten Tonstudios in Ostberlin sind bereit, für die Aufnahmen heimlich die Türen zu öffnen. Allerdings haben sie weder Geld noch Quellen für Tonbandmaterial. Hegemann organisiert eine Lieferung über den linken Rotbuch Verlag und einige Diplomaten der Ständigen Vertretung, der bundesdeutschen Botschaft in Ostberlin. Den Tipp hat er von einem Aktivisten aus der Kunst- und Literaturszene bekommen, der nun auch immer häufiger bei den Treffen auftaucht: Sascha Anderson, ursprünglich aus Weimar, Dichter, Musiker, Journalist, ein energisch motivierter, kämpferischer Typ. Die Tonbandspulen kommen im Studio an. Aber jetzt kriegen die Betreiber kalte Füße. Sie ziehen ihr Angebot zurück.

Ähnlich kompliziert wird es, überhaupt Bands zu finden, die auf der Platte vertreten sein wollen. Keiner weiß, wie die Stasi reagieren wird, wenn die Aktion bekannt wird. Rosa Extra, eine respektierte, kunstsinnige Gruppe aus Berlin, will mitmachen, sagt in letzter Minute aber wieder ab. Die einen glauben, Rosa Extra seien gerade im Begriff gewesen, sich um eine reguläre, staatliche Auftrittsgenehmigung zu bemühen, und wollten den Vorgang nicht durch die Schallplatten-Affäre gefährden. Andere behaupten, die Band sei schon im Vorfeld gezielt von Stasivertretern eingeschüchtert worden. Auch die Gruppen Aufruhr zur Liebe und Saalschutz sind für das Hegemann-Projekt im Gespräch. Auch sie trauen sich nicht.

Zwei Bands bleiben übrig. Schleim-Keim aus Erfurt, eine ruppige, in ihren Texten sehr explizite Punkrocktruppe, und das Kollektiv Vierte Wurzel aus Zwitschermaschine, das aus dem Umfeld der Dresdner Kunsthochschule stammt. Die zwei sollen die ersten DDR-Untergrundbands werden, deren Musik – jenseits der privat kopierten Kassetten, die nicht nur in Berlin von Hand zu Hand gehen – auf einem Tonträger verewigt und zumindest im Rest der Welt vertrieben wird. Vorausgesetzt, das Ding wird irgendwann wirklich fertig.

Raus nach Brandenburg, zur Enklave der Künstlerin

Die Gegenwart, rund 40 Jahre später. Nördliches Brandenburg, ein völlig anderer Anblick. Das Mädchen, braunhaarig, großäugig, drastisch und schön, hat die Pistole im Anschlag und zielt direkt auf die Betrachter. Ganz fertig ist das angriffslustige Acrylgemälde noch nicht. Trotzdem zuckt man zusammen, wenn man es sieht, an einer Wand im Atelier von Cornelia Schleime. Frauenporträts, herangezoomte Gesichter und Haare, in starken Kontrasten gemalt, wie postmoderne, farblich kaltgepresste Pop-Art, hängen hier überall. Selbst die Abstellkammer neben dem Bad ist voller Bilder.

«Ich schaffe mir mit solchen Figuren auch ein Gegenüber», sagt die Künstlerin, während sie die Karaffe mit Grapefruitwasser nach hinten auf die Terrasse trägt. «Die wenigsten können sich das vorstellen, weil ich sonst immer so viel rede. Aber hier draußen brauche ich Gesichter, um die Einsamkeit ertragen zu können.»

Der Ort ist eine Gemeinde in der Nähe von Neuruppin, mit rot geklinkerter Kirche und 1500 Leuten. Eine Wohnung in Berlin-Mitte hat Cornelia Schleime auch, aber die echte Inspiration kommt nur hier draußen.

Schleime, Jahrgang 1953, ist nicht nur eine der bekanntesten deutschen Gegenwartsmalerinnen, sondern mit Sicherheit die berühmteste Frau, die aus der Kunstszene der DDR hervorgegangen ist. Schon 1984 ließ sie sich ausbürgern, zu einer Zeit, in der ihre Werke längst nicht mehr öffentlich ausgestellt werden durften. Inzwischen hat sie die Welt bereist, sind ihre Bilder unter anderem in Düsseldorf und Salvador da Bahia, New York und Paris, Amsterdam, Peking und im japanischen Nagoya gezeigt worden. «To Schleime, freedom of expression is a gift», schrieb die *Los Angeles Times* über sie.

Doch sie hat nicht nur gemalt, Super-8-Filme gedreht und in Performances agiert. Cornelia Schleime hat gesungen und Liedertexte geschrieben. 1981 bis 1983 gehörte sie in Dresden als Sängerin und Bühnengestalt zur Gruppe Vierte Wurzel aus Zwitschermaschine, einer besonderen Band aus dem DDR-Punk-Wendekreis.

«Unsere Mission als Künstler bestand nun mal darin, bestimmte, ausgewählte Dinge gutzuheißen und die restlichen 80 Prozent scheiße zu finden», sagt sie. «Daran hat sich bis heute leider nichts geändert. Das sind immer noch die Koordinaten, mit denen ich durchs Leben gehe.»

An diesem Nachmittag trägt Cornelia Schleime ein pinkes, knielanges Kleid mit Leopardenmuster, Sneakers und eine wild gemusterte Plastikarmbanduhr. Am Gartentisch raucht sie ihre Packung American Spirit zu Ende, zeichnet und schreibt beim Reden immer wieder auf, woran sie gerade denkt. In tiefem, geröllhaltigem Altberlinerisch meint sie erst, man müsse die alten Geschichten doch eigentlich nicht mehr aufwärmen. Aber dann stürzt sie sich in sie hinein, leidenschaftlich und mit dem Kopf zuerst.

«Am Kollwitzplatz erlebe ich heute oft, was der große Unterschied zwischen meiner Generation und der aktuellen ist», sagt sie an einer Stelle. «Heute denken alle immer vorausschauend. Der Mann muss stimmen, die Kinder bitte erst dann kriegen, wenn man mit der Ausbildung oder in der Agentur so weit ist. Wir haben früher nie an die Zukunft gedacht. Wir waren immer nur im Jetzt. Und wenn uns das Jetzt ankotzte, machten wir 'ne Aktion.»

Warum die Malerin Cornelia Schleime plötzlich Musikerin wird

In den späten 70er-Jahren haben Cornelia Schleime, ihre Freunde und Mitstreiter von der Hochschule für Bildende Künste Dresden erst mal noch nichts mit den rattigen Punks aus Berlin und Leipzig zu tun. Schleime ist nach einem halben Maskenbildnerstudium und einer abgebrochenen Ausbildung zur Pferdepflegerin 1975 an der Kunstschule gelandet. Sie genießt den Kontakt zu Subkulturen aller Art, den sie hier findet, zur Dresdener Schwulenszene, zu Film und Literatur.

Sie lernt wilde Freigeister wie A.R. Penck, Jürgen Böttcher und Dieter Goltzsche kennen und formt mit dem Studienkollegen Ralf Kerbach und dem Dichter Michael Rom ein kleines Kollektiv, entzündet von Ideen und Geistesmenschenromantik. Sie zeichnet und malt, führt Performances auf, bei denen sie sich nackt in Draht einwickelt. Sie dreht Kunstfilme wie «Das Nierenbett», für den sie einen Freund namens Scipio auf ein Bett schnallt und seinen Körper mit Rindsschnauzen und Schweinefüßen aus dem Schlachthof belegt. Es geht ihr nicht um politische Provokation. Sie sucht nach persönlichem Ausdruck und kann daher auch nichts von dem, was sie macht und sagt, irgendwie abmildern oder verklausulieren. Die Taktik, mit der zum Beispiel viele etablierte Songtexter ihre Lieder sendefähig machen, kommt für sie nicht infrage.

«Es gab durchaus gute bildende Künstler, die sich mit dem System arrangierten», sagt Schleime. «Wenn man mit ungefährlichen, eher neutralen Metaphern oder historischen Stoffen arbeitete, passierte einem nichts. Ich dagegen zog mich öffentlich aus, bandagierte mich, steckte mir eine Tüte über den Kopf, übermalte Fotos. Das waren Motive, die Einengung vorführten, Aggressivität ausstrahlten. Performancekunst war an sich nicht gern gesehen. Die Verantwortlichen sagten mir direkt ins Gesicht, dass meine Kunst Müll sei.»

Von 1978 an erleben Schleime und ihr Freund Kerbach immer öfter, dass bereits fertige Ausstellungen abgesagt werden, nachdem sie von Parteiabgesandten inspiziert worden sind. Einmal missfallen den Kontrolleuren Gemälde von Frauen, die zu niedergeschlagen aussehen und damit ihrer Meinung nach dem kommunistischen Ideal widersprechen. In einem anderen Fall werden Fragmente indizierter Texte und der Einsatz von Stacheldraht moniert. Der Verband bildender Künstler, die staatliche Berufsorganisation, will Schleime nicht aufnehmen. 1981 bemerkt sie auf Nachfrage überrascht, dass ihre Werke einem kompletten, DDR-weiten Ausstellungsverbot unterliegen, ohne dass sie davon wusste.

Mit 28 hat sie praktisch keine andere Wahl, als sich um die Ausreise nach Westen zu bemühen. Sie stellt Anträge, die nacheinander abgelehnt werden. Da sie parallel irgendwie weitermachen muss, aber nicht mehr ausstellen darf, fängt sie 1981 mit der Musik an. Ihr Kunst- und Lebensfreund Ralf Kerbach spielt Gitarre, sie und Michael Rom singen. Einen Freund zwingen sie, Bass zu lernen, und mühsam findet sich ein Schlagzeuger. Sie fühlen sich grob vom britischen Punk beeinflusst, natürlich auch von Velvet Underground aus New York, das Übliche. In Anspielung auf ein Paul-Klee-Gemälde nennen sie ihre Gruppe Vierte Wurzel aus Zwitschermaschine. Sie nutzen auch andere Namen, um Veranstalter zu täuschen. Die merken oft erst beim Konzertbeginn entsetzt, dass sie als Tanzkapelle aus Versehen die Kunstrabauken aus Dresden engagiert haben.

Von Zwitschermaschine (die Kurzform hat sich in der Geschichtsschreibung durchgesetzt) sind nur wenige Bild-, Ton- und Textdokumente überliefert. Die Band spielt bei Sommer- und Faschingsfesten, in Kunsthochschulen, in Kirchen. Rom im Anzug, Schleime in enger, schwarzer Kluft. Die Musik der frühen Phase klingt monoton und bedrohlich, sie ist eher ein bröckelnder, quäkender, dann wieder brodelnder Geräuschestrom als Melodie und Rhythmus. «Übern Fluss, das Andere suchen/Und das Treibholz nimmt uns mit», skandiert Schleime, steigert sich vom gruseligen Flüstern bis zum Gebrüll. Manchmal geht sie ins Publikum, bindet die Zuhörer mit Schnüren zusammen. Rock 'n' Roll ist das nicht, auch kein Punkrock. Es ist eine Kunstperformance.

Bis der vorhin schon erwähnte Sascha Anderson zur Band stößt. Der in Berlin sitzende Schriftsteller und Aktivist ist ein einnehmender, begeisterungsfähiger Typ, ein gut aussehender Stürmer und Dränger. Im zu hundert Prozent aufs Selbermachen angewiesenen DDR-Kulturuntergrund stellt Anderson beachtlich viel auf die Beine. Sie freunden sich an. Er organisiert Konzerte, bringt die Musik in konventionellere, einfacher hörbare Strukturen. Sein Gesang, seine Texte stehen plötzlich im Vordergrund.

1982 reist Ralf Kerbach nach Westberlin aus und muss seine Freundin Cornelia zurücklassen. Die Band ist damit eigentlich Geschichte. Aber da kommt Anderson mit einem wirklich heißen Vorschlag an. Es gibt da eine Schallplattenproduktion, über die in Berlin mit ein paar Westlern geredet wird. Zwitschermaschine könnten mitmachen, wenn sie wollen.

Eine Plattenproduktion unter strengster Geheimhaltung

«Ich fand die Idee mit der Platte gut», sagt Cornelia Schleime heute. Auf die Genossen von Schleim-Keim aus Erfurt, mit denen sie sich den Platz auf dem Album teilen werden, treffen sie bei einem Besuch in Berlin, in der Wohnung der Keramikkünstlerin Wilfriede Maaß, die mit ihrem Mann Ekkehard die Türen für die Prenzlauer-Berg-Szene geöffnet hält. «Ich mochte die Schleim-Keims unheimlich gerne, sie waren herzliche, tolle Menschen», erinnert sich Schleime. «Beim Auftritt spielte der Schlagzeuger dann, als würde er ein Schwein schlachten. Die Spannung, die auf der Platte entstehen sollte, sah ja so aus: wir als die intellektuellen Künstler, Schleim-Keim als die Prolls.»

Karl-Ulrich Walterbach, der Westberliner Labelchef, erlebt die Atmosphäre bei den geheimen Besprechungen ganz anders. «Keiner traute keinem. Die Spitzelangst ging rum», erzählte er 2012 in einem Interview mit der Zeitschrift *Ox*. «Beim zweiten Treffen hatte sich dann diese Paranoia dermaßen gesteigert, dass man kaum noch vernünftig miteinander reden konnte.»

Trotzdem wird Anfang 1983 endlich Musik aufgenommen.

Der Künstler Andeck Baumgärtel stellt sein Heimstudio bei Dresden zur Verfügung. Als Produzent ist der Galerist Sören Naumann dabei, all das hat Sascha Anderson organisiert. Schleim-Keim brettern sich durch eine Hand voll Gift-und-Galle-Songs wie «Alles ist rot», «Scheiß Norm» und ein Stück, in dem Sänger Dieter «Otze» Ehrlich sich vorstellt, ein Staubsauger zu sein: «Und fress nur Dreck und Müll/Weil ich mich als Staubsauger/Am wohlsten fühl.» Von den fünf Stücken, die Zwitschermaschine einspielen, ist Schleimes Gesang nur auf zweien zu hören. Den Rest dominiert Anderson mit seiner Stimme und Texten wie «Willst du mein Killersatellit sein?» oder «Alles oder nichts und noch viel mehr»:

Finger im Arsch, Zucker im Kaffee
Asche aufs Haupt, Leichenvarieté
Ruhe in Frieden, Mauer im Kopf
Dein blaues Blut in den Topf

Wieder fungieren Botschaftsdiplomaten als Schmuggler. Sie bringen die fertig bespielten Tonbänder in den Westen zu Walterbach. Der schon ausgebürgerte Ralf Kerbach spielt der Legende nach im Studio des RIAS noch seine Gitarre zu einigen Zwitschermaschine-Songs dazu. Er gestaltet auch die Grafik der Cover-Vorderseite, zeichnet dafür eine rattenhafte Gestalt. Schleime übernimmt die Rückseite.

Den Schleim-Keim-Männern fällt in letzter Minute noch ein, dass sie lieber ihre Spur verwischen wollen, um sicher gegen Nachstellungen durch die Stasi zu sein. Deshalb taufen sie sich um, nur für das Album. Ihr Pseudonym: Sau-Kerle. Da kommen die Beamten sicher nie drauf.

Im Frühjahr 1983 erscheint die historische Langspielplatte wirklich, in Westberlin und praktisch im ganzen nicht sozialistischen Rest der Welt. «DDR von unten» ist ihr Titel. Auf der A-Seite stehen die fünf Lieder von Zwitschermaschine, auf der B-Seite sieben Stücke von Sau-Kerle alias Schleim-Keim. Das erste nachweisbare Signal des DDR-Punk-Untergrunds wird sichtbar und laut. Im eigenen Land wäre es undenkbar gewesen.

«So beachtenswert die Leistung der Ost-Kids ist», schreibt der Journalist Ralf Niemczyk in seiner Rezension in der Popzeitschrift *Spex*, «ich frage mich wirklich, wer diese Platte KAUFEN soll.» Er trifft den Punkt. Verglichen mit dem, was zu der Zeit selbst der industrieferne Teil der westlichen Punkbands produziert, hört sich «DDR von unten» bei aller Leidenschaft etwas gestrig und verstolpert an. Trotzdem gehen die 1000 Exemplare schnell weg, die Labelchef Walterbach der eigenen Erinnerung nach pressen ließ. Mehr gibt es nicht. Der VEB Deutsche Schallplatten hätte von einer regulären Produktion mindestens zehnmal so viel gefertigt.

Nur ein paar von den Platten finden den Weg über die Grenze, zurück in das Land, aus dem die Musik kam. Auch in diesem Fall verbreiten sich die Songs innerhalb der DDR vor allem wieder als Kassettenkopie.

«Das Interessanteste an der Aktion ist rückblickend, dass wir die DDR damit der Lüge überführten», sagt Initiator Dimitri Hegemann. «So, wie die dortige Führung den Smog und das Waldsterben leugnete, hieß es ja auch: ‹Punk und eine unzufriedene Jugend, das gibt es nicht bei uns.› Mir war das damals nicht klar, aber die Platte stellte für den Rest der Welt quasi den ersten physischen Beweis dar, dass diese widerständigen Künstler wirklich existierten.» Was für ein Statement die im Westen kaum beachtete LP war, sah man allein daran, wie sehr sich die Staatssicherheit in der anschließenden Korrespondenz über sie ärgerte.

Die Quittung für den Coup kommt bald. Walterbach und später auch Hegemann – zusätzlich wegen seiner Punk-Reportage im *Tip* – dürfen nicht mehr in die DDR einreisen, werden auf den Transitwegen nach Westdeutschland nun schikanös kontrolliert. Alle drei Mitglieder von Schleim-Keim kommen vorübergehend in Untersuchungshaft, unter Vorwänden natürlich, Sänger Otze sogar für vier Wochen. Cornelia Schleime und den anderen Dresdenern passiert nichts. Im September 1984 schafft sie es endlich. Sie darf die DDR verlassen und zieht nach Westberlin.

Der wirklich große Knall folgt viel später. Im Oktober 1991, knapp zwei Jahre nach der Wende, hält Wolf Biermann in Darmstadt seine Rede zum Empfang des Georg-Büchner-Preises. Er spricht rückblickend über die Prenzlauer-Berg-Szene und benennt dabei eine Reihe von Stasiinformanten, die seinen Erkenntnissen nach dort eingeschleust waren. Auf Biermanns langer Liste steht auch «der unbegabte Schwätzer Sascha Arschloch, ein Stasispitzel, der immer noch den Musensohn spielt». Er meint Sascha Anderson.

Anderson, der Macher und Motor, so stellt sich nach und nach mit den üblichen Unschärfen heraus, hat all die Jahre als Inoffizieller Mitarbeiter der Staatssicherheit aus der Künstlerszene berichtet. «Das war 'n Spiel und damit handhabbar für ihn. Sonst wär er vielleicht verzweifelt», sagt einer seiner damaligen Führungsoffiziere in einem anonymisierten Interview, das er dem schwedischen Regisseur Frederik von Krusenstjerna 1994 für dessen Film «Verrat» gab. Auch Cornelia Schleime ist darin zu sehen. Sie geht zusammen mit Krusenstjerna ins Archiv und liest in ihrer Akte nach, was der enge Freund der Stasi alles über sie erzählt hat.

«Beide sind Chaoten», steht da zum Beispiel über sie und Kerbach, «die die Malerei brauchen, für einen Klärungsprozess.» Es ist ein Albtraum.

«Das Schlimme ist, dass man sich hinterher immer fragt: Was war zuerst da, die Henne oder das Ei?», sagt sie heute dazu. «Kam erst die Freundschaft zwischen uns, und dann hat er uns bespitzelt? Oder hat er die zu Bespitzelnden gezielt zu Freunden gemacht?» Anderson, meint sie, werde das nicht einmal selbst beantworten können. Dafür habe er zu tief in dem Doppelspiel gesteckt, das er selbst inszeniert hatte.

Man spürt überrascht, mit welcher Empathie und Warmherzigkeit Schleime insgesamt über den Mann spricht, der sie damals verraten hat. Er hat sich bei ihr entschuldigt, sie sind noch immer in Kontakt. «Selbst ich als aus der Kirche ausgetretene Katholikin bin in der Lage, anderen zu verzeihen», sagt sie und klingt nicht mal sarkastisch dabei. «Ich will nicht mit diesem Groll im Kopf alt werden.» Und man bekommt einen leisen Eindruck davon, wie existenziell tief die Komplizenschaften damals gegangen sein müssen, wenn die Vergebung so viel Schuld aus dem Feld schlägt.

Eine Frage bleibt. Wenn Anderson 1982 für die Stasi arbeitete – wie war es ihm dann möglich, die «DDR von unten»-LP mit zu organisieren? Wussten seine Offiziere davon und ließen den Skandal geschehen, etwa als willkommenen Vorwand dafür, weiter gegen die Szene vorzugehen? Oder gehörte es mit zu Andersons Spiel, auch den Geheimdienst zu betrügen und seine eigenen Projekte an ihm vorbeizulotsen?

Die meisten Zeitgenossen vermuten, dass die zweite Option stimmt. Ganz klären lassen wird es sich nie. Auch hier geben die Akten keinen kompletten, unwidersprüchlichen Eindruck davon, wie die klandestinen Aktionen des DDR-Untergrunds funktionierten. Man könnte sogar vermuten, dass ein Projekt wie die «DDR von unten»-Platte ohne die vom Doppelagenten Anderson auf links gedrehte Stasiunterstützung überhaupt nicht durchführbar gewesen wäre.

Anderson war nicht der Einzige in der Szene, der diese mutmaßlich zweigleisige Strategie verfolgte. Imad Abdul Majid, im Gegensatz zum gut gekämmten Dichter ein eher strubbliger Charakter, Aktivposten in Leipziger Punkzirkeln, wirkte den Akten nach von Ende 1983 an als verdeckter Informant der Kriminalpolizei. Abdul Majid war 21, Gitarrist bei H.A.U., kurz für Halbgewalkte Anarchistische Untergrundbewegung, später zeitweise bei Wutanfall und der aus Resten der anderen Gruppen geformten Band L'Attentat. Zunächst erschien er den Polizisten offenbar als verlässlicher Zuträger. Seine Informationen führten mindestens einmal dazu, dass ein Freund in Haft kam.

Parallel zur Spitzeltätigkeit ließ Abdul Majid jedoch einen Ausreiseantrag laufen, schmuggelte immer wieder Musik und Informationen in den Westen. 1987, als er bereits zum IM der Stasi aufgestiegen war, erschien über ein Independent-Plattenlabel in der Schwarzwaldstadt Nagold das Album «Made In GDR». 13 Songs von L'Attentat, in Leipzig aufgenommen und nach Süddeutschland geschmuggelt. Auf dem Cover das Foto einer DDR-Maifeier, in der Textbeilage unter anderem die Erklärung, alle Erlöse der Platte würden auf einem Sperrkonto in Westberlin gesammelt. Das Geld sei dafür bestimmt, den Bandmitgliedern nach einer eventuellen Westflucht beim Start ins neue Leben zu helfen.

Imad Abdul Majids Anschrift stand gut lesbar als Korrespondenzadresse auf der Plattenhülle. Vor seinen Führungsoffizieren hatte er die Aktion erfolgreich verheimlicht, nicht nur deshalb musste er hinterher eine schriftliche Selbstrechtfertigung schreiben und Abbitte leisten. Lange dauerte die Zusammenarbeit dann auch nicht mehr.

Von den insgesamt vier urkundlich bekannten DDR-Punk-

LPs, die vor 1989 im Westen erschienen, war die L'Attentat-Platte die ausgereifteste und nachhaltig berühmteste. «Deutsche Rasse, große Klasse, wie ich solche Sprüche hasse», ging schon das erste Lied los. Ein Song über die DDR-Neonazis, die es offiziell doch gar nicht gab. Ein Lied, das im Osten viele interessierte Hörer gefunden hätte, aber in dieser Form wirklich nur in der BRD erscheinen konnte.

Die Toten Hosen geben ihr erstes Kirchenkonzert

Wenn es um Punk ging, waren die kommunikativen Hürden freilich auch von der anderen, der westdeutschen Seite aus ziemlich hoch. In der BRD beliebte Bands wie Slime, Daily Terror, Abwärts oder die Goldenen Zitronen wären auf dem offiziellen Weg natürlich nie in die DDR gelangt. Ein Kirchenkonzert, bei dem die kapitalistisch geschulten Anarchieprofis den versammelten, wissbegierigen DDR-Nichtsnutzen mal richtig erklärt hätten, wo der Hammer hängt, hätte die Künstleragentur noch wesentlich weniger gern gesehen als eine ganze Udo-Lindenberg-Bädertournee.

«Ein Freund aus unserem Kreuzberger Dunstkreis fuhr ab und zu rüber in den Plänterwald, um westdeutsche Punk-Utensilien gegen tschechische Speed-Tabletten zu tauschen», erzählt Bela B, Sänger und Schlagzeuger der Westberliner Band Die Ärzte. «Er ging mit einem Tagesvisum nach drüben, eingekleidet mit Springerstiefeln, Lederjacke und allen möglichen Punk-affinen Kleidungsstücken. Drüben tauschte er die Klamotten ein, wie der großzügige Opa aus dem Westen. Abends fuhr er in Ostklamotten wieder nach Hause, die Taschen voll mit gutem tschechischem Speed.»

Abgesehen von solchen privaten Trips oder gemeinsamen

Saufereien in Prenzlauer Berg blieb der Punkaustausch zwischen BRD und DDR beschränkt, auf relativ wenige Leuchtturmereignisse. Umso weniger konnten die rund 25 Gäste ihr Glück glauben, die am 27. März 1983 am späten Nachmittag die Bluesmesse in der Erlöserkirche in Ostberlin-Rummelsburg besuchten. Sie erlebten eine historische Stunde, auch wenn sie nur 30 Minuten dauerte.

Erst hatte Pfarrer Christian Langhammer, ein bekannter, tapferer Friedensaktivist und Subkulturförderer, mit einer kurzen Predigt die Feier eröffnet und damit als Gottesdienst legitimiert. Anschließend spielte die Band Planlos, eine kleine lokale Institution. Und dann traten die fünf spillerigen Kerle auf die Altarstufen, die eigentlich nicht hierhergehörten.

Sie enterten die heilige Bühne, leicht beklommen, drehten den einzigen Transistorverstärker weit auf, den Planlos ihnen hingestellt hatten, und es ging los. «Ich bin der König aus dem Niemandsland», giftete der Sänger mit dem schmutzschwarzen Schopf ins Plastikmikrofon, «in der grünen Minna Richtung Stadtrand!». Dann folgten energische, fiese Songs wie «Armee der Verlierer», «Wir sind bereit» und «Wir sind die Jungs von der Opel-Gang».

Die Augenzeugen fassten ihr Glück kaum. Die Toten Hosen, Paradevögel des Rauf-, Sauf- und Irrwitz-Punkrocks aus der dafür zuständigen Metropole Düsseldorf, bekannt aus der *Bravo* und dem Westfernsehen, sie spielten leibhaftig in diesem Punkgottesdienst.

Längst saß keiner mehr in den Bänken. Der Lärm, den die 50 tanzenden Stiefelfersen auf dem Marmorboden machten, war lauter als die notdürftig verstärkte Musik.

Am Tag davor waren die Toten Hosen im Loft am Schöneberger Nollendorfplatz aufgetreten, ein ganz normaler Termin ihrer endlosen «Roswitha kommt nicht, aber die Toten Hosen»-Konzerttour. Der Sonntag war offiziell frei, es war Zeit genug für den Überraschungseinsatz in Ostberlin. Es konnte nur als konspirative Aktion funktionieren.

Mark Reeder, ein Freund der Band und ganz sicher kein Stasi-IM, hatte sich um die Anbahnung gekümmert. Reeder, damals Mitte 20, stammte aus Manchester, gehörte als Musiker und Organisator zur Szene, die man dort bereits Post-Punk nannte. 1978 war er als eine Art kontinentaler Außenposten der Plattenfirma Factory Records nach Deutschland umgesiedelt, hatte ähnlich wie Dimitri Hegemann aus Neugier Ostberlin erkundet und dort Untergrund-Anschluss gefunden. Dann begann Reeder mit dem Versuch, die west- und ostdeutschen Freundeskreise zu vernetzen.

Es gab allerstrengste Regeln für den Grenzübertritt. Natürlich durfte am Übergang Berlin-Friedrichstraße niemand merken, dass die Toten Hosen als Band einreisten, als sie ihre privaten Touristen-Tagesscheine lösten. Keine Instrumente, keine auffälligen Frisuren oder Kleidungsstücke. Die Mitglieder, die sonst gern als Schreckgang im Altkleider-Look und mit wilden Meckis unterwegs waren, gingen in Kleingrüppchen und mit Abstand durch die Kontrolle. Drüben sammelte man sich und fuhr raus zur Kirche. Eine Operation mit herrlichem «Die Gentlemen bitten zur Kasse»-Gefühl.

«Als wir ankamen, trauten die Leute vor der Kirche sich nicht mal, mit uns zu reden», erinnert sich Sänger Campino heute. «Die dachten: Es kann doch nicht wahr sein, dass die jetzt hier sind. Das muss eine Falle sein, die uns die Stasi stellt. Die Leute wollten das unbedingt erleben, aber waren am Anfang wahnsinnig scheu.»

Der Zufall wollte, dass am selben Nachmittag in der ARD die Dokumentation «Zwei Bands, zwei Welten» gelaufen war, in der die Toten Hosen neben BAP als zwei gegensätzliche Erscheinungen eines neuen deutschen Musikaufbruchs porträtiert wurden. Viele hatten die Sendung gesehen. Und hüpften nun, knapp drei Stunden später, zur Musik durch die Kirchenbänke, die die neuen Helden selbst für sie spielten.

Das Mikrofon, das die Planlos-Band ihnen ausgeliehen hatte, versagte nach kurzer Zeit, also brüllte Campino einfach so in den Raum. Die Toten Hosen, damals noch echte Schandmäuler und Chaosverfechter, spielten unterm Kreuz Christi, vor Altarkerzen, und doch waren sie hier am richtigen Ort. Wenige Monate danach besuchten sie wieder eine Kirche, dieses Mal die bayerische Wallfahrtskapelle St. Willibald bei Fürstenfeldbruck. Dort drehten sie das Musikvideo «Eisgekühlter Bommerlunder». Die Party, die sie für die Kameras feierten, empfand die Diözese als so entwürdigend, dass die Kirche später neu geweiht werden musste.

Die gewieften Ostpfarrer dachten nicht andeutungsweise in solchen Dimensionen. «Es ging allen Beteiligten ja auch nicht um das Konzert als solches, sondern um die Geste, die dahinterstand», sagt Campino über die Undercover-Show. «Um die Solidarität, das Sich-die-Hand-Reichen, den Austausch. Zudem war es ein Riesenabenteuer. Es bedeutete einen riesigen Kick für uns, etwas zu machen, das so grundverboten war.»

Hinterher war das Eis gebrochen. Zusammen mit den Rummelsburger Besuchern ging es noch in eine Kneipe, um zusammen den Zwangsumtausch der Hosen-Crew zu verjubeln. Alle 25 Zuhörerinnen und Zuhörer fuhren am Ende des Tages mit zum Grenzübergang, um die Band zu verabschieden. «Es war wirklich wahnsinnig rührend», sagt Campino. «Man umarmte sich zum Abschied, und allen war klar: Wir sehen uns niemals wieder.»

Ab und zu, wenn die Band nach der Wende in den neuen Bundesländern spielte, kam hinterher jemand an und sagte, sie oder er sei 1983 dabei gewesen. Die Lieder der frühen Zeit spielten die Toten Hosen schon lange nicht mehr, aber die Leute waren plötzlich wieder da.

Benzin-Bringdienste und Spielplatz-konzerte: Unterwegs im Osten

Natürlich lässt sich nicht genau sagen, wie viele auf eigenes Risiko veranstaltete, nicht genehmigte Konzerte von Westlern im Osten es in diesen Jahren genau gab. Was hinter privaten Türen geschah oder ob eine Band in einem Club unter falschem Namen spielte, blieb im besten Fall geheim, und oft waren diese Musik-Kunst-Schattengeschäfte wirklich nur kleine Veranstaltungen.

Die Tödliche Doris aus Westberlin spielte verschwiegen in einer Wohnung, ebenso die Countrypunks The Waltons. Abwärts aus Hamburg, Normahl aus Stuttgart und Rausch aus Köln traten illegal im ländlichen Thüringen auf, beim paradoxerweise extrem berühmten und zugleich außerordentlich geheimen Festival in Steinbrücken. Der engagierte Dorfbewohner Uwe Hager ließ dort seit 1985 an Pfingsten große Musik- und Umtrunkfeste steigen, zu denen in den besten Zeiten bis zu 6000 Leute kamen. Die Autoritäten ließen das Festival geschehen, vielleicht deshalb, weil Steinbrücken mehr vom leicht versäuselten Geist der 60er- und 70er-Hippies lebte als vom beinharten politischen Tageswiderstand.

«Was man trotzdem nicht vergessen darf: Nur weil wir im Westen saßen, war unser Alltag damals nicht Friede, Freude, Eierkuchen», sagt Campino über das subkulturelle Leben in den 80ern. «Natürlich kann man es nicht mit der Situation im Osten vergleichen, aber Punk wurde auch in der Bundesrepublik als Stachel im Fleisch der Gesellschaft wahrgenommen. Dazu kamen der Deutsche Herbst, die RAF, die Hausbesetzerszene. Die vermeintlich normalen Leute fühlten sich gestört, provoziert, teilweise verängstigt. Die Überreaktionen, die daraus resultierten, bekamen wir zu spüren.»

Campino, eigentlich Andreas Frege, lebte in der Nähe von

Düsseldorf. Er war 16, als 1978 seine erste Band ZK zusammenkam und er zur kreativen Stammclique im Ratinger Hof stieß, der Altstadtkneipe, die unvorhergesehen zur wichtigsten Urknallstätte der bundesdeutschen Punkbewegung wurde. «Ab 1979 oder '80 saß die Polizei jeden Abend auf der anderen Straßenseite im Auto und fotografierte alle, die im Hof ein- und ausgingen», erzählt er. «Und das war kein Einzelfall.» Die Proberäume mehrerer Düsseldorfer Bands, unter anderem der 1982 gegründeten Toten Hosen, wurden zu der Zeit vom Bundesgrenzschutz inspiziert, dessen Abordnung allen Ernstes auch die herumliegenden Songtexte auf linksradikale Sympathien hin prüfte. Aus heutiger Sicht erscheint es unglaublich, aber die Terrorismuspanik schien ab Mitte der 70er eine Menge von Absurditäten zu rechtfertigen.

Campino selbst hatte schon früh auch den Osten erlebt, war mit zehn durch Leipzig gestapft, als seine Eltern dort eine Familie besuchten, mit der sie befreundet waren. Der Junge starrte fasziniert zu den riesigen SED-Propagandaplakaten hoch, die über seinem Kopf hingen. Und obwohl sich Jahre später seine Toten Hosen fürs Erste eher in der Spaß- und Turbulenzfraktion des deutschen Punkrock positionierten und viele der damit verbundenen Narrenfreiheiten für sich kaperten: Sie wurden schnell zu erstaunlich agilen Ost-West-Botschaftern.

Der erwähnte DDR-Auftritt war dabei nur der Einstieg. Später folgten unter anderem Konzerte in Litauen und Estland. Im September 1985, das war immer noch die Frühzeit der Band, spielten sie eine ausführliche Ungarn-Polen-Tour, deren polnischer Flügel mit einer einzigen Ausnahme aus nicht genehmigten, von einem studentischen Netzwerk verschwörerisch arrangierten Konzerten bestand. Die Polen stellten extra einen Bringservice auf die Beine, über den die Düsseldorfer Gäste an geheimen, vorher via Telefonzelle vereinbarten Treffpunkten das Benzin für ihren Bus bekamen. Tankstellen auch nur anzufahren wäre für die verdeckt Reisenden zu riskant gewesen.

«Bei aller Anstrengung, die eine solche Tour bedeutete, hat uns das eine unglaublich positive Energie gegeben», erinnert sich Campino. «Es gab dieses starke Gefühl, dass der Underground wirklich zusammenhält. Im Westen haben wir das auch oft gesagt, aber da blieb es meistens bei den leeren Worten. Nur im Osten erlebten wir das in dieser Konsequenz und Ernsthaftigkeit. Das Gefühl, dass das, was wir machten, plötzlich über die Musik hinaus Relevanz hatte und wirklich die Autoritäten veräppelte, war triumphal.»

Bei einem Festivalauftritt im tschechischen Pilsen standen die Toten Hosen im September 1987 tatsächlich Auge in Auge der Staatsmacht gegenüber. Als es im Publikum zum Krawall kam, fiel die Polizei ein, verprügelte und verhaftete Zuschauer. Auch die Band wurde von den Beamten in einen Bus geknüppelt und mitten in der Nacht an der Grenze abgesetzt.

«Wir konnten die gesamte Skala der Härtegrade beobachten, die es in der sozialistischen Welt gab», sagt Campino. «In Ungarn zum Beispiel machten alle, was sie wollten. Da fuhren die Leute mit hundert Sachen durch die Stadt, hatten ihre Dampfsaunas, ihr Bier und ihr gutes Wetter. Polen dagegen war knallhart, da brauchte man für alles Beziehungen und konnte auch nicht mit der Polizei verhandeln.»

Auf die Art erfuhren die Düsseldorfer auch gleich noch, wie man in den anderen östlichen Staaten wirklich über ihre deutschen Schwestern und Brüder dachte. «Und um es vorsichtig zu sagen: Die DDR war nirgendwo sonderlich beliebt», sagt Campino. «Die galt im Rest des Ostblocks als Land der Musterschüler, die Moskau in den Arsch krochen.» Was die Band freilich nicht davon abhielt, noch einmal ins andere Deutschland zurückzukehren.

Den Song zum Thema hatten die Toten Hosen 1986 gemacht. «Disco in Moskau», ein umgetextetes Stück der Londoner Band The Vibrators, fantasiert davon, wie der real existierende Sozialismus von der Dampframme der westlichen Spaßkultur zu Bröseln gewalzt wird. Das Album «Damenwahl», auf dem man «Disco in Moskau» hören konnte, erreichte bereits die Nummer zwei der deutschen LP-Charts. Nach und nach näherten sie sich dem Rock-Establishment an, konnten Ende Juli 1986 sogar beim Anti-Atomkraftfestival in der Nähe von Wackersdorf auftreten. Aus der Position als Bürgerschocker und Gegenkulturelle hatten sich die Toten Hosen also ein gutes Stück herausbewegt, als sie am 9. April 1988 noch einmal in Ostberlin auftraten. Ein zweites und letztes Mal.

Die Gemeinde der Hoffnungskirche in Pankow hatte, wieder vermittelt durch den Kontaktmann Mark Reeder, dafür ein vermeintliches Benefizkonzert für rumänische Waisenkinder angesetzt. Draußen auf der Straße parkten die Beamten der Volkspolizei und der Staatssicherheit, die dieses Mal zwar komplett im Bilde waren, aber auf dem Terrain der Kirche nicht eingreifen durften. Im herbstlichen Innenhof standen derweil die Toten Hosen auf einer kleinen Open-Air-Bühne, die Helfer auf dem Spielplatz des kircheneigenen Kindergartens errichtet hatten.

Im Lauf des Konzerts scharte sich eine mehr als hundertköpfige, teilweise wild pogotanzende Menge um sie herum. Campino trug die Haare orangerot, auf die bösen Blicke der Einreisebeamten nahm man zu der Zeit schon keine Rücksicht mehr. Und auch die Musik klang jetzt viel lauter als beim letzten Mal. So laut, dass sie über die Häusermauern hinweg auch noch den Rest der Elsa-Brandström-Straße beschallte.

Die Vorsichtsmaßnahmen von 1983 waren nur fünf Jahre später völlig überholt. Die Illusion, man wäre der Freiheit greifbar nahegekommen, hatte trotzdem noch niemand.

10.

LIEDERKRIEG UND FRIEDENSSONGS

Die Staatsaffäre um die gescheiterte BAP-Tournee und wie die Ost-West-Frage das 80er-Deutschrock-Kollektiv beinahe gespalten hätte

Es war eine besondere Einladung, eine besonders eigenartige. Im Studio von «Rund», der politischen Talk- und Musikshow für junge Leute, die seit 1973 jeden Monat im Fernsehen der DDR lief, traten sonst nur ganz selten westdeutsche Künstler auf. Plastic Bertrand aus Belgien und die Engländer Status Quo waren schon dabei gewesen, auch andere, eher festzelttaugliche britische Popstars wie Bonnie Tyler, Smokie oder die unter Ostredakteuren rätselhaft beliebte schottische Gruppe Middle Of The Road mit ihrem «Chirpy Chirpy Cheep Cheep». Immerhin die Saragossa Band aus München, aber auch die sang ja nur englischsprachiges Blabla.

Neben aktuellen, zeitkritischen Gesprächsrunden brachte «Rund» Interviews mit FDJ-Funktionären, von den Moderatoren verlesene Erfolgsmeldungen aus Landwirtschaft oder Bezirksleben sowie Reportagen über Nachwuchssportler oder Unterschriftenaktionen gegen die Nato-Aufrüstung. Als musikalische Gäste traten am Anfang vor allem Singegruppen in Blauhemden auf, später dann immer mehr die gängigen, beliebten DDR-Rockstars. Dass für die Ausgabe vom 17. Dezember 1983 die Gruppe BAP aus Köln auf dem Programm stand, eine der zu dem Zeitpunkt erfolgreichsten Rockbands der BRD, und dass sie zudem gleich drei Lieder spielen sollte, war für die jungen Zuschauer eine Sensation.

Und es sollte noch mehr kommen. Knapp vier Wochen später, im Januar 1984, wurden BAP schon wieder in der DDR erwartet, dieses Mal für eine ganze Konzerttour. Von Berlin über Leipzig nach Wismar, von Weimar über Bautzen bis Jena, wo BAP zum Finale an zwei aufeinanderfolgenden Abenden spielen würden. 14 Konzerte an 16 Tagen, die große Gastspielreise einer noch größeren BRD-Band, die ganz weit links vom Schlager stand, fest in der politischen Gegenwart verankerte Songs sang und ihre jungen Fans für Herrschaftskritik aller Art zu begeistern versuchte, das hatte es im Osten noch nicht gegeben. Es war im Prinzip genau die Tour, die Udo Lindenberg gern gemacht hätte. Aber seine Anfrage hielt man damals noch in der Schwebe.

Und nun, als Teaser für die Konzerte, für die es natürlich schon keine Karten mehr gab, kam der «Rund»-Auftritt. In der Magdeburger Mehrzweckhalle, die sich wegen ihrer geometrisch waghalsigen Architektur Hyparschale nannte, hatte sich die Stimmung beim jungen Studiopublikum schon erwartungsfroh aufgeheizt. Hinten in der Kulisse waren die fünf Musiker von BAP allerdings weniger vorfreudig. Denn so nett sich die ganze Einladung auch angefühlt hatte: Die Bandmitglieder begannen zu zweifeln, ob das alles für sie gut gehen würde.

Schon in der Vorbereitung, bei den Proben zur Sendung, hatte es Sonderlichkeiten gegeben. Zwischen den Songs, die die Band zum Playback mimte, stellte Moderator Bodo Freudl einige Interviewfragen an Wolfgang Niedecken, den Sänger und Texteschreiber von BAP. «Rund» war als engagierte Sendung bekannt, demnach ging es im Gespräch vor allem um die deutsche Gegenwart. Zum Beispiel um die eben erfolgte Zustimmung des Bundestags zur Aufstellung US-amerikanischer Pershing-II-Raketen und Cruise Missiles, um den Nato-Doppelbeschluss und die überaus aktive Friedensbewegung. Die Themen, die Ende 1983 auf der Hand lagen.

Niedecken antwortete. Und die Band wunderte sich, dass nicht nur die Musiknummern immer wieder geprobt wurden, sondern auch die Interviewblöcke. Und dass sie von Durchlauf zu Durchlauf immer kürzer wurden. Die Gäste ahnten, woran das lag. Niedecken hatte, wie schon Udo Lindenberg knapp zwei Monate vorher im Palast der Republik, in seinen Statements nicht nur die US-Nachrüstungspolitik verurteilt, sondern natürlich auch die sowjetische. Lindenberg hatte man das zwar durchgehen lassen, aber hier im «Rund»-Studio wehte spürbar ein anderer Wind. Problematisch war die Kritik an den SS-20 in einer FDJ-nahen Magazinsendung, in der sich hinterher keiner mit den Unwägbarkeiten einer Livesituation herausreden konnte, auf jeden Fall.

Am dritten Tag fand die eigentliche Fernsehshow statt, der Ernstfall. Bodo Freudl machte seine Ansage. Das Studiopublikum, gedrängt vor der Bühne wie beim echten Konzert, feierte schon vor dem ersten Ton. BAP starteten mit «Do kanns zaubre», einem sanften Liebeslied, zu dem die Klatschkulisse gar nicht passte. Als Nächstes «Kristallnaach», ein düsterer Song, der von Lynchmobs erzählte, von der Verführbarkeit der Massen und dem Geist einer Frühachtziger-Zeit, in der rassistische, reaktionäre Signale in der Bundesrepublik noch kein allzu breit diskutiertes Thema waren.

Als Drittes kam «Zehnter Juni», die Hymne zum Aufstand gegen die Autoritäten und Kriegstreiber. Der Song war von der gewaltigen Friedensdemonstration auf den Bonn-Beueler Rheinwiesen am 10. Juni 1982 inspiriert worden, parallel zur Nato-Gipfelkonferenz, für die der US-Präsident Ronald Reagan nach Deutschland gereist war. BAP hatten auf der Kundgebung gespielt, vor einem Meer aus rund 500 000 Menschen mit Transparenten und aufgewühlten Herzen, es war trotz aller Dringlichkeit, aller Schwere und allen Widersprüchlichkeiten zwischen den Splittergruppen ein kribbliger, gemeinschaftsstiftender Moment. Eine Erinnerung, die auch den DDR-Redakteuren prinzipiell ins Konzept passte. Auf der Demo war es ja vor allem gegen die US-Raketen gegangen, die in Europa einrollen sollten.

«Plant uns bloß nit bei üch en!», sang der Playback-Niedecken im «Rund»-Studio vom Tonband, energisch und in kölscher Mundart, «sick mir üch durchschaut hann, wess mer, dat mer nit om allerfalschste Dampfer sinn.» Der echte bewegte für die Kameras die Lippen, im schwarzen Rolling-Stones-T-Shirt, animierte die freundlich tobende Hyparschalen-Menge, zwischen seinen Bandmitgliedern, die zu der Zeit noch mehr wie ein Haufen Jugendzentrums-Hippies aussahen als wie Rockstars, und schlang seinem Gitarristen Klaus «Major» Heuser beim simulierten Satzgesang neckisch den Arm um die Gurgel.

Die drei Songs liefen durch, einer nach dem anderen. Die Interviews, die in den Proben noch Teil des Auftritts gewesen waren, fehlten plötzlich ganz. Die Musiker waren verwirrt. Niemand hatte ihnen Bescheid gesagt.

«Für uns war das eine solche Unverschämtheit, dass wir nach der Sendung grußlos die Halle verließen», erinnert sich Wolfgang Niedecken. «Dann ging die Überlegung los: Werden die Leute hinter den Kulissen auch auf der Tour versuchen, uns das Wort abzuschneiden? Werden sie es so aussehen lassen, als ob wir die DDR ohne jede Einschränkung befürworten? Das mussten wir unbedingt verhindern.»

Niedecken reagierte darauf, wie er es in ähnlichen Situationen öfter machte. Er machte die Tür hinter sich zu und schrieb einen Songtext. Und damit setzte er das im Raum hängende Elend erst so richtig in Gang.

Die Mundart-Band BAP empfiehlt sich als deutsch-deutsches Sprachrohr

Über gescheiterte, geglückte, offizielle und heimliche DDR-Reisen ist in den vorigen Kapiteln schon eine solche Menge gesagt worden, dass man sich auch fragen könnte, warum die Geschichte der BAP-Tour nun noch einmal so viel Raum verdient. Aber das kann man feststellen: Im Rückblick auf die Ost-West-Kulturdiplomatie der 80er ist auch sie in ihrer Form ein einzigartiges Ereignis. Eines, bei dem die hakeligen Schlussverhandlungen ausnahmsweise einmal nicht in Behördenzimmern, in Briefwechseln oder im Hin-und-her-Verkehr der Aktennotizen stattfanden. Sondern in tagheller Öffentlichkeit, teilweise sogar vor Fernsehkameras.

Es war eine Kontroverse, die die Gemüter spaltete, und zwar nicht nur entlang der üblichen Lagerfronten und Sollbruchstellen. Die Affäre um BAP machte all das Paradoxe, Schachspielhafte und Verdrehte in der deutsch-deutschen Kommunikation gut sichtbar, das sonst diplomatisch überspielt wurde. Die warmen Worte wärmten hier einfach nicht mehr. Während der Fall Lindenberg kurz darauf eher still beerdigt wurde, platzte die BAP-Tournee mit einem lauten Knall, den wirklich alle hörten. Und aus dem noch länger ideologischer Profit geschlagen wurde, auf beiden Seiten.

«Wir schlitterten in eine Situation, die wir nicht voll überblickten», sagt Niedecken heute. «Für uns stand die Abenteuerlust im Vordergrund. Und wir waren überzeugt, dass uns nichts passieren könnte, solange wir mit offenen Karten spielen. Nachdem bekannt wurde, dass wir auf DDR-Tour gehen würden, standen wir ja unter verschärfter Beobachtung der Westmedien. Man unterstellte uns sofort, wir würden uns zu nützlichen Idioten machen und uns vor den Karren der SED-Propaganda spannen lassen.»

«Sich vor den Karren spannen lassen» ist übrigens die Redewendung, die im Diskurs über die DDR-Tour von BAP mindestens alle fünf Minuten gesagt oder geschrieben wurde. Von irgendwem.

In der Bundesrepublik hatten BAP sich zu der Zeit eine echte, tiefer reichende Sprachrohrfunktion erarbeitet. Heute sind solche Manöver kaum noch vorstellbar, aber damals spielte die Band einerseits als Headliner auf politischen Demonstrationen wie in Bonn, teilte sich die Bühne mit illustren Rednern aus der grünen und friedensbewegten Sphäre, diskutierte mit Hochkulturellen wie Heinrich Böll und Joseph Beuys. Und stand zeitgleich, als kommerzieller Top-Act, an der Spitze der Charts.

Im September 1982 belegten BAP mit den zwei Alben «Vun drinne noh drusse» und «Für usszeschnigge!» parallel die Plätze eins und zwei der Hitliste, verkauften von beiden Platten an Ende jeweils mehr als eine Million Stück. Am 28. August trat die Gruppe beim Festival des WDR-Rockpalast auf der Loreley-Freilichtbühne vor 15 000 Menschen auf. Die Show lief zur besten Sendezeit in der ARD und gab der Band somit allerhöchste Reichweite. MTV und ähnliche Großnetzwerke hatten zu der Zeit noch keinen Fuß nach Deutschland gesetzt, und so schauten mangels Ablenkung Hunderttausende zu, wie BAP am Loreley-Schieferfelsen in die tiefstehende Sonne hineinspielten. Mit Niedecken als lockenhaarigem Heldenpoeten, der im Jeanshemd und mit schwingendem Tamburin die Leute auf die Beine brachte, und dazu als Kontrapunkt Gitarrist Major, der mit Oberarmmuskeln und Schweißband die Rolle des Rockers spielte.

Die kölschsprachigen Texte über Jugendaufbruch, Traditionskritik, Wut auf den geistigen Reformstau, Frieden und Krieg erläuterte Niedecken in seinen Ansagen und in den großformatigen Begleitbüchern, die den LPs beilagen, auch für den Rest der Welt – mit brüderlicher, geduldiger, ab und zu auch angenehm versponnener Geste. Die basislinken Ideen und Forderungen trafen hier zum ersten Mal auf die selige Rock-'n'-Roll-Attitüde der 60er und 70er, auf eine gewisse Spaßbereitschaft, die nicht in jedem Stadionchor sofort den großen Reichsparteitag witterte. Wenn es im ereignisreichen Jahr 1983 eine maßgebliche bundesdeutsche Band mit Massenappeal gab, dann waren es BAP.

Auch in der DDR, wo ebenso viele das Loreley-Festival schauten und BAP im Radio hörten, waren Weltfrieden, Abrüstung und internationale Solidarität immer mehr ins Zentrum von Kommunikation und Jugendkultur gerückt. Natürlich steckte hier seltener der Aufruf zum zivilen Ungehorsam dahinter, obwohl er aus den Kirchengemeinden durchaus kam. Friedensdemos aller Art waren im Osten zumeist programmatische, regierungspolitisch gesteuerte Aktionen.

Während also die Punks in Prenzlauer Berg noch über «Too Much Future» geiferten und engagierte Pfarrer den wahren Pazifismus predigten, fanden wenige Kilometer weiter südlich im Palast der Republik die mehrtägigen «Rock für den Frieden»-Festivals statt. Bei der ersten Ausgabe im Januar 1982 spielten unter anderem die Puhdys, Karat, Ute Freudenberg und Elefant sowie Stern Meißen für insgesamt 11 000 Gäste. Als Veranstalter fungierten der Palast selbst, die Generaldirektion beim staatlichen Komitee für Unterhaltungskunst und ab 1983 auch der FDJ-Zentralrat. Also die Politik.

Die Grundidee für «Rock für den Frieden» hatten Hartmut König und andere Kader von den bundesdeutschen «Künstler für den Frieden»-Konzerten abgeschaut. Das Motto war nicht nur bestens geeignet, um die DDR nach außen als einen Staat zu präsentieren, dessen Ideale auch für Friedensbewegte in der BRD ein Stück weit anschlussfähig waren. Es wirkte auch nach innen. Zur Mobilisierung der Rockszene und des immer schwerer zu begeisternden eigenen Publikums half das «Rock für den Frieden»-Konzept wie ein Wundermittel. Es ging hier wieder um etwas, endlich. Der mediengenehme DDR-Rock, der so oft nur von fortschreitender Verinnerlichung erzählte, ergab in diesem Kontext plötzlich überraschenden, neuen Sinn. Einige Gruppen schrieben extra für die Veranstaltung Friedens- und Apokalypsesongs. Hörerinnen, Hörer und Bands sprangen über ihre Schatten, obwohl allen klar war, dass das Motto vom Staatskomitee kam. Das Anliegen war zu groß und zu brennend, als dass man allein das Kalkül in ihm sehen konnte.

Wie ein einziger, kleiner Song die Diplomatie in die Krise reitet

«Politrock und überhaupt explizit politische Kunst waren mir schon immer ein Gräuel», sagt Wolfgang Niedecken. Er sitzt vor der Webcam, hat noch nasse Haare vom Duschen nach dem Sport. Hinter ihm sieht man die Bildergalerie im Kölner Arbeitszimmer, mit dem großen, surreal anmutenden Bild eines amerikanischen Stammesfriedhofs, das der Regisseur Wim Wenders fotografiert und ihm geschenkt hat.

Niedecken selbst hat Malerei studiert, wurde eher im Vorbeiweg zum Musiker. «Aber sobald ich merkte, dass ich von einem Kunstwerk ideologisch bevormundet werden sollte, war ich raus», sagt er. «Deshalb war ich auch immer der Überzeugung, dass Künstlerinnen und Künstler keiner Partei angehören sollten. Sonst kommt früher oder später immer eine Räson ins Spiel, der sie sich verpflichtet fühlen, obwohl ihr Instinkt etwas anderes sagt.»

Als BAP Mitte 1983 die Einladung vom Zentralrat der FDJ und der Künstleragentur bekommen, im Januar 1984 erst beim «Rock für den Frieden»-Festival im Palast zu spielen und danach auch noch auf eine große DDR-Tour weiterzuziehen, steht für Niedecken und die anderen daher eine Bedingung fest: Sie wollen von Seiten der Gastgeber keine Eingriffe in ihr Konzertprogramm dulden, keine Zensur. Auch den bedingungslos freien Verkauf der Tickets lassen sie sich zusichern. In Karl-Marx-Stadt gibt es angeblich 50 000 Bewerbungen um nur 1200 Plätze in der Halle. Dass natürlich auch hier wieder die FDJ-Leitungen den Kartenvertrieb übernehmen und steuern, erfahren BAP erst hinterher.

Die Reise ist innerhalb der Band umstritten. Einige, darunter Sänger Niedecken, sympathisieren grundsätzlich mit der Haltung, mit der die DDR die Befreiungskämpfer in Nicaragua, Angola oder Mosambik unterstützt, während die USA in ihren Augen die Despoten bevorzugen. Major Heuser, der Gitarrist, mag die Idee dagegen überhaupt nicht. Er hasst die militaristische und autoritäre Manier, die sie schon häufig bei Transitfahrten durch den Osten unmittelbar erlebt haben. Was die anderen mit Galgenhumor nehmen, findet er überhaupt nicht lustig. Aber Niedecken und Percussionist Manfred Boecker können ihn irgendwie überzeugen.

Derweil bringt Amiga eine DDR-Lizenzausgabe des Albums «Vun drinne noh drusse» heraus. Die Ostpresse feiert BAP, von *Junge Welt* bis *Neues Leben*. In einer internen Mitteilung ans ZK bezeichnet die FDJ die Band ernsthaft als «Bündnispartner» der DDR. Die Stimmung im Land wird vorgeheizt, auf eine Art, die von außen gesehen komplett übertrieben wirkt.

«Wir wurden völlig missverstanden», meint Niedecken. «Die müssen ernsthaft geglaubt haben, wir wären eine DKP-Band. Ich kann mir bis heute nicht vorstellen, warum.»

Wahrscheinlicher ist, dass der FDJ durchaus klar war, dass sie mit BAP eine rot-grüne, pazifistisch-demokratisch gesinnte Band eingeladen hatte. Phrasen wie «Bündnispartner» waren wohl vor allem dazu da, den popkulturellen Coup vor der Partei zu verargumentieren und Zweifler zu beruhigen. Und um ein Haar wäre der Plan sogar aufgegangen.

Dann geschieht der Eklat bei der «Rund»-Fernsehshow. Draußen an den Fernsehgeräten merkt niemand etwas davon, doch BAP sind nachhaltig verstört über die stornierten Interviews und die Art, wie man sie behandelt hat. Weil er sicherstellen will, dass keiner ihnen falsche Intentionen unterstellt, schreibt Niedecken über die Weihnachtstage einen neuen Song, extra für die DDR-Tour. «Deshalv spill mer he» nennt er ihn: Deshalb spielen wir hier.

Es ist ein Stück, das wirklich jede noch so kleine Regel missachtet, die in der DDR fürs Songtexteschreiben gilt. Niedeckens Lied nutzt keine Metaphern, kein dichterisches Zwischen-den-Zeilen-Potenzial. Das Lied nennt alles beim Namen, was es sagen will. Im Sinn des Verfassers ist das gut. Diplomatisch gesehen ist es schlecht.

«Deshalv spill mer he» beginnt wie ein Marktplatzgesang, der die Leute zusammenruft. Ein Boogie-Gitarrenriff, es geht um die Missverständnisse, die von beiden deutschen Seiten aus den Dialog vergiften. Um Vorurteile, «seit 30 Jahren von Kalten Kriegern hochgeschätzt in Ost und West», und um die «Angst geschürt in Bundeswehr und Volksarmee», wie Niedecken hier singt, wenn man ihn kurz mal auf Hochdeutsch übersetzt.

Über weite Strecken bemüht das Lied sich zwar demonstrativ um Ausgewogenheit, benennt die Fehler in beiden Lagern. In der dritten Strophe taucht der Sänger dann allerdings richtig tief in die Friedens- und Abrüstungsdebatte ein, die im Osten ohnehin regelmäßig für Ärger zwischen Kadern, Pfarrern und parteifernen Pazifisten sorgt. Er spielt direkt auf das «Schwerter zu Pflugscharen»-Emblem an, das die Aufnäher der kirchlichen Opposition ziert. Seit November 1981 ist es offiziell verboten, sie zu tragen. Die SED befürchtet, die Idee könnte dem Ansehen der Armee schaden und mittelfristig die Wehrkraft zersetzen.

Wer immer noch Zweifel an der Position von BAP haben sollte, muss nur zum dritten Mal den Refrain hören:

Hey, du da und du
Wann ist es hier so weit?
Dass man den Mund aufmachen darf,
wenn man was sagen will
Wird höchste Zeit

«Ich meine, wenn wir bei uns kritisch sind, dann müssen wir da genauso kritisch sein und genauso gradlinig, und Klartext reden», sagt Niedecken, als ihn ein Fernsehreporter auf das neue, in letzter Sekunde ins Programm gehobene Lied anspricht. Es ist der 12. Januar 1984, Band und Begleiter sind im Reisebus unterwegs zum ersten Auftritt in Ostberlin. Ein Kamerateam des WDR dokumentiert die Tour. Aber was wäre denn, hakt der Journalist nach, falls man ihnen drüben verbieten sollte, das neue Lied zu spielen? Niedecken betont noch einmal, dass die Vertreter von FDJ und Agentur ihrem Manager Roland Temme mehrfach bestätigt hätten, dass man ihnen keine Vorschriften machen werde. «Sobald es doch dazu kommt, werden wir unsere Koffer packen und wieder abziehen», sagt er mit dem Anflug eines sarkastischen Lachens. «Aber ich glaub' nicht, dass es passiert.»

«Vielleicht ist er wirklich nicht sehr easy, mein erster Eindruck, dass einige von BAP nicht allzu viel von dem wissen, das in dem Land vorgeht, in das sie reisen», wird der WDR-Mann das alles aus dem Off kommentieren. Aber da weiß er ja auch schon, wie die Geschichte zu Ende geht.

BAP haben ihren DDR-Song schon bei den fünf Aufwärmkonzerten getestet, die sie in der Woche vor der Abfahrt gegeben haben. Beim Auftritt in Hellenthal in der Eifel sind auch Egon Werther von der DDR-Künstleragentur und Michael Höft vom Palast der Republik dabei und hören zu. Sie bemerken, dass da ein neues Stück ist, das bislang in keiner Liste steht. Niedecken weist in der Ansage extra darauf hin.

Und ab diesem Punkt wird die Sache kompliziert, richtig kompliziert. So sehr, dass sich heute beim besten Willen nicht mehr zu hundert Prozent rekonstruieren lässt, ob hier eine Partei die andere hinters Licht führen wollte, und wenn ja, welche es war. Oder ob beide es versuchten und sich gegenseitig dabei erwischten. Oder ob, und das erscheint fast am wahrscheinlichsten, die ganze Sache vor allem ein großes, doppelseitiges Missverständnis war.

Die BAP-Version, ganz kurzgefasst, geht so: Nach der Ankunft in Ostberlin wird die Band – entgegen der Absprache – plötzlich doch mit der Begehrlichkeit der Veranstalter konfrontiert, den Text des neuen Songs erst gegenlesen zu wollen. Ohne offizielle Freigabe dürften BAP das Stück nicht spielen. Und das, obwohl ihnen vorher komplette künstlerische Freiheit zugesichert worden sei.

Die Fassung der Künstleragentur: Eine solche Zusage gab es nie. BAP hätten absichtlich die Unterzeichnung des Vertrages verschleppt, in dem schwarz auf weiß gestanden habe, dass Liedtexte vorab hergezeigt werden müssten. Dass die BRD-Musiker ihren Gastgebern auf diese Art einen DDR-kritischen Song unterjubeln wollen, sei ein gezieltes Täuschungsmanöver gewesen. Die Band habe sie vorführen wollen.

«Bisher hatte uns noch kein Künstler oder eine Gruppe in dieser Art belogen», schreibt der damalige Künstleragenturchef Hermann Falk viel später in seiner Autobiografie. «Ich betrachte ihr Verhalten heute noch als Bruch getroffener Vereinbarungen und vermag sie nicht anders zu bezeichnen als (sic!) beabsichtigte, sorgfältig geplante und gezielte Provokation. Allerdings mit hohem Werbeeffekt für BAP. Hätten wir sie nicht verhindert, wäre der kulturelle Austausch zwischen der DDR und der BRD mit Sicherheit insgesamt extrem negativ (...) beeinträchtigt worden.» Man sei gegenüber den Querulanten also vor allem deshalb so hart geblieben, sagt Falk hier sinngemäß, um hinterher die redlichen Künstler der BRD nicht in Sippenhaft nehmen zu müssen.

«Vielleicht war unsere Annahme, wir könnten mit dem Song durchkommen, sehr blauäugig», sagt Niedecken heute. «Aber wir haben nicht gelogen, das war der Punkt. Wir hätten das Stück auch erst zurückhalten und später einfach spielen können, ohne um Erlaubnis zu fragen. Das hätte so was von geknallt. Aber gerade die Publicity, auf die wir hier angeblich aus gewesen sein sollten, wollten wir überhaupt nicht.»

Den Vertrag mit der Künstleragentur hatten BAP übrigens wirklich nicht unterschrieben. In ihm hatte in der Tat gestanden, die Songliste müsse vorher freigegeben werden. Ach, das seien reine Standardfloskeln, sollen die Verhandlungspartner aus Ostberlin ihnen am Telefon erzählt haben. Das hätte keine Bedeutung, sie könnten ruhig unterschreiben. Aber BAP wollten sich auf das Handschlag-Abkommen verlassen.

High Noon im Interhotel: Die Sache entscheidet sich

Der erste Teil des großen Showdowns findet im Interhotel Unter den Linden statt, am 13. Januar, dem Tag vor dem ersten Konzert, der zweite anschließend in den Räumen der Künstleragentur. Immer resoluter fordern die Verantwortlichen die Herausgabe des Textes. BAP sagen zuerst, sie hätten ihn gar nicht dabei. Dann geben sie das Blatt heraus. Bundesdeutsche TV-Kameras filmen, wie Abgesandte von Künstleragentur und FDJ-Zentralrat im Hotelfoyer über den Versen brüten, sie sich halblaut ins Hochdeutsche übersetzen lassen, denn das Kölsch versteht keiner. Es läuft so ab, wie man sich die zähen Lektoratssitzungen beim DDR-Rundfunk vorstellt.

Andere Kulturdiplomaten versuchen parallel, die Gäste freundlich umzustimmen. Könnte die Band nicht mit dem Kompromiss leben, den Song einfach wegzulassen, so wie Udo Lindenberg im Oktober ja auch freiwillig auf seinen «Sonderzug nach Pankow» verzichten konnte? Aber BAP haben sich schon viel zu weit aus dem Fenster gelehnt, in ihren ganzen Vorab-Statements. Sie können jetzt nicht weich werden. Geben sie nach und opfern den Song, welche Bedingung wird ihnen wohl als Nächstes gestellt? Was könnte die nächste Zumutung sein? Die zwei Gegner starren sich gegenseitig in die Gesichter. Keiner will blinzeln.

«Ein Problem war, dass niemand im Team von BAP die nötige Erfahrung mit der typischen Ostlogik hatte», sagt Christoph Westecker, der bei Udo Lindenberg mitvermittelt hatte. «Die Künstleragentur baute ihnen ja eine goldene Brücke. So in der Art: Wenn man ein Stück nicht offiziell ins Programm schreibt, ist hinterher keiner zuständig, falls es trotzdem gespielt wird. Es hätte so einfach sein können.»

Um Viertel nach drei Uhr nachmittags ist die Entscheidung gefallen. BAP packen. Sie fahren wieder nach Hause, rund 29 Stunden vor dem Tourstart. Die Künstleragentur wird später sagen, sie habe den Berlin-Auftritt und auch die restliche Tour abgesagt. Die Band sagt, sie hätte selbst gekündigt.

«Ja, es bleibt nichts anderes übrig», sagt Niedecken, sichtbar blass und am Ende mit den Nerven, beim Verlassen des Gebäudes ins WDR-Mikrofon, auf die Frage, ob sie nun abreisen würden. «Was sollen wir sonst machen?» Bauchschmerzen habe er auch, wenn er an die möglichen Reaktionen im Westen denke. «Bei den kalten Kriegern, die da sitzen und sagen: ‹Siehste, ätsch, da habt ihr's. Ihr Alternativis, ihr Linken oder was.›»

Wie sie sich jetzt fühlen würden, fragt der Journalist noch. «Beschissen», antwortet Niedecken.

Als der BAP-Bus durch den Checkpoint zurück nach Westberlin rollt, werden sie von einem euphorischen Grenzbeamten abgefertigt. Er habe eine Karte fürs Konzert morgen und sei schon ganz aufgeregt. Sie trauen sich nicht, ihm zu sagen, dass die Tour gerade für immer gestorben ist.

Manager Temme hat den Tross kurzfristig ins Westberliner Intercontinental-Hotel eingebucht, dasselbe Haus, in dem auch Udo Lindenberg wohnt. Ein Teil der Band setzt sich gleich mit ihm zusammen, berichtet ihm und unterbreitet ihm die schlechte Nachricht. Womöglich, so vermuten die BAP-Männer, haben sie gerade auch seine DDR-Pläne final ruiniert. Niedecken gibt derweil Interviews bei RIAS und SFB. Auch die «Tagesschau» berichtet natürlich, wie immer, wenn irgendein Musiker über die Grenze und zurück fährt.

Das Nachspiel: Verachtung, Solidarität und Kriegsgewinn

Über Radio und Fernsehen erfahren so auch viele Fans in der DDR, was passiert ist. Am nächsten Abend, dem 14. Januar 1984, bleiben bei «Rock für den Frieden» im Palast der Republik viele der rund 4000 Plätze leer. «Ihr wisst, heute sollte an dieser Stelle die Gruppe BAP aus der BRD auftreten», schickt der Ansager voraus, der den Abend eröffnet. Die Gruppe habe es allerdings «vorgezogen, gestern wieder abzureisen», und er betont jede Silbe.

«Sie wollten nicht unter dem Symbol der weißen Taube auf blauem Grund auftreten», sagt er, in Anspielung auf eine Textzeile des Songs, den nun natürlich keiner hören wird. «Sie haben immer gesagt, sie wollen sich vor keinen Karren spannen lassen, und jetzt, jetzt ziehen sie ganz einfach den Karren der kalten Krieger an.» Statt BAP treten die Puhdys auf. Auch für die restlichen 13 geplatzten Konzerttermine der Tour sucht die FDJ Ersatz.

«Alle haben sich um den Auftritt im Palast an Stelle von BAP gerissen», sagt heute Peter Meyer, Keyboarder der Puhdys. «Auch wenn sie es nach der Wende nicht zugeben wollten. Wir hatten schon ein bisschen Angst davor, wie das Publikum reagieren würde, aber es war ein großer Erfolg. Man spürte die Trotzhaltung im Saal.» Das Pfeifkonzert gibt es nur für die abwesenden BAP.

Meyer hat rückblickend sogar Verständnis für die Entscheidung von BAP. «Das war die andere Denkweise», sagt er. «Wessis nahmen die Verhältnisse bei uns eben in diesen Kategorien wahr, und so gesehen war das Verhalten von BAP nur konsequent.» Toni Krahl von City, wenige Jahre später Meyers Nachfolger als Rock-Vorsitzender im Komitee für Unterhaltungskunst, sah die Sache ernster. «Wir fühlten uns von BAP schon ein bisschen in den Arsch getreten», sagte er 1994 in einem Gespräch mit dem Autor Michael Rauhut. «Für die Fans war klar: Da kann man mal wieder sehen, BAP sind ehrliche Leute, und die Ostmusiker trauen sich das eben nicht. Bloß, Niedecken und seine Crew verschwanden noch am selben Abend, und wir mussten weiter mit der ganzen Scheiße hier zurechtkommen.»

Auf einen derart öffentlich ausgetragenen Eklat muss auch die Politik reagieren. Das ZK ordnet schon Ende Januar an, die Genehmigungen für Konzerte mit BRD-Künstlern seien ab sofort höchste Chefsache, müssten noch vor der ersten

Verhandlung durch Verantwortliche der Partei abgezeichnet werden. Ohnehin sollten sie in Zukunft auf das absolute Minimum reduziert werden. Die Anweisung hat bei den Absagen für Lindenberg und zunächst auch Maffay zumindest mitgespielt, auch wenn es in beiden Fällen bekanntlich noch ganz andere Gründe gab.

Die FDJ kündigt an, das «Rock für den Frieden»-Festival in Zukunft nur noch mit einheimischen Bands zu feiern. Und die Stasi nimmt die Chance wahr und ruft ganz allgemein zu erhöhter Wachsamkeit auf. Alle verdächtigen Vorgänge sollen umgehend gemeldet werden, auch innerhalb der DDR-Musikerschaft. Sie legt die BAP-Geschichte als gezielten, von verdeckten Kräften lancierten Zersetzungsversuch aus. Den Interessen des Ministeriums spielt der Vorfall sogar in die Karten, denn er säht Misstrauen und Verschwörungsverdacht.

Und so lässt die ganze Geschichte im Rückblick nicht mal ein einziges Bild übrig, das im weitesten Sinn die Hoffnung auf Annäherung gestärkt hätte. Lindenberg sah man wenigstens auf den Schultern der Fans und als Anti-Kriegssänger für die auserwählten FDJ-Jugendlichen im Palast. Vom DDR-Abenteuer der Gruppe BAP bleibt einfach nur das Bild der leeren Bühne.

Wolf Biermann steht der geprügelten Band zur Seite. Im Juni 1984 rezensiert er für den *Spiegel* ihr neues Album «Zwesche Salzjebäck un Bier», das auch «Deshalv spill mer he» enthält. Biermann hört den Song als «unvergälltes Vergnügen» und Fanal für die ostdeutsche Verbohrtheit, der er acht Jahre vorher selbst zum Opfer gefallen ist. «Die Kulturbonzen der DDR haben eben vor ein paar kölschen Wahrheiten mehr Angst als vor dem Skandal, der entstand, als die BAP-Leute sich entschlossen, keine DDR-Zensur zu dulden», kommentiert er. «Und auf längere Sicht haben Wolfgang Niedecken und seine Freunde mit guter Nase den besseren Fehler gemacht.»

«Niedecken wollte den Konflikt um jeden Preis», sagt dagegen Diether Dehm, Politiker und Musikmanager aus Frankfurt am Main. «In der DDR und übrigens auch beim Westfernsehen war es völlig üblich, dass man eine Songliste einreichen musste. Jeder wusste das. Und es war ebenso bekannt, dass man die DDR-Behörden durch eine solche Aktion wie auf Knopfdruck dazu bringen konnte, ihr fieses Gesicht zu zeigen. So konnte man sich selbst als Freiheitskämpfer spreizen. BAP wollten sich halt besonders in Szene setzen.»

Das Statement ist auf den ersten Blick deutlich überraschender als Biermanns Lob. Dehm wirkte nämlich nicht nur einige Jahre lang selbst als Tourmanager des Sängers. Er war zu der Zeit auch Chef des Plattenlabels, bei dem unterm Dach des EMI-Konzerns die Musik von BAP erschien.

Die Liebe und das Proletariat: die Mission des Diether Dehm

Während die Künstlerinnen und Künstler in dieser Geschichte meistens betonen, wie wichtig ihnen die klaren politischen Positionierungen sind, ist es bei Managern und Industrievertretern oft andersrum. Sie geben sich neutral. Sie betonen ihre Zuständigkeit fürs Wirtschaftliche, klammern den Diskurs aus, so gut es ihnen gelingt, und verraten sonst nichts.

Diether Dehm ist hier eine Ausnahme. Das macht ihn zwar zu einem ebenso unterhaltsamen wie blitzgescheiten Zeitzeugen, der ein großartiges Gespür für die ideologische Dimension des Business hat. Genau deshalb ist er aber auch einer, der die Dinge in der Regel aus einer höchst eigenen, meist scharf zugespitzten Perspektive schildert. Und er hat mindestens so viel Lust an nötiger und unnötiger Provokation, wie er sie BAP im Hinblick auf ihre DDR-Pleite unterstellt.

Dehm, Jahrgang 1950, ist promovierter Pädagoge. Er wurde schon als Teenager Mitglied der SPD, engagierte sich beim sozialistischen Jugendverband Die Falken, kam 1994 für die SPD in den Bundestag. Neben den frühen politischen Schritten fing er auch mit dem Musikmachen an. Als Singer-Songwriter Lerryn erlebte er in den 70ern eine kurze Karriere, machte dann als Gründer des Plattenlabels Musikant, als Manager verschiedener Künstler und hier und da auftauchender Impresario entscheidend beim bundesdeutschen Rockboom der 80er mit.

Aus Protest gegen die deutsche Teilnahme am Balkankrieg verließ Dehm später die SPD, trat 1998 in die SED-Nachfolgepartei PDS ein, war dort zeitweise stellvertretender Bundesvorsitzender, saß unter anderem von 2005 bis 2021 als Abgeordneter der Partei im Bundestag, die seit 2007 Die Linke heißt. Berühmt und berüchtigt wurde er in der Zeit auch für mehrere aufsehenerregende, mindestens kontroverse Aktionen. Mitunter kam er dabei verfassungsfeindlichen Gruppen und Positionen so nah, dass sich sogar Teile seiner eigenen Partei von ihm distanzierten.

Während seiner Bundestagszeit beschäftigte er zum Beispiel den früheren RAF-Terroristen Christian Klar als Designer für seine Website. Er gab zu, einen afrikanischen Jungen illegal über die Grenze geschmuggelt zu haben, und nannte den SPD-Außenminister Heiko Maas bei einer Kundgebung einen «Nato-Strichjungen». 2020 veröffentlichte er einen Song über die Nutznießer der Covid-19-Pandemiepolitik, der vielen Verschwörungstheoretikern inhaltlich weit entgegenkam. 2021 ging Dehm dann gegen die ausbleibende deutsche Zulassung des russischen Impfstoffs Sputnik V vor Gericht. Seine Erstimpfung in Moskau hatte er von Kameras des kremlnahen Senders Russia Today filmen lassen. Und so weiter.

«Meine schönsten Skandale» hat er ein Buch genannt, in

dem er ein paar der selbst- oder fremdverschuldeten Eskapaden genüsslich nacherzählt. Diether Dehm legt es zur Begrüßung auf den Tisch, fast wie eine Visitenkarte. Zusammen mit seinem Roman über die antifaschistische italienische Resistenza, seinem Corona-Essay-Band und einem Pamphlet über die Rettung von Handwerk und Mittelstand. Er hat in der Tat eine Menge mitzuteilen.

Zum Zeitpunkt des Gesprächs sitzt Dehm noch im Bundestag. Sein Berliner Abgeordnetenbüro hat den Charme einer gastfreundlichen, leicht unaufgeräumten Junggesellenbude. Ein Besuch ist wie eine Zeitreise in eine ultralinke WG der mittleren 70er: Auf dem Stehpult sind Schallplattenhüllen mit Arbeiterkampffäusten drapiert, von der Wand grüßt unter anderem ein Poster mit dem Gesicht von Enrico Berlinguer, dem italienischen KP-Politiker, der als Ikone des Eurokommunismus gilt. Links zeigt eine Pinnwand Dehms liebste Zeitungsausschnitte über sich selbst, darunter die Kopie eines 1998er-Covers des amerikanischen *Playboy*-Magazins. Katarina Witt ist der Titelstar, es ging um ihre spektakulären Nacktbilder. Dehm war zu der Zeit ihr Manager.

«Sehen Sie das Foto dahinten?», fragt er bestens gelaunt. «Das war 1967 bei der Besetzung des Frankfurter Amerikahauses. Rechts neben Rudi Dutschke, das bin ich, mit 17.»

Sein Smartphone springt an, wie so häufig, wenn man bei ihm sitzt. «Was wollen wir trinken, sieben Tage lang?» von der Gruppe Bots ist der Klingelton, das schöne, alte, rote Feierlied der Studenten, Gewerkschaftler und gesetzteren Antifaschisten. Auch diesen Text hat Dehm verfasst, Ende der 70er gemeinsam mit Günter Wallraff. Seine heute noch bekanntesten Lieder sind die, die er als Autor oder Mitautor dem früheren Schützling Klaus Lage auf den Leib schrieb, vor allem «1000 und 1 Nacht (Zoom!)», einem der sprichwörtlichsten deutschen Radiorocksongs überhaupt: «Tausendmal berührt, tausendmal ist nichts passiert.» Dabei passierte zu der Zeit doch so wahnsinnig viel.

«Wenn beim Festival auf Burg Waldeck 1968 die Linken rumbrüllten: ‹Stellt die Gitarren in die Ecke und macht lieber Revolution!›, antwortete ich: ‹Wer Gitarre spielen kann, macht die Revolution besser mit seiner Kunst!›», sagt Dehm. «Ich fand die Idee, die Arbeiterklasse als Sujet nicht länger aus der Unterhaltungsmusik auszugrenzen, ambitioniert genug. In den seichten Schlagern und TV-Serien kamen ja nur Ärzte, Anwälte und Förster vor, aber keine Werktätigen. Mein Plan war, eine populäre Musik zu fördern, die trotzdem einen gewissen marxistischen Anspruch hatte und den Klassenkampf als Thema platzierte.»

Als Manager von Klaus Lage, dem in Berlin ansässigen, robust mit Kassenbrille und Lederjacke auftretenden Rock-Liedermacher, kam Dehm dem Ziel dieses Masterplans am nächsten. Und zwar so, dass das Publikum die Absicht gar nicht unbedingt wahrnahm. «Klaus war zunächst schon auch ein Roter, aber wurde dann immer grüner und Taz-affiner», sagt Dehm, der den Sänger Anfang der 80er kennenlernte. Lages Programm wurde unter Dehms Direktive zur Mischung aus Liebes- und Arbeiterliedern, radiotauglich und doch textlich herausfordernd. Unter anderem mit dem Anti-Neoliberalismus-Song «Monopoli» und «Faust auf Faust», dem allegorischen Ruhrpott-Working-Class- und Sexdrama, das zum Titelsong eines Kommissar-Schimanski-Films wurde:

Sie will wie du auch zu viel wissen
Auch ihr ist keine Spur zu heiß
Hinter Kohlenpottkulissen
Wäscht Kohle manche Weste weiß

Solche Stücke trafen den Nerv nicht nur dank der rundum bewegten Zeiten. 1984 und '85 gab es Platin- und Goldplatten für Lage, somit auch für Dehm. Jugendzeitschriften wie *Bravo* berichteten ab sofort regelmäßig über den Sänger. Die Redaktion hatte ihn vorher angeblich noch mit dem Argument abgelehnt, man fände, er sehe aus wie ein Kindermörder.

Verbindungen zur DDR hatte Dehm schon lange davor geknüpft. Mit 19 besuchte er mit einer Antifa-Delegation die Gedenkstätte im früheren KZ Buchenwald. Danach reiste er immer wieder mit der Falken-Gruppe und der Vereinigung der Verfolgten des Naziregimes nach drüben, zu Jugendlagern, Konferenzen oder musikalischen Auftritten als Sänger Lerryn. Er freundete sich mit FDJ-Leuten an, erlebte in den Gesprächen viel stalinistische Verirrung, aber auch Standpunkte, die ihn beeindruckten. Trotzdem, so meint er, sei er zu keiner Zeit in Versuchung gekommen, ganz nach links zu rücken. «Ich war immer Sozialdemokrat», sagt Dehm. «Ein Lenin-Freund, aber kein Kommunist mit eingebautem Avantgardeanspruch.»

Es gibt Akten, die für das Jahr 1971 seine Anwerbung als Inoffizieller Mitarbeiter der Staatssicherheit verzeichnen. Als IM Dieter, später IM Willy habe er bis 1978 gemeinsam mit seiner Lebenspartnerin dem DDR-Geheimdienst ausführlich Bericht erstattet, aus der Künstlerszene und der Westpolitik. Das haben mehrere Experten mit großer Überzeugung aus den Quellen gelesen, die in den 90er-Jahren durch die Gauck-Behörde zugänglich wurden.

«Dass Dieter (sic!) Dehm bei der Stasi war, kam für mich, als ich die Akten sah, nicht überraschend», schrieb Wolf Biermann 2016 in seiner Autobiografie. Dazu zitierte er ausführlich aus den Protokollen über konspirative Treffen und Prämienzahlungen, die IM Willy für gute Dienste bekommen haben soll. Es muss der Stasi so oder so wie eine geniale Idee vorgekommen sein, den ausgebürgerten Biermann auch im

Westen umfassend im Blick zu haben, indem man seinen Konzertmanager anzapfte.

Dehm streitet alle diese Vorwürfe ab. Er sei bei seinen vielfältigen Ostreisen von Stasileuten schlicht abgeschöpft und in vermeintlich privaten Unterhaltungen ausgehorcht worden. Nirgendwo gebe es eine Unterschrift von ihm, die angeblichen Prämien habe er nie bekommen, und ohnehin seien die zitierten Akten nur eine stark selektive Auswahl. Die vermeintlich konspirativen Wohnungen seien schlicht die Unterkünfte gewesen, die die Gastgeber von der FDJ ihm zur Übernachtung nach Konzerten vermittelten.

Dafür, dass er sich für die Verstoßenen der DDR eingesetzt habe, für Biermann und Rudolf Bahro, habe die Stasi ihn vielmehr auf die Liste der Unerwünschten gesetzt und sogar zur Fahndung ausgeschrieben, betont er. Dehm kann die entsprechenden Dokumente auf Wunsch vorzeigen. Ein Griff in seine Aktentasche, da sind die Fotokopien. Er hat ein paar dabei, für den Fall, dass das Gespräch darauf kommt.

Tausendmal berührt: Auch Klaus Lage geht mal rüber

Ein kenntnisreicher Ost-Insider war er trotz allem, mit oder ohne Stasiverknüpfung. Und als solcher hat Dehm seine ganz eigene Sicht auf die DDR-Reisen von BRD-Bands.

«Rangeschmissen hat sich da niemand, das waren schon immer wechselseitige Interessen», sagt er. «Und natürlich hatten viele Musiker wie Klaus Lage und Heinz Rudolf Kunze friedensbewegte und ähnliche humanistische Motive. Aber bei vielen anderen habe ich durchaus auch eine kolonialistische Komponente gespürt. Die Künstler hatten in der Bundesrepublik alles erreicht, alle Hallen gefüllt, allen Jubel genossen.

Für die Galerie fehlten ihnen nur noch die Fernsehbilder mit den Ost-Fans, die nach Westprodukten dürsteten. Wenn man sich dann auch noch vor der Kamera mit einem FDJ-Funktionär um die Einhaltung von Menschenrechten zoffen konnte, kam eine doppelt geile Show dabei raus.» Viel Heldentum sei nur eine hochmütige Inszenierung gewesen, glaubt Dehm.

Klaus Lage, sein Leib- und Magenschützling, fuhr am Ende auch nach Ostberlin. Im August 1986, in einer Phase, in der die BAP-Eiszeit im Grenzverkehr schon wieder abgeklungen war, trat er beim Liedersommer der FDJ auf, unter freiem Himmel in der Parkaue im Stadtteil Lichtenberg. Dabei trieb Lage die Provokation ganz buchstäblich auf die Spitze, die sich die Kölner Band nicht getraut hatte: Er sang ein verbotenes Lied, ohne von irgendwem eine Genehmigung bekommen zu haben. «Ermutigung» heißt das Stück von Wolf Biermann, eher bekannt unter der Eröffnungszeile «Du, lass dich nicht verhärten in dieser harten Zeit», ein klassischer Durchhaltesong. Das vergiftete Werk eines Ausgebürgerten, aber Lage trug es in Lichtenberg einfach trotzdem vor.

Es passierte nichts. Die Konfliktbereitschaft angesichts solcher Kleinigkeiten war bei der FDJ und dem ZK zu diesem Zeitpunkt offenbar schon so weit gesunken, dass alle so taten, als hätten sie vom Tabubruch des westlichen Rockers überhaupt nichts mitbekommen. Es dauerte nur ein gutes Jahr, bis Klaus Lage wieder eingeladen wurde.

Nackt im Wind, aber eng zusammen: die Rockszene als Kollektiv

«Deutschrocker» wurde Lage oft platt genannt. Ein altes BRD-Wort, um das man tatsächlich nur schwer herumkommt, wenn man über die Zeit spricht. Es war die Ära, in der die

Musikerinnen, Musiker und Bands plötzlich richtigen Erfolg hatten. Sie wurden weithin sichtbar, verkauften Platten und Tickets, schmiedeten Allianzen und hassten sich gleichzeitig zutiefst, wie man später teilweise erfuhr. Irgendwann wurden sie von vielen als großes, loses Team wahrgenommen, als Schicksals- und Solidargemeinschaft zu diversen politischen Themen, obwohl ihre Ansätze so individuell unterschiedlich und einige so offensichtliche Dickköpfe waren. Aber es gab ja so viele Anliegen, für die ein öffentlicher Schulterschluss nötig war.

Was mit den «Künstler für den Frieden»-Konzerten Anfang der 80er begonnen hatte, setzte sich zum Beispiel am 13. Juli 1985 fort, dem Tag des «Live Aid»-Popfestivals. Die Welt-TV-Übertragung aus London und Philadelphia war vom irischen Musiker Bob Geldof initiiert worden, um Spenden und Aufmerksamkeit für die Hungerhilfe zu generieren. Kurz vor halb fünf Uhr nachmittags, zwischen den Auftritten von Crosby, Stills & Nash und Judas Priest, wurde live nach Köln geschaltet. Zwei Milliarden Menschen schauten an diesem Tag «Live Aid», und jetzt guckte ein guter Teil von ihnen direkt auf den Platz vor dem Dom.

Auf einer Bühne, die dort errichtet worden war, saßen und standen um die 30 Künstler, von Nena, Peter Maffay und Ulla Meinecke bis zu Ina Deter, Wolf Maahn, Klaus Lage und sogar Peter Hein von der New-Wave-Band Fehlfarben. Udo Lindenberg, mit Hut und eng gemustertem Pepita-Jackett, verlas eine laut offizieller Sprachregelung gemeinsam verfasste Erklärung, die die afrikanischen Hungersnöte mit der Aufrüstung aus West und Ost in Verbindung brachte. «Die Kommandeure auf den Kommandobrücken in Washington und im Kreml haben das totale Rad ab!», rief Lindenberg, und die globalen Millionen konnten ihm folgen, denn es gab englische Untertitel. Dann sangen die Versammelten ihren Benefiz-Song

«Nackt im Wind», geschrieben von Wolfgang Niedecken und Herbert Grönemeyer. Jede Künstlerin, jeder Künstler bekam eine Verszeile, es sollte gerecht zugehen.

Beim «Alles Lüge»-Großkonzert zur Tschernobyl-Katastrophe sah man im August 1986 fast dieselben Charaktere in der Berliner Waldbühne wieder. Bereits einen Monat vorher hatte sich die Community, die eigentlich keine war, in Burglengenfeld in der bayerischen Oberpfalz getroffen, zum zweitägigen Solidaritätsfestival gegen den Bau der atomaren Wiederaufbereitungsanlage im nahen Wackersdorf. Mit über 100 000 Zuschauern war es das bis dahin größte Konzert, das in Deutschland jemals stattgefunden hatte. Entsprechend furios war die Stimmung, als Campino und die Toten Hosen dort als Anführer einer All-Star-Band ihre Version des 50er-Jahre-Schlagers «Am 30. Mai ist der Weltuntergang» spielten, die sie liebevoll auf den Nukleartod umgetextet hatten: «Wir singen ‹Ficken, Bumsen, Blasen›, auch auf atomverseuchtem Rasen.» Herbert Grönemeyer stand am Keyboard, die Rodgau Monotones, Marian Gold von Alphaville und noch ein paar andere sangen mit. Und wirklich viele spürten etwas dabei.

Wenn man diesen informellen Kollektivgedanken im Hinterkopf hatte, war man über das Gruppenbild nicht sonderlich überrascht, das im Herbst 1986 in den Medien auftauchte. Man erkannte, mit ernsten Gesichtern, Klaus Lage, Heinz Rudolf Kunze, Katja Ebstein und Wolfgang Niedecken, wie so oft. Dazwischen mischten sich Gesichter, die zumindest den meisten Westdeutschen nicht wirklich bekannt vorkamen: Tamara Danz, Toni Krahl, Silly-Keyboarder Ritchie Barton, außerdem die honorige Ostberliner Lyrikerin Gisela Steineckert sowie einige FDJ-Funktionäre wie Hartmut König und Gert Gampe.

Der Anlass, das Brückenschlagevent am 18. Oktober '86,

bei dem dieses BRD-DDR-gemischte Foto entstanden war, hatte nicht viel mit Musik zu tun gehabt. 36 Westkünstler, die sich in der knapp zwei Jahre vorher gegründeten Gruppe «Künstler in Aktion» organisiert hatten, waren zum offiziellen Besuch in die DDR gefahren. Sie hatten eine Ostdelegation getroffen, gemeinsam in der Buchenwald-Gedenkstätte einen Kranz niedergelegt und sich von den DDR-Geschwistern durch Weimar führen lassen. Natürlich suchte niemand dabei den kontroversen Streit über Systeme und Produktionsbedingungen. Wenn es um den Frieden ging, zeigten sich alle gern friedlich.

Auch Niedecken, der ja vom ZK nur zwei Jahre vorher mit einem strikten Einreiseverbot und Bannfluch belegt worden war, durfte wieder mitmachen. Die neue, freundlichere Linie hatte wohl unter anderem mit dem deutsch-deutschen Kulturabkommen zu tun, das die Regierungen im selben Jahr unterzeichnet hatten und das einige grenzübergreifende Aktivitäten festschrieb. Es war eine Zeit, in der sich insgesamt beobachten ließ, wie die Hürden für Westbesucher tatsächlich langsam abgebaut wurden, solange klar war, dass man die Bilder diplomatisch unter Kontrolle behalten konnte. Im Sommer 1989 fand dann sogar die «Rockpoeten-Tour» statt, eine breit aufgestellte DDR-Rundreise für verschiedene, politisch durchweg unproblematische BRD-Musiker. Purple Schulz, Jule Neigel, Ulla Meinecke und Manfred Maurenbrecher waren dabei und auch hier wieder Heinz Rudolf Kunze.

Warum einige trotz allem nicht in der DDR spielen wollten

«Natürlich war das etwas ganz Besonderes», sagte Kunze 2009 dem Online-Portal *Deutsche Mugge* über die Ostkonzerte in den späten 80ern. «Es war ein völlig anderes Land, und das Publikum war sehr dankbar. Wir haben da in vollen Stadien gespielt, was wir im Westen nie gemacht haben. Da waren es Hallen und in der DDR Stadien mit 30 000 Zuschauern. Das war schon beeindruckend.»

Erich Honecker, der sich mit langsam wachsender Unruhe an seinen Posten zu klammern begann, und der alten SED habe er dadurch bestimmt nicht ihre Macht gesichert, meinte er 1991 im Interview mit der *Berliner Zeitung*. «Aber ich konnte einigen Leuten ein paar gute Stunden bereiten. Dazu stehe ich. Und ich habe ein großes Misstrauen gegen die Westkollegen, die nicht gekommen sind.»

Also zum Beispiel gegen Herbert Grönemeyer, der 1984 mit «4630 Bochum» seine Kette an Nummer-eins-Alben in der BRD startete und neben den gängigen, umfänglich bekannten Radiohits einige eloquent polternde Protestsongs wie «Jetzt oder nie» und «Amerika» im Programm hatte. Grönemeyer erzählte später mehrfach, 1988 hätten die Künstleragentur und die FDJ ihm Antiquitäten im Gegenwert von zwei Millionen Ostmark dafür geboten, dass er bei der Friedenswoche der Berliner Jugend in Berlin-Weißensee spielen sollte. Er lehnte alles ab, jede Anfrage, immer. In die Bredouille, plötzlich vor einem mit bestelltem Publikum gefüllten Auditorium zu stehen und sich instrumentalisiert zu fühlen, wollte er aus Prinzip nicht kommen. Sogar die eigenen Fans schrieben ihm, er solle bloß nicht zu ihnen in die DDR kommen. Es würde das Bild, das sie von ihm als aufrechtem, unkorrumpierbarem Künstler hätten, für immer lädieren.

«Heinz Rudolf Kunze hat tatsächlich gern in der DDR gespielt», sagt Vivi Eickelberg, die zu der Zeit Kunzes Managerin war. «Ich dagegen war gar nicht begeistert davon. Mein Gefühl war immer, dass wir dieses totalitäre Regime mit unserer Kunst unterstützen, ob wir wollen oder nicht, wenn wir uns von ihm einladen lassen. Wir haben viel darüber diskutiert, aber Heinz war fest davon überzeugt, dass er den Menschen damit nutzt. Und ich war ja Beraterin, keine Bestimmerin.» Hier ging der Zwiespalt sogar durch die Künstler-Manager-Beziehung hindurch.

Eickelberg arbeitete unter anderem für zeitkritische Lyrik- und Popkünstler wie Konstantin Wecker, Ina Deter, Ulla Meinecke und Hermann van Veen. Zudem pflegte sie einige DDR-Kontakte, hatte Manfred Krug nach der Ausbürgerung bei der Suche nach einer Plattenfirma geholfen und kümmerte sich um das Westmanagement von Barbara Thalheim. Das berufliche Engagement im eher linken Sprengel der Musikszene hatte bei ihr auch private Gründe. Vivi Eickelbergs Vater war ein jüdischer Anwalt aus Berlin, sie selbst kam 1946 im Exil bei Paris zur Welt. Als sie mit acht Jahren nach Deutschland umsiedeln musste, in die alte Heimat der Eltern, empfand sie die neue Umgebung als Zumutung. Sie sah überall Nazis, fühlte sich im Land der Täter eine Zeit lang ganz furchtbar. Erst durch die Studentenbewegung erlebte sie den Befreiungsschlag.

Heinz Rudolf Kunzes Vater, ein früherer Frontoffizier der Waffen-SS, kam einmal nach einem Konzert zu ihr und sagte, wie glücklich er sei, dass eine Frau wie sie seinen Sohn managen würde. Er sei der erste Deutsche gewesen, erinnert sie sich heute, der sich ihr gegenüber persönlich zu seiner Mitschuld an den Verbrechen bekannte.

Dass die DDR für sie ein rotes Tuch war, hatte auch damit zu tun. Nach dem Krieg, so sah sie es, seien die Menschen dort von einer Diktatur übergangslos in die nächste hinübergerutscht, ohne dass man ihnen zwischendurch eine Atempause gegönnt hätte, also echte Gedanken- und Wahlfreiheit zugestanden hätte. Der Aspekt kommt erstaunlich selten zur Sprache – dabei wirft er auch auf die Neonaziproblematik der DDR ein interessantes Licht. «Natürlich haben auch wir anfangs den Sozialismus verklärt», sagt Vivi Eickelberg. «Aber in Berlin bekam man ja schnell mit, wie sehr die Denunziation und totalitäre Unterdrückung drüben zum Alltag gehörten.»

Die langsame Öffnung, der viele ihrer Künstlerinnen und Künstler trotz der Bedenken der Managerin folgten, ging in der zweiten Hälfte der 80er dann stetig voran. «DDR-Gastspiele wurden ein Stück weit normaler und weniger bürokratisch, politische Gesten blieben sie aber dennoch», sagt Eickelberg. «Vor allem bemerkte man, dass sich in der Bevölkerung drüben etwas bewegte. Die Menschen ließen sich nicht mehr alles bieten. Man spürte die Aufbruchstimmung.» Die Ereignisse warfen schon erste Schatten voraus.

Auch Diether Dehm durfte 1988 endlich wieder einreisen. Für das große Festival in Weißensee, zu dem Herbert Grönemeyer nicht fahren wollte, brauchte die FDJ Dehm dringend als Mitorganisator und dann sogar noch als Moderator. Er stand gemeinsam mit Katarina Witt auf der Bühne, der amtierenden Eiskunstlaufweltmeisterin und Olympiasiegerin, dem sportlichen Top-Export der Nation. Als die Menge die als linientreu geltende Witt bei ihren Ansagen unerbittlich auspfiff, hielt der sozialdemokratische Hesse Dehm den Leuten erst mal eine anständige Gardinenpredigt. Dann bat er die in Tränen aufgelöste Witt zurück auf die Bühne, damit sie sich doch noch reumütig bejubeln lassen konnte.

BAP spielten 1987 acht Shows in China, im Mai 1989 traten sie sechsmal in Russland auf. Zu Konzerten in der DDR wurde die verbrannte Band, trotz Niedeckens Begnadigung, nicht mehr eingeladen. Erst 1991 standen die Kölner zum wirklich ersten Mal auf einer ostdeutschen Bühne, Anfang Januar in Schwerin.

BAP eröffneten damals den Abend mit «Denn mer sinn widder wer», ihrem Abscheusong über die nationalistischen Untertöne der Wiedervereinigung: «Wo mer hinluhrt, nur noch Deutschland». Der zensierte Song von 1984 hatte da noch irgendwie zuversichtlicher geklungen.

11.

DER BESTE SOMMER ALLER ZEITEN

Depeche Mode, Bruce Springsteen und Rio Reiser werden Headliner eines DDR-Konzertmarathons, der das Knirschen im Gebälk übertönt

Ein einziges, wirklich nur einziges Mal dachte Rainer Börner kurz darüber nach, in den Westen abzuhauen. 1979 war das, im Spätsommer. Da studierte er an der Hochschule für Ökonomie in Ostberlin-Karlshorst und hatte sich für ein besonderes, für junge, unternehmungslustige Genossen konzipiertes Austauschprogramm gemeldet. Börner, der 23-jährige Bauernbursche und Rock-'n'-Roll-Mensch aus Thüringen, der seit seiner Jugend als fundamental überzeugter Sozialist lebte, mit 20 freiwillig in die SED eintrat und in der FDJ-Universitätsgruppe anfing, sollte zum ersten Mal in die Bundesrepublik reisen, mit einer kleinen, aus Studenten und Arbeitern gemischten Delegation. Ein Schnupperausflug, erst für eine Woche ins Ruhrgebiet, dann für eine zweite nach Frankfurt am Main. Der prinzipiell linientreue DDR-Nachwuchsfunktionär, plötzlich im Land der anderen Seite. Und ja, um ein Haar wäre er gleich dortgeblieben.

«Die Kultur, die Gemeinschaft dort, es war eine absolut großartige Erfahrung», erinnert sich Börner an die wilden Tage, beim Gespräch im April 2021. «Mir war sofort klar: So wollte ich leben.»

Die Leute aus seiner Gastgeber-WG, ein paar Spontis aus dem Umfeld der sozialistisch-pazifistischen Naturfreundejugend, begrüßten ihn schon ausgelassen am Frankfurter

Hauptbahnhof. Man nahm ihn auf wie einen Bruder. Rainer, der Austauschtourist von drüben, saß schon im nächsten Moment mit am Küchentisch, zwischen den langhaarigen Alternativ-Wessis. Rauchte seinen allerersten Joint, quatschte mit, trank mit. Kramte im WG-Plattenschrank und legte die Schmuckstücke von Genesis, Gentle Giant und Wishbone Ash auf, die es im Osten nicht gab. Die Gastgeber zwangen ihn sogar, endlich Wolf Biermann zu hören, eine Sache, der Börner bisher erfolgreich ausgewichen war. Aber es könne doch nicht angehen, meinten die Westdeutschen, dass er als junger, geistesbefreiter Ostgenosse diese tollen Lieder nicht kenne.

Er bekam Daniel Cohn-Bendits *Pflasterstrand* in die Hand, das Magazin für enthemmten linken Lifestyle. Er feierte mit den neuen Freunden nächtelang in der Konzerthalle Batschkapp. Es war augenöffnend. Was die Gesinnung und den Blick auf die Welt betraf, die Ansichten zu Kapital, Imperialismus, Nato und politischem Aktivismus überhaupt, fühlte Börner sich unter den Spontis aus dem fremden Deutschland wie zu Hause. Zusätzlich erlebte er mit ihnen aber genau die Freiheiten und Aufregungen, die offen verfügbaren Informationskanäle und Lizenzen zum Alles-in-Zweifel-Ziehen, die er als selbstdenkender Sozialist in der DDR so vermisste. Und dann fing er auch noch ein Techtelmechtel mit einem Mädchen aus der WG an. Alles in nur einer irren Woche.

Am letzten Tag brachte die Geliebte ihn zum Bahnhof, wo sich die FDJ-Reisegruppe zur Heimfahrt sammelte. «Ich habe echt kurz überlegt», erzählt Börner über den Moment des Abschieds. «Wenn ich so weiterleben will, muss ich dann hierbleiben? Oder kann ich das irgendwie in die DDR mitnehmen?» Er zögerte nicht lange. Der Bruch mit der Familie, den Freunden und natürlich auch der Partei, den es bedeutet hätte, wenn er sich einfach in Frankfurt hätte stranden lassen, der war dann doch für ihn ausgeschlossen.

Trotzdem bewahrte Börner den Trip im Herzen, als essenzielles Erlebnis. Seine eigene große Zeit in der DDR sollte erst noch beginnen. So gesehen kann man es als historisches Glück betrachten, dass er sich aus der Umarmung losriss und in den Osten zurückkam. Ohne Rainer Börner hätte es eine epochale Wasserscheide in der Spätachtziger-DDR-Kultur in dieser Form vielleicht nie gegeben. Der sprichwörtliche Rocksommer von 1988 wäre ohne ihn über weite Strecken ein gewöhnlicher, eher elender Sommer geblieben.

Musik als Gegengift: Wie der schwankende Staat die Krise groovy lösen will

Das, was man im Rückblick Rocksommer nannte, war ein Prestigeprojekt und ein fantastisches Volksfest, ein politisch gewolltes Vorzeigeereignis und zugleich ein heißer, wahr gewordener Traum. Die Kulmination vieler Entwicklungen in einem Land, das sich langsam immer weiter öffnete, weil es nicht mehr anders konnte, und zwar unter ohrenbetäubenden Knarzgeräuschen.

Man konnte die Ereignisse als Symptom eines letzten, großen Aufbäumens sehen. Als stolzen Versuch und gewaltige Show, als Bild einer finalen Anstrengung, mit der dieser Staat zu retten versuchte, was von ihm und seinem internationalen Nimbus noch zu retten war. Getragen von dem verzweifelten Selbstbewusstsein und der Hybris, die viele Menschen, Institutionen und sonstige Körper oft erst dann aufbringen, wenn sie wirklich mit dem Rücken zur Wand stehen.

Der DDR wuchsen 1988 ihre Wirtschafts- und Haushaltsprobleme immer dichter und raschelnder über den Kopf. Die ideologische Entfremdung von der Schutzmacht Sowjetunion und den avancierteren Brudernationen Ungarn und Polen nahm ihren Lauf, seit Generalsekretär Michail Gorbatschow im Kreml saß und sich auch sonst einiges getan hatte, und entsprechend brodelte der Richtungs- und Zukunftsstreit innerhalb der SED. Parallel wurde der Druck von der Straße, dem Ort, an dem es in der sogenannten Republik so lange relativ gesittet zugegangen war, von Jahr zu Jahr hör- und spürbarer. Die Hemmungen sanken. Im Zweifel nahmen die Leute sich die Reise- und Kommunikationsfreiheit, die ihnen aus kaum nachvollziehbaren Gründen verweigert wurde, einfach selbst.

Die ersten, noch versprengten Montagsdemonstrationen gab es in Leipzig schon 1988. Laut der Stasi-eigenen «Zentralen Koordinierungsgruppe Bekämpfung von Flucht und Übersiedlung» verdreifachte sich die jährliche Zahl der Fluchtversuche aus der DDR zwischen 1985 und '87 auf mehr als 6500 in zwölf Monaten, mehr als die Hälfte davon sollen erfolgreich gewesen sein. Das bundesdeutsche Ministerium für gesamtdeutsche Fragen, dessen Zahlen in der Regel der Wahrheit näher kamen, verzeichnete für 1987 sogar mehr als 6200 gelungene Fluchten. Bald sollten es noch viel, viel mehr werden.

Und weil so gesehen keine Zeit zu verlieren war, begann der Rocksommer '88 eigentlich schon im Sommer '87, zur Zeit des 750. Jubiläums der Stadt Berlin, das auf beiden Seiten als große Feier begangen wurde. Im Juli trat die englische Breitwand-Kuschelband Barclay James Harvest vor knapp 50 000 Leuten im Treptower Park auf, eine Dimension für ein Event mit einer westlichen Band, wie man es in der DDR davor nicht gekannt hatte. Zwei Monate später spielten am selben Ort die amerikanischen Singer-Songwriter-Hauptmänner Bob Dylan und Tom Petty, und dann kam bald schon 1988 mit seiner hohen Ereignisdichte.

Der Latin-Rock-Veteran Carlos Santana wurde im Palast der Republik empfangen, die popmetallischen Schwarzlederjungs Depeche Mode in der Werner-Seelenbinder-Halle. Zumindest das waren wieder die berüchtigten Konzerte für geladene, parteilich abgesegnete Gäste. Aber darauf folgte der große Vierfach-Schlag, den praktisch alle miterleben durften.

Anfang Juni ’88 sang Joe Cocker vor rund 100 000 Fans auf der Radrennbahn Weißensee, danach auf der Wiese vor dem Dresdener Hygienemuseum, eines der wenigen Beispiele, das außerhalb der Hauptstadt stattfand. Mitte Juli kam das dreitägige Großfestival in Weißensee mit James Brown, Bryan Adams und vielen anderen. Am selben Ort, vor mindestens 160 000 Zuhörerinnen und Zuhörern am 19. Juli, stieg Bruce Springsteen auf die Bühne, der damals so etwas wie der musikalische Außenminister der USA war. Dann folgte noch eine kleinere, aber inhaltlich fast noch brisantere Unternehmung. Rio Reiser trat in der Seelenbinder-Halle auf, zweimal im Oktober. Dass 1989 sogar beinahe eine offizielle Neuauflage des Woodstock-Festivals in Weißensee stattgefunden hätte, zum 20. Jubiläum des Originals, klingt wie ein dummer Witz. Zumindest teilweise wahr ist es trotzdem, aber zu den Einzelheiten kommen wir später.

«Es ist schön, in Ostberlin zu sein», rief Springsteen mitten in der rauschenden Show der Menge zu, er las es auf Deutsch von einem Zettel ab, den der Chauffeur für ihn geschrieben hatte. «Ich möchte euch sagen, ich bin hier nicht für oder gegen irgendeine Regierung. Ich bin gekommen, um Rock ’n’ Roll zu spielen, für euch Ostberliner. In der Hoffnung, dass eines Tages alle Barrieren umgerissen werden.»

Das war im Prinzip genau das, was ZK und FDJ den Leuten dadurch mitteilen wollten, dass sie diese Konzerte möglich gemacht oder besser: nicht verhindert hatten. Vielleicht abgesehen vom letzten Nachsatz, der Sache mit den Barrieren. Er wurde in der damaligen Fernsehausstrahlung des Auftritts dann auch vorsichtshalber herausgeschnitten.

Rainer Börner war schon 1984, rund fünf Jahre nach seinem denkwürdigen BRD-Abenteuer, zum hauptamtlichen FDJ-Schreibtischarbeiter aufgestiegen. In der Berliner Bezirksleitung hatte er den Posten des Kultursekretärs bekommen, von der in den Mutterschutz verabschiedeten Tamara Büttner, der langjährigen Frau des Amiga-Labelchefs René Büttner. Der Regionaljob war nicht ganz so ehrwürdig und wichtig, wie es ein Sitz im übergreifenden FDJ-Zentralrat gewesen wäre, wo man Auge in Auge mit Egon Krenz' Nachfolger Eberhard Aurich oder Hartmut König an den Rädern drehen konnte. Aber erstens hatte Berlin von allen Bezirken der DDR natürlich die größte Bedeutung und bot die meisten Meriten und Handlungsoptionen. Und zudem sollte der schlaue, von der Liebe zur Aktion und Musik innerlich brennende Jungfunktionär Börner bald feststellen, für welche produktiven, grandiosen Ergebnisse er gerade seine leicht untergeordnete Position trefflich nutzen konnte.

«Trotzdem habe ich mir später sehr schwer getan mit der Rolle, die ich in den 80ern in der Musikszene spielte», sagt er beim Gespräch in Berlin, rund 33 Jahre nach dem geschichtsberühmten Sommer. «Anstatt produktive Konflikte zu schüren, habe ich auch dazu beigetragen, Spitzen abzubrechen. Das war nicht meine Absicht, aber effektiv hatte meine Arbeit diese Wirkung.»

Rainer Börner ist mit 64 noch immer hibbelig und extrem engagiert, trägt die schwarzen Hemdsärmel an diesem Nachmittag weit hochgekrempelt. Er berät Unternehmer, die vor der Insolvenz stehen, organisiert mit einem Verein Privatunterkünfte für geflüchtete Menschen und unterstützt nach Möglichkeit seine Lebensgefährtin, die bürgerpolitisch für die Einführung eines Mietendeckels in Berlin kämpft. Der Makel, den er eben eingeräumt hat, scheint dennoch an ihm zu nagen. Denn so mutig er sich in den Jahren vor dem Mauerfall auch dafür einsetzte, die Grenzen für das öffentliche Kulturleben der DDR neu auszuloten – im Rückblick musste er sich immer wieder vorwerfen lassen, den maroden Staat damit auch ein Stück weit gestützt zu haben. Ein Regime, das seinen Eingesperrten plötzlich die Möglichkeit gab, Springsteen und Depeche Mode zu sehen, und auch einigen der etwas riskanteren einheimischen Bands auf einmal Geld und Hilfe anbot, nahm so natürlich auch den Kritikern viel Wind aus den Segeln. Jedes Entgegenkommen konnte man auch andersrum verstehen: als Geste, mit der Teile der Opposition heimtückisch eingemeindet wurden. Und mit der man sie ein Stück weit protestunfähig machte.

Nach der Wende, als Börner für die PDS in die letzte DDR-Volkskammer gewählt worden war, meldete er sich öffentlich zu Wort. Er sei als Inoffizieller Mitarbeiter bei der Stasi geführt worden, von Anfang der 80er an, erklärte er bei einer Kammersitzung im September 1990. Womit er der erste Ostpolitiker war, der sich aus freier Entscheidung heraus zu seiner Geheimdienst-Connection bekannte, obwohl die Beweisakten sogar größtenteils verschwunden waren. Den Musikern, mit denen er als FDJ-Vertreter gearbeitet hatte, war in der Regel völlig klar gewesen, dass er als doppelseitiges Bindeglied zwischen Kultur und Partei agierte und dass sie sich in ein gewisses Zwielicht begaben, wenn sie Förderverträge unterschrieben und Kredite oder Technik von der Jugendorganisation bekamen. Viele machten es trotzdem.

«Einige wurden dafür angefeindet, teilweise noch bis heute, dass sie sich von uns unterstützen ließen», sagt Börner. «Dabei ging es mir überhaupt nicht darum, irgendwen ins System zu integrieren. Ich stieß die Dinge an, weil ich mich endlich imstande sah, Künstlern zu helfen und die eingefrorenen Zustände in Bewegung zu bringen. Dass ich sie auf diese Art natürlich trotzdem eingebunden und auf unsere Seite gezogen habe, das kann ich nicht schönreden. Mit dem Widerspruch muss ich leben.»

Es ging ihm wenig anders als dem Rundfunkmann Walter Cikan, der zugleich Talentsucher, Produzent und Teil des Textlektorats war, Ermöglicher und Kontrolleur. Der innere Konflikt aus den 70ern, als die Musik langsam immer staatstragender wurde, verstärkte sich für die Protagonistinnen und Protagonisten der 80er eher noch, im Lichte der wachsenden Krise.

Börner gehörte zur Kohorte der DDR-Kulturfunktionäre, die in den Beat gewissermaßen hineingeboren worden waren. Zu den jüngeren Entscheidern und Amtsträgern, in deren Augen zwar die Mauer schon immer fest dagestanden hatte, für die aber auch eine Welt ohne eine gewisse amerikanisierte Tageskultur gar nicht mehr denkbar war, auch nicht in der DDR. Vom ZK-Kahlschlagplenum hatte Rainer als Neunjähriger auf dem Fußballplatz oder im Wald wenig mitbekommen. Als er selbst alt genug war, um mit importierten Levi's-Jeans und im Shell-Parka zu Konzerten in der ländlichen Provinz zu trampen, hatten die beißfreudigen Männer von der Leipziger Klaus Renft Combo schon ihre ersten Songs veröffentlicht. Sie wurden seine Idole.

Nach der Schlacht ist vor der Schlacht: der Weg eines FDJ-Rockpioniers

In einem Sommer Anfang der 70er-Jahre, als die Familie mit vielen Freunden beim Ferienzelten ist, in Markgrafenheide an der Ostsee, tritt die Renft Combo nebenan in Warnemünde auf. Börner, um die 15, genauer weiß er es nicht mehr, macht sich mit dem besten Kumpel vom Zeltplatz auf zum Konzert. Sie kommen zu früh an, schauen vom Rückraum der leeren

Halle aus zu, wie die Musiker auf der Bühne die Verstärker einstellen. Keyboarder Christian «Kuno» Kunert, Gitarrist Peter «Cäsar» Gläser, Sänger Thomas «Monster» Schoppe. Ihre ganz persönlichen Rolling Stones.

«Plötzlich fragte Cäsar: ‹Hat mal einer 'ne Zigarette?›», erzählt Börner. «Und ich natürlich von hinten: ‹Ich, ich, ich! Ist aber nur 'ne Karo!› Und er: ‹Wieso, ist doch fantastisch.› Ich war so wahnsinnig stolz, dass er sie von mir nahm.»

Als 1974 das zweite Renft-Album erscheint, schwänzen der Freund und er die Schule, schließen sich weg und hören die Platte den ganzen Tag lang immer wieder. Es ist ein Erweckungserlebnis, der Feuerzungenkuss des Rock 'n' Roll, von dem Börner noch 46 Jahre später berichtet wie von einem heiligen Sakrament. Vor allem das Lied «Nach der Schlacht» trifft den 17-Jährigen tief. Es ist ein hartes, schweres, schmerzhaftes Stück über das Innehalten während der Revolution. Der Song reflektiert über die Frage, wohin Aufbruch und Umsturz die Menschen eigentlich gebracht haben, und über den fundamentalen Widerspruch zwischen der Kämpferhaltung und den Ideen für die neue Welt, die anschließend aus den Trümmern des Alten gebaut werden soll.

«Der Mensch wächst sehr mühsam und nicht von allein / In diesen großen Mantel der Macht», grollt Monster Schoppe. Der Text ist von Kurt Demmler, der im selben Jahr mit Nina Hagens «Du hast den Farbfilm vergessen» einen deutlich weniger politischen Superhit landet.

«‹Nach der Schlacht› war wirklich wichtig für mich. Es bestätigte mich in all den inneren Zweifeln, die ich als junger Mann hatte», erinnert sich Börner, der im ländlichen Zonenrandgebiet Thüringens aufwuchs. «Ich wollte in der Schule so gern Diskussionen über Geschichte führen, über die Umstände der Revolution, über Ernst Thälmann und das Erbe der Kommunistischen Partei. Aber man kam an viele wichtige

Informationen nicht heran, durfte viele Fragen nicht stellen. Meine Freunde und ich hatten ja die Illusion, wir könnten die Welt verändern und besser machen, mit Bildung, mit humanistischen Idealen, ohne Gewalt oder Krieg, und zwar rasch. In der Hinsicht unterschieden sich die Jungen in DDR und BRD nicht groß.»

Den Ost-West-Konflikt erlebt er jeden Tag am Frühstückstisch. Börners Vater, ein Landwirt mit 13 Hektar Feldern, ist zwar örtlicher LPG-Vorsitzender, aber er lehnt den Kommunismus ab. Er läuft mit der typischen Prinz-Heinrich-Mütze seines geliebten SPD-Kanzlers Helmut Schmidt über den Hof. Die Richtantenne hat er unterm Dach versteckt. Im ganzen Haus erlaubt er nur den Konsum von Westfernsehen und Westradio. Ostrundfunk hat er seiner Familie verboten.

Der Sohn wiederum ist, spätestens seit er mit elf in der ARD-«Tagesschau» Berichte über die Tet-Offensive in Vietnam gesehen hat, strikt gegen die USA und ihre Verbündeten eingestellt, gegen den Imperialismus und seine Auswüchse. Er guckt mit dem Vater den «Weltspiegel», anschließend zoffen sie sich über das Gesehene, die Kriege in Afrika und Lateinamerika. Ein bizarrer Generationenstreit in der DDR, in dem der Filius gegenüber dem Papa den Sozialismus verteidigt. Wenn Bauer Börner mit Freunden heimlich die Fußballspiele der bundesdeutschen Mannschaft schaut, ärgert Rainer die Alten, indem er grundsätzlich für die Gegner jubelt.

Später ist Börner in der berühmten Thüringer Bluesszene unterwegs, verweigert nach dem Grundwehrdienst pazifistisch die dreijährige Armeeverpflichtung, was damals als akutes Karrierehindernis gilt. Sein passioniertes Engagement in der FDJ macht den kritischen Punkt im Lebenslauf wieder wett. Er wird gebraucht. Behörden und Staatssicherheit müssen tief verstört gewesen sein vom vermeintlichen ideologischen Schlingerkurs des jungen Genossen. 1979, nach der

Rückkehr vom bewegenden Westaustausch mit der Frankfurter Sponti-WG, wird er von der Stasi vorgeladen. Man macht ihm einen Vorschlag: Er könne zurück in die BRD gehen, sich als falscher Flüchtling ausgeben und für den DDR-Auslandsnachrichtendienst die linke Szene infiltrieren. Börner, der sich ja eben schon gegen ein Leben im Westen entschieden hat, lehnt ab. An diesem Nachmittag unterschreibt er seine IM-Vereinbarung. Den Decknamen darf er sich selbst ausdenken. Klaus Gläser nennt er sich. «Klaus» für Klaus Renft, «Gläser» wie Gitarrist Cäsar.

Wie singt die Renft Combo noch mal in «Nach der Schlacht»? «Und man stellt sich auf das verbliebene Bein / Denn die Schlacht wird viel, viel länger sein.» Die Band sucht keine Kompromisse, wird 1975 vom Bezirksrat Leipzig aufgelöst. Die Mitglieder gehen fast alle nach Westen. Börner, der Fan, bleibt dagegen und kämpft auf seine Art weiter. Ein paar Ideen hat er ja.

Als er 1984 endlich im Berliner Kultursekretariat der FDJ angekommen ist, liegt ein ganzer Kalender an Schlachten vor ihm. Er ist für die Pflege und Förderung der bildenden Kunst und der Theatertage verantwortlich, für Jugendhäuser und Oktoberklub-artige Singegruppen, und natürlich auch für die Rockmusik. «Ich habe die Berliner Kulturarbeit im völligen Dornröschenschlaf vorgefunden, als ich den Job antrat», sagt er. «Es gab durchaus viele gute Strukturen, die ich nicht erst aufbauen musste. Aber ich musste sie mit Leben füllen und eine Menge ändern.»

Es werden arbeits- und überzeugungsintensive Monate. Börner holt Aufgaben und Kontrollen zurück ins Büro, die seine Vorgängerinnen und Vorgänger aus Faulheit oder Desinteresse ausgelagert haben. Er reklamiert für sich Mitspracherechte bei Konzertreihen, die die FDJ mitveranstaltet, schließt Vereinbarungen mit freien Producern, denen er vertraut. Was nach kleinteiligem Pipifax klingt, zeigt gewaltige Effekte. Börner bringt, hochmotiviert, die Berliner Kulturarbeit in die Gegenwart der mittleren 80er, und dafür braucht er nicht mal die Hilfe der Stasi.

Die Zeit ist reif. Es kommt die Generation ans Ruder, deren Parteifunktionäre selbst schon vom Rock'n'Roll inspiriert sind. Sie sorgen dafür, dass er auch wirklich unters Volk kommt. Damit ändert sich einiges.

Phil Collins sorgt für Pfingstkrawall, ohne die DDR überhaupt zu betreten

Die Stadt Berlin ist zwar erst im Jahr 1244 zum ersten Mal namentlich in einer Urkunde zu finden gewesen. Aber weil Cölln, die andere Hälfte der Kernsiedlung, schon sieben Jahre früher erwähnt wurde, begehen die Verwaltungen 1987 das 750. Stadtjubiläum. Es gibt Sonderbriefmarken und -münzen, ein Konzert in der Gethsemanekirche, bei dem die zwei Bürgermeister aus Ost und West eng beisammen in der Bank sitzen, aufwendige Stadtviertelrestaurierungen, Ausstellungen und Feierstunden auf beiden Seiten. Um auf das Ganze noch eine Art Freiluftparty draufzusetzen, das gute Bilder und Botschaften bringt, gibt Westberlin den Platz der Republik vor dem Reichstag für ein frühsommerliches Open-Air-Konzert frei. An den drei Tagen des verlängerten Pfingstwochenendes spielen David Bowie, die Eurythmics und Genesis. Ein freundliches, ungefährliches Programm, das zudem 50 Mark Eintritt kostet und so sicher nur die wirklich gut gelaunten und zahlungskräftigen Genusspopper anzieht, 60 000 pro Abend.

Bald gibt es Gerüchte, dass in diesem festlichen Anlass trotzdem auch eine Provokation gesteckt haben soll. Ein Teil der Lautsprecherboxen sei während der Konzerte absichtlich gedreht worden, in Richtung des wenige hundert Meter entfernten Brandenburger Tors, um so auch einen Zipfel der östlichen Stadt zu beschallen. Aber der Verdacht lässt sich nur schwer bestätigen. Konzertveranstalter Peter Schwenkow wird 2007 in einem Interview sagen, er habe es aus Rache für die Schikanen angeordnet, die er im Osten häufig erlebt habe, allerdings klingt die Episode eher wie selbstgemachte Folklore. Es ist auch ohne solche Tricks keine Überraschung, dass man die Livemusik auf den grenznahen Straßen im Oststadtteil Mitte hören kann. So wird das «Concert for Berlin» an Pfingsten '87 auch auf der anderen Seite der Mauer ein Ereignis. Die Leute kommen auf den Straßen zusammen, um den Bands, die sie nicht sehen dürfen, wenigstens zuzuhören.

Am ersten Abend, bei David Bowie, stehen in Ostberlin ein paar hundert Menschen rund um den Unter-den-Linden-Boulevard in Nähe des Tors. Sie hören die Grüße, die Bowie ihnen nach drüben schickt, und den großen West-Ost-Song «Heroes». Am zweiten Tag hat es sich dann herumgesprochen. Dieses Mal sind am Ende über 1000 da, die Volkspolizei schaut zu und lässt sich vor allem selbst dabei sehen. Sie kontrolliert Ausweise, greift sich den einen oder anderen zu Befragungen aus der Menge. Bei den nach Mitternacht noch immer Verbliebenen, die sich nicht einfach vom Schauplatz verjagen lassen, werden die Beamten dann brutaler. Es gibt erste politische Sprechchöre, einige Mitmacher werden vorübergehend verhaftet. Am Ende verläuft sich die Versammlung.

Spätestens in dem Moment ist klar, dass der Anlass ein gewaltiges Ereignispotenzial bietet. Und es bleibt ja noch ein dritter Abend. Einige reisen nun extra von weiter her an. Auch rein Schaulustige mobilisieren sich und ziehen Richtung Pariser Platz. Wie so oft steigern sich die vorauseilenden Gedankenspiele auf allen Seiten hoch: beim Publikum, bei denen, die Lust auf Krawall haben, bei Polizei und Stasi. Alle ahnen, dass es heute Abend krachen wird.

Die Angaben, wie viele Menschen sich letztlich am Pfingstmontagabend im Straßenzulauf vor dem Brandenburger Tor drängeln, mehr oder weniger wegen des Genesis-Konzerts auf der anderen Seite der Mauer, variieren zwischen 2000 und 5000. Es sind auf jeden Fall viel mehr als erwartet. Sperrungen und Drohungen durch die Polizei haben wenig genützt. Wasserwerfer und Hundestaffeln stehen bereit, ebenso aber auch die Kamerawagen der Westmedien. Wenn sie vor Ort sind, ist das im Generalfall immer eine gewisse Versicherung für die DDR-Bürger, dass die Staatsmacht nichts allzu Schlimmes passieren lassen wird. An diesem prominenten Abend gilt das allerdings nicht, erstaunlicherweise.

Auch dass der Genesis-Sänger Phil Collins den Ostfans von der Reichstagsbühne aus einen lustigen Gruß über die Mauer ruft, hilft wenig, im Gegenteil. Die Kameras völlig verdatterter Westreporter können ausführlich filmen, wie Vopos und blindwütig überforderte Stasibeamten aggressiv in die Menge gehen, einzelne Zuhörer zusammenprügeln und über die Straße in Gewahrsam schleifen, während kleine Gruppen dazu «Gorbi! Gorbi! Gorbi!» und «Die Mauer muss weg! Die Mauer muss weg!» skandieren. Am Ende bekommen dann auch diverse Medienvertreter eins auf die Schädel, der ARD-Kameramann Fritz König wird sogar gewaltsam abtransportiert. Über hundert Leute nimmt die Ostberliner Polizei an diesem Abend angeblich fest.

Es ist ein Eklat in größerer Dimension, der ein heiteres, informelles Straßenfest ohne Not zur politischen Demonstration und zum internationalen Nachrichtenthema macht. Was die Sicherheitsdienste mit ihrer harten Welle beabsichtigten, ist im Nachhinein nicht ganz zu verstehen. Es dürfte das erste und einzige Mal in der Weltgeschichte gewesen sein, dass die Musik von Genesis ein blutiges Prügelchaos ausgelöst hat.

«Deutlich wurde, wie dünn die Decke ist, unter der sich gesellschaftliche Konflikte in der DDR verbergen», kommentiert der Bürgerrechtler Wolfgang Templin in einem Telefoninterview, das er kurz nach den Vorfällen völlig offen dem ARD-Magazin «Kontraste» gibt. Er verteidigt auch die Parolenrufer, denen vorgehalten wird, sie hätten «Gorbi» und «Mauer» nur als leere Schlagworte nachgeplappert: «Man sollte sich davor hüten, sie als reine Unmutsäußerungen und schnell aus der Luft geholte Provokationen abzutun.» Der massive Wunsch nach Demokratisierung und Befreiung habe sich Bahn gebrochen, das sei nun nicht mehr zu leugnen.

Die Stasi bezeichnet die Versammelten dagegen lieber als Zusammenrottung von «vorbestraften, asozial lebenden und politisch negativ Eingestellten». Die SED-Zeitung *Neues Deutschland* kommt zu dem reichlich originellen Schluss, es sei in Wahrheit gar nichts passiert und die Kampfszenen entstammten nur «den Hirngespinsten einiger westlicher Korrespondenten», während drüben im Bundestag der frühere CDU-Vize Alfred Dregger in den Vorfällen gleich Parallelen zum Volksaufstand von 1953 erkennt. Die Wahrheit kann wie so oft nur zwischen den Extremen gelegen haben. Für den Sänger Stephan Krawczyk, der bereits unter Berufsverbot und Beobachtung steht und ein halbes Jahr später festgenommen und abgeschoben werden wird, sind die Pfingsterlebnisse der Anlass, um ein Lied zu schreiben, das er noch 1987 für sein erstes West-Album aufnimmt:

Dann sangen wir laut die «Internationale»,
Die sonst immer fremd aus unseren Kehlen kam
Doch jetzt, als die Knüppel der Bullen dirigierten,
Da konnten den Sinn wir der Worte erahn'.

Nur vier Tage nach der Jagdnacht ist das Brandenburger Tor schon wieder in den Weltnachrichten. Der US-Präsident Ronald Reagan besucht Berlin, unter gewaltigen Protesten der westdeutschen Linken. Auf einer absichtlich direkt vor dem Tor aufgebauten Bühne spricht er, während man hinter ihm in die Unter-den-Linden-Straße hineinblicken kann, den berühmten Appell: «Mr. Gorbachev, open this gate! Mr. Gorbachev, tear down this wall!» Noch einer, der in diesen Tagen unweit des DDR-Regierungssitzes laut nach Gorbi ruft. Es ist mal wieder keine besonders gute Woche für Erich Honecker.

Eine der vielen Handlungsanweisungen, die aus dieser mittelgroßen Ordnungs- und PR-Katastrophe folgen: Fürs Jahr 1988, in dem es unter anderem wieder ein Reichstagsfestival geben soll, braucht die DDR unbedingt eine andere, elegantere Lösung. Eine kulturelle Gegenoffensive zum Westangebot, die zur Not sogar aufwendig und teuer sein darf. Kurt Hager, der oberste Kulturwächter des Staatsrats, soll selbst die entsprechende Anweisung an die FDJ gegeben haben. Derselbe Hager, der im April 1987 im Interview mit dem *Stern* auf die Frage, welche Bedeutung die so demonstrativ ignorierten Gorbatschow-Reformen denn nun für die DDR hätten, mit der berühmten, grandiosen Stilblüte geantwortet hat: «Würden Sie, nebenbei gesagt, wenn Ihr Nachbar seine Wohnung neu tapeziert, sich verpflichtet fühlen, Ihre Wohnung ebenfalls neu zu tapezieren?»

Vollbärte gegen Trockenhauben: Die größte Open-Air-Saison beginnt

Einige stolze Verantwortliche streiten später ab, dass die Konzertoffensive von '87/'88 überhaupt mit den Krawallen an Pfingsten zu tun habe. «Den Zuspruch zum Konzert *(gemeint ist das von Bruce Springsteen, d. Verf.)* und die Begeisterung der Zuhörer 1988 als eine Demonstration gegen die DDR-Führung zu bezeichnen, ist einfach nicht zutreffend, ist nicht erfülltes Wunschdenken», schreibt Künstleragenturchef Hermann Falk im Rückblick 2015 – und schickt zur Sicherheit noch hinterher: «Daran sollte sich auch nichts ändern, sollte man einen Teilnehmer mit dieser Meinung präsentieren können. Ich war schließlich oft genug dabei, um mir dieses Urteil erlauben zu dürfen.»

Es bleibt ein Fakt: Das bislang meist umstrittene und schwer durchsetzbare Genre Großveranstaltung gilt urplötzlich als explizit erwünscht. Dass dahinter wohl ein politisches Kalkül steht, findet 1987 noch niemand sonderlich schlimm. Die FDJ, die nachhaltig denken und sich auch kommende Generationen an DDR-Jugendlichen möglichst wohlgesonnen halten muss, ist besonders begeistert darüber. Endlich kann man die Dinge anpacken, die vorher viel zu mühsam und aussichtslos gewesen wären.

Auch Rainer Börner würde die These, der heiße Sommer sei eine reine Reaktion auf den Pfingstkrawall gewesen, am liebsten beseitigen. Das Barclay-James-Harvest-Open-Air, das am 14. Juli in Treptow stattfindet, ist zum Beispiel schon lange vor den Ereignissen angeleiert worden. «Mein Interesse als Kultursekretär war immer, dass möglichst alle, die ein Konzert sehen wollen, das auch können», sagt er. «Das war der Grund dafür, dass wir auf Freiluftveranstaltungen setzten, bei denen genug Platz war. Natürlich gab es nach den Krawallen die Hinweise, man solle fürs kommende Jahr eher groß denken. Aber ich dachte mir: Moment, es ist 1987. Wir müssten doch jetzt gleich noch irgendwas hinkriegen!»

Börner, der eigentlich genug zu tun hat für seine rund 800 Ostmark Gehalt, macht sich an die Arbeit. Mit der staatlichen Künstleragentur hat die Berliner FDJ bislang größere

Kommunikationsprobleme gehabt. Selten fanden sich willige, unbürokratische Ansprechpartner. Aber sein neuer, persönlicher Draht könnte nicht besser sein: Reinhard Heinemann, der frühere Leiter des Festivals des politischen Liedes (und der Mann, der im siebten Kapitel Udo Lindenbergs Tour abgesagt hat), ist mittlerweile auf einen Posten in der Agentur aufgestiegen und als alter Freund Börners gern zur intensiveren Zusammenarbeit bereit. Das hilft enorm. Die Agentur ist nämlich konkurrenzlos gut aufgestellt, was die internationale Vernetzung und Informationsbeschaffung angeht, die der FDJ allein große Mühe machen würde.

Der erste gemeinsame Coup gelingt Börner und Heinemann schon im September: Bob Dylan und Tom Petty spielen vor gigantischen 100 000 Leuten im Treptower Park. Es ist 1987 der einzige Berlinauftritt der zwei Songwriter-Stars. Die geplante Show im Westen wird kurz vorher abgesagt, weil im Vorverkauf zu wenige Karten weggegangen sind. Auf dem Gipfel ihres Ruhms stehen zu der Zeit dagegen Depeche Mode, die Börner, Heinemann und ihre Helfer im März 1988 in die Werner-Seelenbinder-Halle holen. Dort werden sie von 6000 handverlesenen DDR-Fans gesehen, gehört und in ungläubigem Glück 90 Minuten lang hysterisch angebrüllt. Man hört es auf den Bootleg-Kassettenaufnahmen des Abends, der in einer umständlichen Volte als Geburtstagskonzert für die FDJ angekündigt worden ist. «Es war deutlich zu spüren, dass es für die Band kein Auftritt wie jeder andere war», sagt Börner, der die Musiker hinter den Kulissen trifft und sie nach der Show zum Essen begleitet. «Depeche Mode wollten auch mal hinter den Eisernen Vorhang gucken, und damit meinten sie nicht etwa Budapest. Sondern so richtig.»

Mitte Juni 1988 gibt es am westdeutschen Reichstag das nächste, lang angekündigte Ultraevent, und es fällt noch spektakulärer aus als im Vorjahr. An drei kurz aufeinanderfolgenden Abenden treten Pink Floyd, Michael Jackson und eine deutsche Best-of-Mischung mit Nina Hagen, Udo Lindenberg, Ina Deter und anderen auf. Aber dieses Mal ist die DDR darauf vorbereitet. Exakt zeitgleich zündet die FDJ ihr eigenes Festival, die «Friedenswoche der Berliner Jugend», drei Tage auf der Radrennbahn in Weißensee. Offiziell deklariert ist es als Partyauftakt zum Treffen für kernwaffenfreie Zonen, zu dem Erich Honecker in der Woche drauf die internationale Diplomatie im Palast der Republik empfängt. Mindestens so sehr geht es hier natürlich darum, die jungen Leute während des Jackson- und Pink-Floyd-High-Noon von den kritischen Straßenecken in Nähe der Mauer fernzuhalten.

Den Akten nach hat die Partei unglaubliche 450 000 Westmark für die Zahlung der Stargagen bewilligt. Es treten die schon erwähnten James Brown und Bryan Adams auf, außerdem Marillion, Big Country, Fischer-Z und The Wailers, die Ende der 80er alle durchaus zugkräftige Persönlichkeiten sind, außerdem die Niederländer Bots und die Westdeutschen Heinz Rudolf Kunze und Hannes Wader. Die DDR-Bands City, Rockhaus, NO 55, Mr. Adapoe und Die Zöllner werden zum größten Teil gellend ausgepfiffen. Jetzt, wo sie auf einmal echte Alternativen haben, benutzen die jungen Leute die Konzerte auch als Abstimmungsforen und zum Abbau ihrer tagespolitischen Aggressionen, auch wenn Hermann Falk angeblich nichts davon gehört hat.

120 000 Leute kommen im Durchschnitt pro Tag. James Brown treibt bei der Pressekonferenz im Hotel Stadt Berlin die Journalisten zum Wahnsinn, weil er vom Zimmerservice erst eine Trockenhaube und dann noch die tatkräftige Unterstützung von zwei Escortdamen verlangt, während alle schon im Plenum auf ihn warten. Abends brennt Brown mit seiner Soulrevue eine showtechnische Zündstufe ab, mit der die Menge nicht gerechnet hat. Die Westberliner Rainbirds, mit

ihrem rothaarigen Sixtiesrock gerade sehr erfolgreich, schaffen es sogar, auf beiden Konkurrenzfestivals zu spielen: am 16. Juni beim Thementag «Rock gegen Apartheid» in Weißensee, am 18. am Reichstag. Polizeilichen Stunk mit Über-die-Grenze-Hörern und Reportern am Brandenburger Tor gibt es auch dieses Mal wieder, mitsamt Festnahmen, Sprechchören und konfiszierten Kameras. Aber es ist kein Vergleich zum Vorjahr. Die Mission wurde erfüllt.

Amerikanischer wird's 1988 nicht mehr: Springsteen und Woodstock

Und dann, einen guten Monat später, kommt Bruce Springsteen. Der mächtige, mit höchster Autorität ausgestattete Rock- und Straßenpoet aus New Jersey, der selbst im Westen einem Teil des Publikums mit seinem «Born In The U.S.A.»-Superhitalbum eine Unze zu affirmativ-amerikanisch erscheint, hat sich angeblich auf eigenen Wunsch in Ostberlin angesagt. Um in Weißensee eine Bühne für ihn zimmern zu können, wird wertvolles Material angekarrt, das eigentlich für eine Autobahnbrücke bestimmt war. Rainer Börner und seine Leute sind zu dem Zeitpunkt schon nicht mehr im Spiel. Als Börner dem FDJ-Zentralrat vorträgt, man habe gemeinsam mit der Künstleragentur Springsteen an der Angel, entgegnen die Zuständigen: Schöne Geschichte, aber doch wohl ein bisschen zu groß für die Möglichkeiten der Berliner Bezirksleitung. Und übernehmen dankend das Projekt, mit dem sich intern allerfeinster Ruhm verdienen lässt.

«Die FDJ hatte von Anfang an gesagt, sie habe für Bruce Springsteen kein ausreichendes Devisenbudget», sagt Marcel Avram, der mit seiner Agentur Mama Concerts damals neben Michael Jackson und Prince auch Springsteen bei seinen

Deutschlandkonzerten managte. «Allerdings hatten alle Beteiligten starkes Interesse daran, das Konzert auch wirklich zu realisieren. Für Bruce war es sicher ein Ansporn, dass bis dahin nur wenige große Stars im Ostblock gespielt hatten. Und ich als weltweit tätiger Promoter wollte diesen Markt natürlich gern frühzeitig für mich aufschließen.» Springsteen habe für Westdeutschlandauftritte damals um die 400 000 D-Mark bekommen, für den Osten gibt es einen reduzierten Tarif. Offenbar einigt man sich darauf, einen Teil der Produktionskosten tatsächlich in Ostmark zu begleichen. Einen anderen zahlt Avram aus eigener Tasche.

«Die DDR-Seite versprach mir als Gegenleistung ein Klavier», sagt er. «Auf die Lieferung warte ich heute noch.» 200 Dosen russischen Kaviar bekommt Avram als Anzahlung, zu viel zum Selbstessen und Verschenken, aber auch wieder zu wenig, um damit einen eigenen kleinen Import-Export-Handel zu eröffnen. Den größten Teil muss er später ins Klo kippen.

Da die wirklich großen Konzerte immer ein politisches Motto brauchen, lässt die FDJ «Solidarität mit Nicaragua» über der Bühne plakatieren. In weiser Voraussicht hat man mit Springsteens Management nicht darüber gesprochen, in der stillen Hoffnung, es werde schon gut gehen. Und muss die Banner in letzter Minute kleinlaut wieder entfernen, als der Star ausgerechnet von Journalisten erfährt, dass er hier zur Feier der Sandinistenregierung spielen soll, ohne je davon gehört zu haben.

Für den größten Teil der Menge wird der Tag ein fantastisches Fest, und für die Politik ist es ein Leuchtturm-Event, das weithin strahlen soll. Offiziell werden 160 000 Besucher gemeldet, andere informierte Schätzungen sprechen von bis zu 300 000, die ihre aus Bettlaken gebastelten USA-Flaggen schwenken und freiheitsbesoffene Songs wie «Chimes of

Freedom» und «Born To Run» mitsingen. «Niemand wird je von der ‹Weißensee-Generation› sprechen», urteilt reichlich schlecht gelaunt der damals 22-jährige Jungreporter Cherno Jobatey, der für *Die Zeit* vom Konzert berichtet. «Allzu viele kamen einfach nur, um zu sehen, was denn der Westen Tolles zu bieten hat, schließlich ist Springsteen der erste westliche Superstar, der in der DDR auftritt, bevor er den Vorruhestand erreicht hat.»

Viele gehen vom Springsteen-Fest tatsächlich satt, rund und zufrieden nach Hause. Andere fühlen sich umso stärker angestachelt, jetzt, wo sich vor ihren Augen schon wieder eine Tür geöffnet hat. «Wir können bis an unsere Grenzen geh'n / Hast du schon mal drüber hinweg geseh'n?», singt die Cottbuser Band Sandow im Song «Born In The G. D. R.», ihrer süffisanten Wundersommerbilanz, die trotz großer Bedenken der Abteilungsleitung 1988 mehrfach im Rundfunk gespielt wurde.

«Die 80er waren in der DDR eine Zeit der Agonie», fasst Rainer Börner zusammen. «Das Gefühl, dass nichts passierte, wurde immer drückender, man erlebte Repressalien, und es gab weiter Auftrittsverbote für Bands wie Pankow, die einfach nicht nachzuvollziehen waren. Auf der anderen Seite taten sich plötzlich viele neue Wege und Handlungsoptionen auf, an die man vorher nicht geglaubt hätte. Die Grundstimmung der Leute changierte zwischen himmelhoch jauchzend und zu Tode betrübt, hin und her, die ganze Zeit.»

Und natürlich wird auch schon für 1989 geplant, für die nächste Sommersaison, von der noch keiner wusste, dass es die letzte sein würde. Da sich das Kulturministerium und die FDJ zum guten Gelingen des Rocksommers so spendabel gezeigt haben, kommen die Angebote aus der weiten, kapitalistischen Welt nun von ganz allein ins Haus, teilweise fast schon aufdringlich. Marcel Avram und Fritz Rau machen Vorschläge. Der Hamburger Finanzberater und Unternehmer

Michael Poetter ruft immer wieder mit neuen Ideen beim Zentralrat an. Alle wollen das neue Entertainment-Terrain für sich markieren, seit die DDR völlig überraschend auf der internationalen Event-Landkarte erschienen ist. Alle riechen, dass der Osten reif ist für ihr Business.

Das Problem: Schon mit dem 1988er-Programm hat sich der Staat in Wahrheit schwer übernommen, sind eine Menge Schulden übrig geblieben. Der Druck, das Niveau jetzt auch halten zu müssen, um den gewonnenen Respekt nicht gleich wieder zu verspielen, die nötigen Aktionen aber auch finanziell irgendwie darstellen und rechtfertigen zu können, wird für die Entscheider zur kneifenden Zwickmühle.

Eine ganz bestimmte Offerte ist trotz allem zu schön, um sie allzu vorschnell abzusagen. Michael Lang meldet sich beim FDJ-Zentralrat, der amerikanische Manager von Joe Cocker, mit dem man seit den zwei Konzerten in bestem Kontakt ist. Die meisten kennen Lang vor allem dafür, dass er 1969 einer der Hauptorganisatoren des sprichwörtlichen Woodstock-Festivals in Upstate New York gewesen ist, und in diese Richtung geht auch das Konzept, das er in Ostberlin vorstellt. Im August 1989 will er das 20. Jubiläum der historischen Hippieversammlung begehen, mit zeitgleichen Festivals in New York, Moskau, Westberlin – und auf der Radrennbahn Weißensee. Ikonen wie Ray Charles, Aretha Franklin, Stevie Wonder oder Paul McCartney sollen dabei sein. U2 und Elton John haben angeblich bereits erklärt, sie würden bei der Gelegenheit am allerliebsten in der DDR auftreten. Ob man hier wohl zusammenkomme?

Ein derart ruhmreiches Projekt wie ein Woodstock-Revival muss man bei aller Not zumindest in Betracht ziehen. In der Ostberliner Bürokratie entbrennt das Ringen nicht nur um die nötigen Budgets, sondern auch ein weiteres Mal um die Zuständigkeiten. Wer genau wird hier den Kopf wie weit in die Sonne halten dürfen? Wer muss das Risiko verantworten? Künstleragentur und Fernsehen mischen sich ein. Erich Honecker persönlich zeichnet die Pläne ab. Man einigt sich mit dem Impresario Lang auf ein Modell, das die DDR keine echten Dollargagen kostet, sondern rein über Sponsorengeld und Rechtehandel finanziert wird. Als Werbepartner stehen ausgerechnet Coca-Cola und Levi's im Raum, die Vorzeigemarken des Kulturimperialismus, aber das ist jetzt auch schon egal.

Nachdem im April 1989 alle denkbaren Woodstock-Deadlines gerissen wurden, erkennen beide Seiten, dass die Zeit zu kurz und die Risiken sowie der Gesprächsbedarf auf beiden Seiten viel zu hoch sind. Lang, der auf die DDR-Verhandlungspartner am Ende doch eher etwas windig wirkt, lässt die Idee fallen. Am Ende feiert er nirgendwo auf der Welt Jubiläum.

Das Sommerfinale im Herbst – mit einem unglaublichen Publikumschor

Ein letzter Szenenwechsel. Oktober 1988, Berlin-Prenzlauer Berg, Werner-Seelenbinder-Halle. Am selben Ort, an dem sieben Monate vorher Depeche Mode ihre dunkle, reichlich exklusive Messe zelebriert haben, passiert wieder etwas Großartiges. Dieses Mal sind andere Leute da, wieder rund 6000, aber insgesamt langhaariger, halbstarker, weniger trendmodisch. Und in dem Moment, um den es hier geht, kann man praktisch hören, wie sie gemeinsam tief Luft holen. So viel Luft, wie sie überhaupt nur kriegen können, bevor sie zusammen losschreien. Es sind radikale Worte. «Dieses Land ist es nicht!»

Man hört auch, wie alle danach kurz stutzig werden. Und sich fragen, ob es wirklich ihre eigenen Stimmen sind, die sie da eben gehört haben. Die einen schreien und applaudieren, die anderen singen es noch einmal, lauter. «Dieses Land ist es nicht!»

«Der Traum ist aus» heißt der Song, der hier aufgeführt wird, öffentlich und zum Mitmachen. Ein utopisches Klagelied über die Gier nach Freiheit, über das Verzweifeln an der Gewalt, der Korruption und allem, was sonst noch an Elend verfügbar ist. 1970 oder '71 wurde es geschrieben, rund 18 Jahre vor diesem Abend, drüben in Kreuzberg, Westberlin. Der Sänger und Aktionskünstler Ralph Möbius, genannt Rio Reiser, wohnte zu der Zeit in einer Sponti-WG am Tempelhofer Ufer. «Der Traum ist aus» komponierte er morgens im Hochbett, direkt nach dem Aufwachen. Seine Rockband Ton Steine Scherben nahm das Lied 1972 auf, für ihre zweite Platte, die «Keine Macht für Niemand» heißt.

Jetzt, 1988 in Ostberlin, sitzt Rio Reiser auf der Bühne vor den 6000, am Elektroklavier. Barfuß, dünn, im schwarzen Jackett, wie ein Rock-'n'-Roll-Till-Eulenspiegel. Das Konzert, das er heute hier gespielt hat, ist eigentlich schon vorbei. «Der Traum ist aus» ist die erste Zugabe. Es geht um die Illusion von der besseren Welt, um die friedliche, gerechte Alternative. Wie bei John Lennon in «Imagine» oder beim Propheten Jesaja im Alten Testament, in dem berühmten Kapitel, in dem sich Wölfe und Lämmer plötzlich gut vertragen.

«Gibt es ein Land auf der Erde, wo der Traum Wirklichkeit ist?», singt Reiser, in der dramatischen Klimax des Liedes. «Ich weiß nur eins, und da bin ich sicher: Dieses Land ist es nicht!»

Und da, wie gesagt: Da rasten die Leute völlig aus. Vierfach wiederholt Reiser den Satz, der Zuschauerchor wird bei jedem Mal stärker. Am Ende klingt es, als wäre die Halle ein Stadion, in dem nun wirklich alle auf den Beinen sind.

Rio Reiser meinte die Bundesrepublik, als er die Zeilen schrieb. Doch hier, bei seinem allerersten Auftritt in der DDR, entwickeln die Worte eine neue, im Original gar nicht mitgedachte Sprengkraft. Viele hatten auf den Moment gewartet, vom ersten Song des Abends an. Hatten sich gefragt, ob Reiser, der musikalische Staats- und Stargast der FDJ, sich wirklich trauen würde, das zu bringen.

Es hatte ja durchaus Auflagen gegeben für das Konzert. «Keine Macht für Niemand», den Song mit dem stark anarchistischen Mundgeruch, in dem die Band Ton Steine Scherben ihren wilden, zerzausten, oft im Kreis gaukelnden Aktionismus in ein wirklich rigoroses Statement gegossen hatte, war von den Veranstaltern auf die Liste der Stücke gesetzt worden, die bei Reisers zwei Konzerten verboten sein würden. Wobei er «Keine Macht für Niemand» damals auch im Westen nicht mehr sang.

«Der Traum ist aus» wird er auch am folgenden Abend spielen, beim zweiten Seelenbinder-Konzert. Es hat keine Beschwerde durch die Konzertbeobachter gegeben. Lediglich eine staatskritische Zwischenansage des Musikers Lutz Kerschowski, der mit seiner Band im Vorprogramm spielt, ist beanstandet, dann aber auch nicht verändert worden. Als das Fernsehen der DDR im Dezember den Mitschnitt sendet, fehlt der Traum-Song jedoch. Für die insgesamt 12 000, die als Augen- und Ohrenzeugen dabei gewesen sind, am 1. und 2. Oktober 1988, wird er der gefühlsrebellische Moment bleiben, von dem sie allen immer als Erstes erzählen.

Warum Rio Reisers Nähe zur DDR alles nur noch schwerer machte

Wenn das Springsteen-Konzert der monumentale Höhepunkt der 88er-Sommersaison war, dann muss man die zwei Auftritte Rio Reisers im Vergleich dazu als ihren politischen und auch diplomatischen Gipfel sehen (auch wenn es schon Herbst war, als sie stattfanden). Reiser und die DDR, das hatte vorher paradoxerweise gerade deshalb so unvereinbar gewirkt, weil sich die zwei Welten im Prinzip so nahestanden, weil sie so viele Bezugspunkte zueinander hatten. Weil alle im Voraus so fest damit rechneten, dass irgendetwas passieren würde, wenn Reiser mit seiner großen Klappe und seiner marxistisch-christlich-freigeistigen Grundhaltung in Ostberlin eine Bühne betreten würde.

«Rio hatte einen sehr differenzierten Blick auf den Osten», sagt Gert Möbius, der ältere seiner zwei Brüder, «wahrscheinlich differenzierter als die meisten aus seinem Kreis.»

Er sitzt in einem Café in Berlin-Zehlendorf und trinkt Tee. Gert Möbius hat viele Jahre lang mit seinem Bruder Rio gearbeitet, war zeitweise sein Bühnenpartner und der Manager von Ton Steine Scherben. Seit Reiser 1996 starb, kümmert sich Möbius um den Nachlass, verwaltet in Absprache mit dem Rest der Erbengemeinschaft die Rechte und betreut die vielen Gedenkprojekte.

«Rio sah die Verharmlosung des Faschismus, die im Westen immer noch zu spüren war, ebenso kritisch wie die üblichen Stereotypen: Bei uns leuchtet alles, dafür ist der Osten grau, dunkel und rückständig», sagt der Bruder. Zudem war Reiser schon früh ein glühender Fan der DDR-Rockmusik, besorgte sich alle Amiga-Platten, die er kriegen konnte. Zu den Apologeten und Verklärern gehörte er dennoch nicht. 1973 seien sie zu den Weltjugendfestspielen rüber nach Ostberlin gefahren, erinnert sich Möbius. Auch Tante und Onkel im Stadtteil Grünau habe die Familie früher ab und zu besucht, ansonsten hatten weder Reiser noch er Kontakte in die DDR.

Ton-Steine-Scherben-Platten waren als unabhängige Produktionen schon im Westen nicht immer leicht zu bekommen, auf dem Ost-Schwarzmarkt konnten sie sogar bis zu

300 Mark kosten. Bands benutzten die sprichwörtlich hin und her überspielten Kassetten, um Scherben-Lieder wie «Ich will nicht werden, was mein Alter ist» einzuproben. «Für mich waren die Scherben wie ein Fenster, durch das ich in den Westen schauen konnte», schrieb André Greiner-Pol, Gründer und Sänger der Gruppe Freygang – und Rio Reiser guckte praktisch durch dasselbe Fenster zurück, interessierte sich brennend dafür, was jenseits der Mauer passierte.

Als im Januar 1988 – nach der Demonstration zum Todestag von Rosa Luxemburg und Karl Liebknecht, während der es eine Protestaktion von Bürgerrechtlern gab – über 100 teils prominente Oppositionelle festgenommen und mehr oder weniger zur Ausreise gezwungen wurden, unter anderem das Ehepaar Stephan Krawczyk und Freya Klier, zählte Reiser zu den westdeutschen Künstlerinnen und Künstlern, die einen offenen Protestbrief an Honecker unterschrieben. Noch ein Grund, warum es so unwahrscheinlich schien, dass man ihn in Ostberlin singen lassen würde.

«Die Revolution war da effektiv schon im Gange», sagt Möbius, der bei den Konzerten selbst nicht dabei war. «Viele aus der FDJ-Führung wussten, dass das alles nicht mehr lange gut gehen würde. Im Oktober '88 müssen viele selbst schon auf dem Absprung gewesen sein.»

Die Anbahnung beginnt beim Festival in Weißensee. Die Rainbirds sind mit ihrem Manager George Glueck angereist, einer angehenden Branchengröße. Glueck, in Transsilvanien geboren, aufgewachsen in New York, arbeitet zu der Zeit für mehrere Topstars wie den Ex-Trio-Sänger Stephan Remmler, die Schwestern Annette und Inga Humpe – und für Rio Reiser. Am Rand der Rennbahn fragen Offizielle aus dem FDJ-Zentralrat, ob Glueck ihnen nicht auch mal Reiser für ein Konzert vorbeischicken könne.

Ein Termin im August 1988 wird kurz darauf fixiert, dann

aber wieder abgesagt. Der Grund: Beim Gedanken an einen auf der Bühne frei sprechenden und singenden Reiser ist den auf DDR-Seite Beteiligten doch mulmig geworden. Wenn, dann wollen sie ihn lieber in Dresden singen lassen, weit weg von der Mauer, den politischen Schlaglichttürmen und den Hauptstadtkorrespondenten. Das ist Reiser und Glueck wiederum zu blöd. Sie sagen die Sache ganz ab. Es sieht schlecht aus.

Es ist tatsächlich wieder Rainer Börner, der die Angelegenheit rettet, mit einer meisterlichen verwaltungstechnischen Jonglierleistung. Die kreative Rochade, die Börner hier vornimmt, löst nicht nur das Reiser-Dilemma, sie zeigt im Kleinen noch etwas anderes, Großes. Eine Vision, ein mutiges Ideal kann in bestimmten Fällen auch im Inneren des DDR-Apparates die lähmende, destruktive Kraft der Bürokratie besiegen. Es ist die exakte Umkehrung von dem, was in der Kulturarbeit sonst so oft passiert ist.

«Rio wollte nicht nach Dresden, das war klar», sagt Börner heute. «Als ich davon hörte, war meine spontane Reaktion: Gut, dann veranstalten wir das eben, wir als Berliner Bezirksleitung. Wir übernehmen das, was sich der Zentralrat nicht traut. Ich hatte die Seelenbinder-Halle sowieso für eine Woche reserviert, Samstag und Sonntag waren noch frei. Sobald ich erklärte, dass ich als Bezirkssekretär alles auf meine Kappe nehmen würde, was bei den Rio-Konzerten geschehen würde, lief die Sache. Berlin wurde genehmigt. Die FDJ war beruhigt.»

Die Verantwortung, die die FDJ-Oberen ihm bei Springsteen entzogen haben, geben sie ihm nun für Rio Reiser gewissermaßen wieder zurück, liebend gern, denn so sind sie aus der Schusslinie. Börner stellt sich als Sündenbock zur Verfügung, in seinen Augen gibt es nicht viel zu verlieren. Er will diese zwei Konzerte um jeden Preis. Wenn etwas passiert, dann passiert es halt.

«Die Lederjacke fand ich doof»: Ein zukünftiger PDS-Wahlkämpfer stellt sich vor

Auch der eigentliche Star des Manövers steckt 1988 mitten in einem Übergangsritual. Rio Reiser, mittlerweile 38, hat erst drei Jahre vorher die auf Grund gelaufenen Ton Steine Scherben aufgelöst, seine Solokarriere gestartet. Dem Mythos nach will er mit dem Geld, das ihm der Plattenvertrag bei der großen Firma CBS bringt, auch die Schulden begleichen, die auf dem nordfriesischen Kommunenhaus der Band lasten. Reisers erstes eigenes Album «Rio I.» ist im Sommer 1986 bis auf Platz 26 der bundesdeutschen Charts gekommen, höher als alles, was Ton Steine Scherben je veröffentlicht hatten. Vielen Erste-Stunde-Fans sind Songs wie «König von Deutschland» und «Alles Lüge» entschieden zu flott, zu schön verpackt, zu wenig antikapitalistisch. Reiser hat viel damit zu tun, den alten Spuk abzuschütteln.

«Es gibt ja Leute in der Musikszene bei euch, die sich politisch sehr engagieren», sagt der Fernsehinterviewer der DDR-Jugendsendung «dramms» zu ihm, bei der Aufzeichnung, die einige Zeit vor den Oktober-Konzerten stattfindet. «Es wurden Lederjacken und Schalmeien verschenkt. Wie findest du so was?»

Natürlich versteht Reiser die Anspielung auf Udo Lindenberg, seinen erneuten Honecker-Briefwechsel und die dabei ausgetauschten Geschenke. «Ich fand das nicht so witzig. Ich fand das irgendwie ... peinlich», antwortet er ohne Rücksicht auf Verluste. «Die Schalmei fand ich sogar noch witziger, muss ich sagen.» Er meint Honeckers Gegengeschenk an Lindenberg, und jetzt lacht er richtig. Den Nachsatz hört man schlecht, weil der Interviewer das Mikro schon wieder wegzieht: «Die Lederjacke fand ich doof.»

In Reisers Augen ist Lindenbergs Dialog mit der DDR-Politik eine wohlfeile PR-Aktion, zudem ärgert es ihn, dass der Mann mit dem Hut oft im Gegensatz zu ihm als Schöpfer des deutschen Rock-'n'-Roll-Sprachidioms bezeichnet wird. Die Spitze, die er hier im DDR-Fernsehen gegen den Volkshelden Udo abgibt, passt herrlich in den Fluss der Dinge. Der wütende, linksideologisch gebildete Poet aus Westdeutschland, der den Zustand von Kapitalismus und Wohlstandsgesellschaft anprangert, den Mangel an Alternativen benennt und im «König von Deutschland»-Lied sogar direkt singt, er wolle den US-Präsidenten Ronald Reagan mal «in die Waden beißen» – das ist genau der Rio Reiser, den die FDJ und die SED sich heimlich gewünscht haben. Man könnte auch sagen: die Rolle, mit der Reiser hier alle in Sicherheit wiegt.

Wenige Stunden nach dem Interview steht Rio Reiser dann auf der Bühne der Seelenbinder-Halle. In den ersten Reihen die FDJ-Leute in besserer Garderobe, gleich dahinter die dicht gedrängten Begeisterten, die alle irgendwie an Karten gekommen sind. Gewöhnlich beginnt die Band die Konzerte der laufenden Tour mit den gemütlichen Songs «Übers Meer» oder «Für immer und dich». Speziell für die DDR macht er eine Ausnahme. Hier singt Rio Reiser gleich zum Einstieg «Alles Lüge»: «Es ist wahr, dass der Gründer von New York nicht Kamel oder Camel, sondern Stuyvesant heißt / Das ist wahr / Aber sonst? / Alles Lüge!»

«Hey Leute, drückt nicht so!», muss er nach dem fünften Stück durchsagen, nach gut 20 Minuten, kurz bevor er sich, wie immer, die Schuhe und Strümpfe auszieht. «Sonst kippen hier vorn die Leute um.» Das Publikum hat schon mehrfach zu «Scherben! Scherben!»-Sprechchören angesetzt, wie als Antwort spielt die Band den Ton-Steine-Scherben-Song «Jenseits von Eden», das ist alles erlaubt. Weit vorn hat ein Zuschauer eine Flagge entfaltet, schwenkt sie. In der Fernsehaufzeichnung bleibt sie im Dunkeln, nicht zu entziffern. Andere sagen später, es sei eine rote Anarchistenfahne mit schwarzem Stern gewesen.

Die Leute hängen an Reisers Lippen, er merkt es und liebt es. Nach dem Abschiedslied «Junimond» geht die Band von der Bühne, gut 90 Minuten hat es gedauert, die Saalbesatzung klatscht beharrlich weiter. Bis Reiser zurückkommt, allein. Sich ans Piano setzt und zu spielen und zu singen beginnt.

Ich hab geträumt, der Winter wär' vorbei
Du warst hier, und wir war'n frei
Und die Morgensonne schien.

Der Traum ist aus, der Abend fast auch. Doch der größte Moment der Show steht noch bevor. Gleich kommt er. Viermal.

Dieses Land ist es nicht!
Dieses Land ist es nicht!
Dieses Land ist es nicht!
Dieses Land ist es nicht!

Darauf, dass am Ende ausgerechnet die DDR dieses Land sein könnte, setzte Rio Reiser dann nach dem Mauerfall. Da trat er in die SED-Nachfolgepartei PDS ein, engagierte sich und machte mit seiner Musik Wahlkampf für den Kandidaten Gregor Gysi. «Rio glaubte, dass man die Euphorie, die es vor der Wende gegeben hatte, irgendwie in den neuen Staat hinüberretten könnte», versucht Gert Möbius in der Gegenwart zu erklären, was danach passierte. «Außerdem hatte er riesige Bauchschmerzen wegen der Treuhand. Wie die Leute nach drüben fuhren und den Osten aufkauften, das war für ihn ein gesellschaftlicher und moralischer Skandal. Im Westen schien sich niemand dafür zu interessieren.»

Rio Reiser und die PDS, das wurde keine allzu glückliche Geschichte. Ein elementarer Streit mit Manager George Glueck spielt darin eine Rolle, ein Vortragsabend, an dem Reiser die Parteifreunde damit brüskierte, dass er nur deutsche Volkslieder sang, und ein Beschwerdebrief an Gysi, den er allerdings nie abschickte. Aber das alles würde hier den Rahmen sprengen.

Am Abend nach dem zweiten Seelenbinder-Konzert kommen Kultursekretär Börner und Rio Reiser zum ersten Mal privat ins Gespräch. Es gibt eine kleine After-Show-Party in den Empfangsräumen der Halle, die Stars aus dem Westen sind dabei, dazu ein paar Ostberliner Musiker, und auch Rainer Börner steht im Raum, am Rand. Rio geht direkt auf ihn zu. «Warum siehst du so traurig aus? War's nicht gut?», fragt er und lacht. Es wird eine sehr gute Unterhaltung. Bis zu Rios Tod bleiben die zwei Männer eng befreundet. Einige Zeit wird Börner sogar für das Rio-Reiser-Archiv arbeiten.

Aber was hat er denn nun geantwortet auf Reisers Frage? Wie ging es ihm an dem Abend nach dem Konzert, als erst mal alles vollbracht war? «Zu der Zeit hatte ich tatsächlich eine gewisse Grundtraurigkeit in mir», sagt Rainer Börner rückblickend. «Um mich herum brach die Welt zusammen, das hatte ja lange vor 1989 begonnen. Damit fertigzuwerden war emotional nicht einfach. Aber zum Glück hatte ich neben dieser Grundtraurigkeit auch einen Grundoptimismus. Sonst hätte ich das alles niemals geschafft.»

Auch Rainer Börner ist nicht mehr da. Er starb am 7. Juni 2021, sechs Wochen nach dem Gespräch für dieses Kapitel. Neun Tage später wäre er 65 geworden.

12.

ÜBER NACHT

Die einen basteln die Zukunft, die anderen machen den Umsturz klar: Silly, Feeling B und der Pop kurz vor der Wende

Tamara Danz sieht aus, als könnte ihr Blick böse Geister töten. Zumindest auf diesem Bild. Wenn man das Titelfoto von «Bataillon d'Amour» sieht, dem berühmtesten Album ihrer Band Silly, kriegt man erst mal ein bisschen Angst. Und merkt im zweiten Moment, dass die Frau, die hier streng und zielsicher vom Cover guckt, einem möglicherweise beistehen würde, wenn Gefahr kommt. Man glaubt, eine gewisse apokalyptische Menschenliebe in ihren Augen zu sehen. Aber, nun ja, man könnte sich natürlich auch täuschen.

Der Kopf von Tamara Danz, der die Vorderseite der Hülle füllt, hatte in der zweiten Hälfte der 80er in der DDR eine ständige, geisterhafte Präsenz. Er starrte einen in vielen der poppiger gelaunten Teenagerzimmer an, von den Posterwänden in Partykellern, von den Kaufhausregalen. Die Musik, die Botschaft und der modische Stil von «Bataillon d'Amour» machten die fünfköpfige Formation Silly zum gemeingültigen Popphänomen der Stunde, einer Stunde, die sich dehnte und dehnte. Und sich praktisch bis zum Ende des SED-Regimes zog.

Die große, adleräugige Ostberliner Fotografin Ute Mahler hatte das Coverbild gemacht. Ein Schwarz-Weiß-Porträt, das auf der Plattenhülle sofort wie ein kultisches Emblem wirkte. Wie eine Medusa, eine kriegerische Höhlenmalerei. Ein Gesicht, das man sich riesig auf den Tank des Motorrads kleben würde, um mögliche Gegner schon von Weitem einzuschüchtern. Die Augen der Sängerin, die sonst oft den leicht gelangweilten Leg-dich-gehackt-Ausdruck hatten, fixieren hier Freund oder Feind entschlossen. Am Ohr hängt irgendetwas Metallisches, das aussieht, als könne man sich schnell und schwer daran verletzen. Ihre berühmte, aufsehenerregend toupierte 80er-Explosionsfrisur wirkt wie ein Helm, mit dem man durch jedes Feuer kommt.

Es war dieser Kopf, der auf praktisch allen Newsfotos auftaucht, die etwas über Musik und Aufbruch in den finalen Jahren der DDR erzählen. Auf den Gruppenbildern der «Künstler für den Frieden»-Treffen mit Wolfgang Niedecken, Katja Ebstein und anderen Westdeutschen. Auf den Krisensitzungsbildern des Komitees für Unterhaltungskunst. Und im Kreis der Leute, die 1989 an der berühmten, umstrittenen Bürgerrechts-Resolution der Musiker mitschrieben. Tamara Danz war überall dabei.

«In die warmen Länder würden sie so gerne flieh'n», sang sie in einem der bekanntesten Silly-Lieder, schwärmerisch und geplagt, «die verlorenen Kinder in den Straßen von Berlin». Also: wir alle. So wie Rainer Börner es formulierte: die Zeit der hoffnungsvollen, hoffnungslosen Agonie.

Tamara Danz, Jahrgang 1952, gebürtige Thüringerin, Tochter eines an Auslandsbotschaften der DDR tätigen Wirtschaftsberaters, die sich über den Oktoberklub und diverse Kapellenjobs die künstlerischen Meriten verdiente – sie hatte wenige Jahre vorher noch im Aerobicanzug ulkige Partynummern vorgeturnt. Und jetzt war sie die No-Bullshit-Queen, die zum gepflegten, bloß nicht zu hektischen Tanz auf dem Vulkan bat. Viele hörten als Begleitmusik zu Aufruhr und Untergang natürlich lieber Punkrock, Liedermacher mit vielen, schnarrenden Wörtern, frühe Technomusik oder Rap aus den USA. Aber man konnte Tamara Danz auch lieben, wenn man ihre Band Silly doof fand.

«Sie stand immer für irgendetwas. Sie war Frau, Ostlerin, Musikerin, Berlinerin, Revolutionärin», schreibt der Ostberliner Journalist Alexander Osang über sie, in einem Buch, das er ihr 1997 widmete. «Sie war so, wie der Westen sich den aufmüpfigen Osten vorstellen wollte. Und sie war, wie der Osten sich selbst gern gesehen hätte.» Osang führte im Frühsommer 1996 die letzten Interviews mit Tamara Danz, bevor sie am 22. Juli an den Folgen einer Brustkrebserkrankung starb.

«Eines kann man Tamara Danz sicher nicht unterstellen: dass sie Leuten in den Arsch gekrochen wäre», sagt der Manager Peter Schimmelpfennig, dessen Pool-Label 1984 ein Silly-Album im Westen herausbrachte. «Eine fantastische Künstlerin.»

«Tamara Danz», sagt Walter Cikan vom Rundfunk der DDR, «war eine rotzfreche Göre.»

«Sie hatte eine gewisse Unnahbarkeit. Sie hielt viele Leute auf Distanz, und das strahlte einen Reiz aus», sagt Bernd Römer von Karat. «Ich kann mir gut vorstellen, dass die Leute von Amiga sich dachten: Nach all den Männerbands haben wir hier endlich mal eine Gruppe mit einer attraktiven Frau in geilem Styling, die auch noch singen kann. So können wir mal zeigen, wie weltoffen wir sind.» Römer kann von seiner Terrasse aus ungefähr zeigen, wo der Friedhof liegt, auf dem sie begraben wurde. In die Richtung über die Felder, ein paar Kilometer Luftlinie entfernt. In Münchehofe, gleich links, wenn man durchs Tor hineinkommt.

«Sie war eine aufrechte, intelligente, mutige Frau», sagt die Managerin Vivi Eickelberg, die unter anderem auch kurz für Danz arbeitete. «Sie hätte auch im Westen noch sehr erfolgreich werden können.»

Als «Bataillon d'Amour», das Album mit dem Gesicht, 1986 zeitgleich auch in der Bundesrepublik erschien, bei CBS, der Plattenfirma von Nena, Nina Hagen und Wolf Biermann, war auf dem Cover allerdings ein ganz anderes Bild zu sehen. Ein junges, anonymes Model, nachts auf der Straße, wie eine Mischung aus Sterntaler und der Christiane F. aus dem Film. Tamara Danz war definitiv die erste ernst zu nehmende Blaupause dafür, wie ein grenzüberschreitender, anschlussfähiger östlich-westlicher Popstar aussehen könnte. Im Westen traute man ihrem Zauber trotzdem nicht so ganz.

Wie Silly das erste wirklich gesamtdeutsche Popalbum der Welt produzierten

«Die Künstlerinnen und Künstler in der DDR, die mit der nötigen Ambition an die Sache herangingen, mussten sich alle zunächst mal durch das System hindurchschlängeln», so formuliert es Micki Meuser, Musikproduzent und Komponist. Meuser, ein Westdeutscher aus Aachen, arbeitete in den 80ern nicht nur mit Künstlern wie Ideal, den Ärzten und Ina Deter, sondern auch für einige Musiker aus der DDR. «Sie standen laufend unter Beobachtung, mussten lernen zu taktieren. Auf mich wirkte es oft so, als hätten diese Menschen immer eine zusätzliche, zweite Ebene zwischen sich und die Welt gezogen. Bei allem, was sie taten und sagten, war da so etwas wie ein Filter, durch den erst alles durchmusste. Das schafften nur sehr intelligente Personen. Es kostete viel Kraft.»

1980 produzierte Meuser zum Beispiel das zweite Album der im Osten unter Berufsverbot stehenden Bettina Wegner, den Nachfolger zur berühmten «Sind so kleine Hände»-Platte. Wegner, bei der die Stasi schon Hopfen und Malz verloren gegeben hatte, durfte zu den Proben von Ostberlin nach Aachen reisen. Der Produzent erinnert sich, wie sie während der gemeinsamen Arbeit jede persönliche Erzählung darüber vermieden habe, wie sich ihr Leben mit den Repressalien anfühlte. Beim Griechen trank Wegner die westdeutschen Musiker regelmäßig unter den Tisch. Machte lustig weiter, wenn die anderen nach zehn Ouzos wegssackten. Und trotzdem sei ihr nie ein emotionales, verräterisches Wort herausgerutscht. In Aachen galt bei ihr die zweite Ebene.

«Die einzige Person, der ich in dieser Hinsicht ein wenig nähergekommen bin, war Tamara Danz», sagt Meuser. «Sie sprach ab und zu ohne Blatt vor dem Mund, ganz offen, über die Lage im Land und ihre eigenen Privilegien und Probleme. Sie konnte genau sagen, wer sie bespitzelte und die Berichte schrieb. Mit den anderen Mitgliedern von Silly war es schwieriger, aber mit Tamara wurden die Gespräche vertraulich.»

1986 arbeitete er einen knappen, historischen Monat lang mit Silly. Micki Meuser war einer der drei Produzenten, die die Studioaufnahmen zu «Bataillon d'Amour» betreuten, und zwar der einzige bundesdeutsche. Die Aufnahmen, die im Rahmen einer Hand-in-Hand-Aktion von Amiga und der Frankfurter CBS initiiert wurden, bedeuteten eine faktische Premiere. «Bataillon» war das erste Popalbum, das von Anfang an als Kooperation zwischen der ost- und westdeutschen Unterhaltungsindustrie entstand. In der klassischen Musik hatte es das schon gegeben, im Pop war es lange Zeit ausgeschlossen gewesen. Bis jetzt.

Auf die Art wurden Silly also schon einige Jahre vor der Wende zur gewissermaßen ersten gesamtdeutschen Rockband. Zur ersten Gruppe, die einen gewissen Anteil an beiden Welten hatte und sich bereits Mitte der 80er von den Produktionsbedingungen des Ostens zu lösen begann. Zum Phänomen mit einem ästhetischen Gesamtgestus, den man verstehen konnte, wenn man am kapitalistischen Entertainment geschult war – keine zweite Ebene also, sondern eine dritte, auf der alle Platz hatten.

Es war natürlich schon seit Schöbel und den Puhdys nichts Besonderes mehr, wenn DDR-Produktionen auch in Westdeutschland erschienen. Sillys erstes Album hatte es 1980 kurioserweise ausschließlich in der BRD gegeben, nachdem Amiga die Songs als zu schwach abgelehnt hatte. Mit einem davon – «Gut' Nacht, Amigo» – gewann die Band allerdings kurz darauf beim Festival von Bratislava, das als Ostblockpendant zum Eurovision Song Contest galt, den Hauptpreis. Amiga sah sich daraufhin genötigt, das Album doch noch herauszubringen. Eine späte Genugtuung für die Band.

Im Frühjahr 1986 bekam Micki Meuser den Anruf aus Frankfurt: Ein Spezialauftrag warte auf ihn. Die bundesdeutsche CBS hatte mit dem VEB Deutsche Schallplatten Gespräche über Silly und eine eventuelle Zusammenarbeit aufgenommen. Der Westberliner Fotograf und Musikmanager Jim Rakete hatte die Parteien zusammengebracht. Rakete hatte unter anderem Nena und Spliff im Stall, seine Stimme fand bei der CBS ein gewisses Echo. Einige in der Firma lehnten Silly dennoch ab. Die Band war ihnen zu uncool, wirkte in ihren Augen ästhethisch zu gestrig und provinziell. Ein Stück weit hätten einige bei Amiga hier vielleicht zugestimmt. Denn genau das war ja das Ziel der beabsichtigten Kooperation: die Band endlich auf die nächste Stufe zu heben.

Das neue Album, da waren Ost und West sich einig, sollte ein – am komplexen Standard der mittleren 80er gemessen – unbedingt zeitgemäßes, am besten international konkurrenzfähiges Produkt werden. Es sollte ein Sounddesign bekommen, mit dem Silly auch in einer Radiolandschaft mithalten konnten, in der sich deutschsprachige Künstler wie Nena, Falco oder Spliff immer stärker am Funk und Soulpop der aktuellen US-amerikanischen Fertigung orientierten.

Das sei zu schaffen, meinten die CBS-Experten – aber auf gar keinen Fall im technisch limitierten Amiga-Stammstudio in der Brunnenstraße, in dem damals praktisch alle Produktionen entstanden. Man müsse die Unternehmung schon an einen Ort bewegen, der mehr weltläufiges Popflair hatte.

Das sei allerdings ein Problem, gab Amiga zurück. Als volkseigener, dem Kulturministerium unterstellter Betrieb hatte der VEB Deutsche Schallplatten die eindeutige Vorgabe, speziell im Fall Silly zu demonstrieren, dass eine solche Musikproduktion mit brillant-souveränem Weltstandard allem Geunke zum Trotz auch auf dem Boden der DDR durchzuführen sei.

Die CBS musste es einsehen. Aber es dauerte nicht lang, bis jemand die rettende Idee hatte. Wenn man Silly also nicht in ein Studio nach Westberlin, London oder Los Angeles schicken könne – dann müsse das Studio eben zu Silly rüber nach Ostberlin, wo noch die etwas ältere Technik regierte.

Micki Meuser, der als westdeutscher Abgesandter und Koproduzent an Bord des Projekts sein sollte, wurde instruiert und machte sich ans Werk. Er packte die sündhaft teuren Geräte reisefertig zusammen, mit denen er in seinem Heimstudio den Lebensunterhalt als Musikarbeiter bestritt: tagesaktuelle Synthesizer, digitale Sampler, Drum-Computer, Effektgeräte, die damals neuesten Modelle. Mitsamt der schweren, wertvollen Ladung machte er sich auf den Weg nach Ostberlin-Mitte. Und im Amiga-Studio in der Brunnenstraße baute er alles wieder auf.

Allein die Einreiseabfertigung habe drei Stunden gedauert, erinnert sich Meuser, denn sein Gepäck war an sich beste Schmuggelware. Mit der Superheldentechnik und im Dreiergespann mit zwei der angesehensten ostdeutschen Hausproduzenten machten sie sich dann an die Songs, die die deutschdeutsche Musik neu definieren sollten.

Helmar Federowski und Klaus Peter Albrecht, die in der DDR den Ruhm als Mischpultflüsterer und Soundhexer erster Güte genossen, waren im ersten Moment wohl nicht allzu begeistert, dass ihnen ein Wessi mit seinen aus Japan und den USA importierten Maschinen vor die Nase gesetzt wurde. Federowski kritisierte, dass Meuser als Gast einen vollen Produzenten-Credit und zudem ein Honorar bekam, das seines weit in den Schatten stellte. Gemessen an den Bedingungen liefen die Sessions erstaunlich harmonisch ab.

«Im Studio gab es keine Eifersüchteleien, alle zeigten Respekt füreinander», sagt Meuser. Er selbst hatte kurz vorher für ein Album der Band Ideal mit dem britischen Tontechnikerstar Gareth Jones zusammengearbeitet, der unter anderem die Industriebeat-Ästhetik auf den Platten von Depeche Mode und den Einstürzenden Neubauten feinjustiert hatte. Die Tricks zur Modellierung bestimmter Frequenzen und der tiefenwirksamen Gestaltung des Stereobildes, die Meuser sich von Jones abgeschaut hatte, gab er nun direkt weiter. Ein komplett spionagefreier West-Ost-Technologietransfer, der direkt ins Silly-Produkt einfloss, an dem die Produzenten aus den gegensätzlichen Universen zusammen arbeiteten.

«Jetzt klingt es festivalmäßig», sagten Danz und die Musiker immer, wenn die Zwischenergebnisse sie begeisterten. Festival, das war das Ziel. Damit ihr Gast nicht jeden Abend allein im Interhotel Friedrichstraße versumpfen musste, ging man nach Dienstschluss manchmal gemeinsam los, zum Beispiel zu Konzerten ins Haus der jungen Talente. «Dort kam ich mit Leuten aus dem ganzen Ostblock ins Gespräch», erinnert sich Micki Meuser an die Wochen im Osten, «und da hieß es schon 1986 über die DDR: Die halten das nicht mehr lange durch.»

Tausend Augen und Kompottobst: Die Zensur schlägt kurz vor knapp noch Kapriolen

Wenn man «Bataillon d'Amour» in der Gegenwart hört, bleibt man in einigen Stolperfallen hängen, an musikalischen Elementen, die die Produzenten Meuser, Federowski und Albrecht so stark am Sound der Zeit entlangbürsteten, dass sie heute eher antik klingen. Die Oberflächenmerkmale können aber nicht vom freiheitlichen Geist ablenken, der die Musik heute noch auszeichnet. Der schwebende, manchmal fast unwirkliche Sound von Silly atmete genau die Offenheit, nach der sich alle so sehnten. Als würde die Band schon aus einer Parallelwelt herübergrüßen, in der Meinungs- und Reisefreiheit maximal so viel kosteten wie ein Wodka-Orange in einer der Neonlicht-Großstadtbars, die Ausstatter so gern für 80er-Jahre-Filme herrichteten.

Die Songs wehrten sich gegen das strikt Metronomische, sie rissen an den Nähten. Erzählten von unerfüllten Wünschen, ohne diese direkt zu benennen und sich dadurch allzu profan und zu angreifbar zu machen. «Wenn du bei Hofe aufmarschierst / Salutier'n die Wachen», sang Danz, so blasiert wie möglich, «man räumt dir ein, Ventil zu sein / Man lässt dich lachen machen.» Je nachdem, wie viele Pirouetten man bei der Textinterpretation drehen wollte, konnte man die Zeilen von Autor Werner Karma als Plädoyer gegen die sinnentleerte Kunst des kapitalistischen Alltags lesen. Oder eben als säureschweren Sarkasmus gegen die Entmündigung der Dichter, die in der DDR immer noch täglich praktiziert wurde.

Zwei Jahre vorher waren auch Silly einige Lieder aus dem Programm gestrichen worden, unter anderem das Stück «Tausend Augen»: «Tausend Augen stürzen aus dem Dunkeln / Tausend Hände krall'n sich an mir fest». Obwohl das

Amiga-Hauslektorat alles schon freigegeben hatte, auch diese potenziell stasikritischen Zeilen, mussten auf Anweisung der ministerialen Aufsicht insgesamt drei Stücke vom damals fertiggestellten Album entfernt werden. Auch den Titel musste Amiga ändern. Von «Zwischen unbefahrenen Gleisen» wurde die Platte in «Liebeswalzer» zwangsumgetauft, obwohl der Coverentwurf schon final gewesen war.

So etwas durfte eigentlich nicht passieren. Aber je länger die 80er dauerten, desto stärker häuften sich die Fälle, in denen die Vorabkontrollen nicht mehr optimal ineinandergriffen, die Zuständigen sich gegenseitig widersprachen und die Zensurkonflikte sich daher ab und zu in blanker Öffentlichkeit abspielten. «Paule Panke», das von den Bilderstürmern der Band Pankow und ihrem theatertauglichen Sänger André Herzberg ab 1981 gespielte Musical, wurde von Amiga als bedenklich eingestuft und vor 1989 nicht auf Platte veröffentlicht. In der Zwischenzeit war es allerdings rund 200-mal auf DDR-Bühnen zu sehen gewesen und war mehrfach im Rundfunk gelaufen.

«Casablanca» wiederum, das 1987 von Amiga veröffentlichte Album von City, wurde zu großen Teilen fürs Radio gesperrt. Toni Krahl, dem Sänger, gelang dazu eine heldenhaft dramatische Begleitgeste beim Weißensee-Festival im Sommer 1988. Kurz vor dem Auftritt war die Gruppe von FDJ-Vertreter Hartmut König dringend gebeten worden, das kritische Stück «Halb und halb» aus dem Programm zu nehmen, da Mitglieder des Politbüros im Publikum saßen und man die Provokation vermeiden wollte. Krahl reagierte cool und doch renitent. Da er das Lied nicht singen durfte, trug er auf der Bühne einfach den Text ohne Musik vor, als Gedichtvortrag: «Im halben Land und der zerschnittenen Stadt/Halbwegs zufrieden mit dem, was man hat/Halb und halb.»

Dass City beim selben Auftritt von Teilen der Menge ausgebuht wurden, weil sie ihnen als amtlich beglaubigte Staatskünstler galten, ist ein gutes Sinnbild für die Paradoxien der Zeit. Sogar die Puhdys, die nun wirklich nicht im Verdacht standen, den Bogen allzu weit zu überspannen, mussten 1989 ein Plattencover aus dem Verkehr ziehen. Auf «Neue Helden» sah man ein Gemälde mit zwei Babys, die in Windeln mit sowjetischen und US-amerikanischen Flaggen steckten und mit Klötzchen spielten. Das Bild erschien nur auf der bundesdeutschen Version der Platte. Auf der DDR-Version war nur eine blaugrüne Farbfläche zu sehen.

Die Silly-Leute berichteten später, sie seien kurioserweise auch im Westen zensiert worden. Als die Band 1986 zu Werbezwecken in der ZDF-«Tele-Illustrierten» auftrat, legte die Redaktion ihr Veto gegen die Single «Bataillon d'Amour» ein. Der Text sei mit Zeilen wie «Zwei schmale Jungenhände streicheln ihre Brust» fürs Nachmittagsprogramm zu sexuell. Die B-Seite «Schlohweißer Tag», die stattdessen gespielt wurde, enthält zwar die viel versauteren Zeilen («Du öffnest dir 'ne Dose Kompott / Der Saft läuft auf das Laken / Mein Gott, sieh dich doch vor!»). Aber offenbar waren die Metaphern zu abstrakt für die typischen, in Gedichtanalyse wenig talentierten Westler.

Nach einem Auftritt beim Nürnberger Bardentreffen, am selben Wochenende wie Wolf Biermann, reiste die Band im November 1986 für sechs Konzerte durch die Bundesrepublik, von Frankfurt am Main über Bad Segeberg bis Hamburg. Größeren Tumult lösten das Album und die Shows in Westdeutschland nicht gerade aus, während Silly im Osten praktisch alle Auszeichnungen gewannen, die 1986 zur Verfügung standen.

«Dass ich hier aufgewachsen bin, die Verhältnisse und Umstände kenne und meine Freunde habe, das waren auch so Gründe dafür, dass mir die Verhältnisse in der Bundesrepublik einfach zu kompliziert waren», sagte Tamara Danz Anfang der 90er in einem Interview. «So ein kühler Umgang miteinander, so gewinnorientiert. Die Leute haben im Westen eine andere Art, miteinander umzugehen, und das hat mir nicht so richtig behagt. Weil ich es auch nicht richtig deuten und durchschauen konnte.» Auch hier gab es ein Problem mit den Komunikationsebenen.

Als sie das aussprach, hatte Danz den vertrauten Rückzugsraum allerdings schon verloren. «Jetzt weiß ich auf einmal gar nichts mehr», sagte sie über das Leben nach dem Mauerfall. «Weil die Leute, denen ich mich damals verbunden gefühlt habe, überhaupt nichts mehr zu sagen haben. Auch die, die diese sogenannte Wende im Prinzip erzwungen haben. Die sind zu völligen Hampelmännern geworden.»

Die Ariola zieht andere Saiten auf – und Silly ziehen in Westberlin ein

Beim folgenden Album wurde die West-Connection noch enger und symbiotischer. Das «Bataillon»-Experiment mit der CBS war zwar künstlerisch erfolgreich, aber atmosphärisch und auch kommerziell nicht glücklich verlaufen. Die nächste Silly-Produktion sollte mit einem neuen Partner entstehen, der Firma Ariola in München, einer Abteilung des Bertelsmann-Konzerns. Ariola kannte man zwar eher für Schlager und Chansons von Udo Jürgens, Mireille Mathieu oder Heintje. Aber der Firmenchef Thomas M. Stein war begeistert von Silly. Er sah großes Potenzial in ihnen und schaffte es beim Treffen in Magdeburg, die Gruppe und den VEB Deutsche Schallplatten zu überzeugen, dieses Mal doch mit seinem Label zu arbeiten.

Stein selbst sollte nach der Jahrtausendwende in die Vorstandsetage der Bertelsmann Music Group aufrücken und als Jurymitglied in der Fernsehshow «Deutschland sucht den Superstar» publikumsbekannt werden. Erfahrungen mit der Ostberliner Musikbranche hatte er schon Ende der 80er ausreichend gesammelt. Bei seinen bisherigen Verhandlungen mit den Funktionären war es unter anderem um DDR-Lizenzen für Roger-Whittaker- und Peter-Maffay-Platten gegangen. Daher sprach er bei den Silly-Meetings vom Start weg in guten Ansätzen die Sprache, die alle verstanden.

Es war die Zeit, in der auch die Entertainmentkonzerne die sozialistischen Länder immer mehr als zukünftigen, vielleicht richtig großen Absatzmarkt ins Visier nahmen. Die Erzählungen vom kommenden neuen Gorbatschow-Ostblock hatten bereits verfangen, und das vom Generalsekretär autorisierte, vor allem wirtschaftspolitische Buch «Perestroika: Die zweite russische Revolution» verkaufte sich allein in Westdeutschland zur Jahreswende 1987/'88 in gut zwei Monaten eine runde Viertelmillion Mal.

Die Saison war reif für freundschaftliche, strategische Gesten und Annäherungen, denn so konnte man als westliche Firma halbwegs sicherstellen, die Füße schon bequem in mehrere Türen hineinzubekommen, bevor sich eventuell bald der sogenannte Eiserne Vorhang noch weiter öffnete. Die Menschen jenseits der Grenzen waren kulturell ausgehungert. Sie hatten sich an Versorgungsengpässe und hohe Schwarzmarktpreise gewöhnt. Es erschien völlig logisch, dass sie gute Kunden sein würden, sobald man ihnen vierfarbiges Entertainment zu vernünftigen Preisen und mit kurzen Lieferzeiten bieten konnte.

Im Prinzip kann Thomas M. Stein, der damalige Ariola-Chef, das im Rückblick bestätigen. Er erkennt darin allerdings das dramatische Element nicht so ganz, das dem großen kapitalistischen Halali von 1989 gern angedichtet wurde.

«Man macht sich in Unternehmen dieser Größe ja ständig

über neue Märkte Gedanken, das ist völlig normal», sagt Stein. «Vor allem Russland war für uns seit Jahren ein weites, interessantes Feld. Und was die deutschsprachige Musik anging, auf der mein persönlicher Fokus lag, hatte die DDR natürlich eine große Bedeutung. Wobei ihre Relevanz zunächst überschaubar war, wenn man die Marktanteile betrachtete.»

Die Gemeinschaftsproduktion für Silly verlief dann auch unter anderen Vorzeichen, als es vorher mit der CBS der Fall gewesen war. Stein bestand darauf, dass die Sessions in einem Westberliner Studio stattfinden sollten. Dass wieder Emulator-II-Sampler und DX7-Keyboards durch irgendwelche Checkpoints kutschiert würden, nur um hinterher «Made in GDR» auf die Platte schreiben zu können, kam für ihn nicht infrage.

«Es war im Voraus klar, dass der VEB Deutsche Schallplatten einer solchen Produktion weder technisch noch finanziell gewachsen war», sagt er. «Koproduktion bedeutete in diesem Fall, dass wir alles zahlten und der VEB höchstens so tat, als ob. Deshalb stellten wir schon am Anfang klar: ‹Passt auf, hier geht es um unser Geld, also haben wir das Sagen, und ihr nickt bitte einfach dazu.› Und genau so wurde es auch durchgezogen.»

Auch «Februar», die fertige, im Kreuzberger Preußen-Tonstudio produzierte Platte, löste im Frühjahr 1989 keine sonderliche Erregung beim Westpublikum aus. Aber Stein sah Silly ohnehin als Langzeitthema. Die berühmte Zeile «Es geht ein Gespenst in der Mitropa um», mit der zumindest die DDR-Ausgabe der Platte losging, verstand in der Bundesrepublik nun mal kein Mensch – während die Worte im Osten umso explosiver einschlugen. «Februar» war das Album, auf dem Tamara Danz nun endgültig den Vorwende-Klartext sprach. «Immer noch glaubt der Mann im Ausguck, einen Silberstrand zu seh'n», sang sie in der Seereisemetapher «SOS», «immer noch findet sich keiner, der ausspuckt, und keiner darf beim Kompass steh'n.» Deutlicher wäre es nur noch gegangen, wenn sie gleich die Klarnamen Honecker, Krenz und Hager eingebaut hätte.

Der Vertrag, den Stein und die Ariola mit dem VEB geschlossen haben, war allerdings wasserdicht gegen jede Art von nachträglichen Zugriffen durch Redakteure oder Ministerien. Ein juristisches Scharmützel mit den Münchenern wäre für die DDR-Führung allein finanziell schwer zu stemmen gewesen. Dass «Februar» trotzdem auch in der DDR fast ohne Verzögerung erschien, war ein weiteres Zeichen dafür, dass das ideologische Tauwetter im kaum zu stoppenden Gang war.

Thomas Steins ständiges Visum, mit dem er ohne Wartezeiten nach Ostberlin und zurück gekommen war, hatte das Ministerium zu dem Zeitpunkt jedoch schon wieder eingezogen. Stein hatte eine Diskussion gestartet, ob man die Texte der Band zur besseren Vermarktung noch etwas westverständlicher umformulieren könne. Der Vorschlag kam nicht gut an.

«Wer heute behauptet, Silly wären eine Staatsband gewesen, hat schlicht keine Ahnung», sagt Stein im Rückblick auf die letzten DDR-Jahre. «Dass sie sich mit René Büttner von Amiga gut stellten und ab und zu einen politischen Kompromiss eingingen, ist doch völlig klar, denn sonst hätten sie einfach gar nichts bekommen. Wer sich über solche Entscheidungen erhebt, hat keinerlei Vorstellung davon, was es bedeutete, Kunst in einer Diktatur veröffentlichen zu wollen.»

1993 wird die BMG dann das gesamte noch verfügbare Repertoire von Amiga Schallplatten aufkaufen, für eine ungenannte Summe. Das Angebot kam vom ehemaligen Kieler Autohändler Wolf Urban, der die VEB-Bestände direkt nach der Wende erworben hatte, unter anderem wohl auch wegen des unbefristeten Mietvertrags, den der VEB im Berliner Reichspräsidentenpalais genoss und der mit zum Paket gehörte.

Der kaufmännische Leiter der BMG bot damals spöttisch

die Wette an, dass das Unternehmen die Investition in den Amiga-Katalog auch in 20 Jahren nicht durch Erlöse refinanzieren könne. Thomas M. Stein schlug ein. Drei Jahre später hatte er die Wette schon gewonnen.

Der Niedergang des Systems wird zum Triumph der Selbstermächtigung – und umgekehrt

Wenn es Ende der 80er für die Bürgerinnen und Bürger der DDR auch einmal gute Nachrichten gibt, dann werden sie nur selten von den eigenen, offiziellen Medien überbracht. Umso größer und schöner ist die Überraschung, als die SED-Parteizeitung *Neues Deutschland* am 19. März 1988 auf Seite eins mit einer geradezu sensationellen Meldung aufmacht. Das Zentralkomitee habe nun doch noch erkannt, dass man sich dem neuen, freiheitlichen Kurs aus Moskau nicht mehr länger entgegenstellen könne, steht da zu lesen.

«Der neue ‹Glasklar›-Kurs der SED erobert die Herzen der Massen» ist die Titelzeile der Sonderausgabe, die am Nachmittag in Ostberliner Briefkästen steckt und öffentlich verteilt wird. Generalsekretär Honecker sei bereits aktiv geworden, habe 5000 politische Gefangene begnadigt, ein Gesetz zur Pressefreiheit abgezeichnet und eine Einladung an alle aus der DDR in den Westen emigrierten Künstler ausgesprochen, sie könnten auf Wunsch gern zurückkommeen. Es ist alles zu gut, um wahr zu sein. Schon daran merken die äußerst ironiebegabten Ostleser schnell, dass natürlich alles gelogen ist.

Das Blatt, das außerdem den Ausstieg der DDR aus der Atomkraft sowie eine ostdeutsche Lizenzausgabe des *Playboy* unter dem Titel «Spielmann» ankündigt, ist das Produkt einer Guerilla-Aktion des Hamburger Lifestyle-Magazins *Tempo*.

Die täuschend echt gefälschte *Neues Deutschland*-Ausgabe ist in Zusammenarbeit mit Oppositionellen entstanden, in einer Auflage von 6000 Stück gedruckt, nach Ostberlin geschmuggelt und dort unters Volk gebracht worden. Das echte *Neue Deutschland* interpretiert den deutsch-deutschen Satireaustausch hinterher natürlich als perfiden, todernsten Sabotageversuch. Das wahre Agitationspotenzial liegt allerdings gerade im fantastischen, betont märchenhaften Charakter dieser Fake News. Denn die falsche Zeitung scheint den vielen, vielen Nicht-Einverstandenen auf den Plätzen und Kirchhöfen auch zuzurufen: So könnte es irgendwann aussehen, wenn ihr in euren Anliegen beharrlich bleibt.

Michail Gorbatschow, der seit 1985 als Generalsekretär der KPdSU die Sowjetunion und damit die große Garantiemacht der DDR führt, gilt zu der Zeit all denen als Hoffnungsträger und Friedensfürst, die nach all den Jahren vom Kalten Krieg endgültig die Schnauze voll haben. 1987 hat er in Washington neben Ronald Reagan den INF-Vertrag unterschrieben, in dem sich die UdSSR und die USA zum Abbau der verhassten landgestützten Mittelstreckenraketen verpflichten, der Pershings und SS-20, über die Udo Lindenberg in seiner Palastansprache geredet hatte.

1988 bringt Gorbatschow den Abzug der russischen Truppen aus Afghanistan auf den Weg, und schon 1986 hat er in einer sehr symbolwertigen Aktion den Dissidenten und Friedensnobelpreisträger Andrei Sacharow aus der Verbannung zurückgeholt. Gorbatschow verkauft sich exzellent als Reformer, bricht als erster Herrscher seines Formats mit dem Alleinseligkeitsanspruch und dem mitunter fast magischen Denken des Kommunismus. Er gesteht sowjetische Fehler ein. Im Kern geht es ihm trotzdem um den Machterhalt, seinen eigenen und den der Partei. Die Wurzeln des Elends gräbt er damit nicht wirklich an.

«Die kommunistischen Regime waren nicht reformfähig», schreibt der ostdeutsche Soziologe Ilko-Sascha Kowalczuk in «Endspiel», seiner Studie über das Ende der DDR. «Jede politische Öffnung eines geschlossenen Systems mündet letztendlich in einem anderen System. Deshalb war es auch systemlogisch, dass sich Honecker gegen Gorbatschow stellte, weil er sah, was Gorbatschow nicht wahrhaben wollte.» Wer freie Wahlen zulässt, muss eben auch ernsthaft einkalkulieren, dass der real existierende Sozialismus und damit er selbst irgendwann abgewählt werden.

Ein kulturpolitisches Fanal, das in der DDR die wachsende Distanz zu den Sowjets begleitet, passiert im November 1988. Die deutschsprachige Ausgabe des russischen Nachrichtenmagazins *Sputnik*, die seit 21 Jahren im Land vertrieben wird und jeden Monat knapp 200 000 hochengagierte DDR-Leser erreicht, wird von heute auf morgen vom Markt genommen. Der Grund: Einige Texte im Heft nehmen Stalin-kritische Positionen ein, die dem historischen Kommunismusbild der SED widersprechen. Der Protest gegen die erneute Bevormundung wird unerwartet heftig.

Ohnehin ist die Hemmschwelle, die die meisten Menschen lange vom zivilen Widerstand abgehalten hat, zuletzt von Jahr zu Jahr gesunken. Viele registrieren zum ersten Mal, dass es in der DDR überhaupt eine Opposition gibt. Wie schlecht es wirklich um den Staatshaushalt steht, allen alten Franz-Josef-Strauß-Krediten zum Trotz, wie weit das System ans Limit gekommen ist, das von den Mieten über die Lebensmittel bis zu den Arbeitslöhnen derart viele Posten mit Subventionen stützen muss, realisieren viele, wenn überhaupt, erst jetzt.

Im September 1988 kommt es an der Carl-von-Ossietzky-Oberschule in Pankow zu einem pädagogischen Eklat. Vier Schüler, zwischen 16 und 18 Jahre alt, werden aus der Institution geworfen, dank intensiver Stasi-Vorarbeit, weil sie gegen Rechtsextremismus und für die polnische Solidarność-Bewegung demonstriert haben. Das breite Entsetzen und die Debatten, die die Strafmaßnahmen in der Öffentlichkeit auslösen, sind auch hier massiv. Bei den Kommunalwahlen 1989 gibt es plötzlich lange Schlangen an den wenigen abgeschirmten Kabinen, die an sich nur pro forma in den Abstimmungslokalen stehen. Die FDJ muss den jährlichen Auftritt ihres Orchesters beim Pfingsttreffen 1989 streichen, nachdem sich zu viele Musiker geweigert haben, im Blauhemd aufzutreten. Man kriegt keine Besetzung zusammen. Alles kleine Episoden, die Indizien fürs Große sind.

Während in Polen und Ungarn der demokratische Wandel vorangeht und Erich Honecker in einer Festrede im Januar 1989 noch einmal klarstellt, dass die Mauer so lange stehen bleiben werde, wie es die weltpolitischen Umstände erforderlich machen, verlassen immer mehr Menschen das Land, über die Grenzen der Bruderstaaten oder via Asylgesuch in den bundesdeutschen Botschaften. Allein 1989 haben bis einschließlich Juli schon mehr als 100 000 Bürgerinnen und Bürger die DDR verlassen, eine kaum fassbare Zahl.

Das Ende der Sorglosigkeit: kleine Fluchten und die Attacke auf die Zionskirche

«Es war schlimm mit anzusehen, wie die coolen, schlauen und interessanten Menschen um einen herum Richtung Westen verschwanden, auch gute Freunde und Mitmusiker», schreibt der Gitarrist Paul Landers im September 2021 in einer E-Mail. «Ich selber hatte nie die Absicht, in den Westen abzuhauen. Wir hatten in den starren Strukturen des Sozialismus viel Platz und viele Freiheiten, von denen der brave Bürger nur träumen konnte.»

Landers, gebürtiger Ostberliner, war im Wendejahr sorglose 24, spielte unter anderem in den vom Punkrock beeinflussten Bands Feeling B und Die Firma. Als einige Zeit später, zur allgemeinen Techno-, Bluna- und Viva-TV-Zeit im Jahr 1994, die Gruppe Rammstein düster und muskulös ins Licht trat, gehörte er zur festen Besetzung, die bis heute gilt. Landers ist mit ihr unter anderem im ausverkauften New Yorker Madison Square Garden und vor 700 000 Menschen beim Rock-Over-Volga-Festival im russischen Samara aufgetreten, hat mit ihr mehr als 20 Millionen Tonträger verkauft. Im Lauf der 90er- und Nullerjahre wurden Rammstein zu einer der weltweit bekanntesten, erfolgreichsten und ästhetisch am verbindlichsten definierten Rockbands, die je aus Deutschland kam. Ob das aufgrund oder trotz ihrer Ost-Herkunft gelang, darüber wird immer noch diskutiert. Die Frage, was sich die zwei früheren deutschen Teile heute gegenseitig kulturell schulden und verdanken könnten, wird allerdings jedes Mal ein wenig obsoleter, wenn Rammstein wieder irgendwo auf der Welt die Nummer eins erreichen.

Paul Landers möchte das Gespräch lieber schriftlich führen, er ist gerade viel unterwegs. «Der Osten bestand ja nur aus Marktlücken», schreibt er zum Thema Vorwendezeit. «Es gab in Berlin eine Szene, die sich damit ihr Geld verdiente. Das reichte von aus gefärbten Laken genähten Jacken über bedruckte T-Shirts bis zu selbst gebasteltem Schmuck. Die Möglichkeiten waren endlos. An einem Tag konnte so mehr verdient werden, als es ein durchschnittlicher Arbeiter im Monat schaffte. Wir hatten das Glück, Informationen über den Westen aus erster Hand zu bekommen und so das Bild zu relativieren, das durch die Medien der DDR erzeugt wurde. Wir wussten um die spaßbefreite, unlockere Grundstimmung im Westen. Um die Diktatur des Geldes, das im Osten gar keine Rolle spielte, und das egoistische Gewurstel.»

Mit «wir» meint Landers die alternative, der Künstlerszene in Prenzlauer Berg nahestehende Community, aus der sich auch seine damaligen Bands herausgebildet hatten. Im 1988 von der Babelsberger DEFA hochoffiziell produzierten Dokumentarfilm «Flüstern & Schreien – Ein Rockreport» sieht man einige Szenen aus ihrem Alltag. Beispielsweise, wie Feeling B mit ihrem klapprigen, wie ein ulkiger Kampfpanzer aussehenden Tour-Lkw aus den Zittauer Robur-Werken zu Auftritten an die Ostsee fahren oder wie Landers – mit der eigenwilligen New-Wave-Interpretation einer blonden Pferdeschwanzfrisur – und sein Freund und Bandkollege Christian «Flake» Lorenz dessen selbst gebastelte Lockenwickler vorführen. Lorenz verkauft sie für eine Ostmark pro Stück an Friseure, um die teureren Westimporteure auszubremsen.

Auch Silly sind im Film zu sehen. Sie stehen im Film für das Rock-Establishment der DDR. Die jungen Männer von Feeling B machen dagegen den Eindruck, als gehe es ihnen im ansonsten streng regulierten Staat vor allem um die Wahrung ihrer Freiheiten und Alltagsfluchten. Sie machen Musik, leiten aber keine höhere Verantwortung daraus ab. Sie treten auch mal in Westberlin auf. Aber es scheint ihnen wenig zu bedeuten.

«Ich verstehe die Klagen der Leute, die sich im Osten eingesperrt fühlten, die schikaniert und inhaftiert wurden», schreibt Paul Landers. «Aber das alles traf auf mich nicht zu. Wir agierten eher in einem Braver-Soldat-Schwejk-Modus, stellten uns bei direkter Konfrontation einfach blöd – und machten sonst, was wir wollten. Nichts von dem, was das Leben im Sozialismusversuch charakterisierte, kann man in Zahlen und Bilanzen abrechnen, und deshalb zählt es für viele auch nicht: Zusammenhalt, Geborgenheit, Sorglosigkeit, Überschaubarkeit, Spaß am Leben. Heute krankt unsere Zeit an einem Mangel an Alternativen zu den herrschenden Systemen. Deshalb wird von den Leuten jede Chance zur Abweichung verzweifelt ergriffen. Das ist sehr gefährlich.»

Es störe ihn sowieso, merkt Landers an, dass die DDR im Rückblick immer als reine Diktatur dargestellt werde. «Das spiegelt überhaupt nicht das Gesamtbild wider», schreibt er. «In etwa so wie bei einer Haiattacke am Badestrand. Über den Angriff wird berichtet, er hat auch wirklich stattgefunden. Aber er ist eben nur ein Ausschnitt, eine Episode, ein kleiner Teil der Wahrheit. Das Staatssystem war am Ende viel zu dumm und zu starr, um uns gefährlich werden zu können.»

Bei einer dieser Haiattacken ist Landers dann selbst dabei, sogar mittendrin. Und steckt dabei für kurze Zeit sogar direkt zwischen den Kiefern des Biestes.

Der schreckliche Tag ist ein Samstag. Am 17. Oktober 1987 findet in der Zionskirche in Ostberlin-Mitte ein mit Spannung erwartetes Konzert statt. Die Westberliner Poesie-Beatnikband Element Of Crime ist abends zu Gast, genauso wenig offiziell angemeldet wie davor und danach die Toten Hosen. Aber es ist kein Aufruhr zu erwarten, und wie immer bietet die Kirche nominellen Schutz vor dem staatlichen Zugriff. Als Vorgruppe spielt Die Firma, die andere Gruppe von Paul Landers. Rund 2000 Zuhörerinnen und Zuhörer füllen die Bänke und den Altarraum, die ausgelassene Stimmung hat heute einen feierlichen Anflug. Dann kommen die Wessis auf die heilige Bühne. Sven Regener singt, die Gitarren wummern und wimmern. Bis dahin ist es ein grandioser Abend.

Gegen 22 Uhr, kurz nach dem Ende der Show, sind viele schon gegangen. Knapp die Hälfte der Besucher steht noch in Grüppchen in der Kirche – als sich an einem der Seitenflügel krachend die Außentür öffnet. Eine Truppe von Angreifern stürmt in den Raum, auf den ersten Blick sind sie unbekannt.

Ungefähr 30 Leute, laut, besoffen, aggressiv. Sie sind offenbar auf Gewalt aus, und wie so oft geht alles sehr schnell.

«Kommunisten verreckt!», sollen die Eindringlinge gerufen haben, «rote Schweine!», daran erinnern einige Zeugen sich später. Und außerdem: «Heil Hitler!», «Juden raus aus deutschen Kirchen!» Das Überfallkommando, das am 17. Oktober die Zionskirche stürmt und im Halbdunkel auf völlig verdatterte Konzertgäste einzuprügeln beginnt, besteht aus rechtsradikalen Berliner Skinheads. Einige aus dem Westen, der Großteil aber aus dem Osten. Obwohl es in der DDR laut offizieller Darstellung überhaupt keine Neonazis gibt.

«Ich war mitten im Getümmel», schreibt Paul Landers. «Es fühlte sich eklig an, man verstand die Situation anfangs nicht. Erst als man merkte, dass es nur ein paar waren, begann die Gegenwehr.» Die Nazis sind stark in der Unterzahl. Am Ende lassen sie sich von den teilweise gut kampferprobten Kirchgästen vertreiben, nachdem der erste Schock- und Überraschungseffekt verflogen ist.

Es wird sich herausstellen, dass der rechte Ost-West-Skinhead-Trupp in einer Kneipe an der Frankfurter Allee für ein Geburtstagsfest zusammengekommen war. Es gab eine offene Rechnung mit einigen Leuten aus der punknahen Szene, also beschloss man, gemeinsam zur Zionskirche zu ziehen und Vergeltung zu üben. Die Polizeistreifen, die von Zeugen gerufen werden, kommen zu spät, greifen sich dann aber einige der Täter, die leicht zu identifizieren sind, aus der Trambahn. Bis heute wird gerätselt, welche Rolle die Stasi in der Zionskirchen-Attacke spielte. Natürlich war eine ansehnliche Menge von Beamten und Polizisten rund um den Konzertschauplatz postiert gewesen und registrierte den Angriff, der sich vor ihren Augen abspielte. Die einen vermuten, die Staatsvertreter hätten das Verhängnis mit voller Absicht geschehen lassen und absichtlich nicht eingegriffen. Andere glauben, die

Stasileute wären schlicht genauso überrascht gewesen wie die Opfer des Überfalls. Dass es auch im Osten rechte Jugendliche gibt, weiß die Stasi natürlich. Aber sie lässt das Thema generell lieber im Ungefähren schweben, es ist ein politisches Wespennest.

«Das war der Abschied vom sorglosen Leben für mich», meint Landers. «Ab da wurde es nie wieder so wie vorher. Im Osten fühlte man sich durch die überpräsente Staatsmacht ja auch irgendwie behütet. Es gab wenig Kriminalität, wenig Drogen, eine heile Welt, so wie heutzutage in der Münchner Innenstadt. Und plötzlich sieht man zum ersten Mal den Hai. Danach geht man nie wieder so unbeschwert baden wie vorher.»

Die Autoritäten arbeiten den deutsch-deutschen Naziangriff nur zögerlich auf. Vier der Ostberliner Angreifer werden Anfang Dezember zu ein bis zwei Jahren Haft verurteilt, wegen Rowdytum und öffentlicher Herabwürdigung. Die rechtsradikale Motivation wird vor Gericht so wenig thematisiert, wie es gerade geht. Nachdem es diverse Proteste gegen die Milde des Urteils gegeben hat, auch intern, erhöhen die Richter wenige Wochen später die Strafen auf bis zu vier Jahre. Anfang 1988 werden acht weitere Skinheads in Haft geschickt.

Erst 1992 gibt es auch einen Prozess gegen einige der westdeutschen Beteiligten. Was die Autoritäten der DDR 1987 noch kleinreden und mit kurzatmigen Ausreden zudecken wollten, ist zu dem Zeitpunkt – seit dem Mord an Amadeu Antonio in Eberswalde und den Anschlägen auf Asylbewerber in Hoyerswerda, kurz vor der groß organisierten Gewaltaktion gegen Zuwanderer in Rostock-Lichtenhagen – nicht mehr zu leugnen. Auch die sozialistische Gesellschaft war all die Jahrzehnte ein Nährboden für rechtsradikale Gedanken und Verfassungen, systembedingt sogar ein besonders guter. Sie sitzen ebenso tief in den Köpfen wie in Westdeutschland.

Sie werden genauso konsequent weitergegeben. Sie müssen mindestens so entschlossen und klug bekämpft werden. Es wird ein Thema und Streitpunkt bleiben, noch für lange Zeit.

Tina Powileit, Dirk Zöllner und die zwei Konzerte, die ein bisschen zu spät kamen

«Viele Ostdeutsche empfinden sich heute immer noch eher als die Zuschauer im Kapitalismus», sagt Dirk Zöllner, Sänger und Musiker, gebürtiger Ostberliner, im Herbst 2021. «Allein schon was Großstadtwohnungen betrifft, wird die Eigentümerquote noch immer von Westdeutschen und internationalen Immobiliengesellschaften dominiert, während der größte Teil der Ostdeutschen jeden Monat die Miete zusammenkratzen muss. Und dann machen sie diesen AfD-Scheiß, weil sie nicht zurück nach links wollen.»

Zöllner sang in den 80ern in den Bands Chicorée und Die Zöllner. Seinen ersten Auftritt in der BRD spielte er am 12. November 1989, drei Tage nach dem Mauerfall, beim «Konzert für Berlin» in der Deutschlandhalle.

«Ich fand Westdeutschland schön, schön bunt», sagt die Schlagzeugerin und Schauspielerin Tina Powileit, auch aus Ostberlin. Im Sommer 1989 durfte sie einmal ihre Tante im nordrhein-westfälischen Altena besuchen, machte danach noch einen Abstecher zu ihrem Onkel nach Stuttgart. «Aber ich spürte dabei keine Sekunde lang das Bedürfnis dortzubleiben. Ich bekam Heimweh nach meinem Kind in Berlin. Eingesperrt fühlte ich mich in der DDR sowieso nicht.»

Tina Powileit trommelte viele Jahre bei Mona Lise, der ersten rein weiblichen Rockband, die in der DDR größere Aufmerksamkeit genoss. 1992 stieß sie dann zur Formation

Die Seilschaft, der Begleitgruppe des großen Lausitzer Sängers und Songwriters Gerhard Gundermann. Gundermann starb 1998, zehn Jahre später begann Die Seilschaft, ohne ihn wieder auf die Bühne zu gehen. Ihren ersten Westauftritt hatte Powileit am 11. November 1989 gespielt. Zwei Tage nach dem Mauerfall, also einen Tag vor Zöllner.

Genau so soll die lange Reise, von der dieses Buch erzählt hat, nun zu Ende gehen. Mit den Geschichten über zwei Ost-West-Konzerte, die gar keine echten Ost-West-Konzerte mehr wurden, weil die Wende ihnen in letzter Minute zuvorkam.

Der Rückblick: In der DDR-Karriere von Tina Powileit ist die Begegnung mit dem westlichen Musikgeschäft schon mehrfach zum Greifen nah gewesen. Mit 23 hat sie das Schlagzeug bei Mona Lise übernommen, der Frauenband im New-Wave-Outfit, die der gewiefte Pankow-Manager Wolfgang Schubert 1982 als popkulturelles Marktlückenprodukt ins Leben gerufen hat. «Tina» heißt einer der ersten Hits, den Sängerin und Autorin Lieselotte Reznicek über den hektischen Tagesablauf ihrer Bandkollegin geschrieben hat: «Haare aufmotzen / Fernseh'n glotzen / Blumen grüßen / Nachbarn gießen / Stress!» Anstatt eines Refrains motzt Reznicek einfach immer wieder: «Superdürre Tina!», während die Angesungene mit Pokerface den Beatrhythmus hält. Ein grandioser Song.

An einem Tag im Januar 1984 bekommen Mona Lise speziellen Besuch in ihrem Proberaum. Der Konzertmanager und Socializer Christoph Westecker hat sie einem befreundeten Künstler empfohlen, der eine Vorgruppe für seine geplante DDR-Tournee sucht. Und der will die jungen Frauen jetzt einmal kennenlernen, unter strengster Geheimhaltung. So steht eines Nachmittags plötzlich Udo Lindenberg bei Mona Lise auf der Matte. «Wir haben ein paar Songs für ihn gespielt, die Stimmung war großartig», sagt Powileit. «Dann fragte Udo, ob er sich mal an mein Schlagzeug setzen dürfe, er habe das so lange nicht gemacht.» Nach dem heiteren Nachmittag erhalten Mona Lise die Zusage. Und müssen sechs Wochen später die Nachricht schlucken, dass es die Lindenberg-Tour, auf die sie sich so gefreut haben, niemals geben wird.

Kurz darauf die zweite Chance. Via Manager Schubert meldet sich Annette Humpe, die als Sängerin und Songschreiberin der Gruppe Ideal berühmt geworden ist. Humpe will mit Mona Lise in Kontakt treten, eventuell ihre erste Platte produzieren. Man fixiert ein Datum. Sängerin Lieselotte Reznicek stellt sich an den Grenzübergang, um die große Künstlerin zu empfangen. Aber sie kommt nicht. Offenbar haben die Beamten sie nicht durchgelassen, Gründe unbekannt. Auch diese Chance zerschlägt sich also. Aber sie haben auch so genug Erfolg.

Dirk Zöllner, Jahrgang 1962, erlebt dagegen kurz nach seinem 26. Geburtstag eine Berührung mit der großen, wilden Welt des Pop, die sogar tatsächlich eine Berührung ist, im ganz engen Sinn.

Am 16. Juni 1988 spielt seine Band Die Zöllner beim unvergesslichen Rocksommer-Megafestival in Weißensee, gleich am ersten Tag und somit als etwas weiter vorgelagerte Vorgruppe von Soul-Showgigant James Brown. Zöllner ist zu der Zeit selbst schon ein mittelgroßer Popstar für die Teenager der DDR. Er hat als postertauglicher Aktivposten bei der Elektropop-Boyband Chicorée gesungen und im «Flüstern & Schreien»-Film alle in Grund und Boden philosophiert. «Käfer auf'm Blatt», der Hit, den die meisten von ihm kennen, ist dagegen eher ein wolkenverhangenes Vanitas-mundi-Gedicht: «'n Käfer aufm Blatt, was ist das schon? / Das Blatt haut man ab / Den Käfer latscht man platt / 'n Käfer aufm Blatt, was ist das schon?» Die jungen Leute lieben es umso mehr.

Die Menge in Weißensee sieht den ersten Auftritt seiner neuen Gruppe Die Zöllner. Und nachdem alles gut gegangen ist, stellt er sich mindestens genauso aufgeregt nach unten in den Bühnengraben, um den Auftritt von James Brown aus nächster Nähe zu sehen. Zöllner ist geplättet von all der Energie, dem Groove, der Präzision und Hybris, die er da sieht und hört. «James Brown ist an einer Stelle dann wirklich über das Gerüst in den Graben heruntergeklettert, trotz seines stolzen Alters», erinnert er sich. «Auf einmal stand er direkt vor mir. Ich nahm seine Hand und spürte seinen Schweiß. Es fühlte sich an, als hätte ich den Messias berührt.»

Der Segen nützt ihm erst mal nichts. Für eine Konzertreise nach Westen, wie sie der abenteuerhungrige junge Zöllner so gern unternehmen will, hat es bislang kein Okay gegeben, da hilft auch das Wünschen wenig. Chicorée sind durchaus eingeladen worden von westlichen Veranstaltern. Aber drei von Zöllners Kollegen haben ihren Armeedienst noch nicht geleistet, und das ist für die Stasi ein Ausschlusskriterium. Man kann nicht verhandeln, es gibt keine Basis für solche Debatten. Allein dürfe er fahren, aber wie soll er auf bundesdeutschen Bühnen auftreten? Soll er solo zur Wandergitarre singen oder auf Kochtöpfen trommeln? Auch in der neuen Zöllner-Band sind wieder Leute dabei, die keinen Reisepass bekommen. Es ist zum Verrücktwerden, und das im Jahr 1988.

Tina Powileit kann ebenso wenig mit der Band nach drüben. Die Gründe erfährt sie nicht, aber irgendein Problem scheint die Künstleragentur bei Mona Lise zu sehen. Sie müssen Unterlagen einreichen. Als der Manager noch einmal nachfragt, heißt es, die Dokumente seien verloren gegangen. «Natürlich waren wir sauer deswegen», sagt sie. «Aber wir haben dann halt in der DDR weitergearbeitet.»

Trotzdem wird die Unruhe größer. Was 1989 bei den oppositionellen Montagsdemonstrationen verhandelt wird, zunächst auf den Straßen von Leipzig, dann auch in Dresden, Halle, Magdeburg und vielen anderen Städten, dazu wollen sich auch die Musikerinnen und Musiker unbedingt positionieren. Die Sektion Rockmusik im Komitee für Unterhaltungskunst koordiniert ein Treffen, bei dem ein Resolutionspapier entstehen soll. Man will sich als Gruppe hinter die Gründung des Neuen Forums stellen, eines politischen Bündnisses für Bürgerrechte, das vom DDR-Innenministerium noch als illegal bezeichnet wird. Auch von den Musikern soll ein Impuls kommen, der den Druck auf die Politik erhöht. Von allein werden der Niedergang des Landes und die Abwanderungsbewegung nicht aufhören.

«Ich weiß noch, wie wir alle in dieser Baracke in Weißensee saßen», sagt Powileit, die bei der Krisensitzung im Maxim-Gorki-Klub dabei war. «Plötzlich ging die Tür auf, und Frank Schöbel kam herein. ‹Hey Leute›, fragte er, ‹kann ich bei euch mit unterschreiben? Die Schlagersänger wollen alle nicht.›» Er darf. Von Exodus, Sinnkrise und Reformen im Rahmen des Sozialismus ist im Papier die Rede, das die klandestine Versammlung formuliert und unterschreibt. 54 Erstunterzeichner werden am Ende des Typoskripts aufgeführt, Powileit ist darunter. Mehr Namen passen nicht aufs Schreibmaschinenblatt. Die Erklärung ist auf den 18. September 1989 datiert.

Ein Tag im November, Vorabendsekt und Frustration in der Nacht

«Es gibt ja prinzipiell drei verschiedene Möglichkeiten, auf die Krisen einer Gesellschaft zu reagieren», sagt Dirk Zöllner. «Es gibt zum einen die Gottesgläubigen, dann die Zerstörer und die, die wirklich die Dinge in die Hand nehmen wollen. So war es damals auch. Die einen sagten: ‹Lasst meine DDR in Ruhe!› Die anderen waren darauf aus, alles kaputt zu hauen. Und dann waren da noch die, die Strukturen für einen neuen

Sozialismus schaffen wollten, verjüngt, mit Reisefreiheit und einer gewissen abwägenden Vernunft. Natürlich fühle ich mich der dritten Gruppe zugehörig. Auch heute noch.»

In die Frage nach einem Westdeutschlandkonzert der Band ist in der Zwischenzeit Bewegung gekommen. Die Zöllner sind zu einem Auftritt in Stuttgart eingeladen worden, für Dezember 1989, wieder versuchen sie es mit einem Antrag. Dazu gibt es die Option, schon Ende Oktober zu einem internationalen Song-Wettbewerb nach Bregenz in Österreich zu reisen. Nicht BRD, aber fast schon. Von den elf Mitgliedern der Gruppe bekommen nur vier eine Reiseerlaubnis. Aber dieses Mal fahren sie trotzdem. Beim Auftritt am österreichischen Bodenseeufer lässt Zöllner sich von der leicht avantgardistischen Besetzung Klavier, Trompete und Schlagzeug begleiten. Anschließend kehren sie nach Ostberlin zurück und setzen die Hoffnungen auf Stuttgart. Der November beginnt.

Für Tina Powileit gibt es inzwischen ganz konkrete Aussichten. Das Heartbreak Café, ein kleiner Laden in einer Parallelstraße des Ku'damm, hat Mona Lise eingeladen. Termin: der 11. November 1989. In der Band hat es mehrere Umbesetzungen gegeben, neben Powileit und Reznicek sind inzwischen drei Männer dabei, unter anderem Powileits Ehemann Thomas Hergert. Die Reisehindernisse bestehen offenbar nicht mehr, die Agentur hat der Gruppe grünes Licht für die Fahrt nach Westen gegeben. Es ist sehr aufregend.

«Wir hatten zwar den Termin, aber eine Woche vorher waren unsere Reisepässe noch immer nicht da», sagt Tina Powileit. «Thommy ging wirklich jeden Tag zum Ministerium und fragte nach. Wir wollten diese Chance auf keinen Fall durch eigene Schuld vermasseln. Wenn nur der Pass eines einzigen Technikers gefehlt hätte, wäre wieder alles ins Wasser gefallen.»

Am Donnerstag, dem 9. November 1989, kommt Hergert dann nachmittags mit triumphaler Geste nach Hause. Er hat die Dokumente bekommen, zwei Tage vor Stichtag. Die unglaubliche Mühe hat sich gelohnt. Mona Lise werden am Samstag endlich im fremden Westen auftreten können.

Abends treffen sich alle Bandmitglieder in der Wohnung des Paars, stoßen an. Sie feiern ihren Sieg, ihren anstehenden BRD-Gig. Irgendwann erreicht sie die Nachricht, dass auf den Berliner Straßen etwas im Gange zu sein scheint. Sie schalten den Fernseher an. Sie können es nicht glauben. Die Versammlung in der Wohnung löst sich nach und nach auf, weil alle selbst zur Mauer wollen, um sich davon zu überzeugen, dass nicht alles wieder nur ein Scherz oder eine Guerilla-Satire ist. Tina und Thommy bleiben zurück. Okay, meint der Ehemann sinngemäß: Diese ganzen Botengänge, die hätte er sich auch sparen können. Die mühsam erworbenen Reisepässe werden sie übermorgen nicht mehr brauchen.

Dirk Zöllner gibt am Abend des 9. November ein Konzert im Haus der jungen Talente. Während die Band spielt, beginnt sich der Saal langsam zu leeren. «Ich hatte nichts mitbekommen und wusste überhaupt nicht, was los war», sagt er heute. «Und ich war fix und fertig deshalb.»

Auch nach dem Konzert erfährt er nicht, was draußen passiert ist. Zumindest die Temperatur ist angenehm an dem Abend. Zöllner beschließt, den Heimweg zu Fuß zu gehen. Er hat wenig Gepäck. Vom Haus der Talente bis zu seiner Wohnung in der Chausseestraße sind es rund 20 Minuten. «Mir fiel gleich auf, dass wirklich überall Autos standen», sagt er. «Alles war voll.» Aber er hat die revolutionäre Stimmung der letzten Monate miterlebt, ihn wundert gar nichts mehr. «Ich dachte: Jetzt ist es so weit, jetzt wird der Palast gestürmt. Aber ich selbst wollte auch nur nach Hause.»

Als Dirk Zöller am 9. November spätabends in seine Wohnung zurückkommt, ist er wirklich sehr müde. Es gibt nichts mehr zu tun für ihn. Er legt sich ins Bett und schläft ein.

EINE NACHBEMERKUNG AUS DER GEGENWART

Ja, aber hat der Rock 'n' Roll denn nun die Mauer zum Einsturz gebracht? Ist es wenigstens ein Stück weit dem musikalischen Grenzverkehr zwischen der DDR und dem Westen zu verdanken, dass die Trennung verschwand, dass Reise- und Redeverbote beseitigt wurden, Wahlfälschungen aufhörten und eine Wiedervereinigung möglich wurde, unabhängig davon, wie man ihre Abwicklung nun im Detail findet?

Die Frage ist natürlich viel zu boulevardesk, als dass es eine einfache Antwort auf sie geben könnte. Trotzdem habe ich sie zum Finale fast aller Interviews, die ich für dieses Buch führte, den Gesprächspartnerinnen und -partnern gestellt. Nur mal zum Spaß. Es gab eine Menge unterschiedlicher Meinungen.

Einige sagten gleich Nein, das sei zu hoch gegriffen. Andere meinten, die Kulturbotschaften aus dem Westen hätten mindestens als Katalysatoren des Widerstands in der DDR gewirkt. Wie sich Freiheit anfühlte, welche begehrenswerten Seiten der Kapitalismus haben könnte, von dem man doch in der Schule gelernt hatte, wie kontraproduktiv er sei, das hätten viele erst erahnt, wenn sie dem Rock 'n' Roll der 60er und 70er oder dem dekadent-bunten Pop der 80er begegneten.

Die Subkulturen in Ost und West hätten sich, das sagten wieder andere, genau die Impulse der Ermächtigung hin- und hergeschickt, die in den dunklen Zeiten den Laden zusammengehalten hätten, auf beiden Seiten. Man dürfe nicht vergessen, was für ein mächtiges, konkurrenzlos gutes Medium zum Gedankentransport die Musik in dieser Zeit gewesen sei. Selbst die Probleme innerhalb der DDR hätten viele erst richtig begriffen, wenn sie Lindenbergs «Sonderzug nach

Pankow» hörten, «Jetzt oder nie» von Herbert Grönemeyer oder «Verlorene Kinder» von Silly. Ein bisschen Karneval, ein bisschen Agitation. Das sei es am Ende gewesen, was genau die Leute zum Zweifel an den Autoritäten anregte und sie auf die Straßen trieb, die weder Christa Wolf noch das *Sputnik*-Magazin lasen. Das Publikum, das im Westfernsehen doch lieber «Die Schwarzwaldklinik» als «Kennzeichen D» guckte.

Die Sphäre des Pop war deshalb so schlagkräftig, schlagkräftiger als andere Kunstformen, weil es so viele verschiedene Optionen und Rituale dafür gab, sie am eigenen Körper zu spüren. Es gab die heimlich auf dem Kofferradio gehörte RIAS-Hitparade, die eingeschmuggelte Toten-Hosen-Kassette oder die *Bravo* mit dem Rolling-Stones-Foto. Die umständlich beschaffte David-Bowie-Jacke oder den mit der Bluesband erfolgreich gecoverten Ton-Steine-Scherben-Song. Den kälteklammen Nachmittag vor dem Palast der Republik mit den anderen Udo-Fans. Oder eben die rot-weiß-blau gestreifte Springsteen-Ekstase in Weißensee. Es war mehr als nur Grundversorgung, alles zahlte immer auch irgendwie auf die eigene Haltung ein. Auf die Attitüde, die man dem System gegenüber entwickelte, in dem man um jeden verdammten Preis zu leben versuchte.

Dabei hatte fast jeder dieser Momente eine zutiefst aktionistische Dimension. Sie bedeuteten Bewegung, Initiative und oft sogar Arbeit, sie erschöpften sich selten im reinen Rumstehen und Dinge-serviert-Bekommen. Nur sehr wenige der Leute in dieser Geschichte waren Betrachter oder Zuhörer, die einfach nur konsumierten – das darf man nicht vergessen, wenn man nun zum Schluss darüber nachdenkt, ob so etwas heute noch möglich wäre. Ob und wie Musik die Menschen zur Sehnsucht und zum Aufstehen gegen Repressionen motivieren könnte. Ob sie noch genug Bedeutungskraft aufbringen würde, um das zu schaffen.

Deutschland wäre ein schlechtes Beispiel dafür. Ab und zu machen sich zwar Leute den Spaß und zählen nach, wie das Ost-West-Verhältnis zwischen den Künstlerinnen und Künstlern in den Streaming-Charts aussieht, doch mehr als ein Trivia-Experiment ist das heute nicht mehr.

Es wird natürlich weiter viel zu debattieren sein über die strukturellen Unterschiede zwischen den Bundesländern, die man in den 90ern noch die neuen und die alten nannte. Über Chancengleichheit und die geografisch unterschiedlichen Ursachen von Rechtsradikalismus und einem Querdenkertum, dessen Anhänger oft den Eindruck machen, als hätten sie wie unwillige Grundschüler schlicht nicht verstanden, was Demokratie eigentlich heißt. Über die Aufarbeitung der Vergangenheit, die leider erst aus größerer Distanz als halbwegs offenes Gespräch zu funktionieren scheint. Aber die systembedingte Spannung zwischen den Popkulturstandorten Hamburg und Leipzig, München und Dresden oder gar West- und Ostberlin, die der Geschichte in diesem Buch ihren eigentlichen Impetus gegeben hat, die existiert nun mal nicht mehr.

Alte Lieder von Karat, Renft und Silly werden bei Ost-Nostalgie-Veranstaltungen tränenreich gefeiert, wogegen ebenso wenig einzuwenden ist wie gegen die Alte-BRD-Seligkeit, die der deutsche Westen mit «Schimanski»-Nächten und 80er-Jahre-Partys zelebriert. Geschichten über die DDR und den Kalten Krieg werden weiterhin gern als Plots für die deutsche Eventfernsehen- und Kinoproduktion genutzt, vom Oscar-Gewinnerfilm «Das Leben der Anderen» bis zu Andreas Dresens herausragendem «Gundermann»-Biopic von 2018.

Rammstein, Tokio Hotel und Helene Fischer, drei der größten, auch international relevanten deutschen Pop-Phänomene der letzten Jahre, haben ihre Wurzeln im Osten. Zur Kommunikation und zum Austausch politischer Ideen wird ihre Musik jedoch nicht mehr wirklich gebraucht. Dafür ist ein

Wordpress-Blog-Beitrag eindeutig nützlicher, eine Telegram-Nachricht oder ein markanter Tweet, den viele teilen. Oder einfach ein persönliches Treffen auf den Stufen der Berliner Volksbühne, wenn dort ein Anti-Gentrifizierungsstück des gebürtigen Hessen René Pollesch gespielt wird.

Nach Dingen, die man aus dieser langen Geschichte lernen kann und muss, braucht man trotzdem nicht lange zu suchen. Weil es nun mal eine Gegenwart gibt, in der Millionen von Menschen auf ganz ähnliche Strategien des Widerstands zurückgeworfen sind, immer noch. Und in der der russische Präsident Wladimir Putin das Ende der Sowjetunion nicht nur als geopolitische Katastrophe wertet, sondern mit seinem Ukraine-Einmarsch die ganze europäische Friedensordnung sabotiert hat (ohne dass die Folgen beim Abschluss dieses Textes abzusehen wären).

Im August 2015 trat die slowenische Performance-Rockband Laibach im Pongwha-Theater im nordkoreanischen Pjöngjang auf. Auch wenn das Konzert im weitgehend menschenrechtsfreien Regime eher den Charakter eines kruden Kunstprojekts hatte und teilweise scharf kritisiert wurde, war es ein kleiner Coup. Laibach demonstrierten, wie sich selbst ein Diktator vom Schlage Kim Jong-uns durch das Zeichenspiel des Pop verwirren und vorführen lassen kann und wie man so zumindest ein wenig Scheinwerferlicht in ein ansonsten komplett abgeschirmtes Land lenken konnte.

Als im November 2021 in Las Vegas die jährlichen Latin Grammy Awards verliehen wurden, konnte der kubanische Rapstar Maykel Castillo die zwei Preise für sein Stück «Patria Y Vida» nicht persönlich entgegennehmen. Castillo saß zu dem Zeitpunkt seit sechs Monaten im Hochsicherheitsgefängnis in Pinar del Río, nachdem sein Song zur weit verbreiteten Symbolmusik für die zivile Opposition im Land geworden war. In einigen Fällen gibt es das also doch noch: dass Pop als so akut revolutionsgefährlich gilt, dass versucht wird, ihn politisch zu regulieren. Die nur noch als Legende aktive Frauenband Pussy Riot und der Rapper Dmitri Kusnezow wurden in Russland noch vor dem Ukraine-Krieg vor allem wegen ihrer Reichweite und subversiven Fantasie inhaftiert. Und natürlich gibt es mehr Beispiele.

Ausnahmen bleiben es dennoch. Man findet dazu zwar keine Statistiken, aber es ließ sich in den letzten Jahrzehnten beobachten, wie die Bedeutung musikalischer Botschaften und Symbolfiguren im gleichen Maß sank, wie sich die Nutzung sozialer Medien ausbreitete. In der Geschichte dieses Buches spielt die Rockmusik ja immer auch die Rolle der sendenden Welle, des Kanals, der Plattform für Kommunikation, die es in dieser Form ansonsten einfach nicht gab. Diese Aufgabe haben heute andere Medien übernommen, über Mechanismen, die natürlich auch die Feinde der Freiheit benutzen können.

Ein Grund zur Klage und zum Kulturpessimismus muss dieser Wandel nicht sein, im Gegenteil. Und selbstverständlich stehen auch die alten Techniken weiter zur Verfügung, wenn sie gebraucht werden. Wer genau schaut, findet immer wieder Old-School-Exempel, in denen Aktivisten demonstrativ auf die Kanäle von früher zurückgreifen – ganz einfach deshalb, weil der digitale Raum an vielen Orten schon wieder zu sehr im Fokus ihrer Gegner steht, zu stark reglementiert und überwacht wird.

Bei den Freiheitsprotesten in Hongkong von 2019 beispielsweise entwickelten sich christliche Lieder wie «Sing Hallelujah to the Lord» zu Erkennungshymnen der Widerständler. Der Grund: Religiöse Versammlungen unterliegen dort, anders als politische Demonstrationen, keiner Genehmigungspflicht – eine entfernte, aber erstaunliche Parallele zur subversiven Kraft der Bluesmessen in Prenzlauer Berg. Es sind die kreativen, befreienden Ansätze, die man auch von den Helden dieses Buches lernen kann. Wahre Veränderungen gehen meist von den mutigen, oft nicht mal ganz zu Ende gedachten Ideen und Aktionen Einzelner aus, auch wenn sie erst mal aussichtslos erscheinen. Die wahre politische Dimension von Kunst zeigt sich genau hier. Dazu kommt, dass von einem Austausch, wie er in den 70er- und 80er-Jahren zwischen der Bundesrepublik und der DDR stattgefunden hat, immer beide Seiten profitieren, in diesem Fall Westen und Osten. Im kulturellen Diskurs gibt es Aktive und Passive, aber keine Starken und Schwachen.

Als die deutsche Bundeskanzlerin Angela Merkel im Dezember 2021 ihr Amt weitergab und mit dem Großen Zapfenstreich der Bundeswehr verabschiedet wurde, wünschte sie sich zu dem Anlass unter anderem das Stück «Du hast den Farbfilm vergessen». Ein Lied, mit dem sie in der DDR aufgewachsen war, der zunächst heitere, auf seiner Unterseite aber reichlich düstere Schlager, den Nina Hagen dem Land hinterließ, bevor sie 1976 nach Westen ging und ein Weltstar wurde. Die Öffentlichkeit wunderte sich. Man rätselte über die Intention, und sogar der britische *Guardian* meldete: «Merkels punk pick for leaving ceremony raises eyebrows».

Was war der Gedanke dahinter? War es die sogenannte Ostalgie, war es ein ironisches Manöver oder doch eine eloquente, versteckte Botschaft, die berühmte zweite Ebene, auf der Merkel die Zeit ihrer Kanzlerschaft mit einer frustrierenden Urlaubsreise verglich? Das Lied war 47 Jahre alt, aber sein subversives Potenzial schien erstaunlicherweise noch völlig intakt zu sein.

DANKSAGUNGEN

Bei der Recherche für ein Projekt wie dieses profitiert man als Autor immer auch von der Arbeit, die andere in der Vergangenheit auf dem besagten Feld geleistet haben. Meinen großen Respekt möchte ich daher Olaf Leitner und Michael Rauhut für ihre Reportagen und Studien aussprechen, ebenso Christian Reder für die leidenschaftlich gepflegte Website Deutsche Mugge sowie Christian Hentschel für seine journalistische Arbeit.

Mein besonders großer Dank gilt allen Persönlichkeiten, die sich bereit erklärt haben, für dieses Buch in teilweise sehr ausführlichen Gesprächen ihre Erinnerungen und Meinungen mit mir zu teilen: Marcel Avram, Bela B, Campino, Walter Cikan, Diether Dehm, Chris Doerk, Katja Ebstein, Vivi Eickelberg, Veronika Fischer, Arnold Fritzsch, Michel Gaißmayer, Mario Geyermann, Dimitri Hegemann, Reinhold Heil, Jean-Jacques Kravetz, Aurora Lacasa, Oskar Lafontaine, Paul Landers, Jochen Leuschner, Udo Lindenberg, Peter Maffay, Bernd Martin, Thomas May, Micki Meuser, Peter Meyer, Gert Möbius, Wolfgang Niedecken, Jonas Porst, Tina Powileit, Bernd Römer, Peter Schimmelpfennig, Cornelia Schleime, Günther Sigl, Thomas M. Stein, Jörg Stempel, Barbara Thalheim, Jürgen Thürnau, Christoph Westecker und Dirk Zöllner.

Eine spezielle Ehre und tiefe Freude waren für mich die Gespräche mit Rainer Börner, der am 7. Juni 2021 verstarb.

Für weitere Anregungen, Hinweise und Gedankenaustausch danke ich Marion Brasch, Marcus Lucas, Tanja Queckenstedt und Rainer Schmidt. Wertvolle und freundliche Hilfe bekam ich außerdem von Bernd Ehnes, Harald Engel,

Birgit Fordyce, Torsten Groß, Harald Hauswald, Andrian Kreye, Peter Lanz, Gunnar Leue, Marek Lieberberg, Tina Niedecken, Patrick Orth, Lena Steeg und Adele Walther.

Niemals möglich gewesen wäre dieses Buch ohne die treue, geduldige und stets ermutigende Unterstützung von Susanne Frank und das Recherchegeschick von Katrin Finkemeier. Und weil ein solcher Text immer auch Lebenszeit bedeutet, möchte ich mich zutiefst bei meinem Agenten und Freund Daniel Wichmann bedanken, bei meiner kleinen Emma und vor allem bei Franziska Söhner, die außerdem den wunderschönen Einband gestaltet hat.

Joachim Hentschel, Berlin, im März 2022

VERZEICHNIS DER VERWENDETEN BÜCHER UND FILME

Mike Allnut und Michael Herl: WAAhnsinn. Der Wackersdorf-Film. Delphi, 1986

Abo Alsleben: Mayhem live in Leipzig – Wie ich den Black Metal nach Ostdeutschland brachte. Bookra Verlag, 2020

Jürgen Balitzki: Rock aus erster Hand. Lied der Zeit, 1985

Wolf Biermann: Warte nicht auf bessre Zeiten! Die Autobiographie. Ullstein, 2016

Michael Boehlke und Henryk Gericke (Hrsg.): Too Much Future – Punk in der DDR. Verbrecher Verlag, 2007

Jim Brown: Free to Rock. Wie Rock 'n' Roll die Mauer zum Fallen brachte. 2014 (Film)

Maik Brüggemeyer: I've been looking for Frieden. Eine deutsche Geschichte in zehn Songs. Penguin, 2018

Hubert Bücken: Anders als andere – die Montana-Story 1959–2009. Montana Musikverlag, 2009

Heiner Carow: Die Legende von Paul und Paula. 1973 (Film)

Steve Chapple und Reebee Garofalo: Wem gehört die Rockmusik? Geschichte und Politik der Musikindustrie. Deutsche Ausgabe. Rowohlt, 1980

Walter Cikan: Radiojahre 1973–1990. Unveröffentlichtes Manuskript

Christine Dähn: Karat. Über sieben Brücken musst du gehen. Neues Leben, 2010

Diether Dehm: Meine schönsten Skandale. Von Ruf- und anderen Morden. Das Neue Berlin, 2019

Felix Denk: Der Klang der Familie. Berlin, Techno und die Wende. Suhrkamp, 2014

Christoph Dieckmann und Harald Hauswald: Like a Rolling Stone. Dylan, Cocker, Springsteen – Weststars in der DDR. Jaron Verlag, 2018

Katja Ebstein und Uwe Baumann: Das ganze Leben ist Begegnung. Fischer Krüger, 2020

Klaus Eidam und Rudolf Schröder: Die Hit-Fabrik. Chronik eines Berliner Musikverlages. Edition Intro Meisel GmbH, 2001

Hermann Falk: Zu Gast in der Welt – die Welt zu Gast. Die Künstleragentur der DDR. Fakten und Anekdoten zum internationalen Künstleraustausch. Nora, 2015

Feeling B: Grün & Blau. Motor Music, 2007

Floh de Cologne (Hrsg.): Rock gegen Rechts. Beiträge zu einer Bewegung. Weltkreis Verlag, 1980

Ines Geipel: Umkämpfte Zone. Mein Bruder, der Osten und der Hass. Klett-Cotta, 2019

Caroline Gerlach: Karat – Pop Nonstop. Lied der Zeit, 1985

Jens Gieseke: Die Stasi 1945–1990. Pantheon, 2011

Nina Hagen: Ich bin ein Berliner. Mein sinnliches und übersinnliches Leben. Goldmann, 1988

Hermann Haring: Rock aus Deutschland/West: Von den Rattles bis Nena. Zwei Jahrzehnte Heimatklang. Rowohlt, 1984

Edmund Hartsch: Maffay – Auf dem Weg zu mir. C. Bertelsmann, 2009

Harald Hauswald: Voll das Leben. Steidl Verlag, 2020

Christian Hentschel und Peter Matzke: Als ich fortging ... Das große DDR-Rock-Buch. Neues Leben, 2007

Christian Hentschel: Das vermutlich allerletzte Ostrockbuch. Neues Leben, 2021

Heinz P. Hofmann: Beat. Rock. Rhythm & Blues. Soul. Lied der Zeit, 1976

Erich Honecker: Aus meinem Leben. Biografie. Dietz, 1981

Harry Jeske: Mein wildes Leben und die Puhdys. Ullstein, 1997

Matthias Judt: KoKo – Mythos und Realität. Das Imperium des Schalck-Golodkowski. Edition Berolina, 2015

Angela Kaiser und Christian Hentschel (Hrsg.): Abenteuer Puhdys. Neues Leben, 2009

Tibor Kneif (Hrsg.): Rock in den 70ern. Jazzrock, Hardrock, Folkrock und New Wave. Rowohlt, 1980

Hartmut König: Warten wir die Zukunft ab. Autobiografie. Neues Leben, 2017

Ilko-Sascha Kowalczuk: Endspiel. Die Revolution von 1989 in der DDR. C. H.Beck, 2009

Carsten Kretschmann: Zwischen Spaltung und Gemeinsamkeit. Kultur im geteilten Deutschland. Bebra Verlag, 2012

Fredrik von Krusenstjerna und Björn Cederberg: Förräderi. 1994 (Film)

Kulturpolitisches Wörterbuch. Dietz Verlag, 1978

Margot Lang: Nina Hagen, Rocksängerin – Lerryn, Liedermacher. Fischer, 1981

Lasch, Stefan: PS. Rockmusik. Verlag Tribüne, 1983

Olaf Leitner: Rockszene DDR. Aspekte einer Massenkultur im Sozialismus. Rowohlt, 1983

Udo Lindenberg: Panikpräsident. Die Autobiografie. Random House Entertainment, 2004

Udo Lindenberg: El Panico oder Wie werde ich Popstar? Goldmann, 1990

Bernd Lindner: DDR Rock & Pop, Komet Verlag, 2008

Christoph Links: Das Schicksal der DDR-Verlage. Die Privatisierung und ihre Konsequenzen. Edition Berolina, 2009

Florian Lipp: Punk und New Wave im letzten Jahrzehnt der DDR. Akteure – Konfliktfelder – musikalische Praxis. Waxmann, 2021

Andreas Mäckler: Skandal! Die autorisierte Bandbiografie der Spider Murphy Gang. Schwarzkopf & Schwarzkopf, 2017

Anne Martin: Grenzgänger des Rock. Dean Reed, Udo Linden-

berg und die DDR-Kulturpolitik. Landeszentrale für politische Bildung Thüringen, 2015
Wolfgang Martin: Wie die Westmusik ins Ostradio kam: Radiogeschichten von DT64 bis «Beatkiste». Bild und Heimat Verlag, 2020
Gert Möbius: Halt dich an deiner Liebe fest. Rio Reiser. Aufbau, 2016
Wolfgang Niedecken und Oliver Kobold: Für 'ne Moment. Autobiographie. Goldmann Verlag, 2012
Wolfgang Niedecken: Auskunft. Kiepenheuer & Witsch, 1990
Philipp Oehmke: Die Toten Hosen. Am Anfang war der Lärm. Rowohlt, 2015
Alexander Osang: Tamara Danz. Legenden. Ch. Links Verlag, 1997
Alexander Pehlemann und Ronald Galenza (Hrsg.): Spannung. Leistung. Widerstand. Magnetband-Kultur in der DDR 1979–1989. Verbrecher, 2006
Steve B. Peinemann: Die Wut, die du im Bauch hast. Politische Rockmusik, Interviews, Erfahrungen. Rowohlt, 1980
Fritz Rau: Backstage 50 Jahre. Erinnerungen eines Konzertveranstalters. Palmyra, 2005
Michael Rauhut: Beat in der Grauzone. DDR-Rock 1964–1972 – Politik und Alltag. BasisDruck, 1993
Michael Rauhut: Schalmei und Lederjacke. Udo Lindenberg, BAP, Underground: Rock und Politik in den achtziger Jahren. Schwarzkopf & Schwarzkopf, 1996
Michael Rauhut und Tom Franke: Nach drüben – Oststars wechseln die Seiten. 2019 (Film)
Maik Reichenbach und Henryk Gericke (Hrsg.): Too Much Future – Punkrock GDR 1980–1989 (3-LP-Box mit Begleitbuch und Materialien). Iron Curtain Radio, 2020
Klaus Renft: Zwischen Liebe und Zorn. Die Autobiografie, Schwarzkopf & Schwarzkopf, 1997
Brigitte Rohkohl: Rock-Frauen. Rowohlt, 1979

Thomas Rothschild (Hrsg.): Wolf Biermann. Liedermacher und Sozialist. Rowohlt, 1976

Marco Saß und Henry Steinhau: Quartier Latin. Berlins legendärer Musikladen 1970 –1989. L + H Verlag, 2018

Ingeborg Schober: Tanz der Lemminge. Amon Düül. Eine Musikkommune in der Protestbewegung der 60er Jahre. Rowohlt, 1979

Frank Schöbel: Frank und frei. Das Neue Berlin, 1998

Gregor Schöllgen: Willy Brandt. Eine Biographie. Ullstein, 2003

Dieter Schumann: Flüstern & Schreien – Ein Rockreport. 1988 (Film)

Wolfgang Seidel (Hrsg.): Scherben. Musik, Politik und Wirkung der Ton Steine Scherben. Neuauflage. Ventil Verlag, 2020

Heike Sittner: Amiga – Der Sound der DDR. 2017 (Film)

Heike Sittner: Stars an der Trasse. 2020 (Film)

Hubert Skolud und Horst Stasiak: Plant uns bloß bei euch nicht ein. Töne vom Zustand der Nation. Bastei Lübbe, 1984

Barbara Thalheim: Mugge. Edition Ost, 2000

Peter Wicke: Anatomie des Rock. Deutscher Verlag für Musik Leipzig, 1987

Peter Wicke und Lothar Müller (Hrsg.): Rockmusik und Politik. Analysen, Interviews und Dokumente. Ch. Links Verlag, 1996

Robert Winter: Geschlossene Gesellschaft. Die DDR-Rockmusik zwischen Linientreue und Nonkonformismus. GRIN Verlag, 2009

Konrad Wolf und Wolfgang Kohlhaase: Solo Sunny. 1980 (Film)

PERSONEN- UND BANDVERZEICHNIS

BILDNACHWEIS

Tafel 1: ullstein – dpa
Tafel 2: picture-alliance/ZB/Günter Gueffroy
Tafel 3 oben: Mit freundlicher Genehmigung von Tassilo Leher
Tafel 3 unten links: picture-alliance/ZB/Günter Gueffroy
Tafel 3 unten rechts: picture-alliance/Sammlung Richter/LB
Tafel 4 oben links: ullstein bild – Klaus Mehner (Ausschnitt)
Tafel 4 oben rechts: IMAGO/teutopress
Tafel 4 unten: picture-alliance/Jazz Archiv/Karsch
Tafel 5: Wolfgang Steche/Bildarchiv VISUM
Tafel 6: Jürgen Matschie
Tafel 7 oben: Jazzarchiv Hamburg/Hardy Schiffler
Tafel 7 unten: ullstein bild – Herbert Schulze
Tafel 8: picture-alliance/dpa/Dieter Klar
Tafel 9 oben: picture-alliance/dpa/Dieter Klar
Tafel 9 unten: © Udo Lindenberg Archiv
Tafel 10 oben: © 1986 JKP Jochens kleine Plattenfirma GmbH & Co. KG/Fryderyk Gabowicz
Tafel 10 unten: eastblockworld.com
Tafel 11: picture-alliance/dpa/Istvan Bajzat
Tafel 12: Foto: Christiane Eisler
Tafel 13 oben links: d-foto/Bernd Lammel
Tafel 13 oben rechts: Foto: Bernd Hiepe
Tafel 13 unten: Schall-Archiv/privat Lieselotte Reznicek
Tafel 14 oben: Foto: Erik Weiss
Tafel 14 unten: Foto: Erik Weiss
Tafel 15: picture-alliance/Associated Press/Andreas Schoelzel
Tafel 16 oben: Foto: Mark Reeder
Tafel 16 unten: © Tina Niedecken